방송문화진흥총서 32

텔레비전 비평론

원용진 지음

한울
아카데미

발간사

    방송문화진흥총서가 올해로 30권 넘게 출간되었습니다. 그간 방송문화진흥회는 우리나라 방송문화의 진흥이라는 설립 취지에 따라 해외 우수도서를 번역하여 발간함으로써 국내 방송 관련 연구에 자료를 제공하고 해외의 새로운 연구동향을 소개하는 데 적지 않은 노력을 기울여왔습니다.

    그러나 30여 권의 단행본을 발간하게 된 시점에서 그간 한국방송 70년, 방송연구 40여 년 세월의 두께를 간과해왔다는 내적 반성이 있었습니다. 이는 방송연구 초기, 부족했던 연구·교육자료의 공백을 메우기 위해 시작된 해외서적 번역·발간이 오늘에 이르기까지 별다른 자성 없이 계속되었던 것에 대한 반성이었으며, 특히 우리나라의 방송문화진흥을 사명으로 하는 진흥회가 좀 더 한국적이고 우리 실정에 적합한 연구서를 편찬하는 데 적극적으로 노력하지 못했던 것에 대한 부끄러움이었습니다.

    이에 지난해부터 진흥회는 국내 학자들의 연구와 저술지원에 더 힘

을 기울이기 시작했습니다. 그 첫 성과로 우리 학자들의 손으로 완성
된 연구서를 발간하게 되어 우리 방송문화진흥을 위한 새로운 장을
연 듯한 기쁨을 감출 수 없습니다. 더욱이 방송문화진흥회법 개정과
더불어 향후 방송문화진흥을 위한 본격적인 사업확대를 앞두고 있는
현 시점에서 이번 저술·출간지원의 상징적 의미는 더욱 크게 다가오
는 듯합니다.

　이번에 출간하는 도서는 『21세기 영상 텔레비전 문화』, 『텔레비전
비평론』 등 방송문화의 근간을 이루는 사항들이 연구·정리된 도서와
『프로듀서를 위한 법률교실』이라는 매우 실무적인 도서, 그리고 전자
미디어 시대 '비평'의 패러다임을 소개하는 해외 우수서적으로 구성
되어 있습니다.

　국내 방송연구의 업적을 정리함과 동시에 국내 연구자에게 필요한
해외서적을 소개하고자 하는 이번 총서가 방송을 연구하고 교육하는
데 유용한 자료로 활용되기 바라며, 이를 위해 저희 진흥회는 앞으로
더욱 노력해나갈 것을 약속드립니다. 마지막으로 연구와 발간을 위해
고생해주신 연구자 여러분과 출판사 관계자 여러분에게 깊은 감사의
말씀을 드립니다.

2000년 7월

방송문화진흥회 이사장 김용운

머리말

텔레비전과 지식인. 이들의 관계를 어떻게 설정하면 좋을까. 미리 결론부터 말해두자. 이 책의 독자로 상정된 지식인들은 대체로 텔레비전 보는 것을 싫어하는 듯하다. 하지만 그것에 대해서 말하기는 좋아하는 것 같다. 코미디를 잘 보지는 않지만 한마디씩 하라고 하면 말을 장황하게 늘어놓는다. 드라마를 즐기긴 않지만 드라마가 쏟아내는 불륜이나 사랑놀음을 비평할 때는 열을 올린다. 버라이어티 쇼를 잘 보진 않지만 청소년과 연관지을 때는 어김없이 텔레비전을 부정적으로 언급하며 개입한다. 보는 것은 싫어하면서도 말하기는 좋아하는 이유는 어디서 비롯되는 것일까? 즐겨 보지 않으면서도 많은 말을 쏟아낼 수 있다는 것은 보지 않아도 알 만큼 텔레비전이 뻔하다는 자신감에서 비롯된 것은 아닐까? 텔레비전은 그렇고 그런 것이고 각 장르별로 오랫동안 지녀왔던 고질적인 병폐를 그대로 껴안고 있다고 생각하는 것은 아닐까?

지식인과 텔레비전을 말하면서 염두에 둔 지식인이란 아주 특별한 사람들은 아니다. 신문방송현상을 사회에 알리고, 그에 관한 지식을 생산하는 사람들, 그리고 그들의 텔레비전 논의를 경청하고 다시 그 논의를 재생산하는 사람들을 말한다. 대체로 그들은 텔레비전을 아주 잘 묘사한다. 텔레비전과 관련된 사회현상을 그려내는 데도 비상한 재주들을 지니고 있다. 그러나 애석하게도 분석하는 데는 참으로 서툴거나 게으른 모습을 보인다. 특히 대중이 이해할 만한 용어로 분석해내는 데 인색하다. 텔레비전이 분석의 대상이 될 만큼 예술적 가치를 가지고 있지 않다고 생각하거나 분석을 통해 별로 건질 것이 없다고 생각하는 데서 그런 인색함이나 신통하지 못함이 비롯되는 것 같다. 예술적이지 않으면 않은 대로, 텔레비전이 사회에 중요한 내용을 던져주지 않으면 않은 대로 텔레비전 현상을 꼼꼼히 분석하고 정리해주는 일이 필요하겠건만 그와 같은 기대는 흔쾌하게 충족되지 않는다. 결론적으로 지식인들은 텔레비전의 외양에 대해서 이러저러하게 전문성 있게 말하지만 그 속내에 대해서는 대중에게 참고가 될 만한 정보나 지식을 전해주지 않는 셈이다.

지식인들이 지니고 있는 텔레비전에 대한 남모를 자신감에 부정적 혐의를 씌우는 일이 지나친 것이라고 생각지 않는다. 몇 가지 점에서 그렇다. 우선 지식인들은 텔레비전 본다는 말을 잘 하지 않는다. 간혹 텔레비전에 등장하는 사회 유명인사들도 텔레비전을 이야기할 때 그 내용이나 등장인물 등에 대해서 구체적이지 못하다. 두루뭉실한 말이 많다. 텔레비전 비평을 하더라도 한 프로그램의 특정 부분들에 대해 설명할 따름이지 그것과 관련되는 비슷한 프로그램들과 비교하는 예는 많지 않다. 보지 않은 자가 텔레비전에 대해서 말할 자격은 있는 것일까. 영화, 소설, 시, 연극, 음악 등을 보고 듣지 않고 비평하기란 힘들다. 그런데도 보지 않고 텔레비전 비평이 가능한 것일까. 보더라도 대상이 되는 달랑 한 편의 프로그램만 보고 비평이 가능한 것일까.

방송비평이 눈에 띄지 않거나 수준이 낮은 것은 방송과 관련된 지식의 수준이 낮은 탓만은 아니라고 생각한다. 그보다는 방송에 대한 남다른 관심이나 애정이 없는 탓이 더 클 것이다. 관심이나 애정이 없지 않고서야 어떻게 제대로 접하지도 않고서 이러저러한 이야기를 할 수 있으랴. 애정의 대상에 대해서는 이런저런 궁리를 해보게 마련이다. '왜 그럴까?'로부터 시작해서 '어떻게 마음을 내 쪽으로 돌리지', '상대에게 더 매력적으로 보이게 할 수는 없을까', '하루 종일 무엇을 할까' 등등의 질문을 던지고 나름대로 분석하고 해석하게 된다. 그러나 지식인들의 방송에 대한 자신감에는 그런 질문과 분석, 해석이 어디 담겨 있기나 한가.

이 책의 첫번째 목적이 텔레비전에 애정을 갖도록 하는 데 있다고 해도 무방하다. 텔레비전에 무작정 정을 주자는 말은 아니다. 제대로 알고 아껴보자는 것이다. 우리는 어릴 때부터 텔레비전을 통해서 참으로 많은 것들을 배운다. 공적인 지식뿐만 아니다. 사적이며 은근한 내용들도 텔레비전을 통해서 배운다. 사적인 것을 공적인 담론으로 만들어내는 텔레비전은 매우 소중한 학습의 자원이다. 텔레비전에 대한 애정은 텔레비전이 학습의 자원으로서 과연 어떤 내용들을 쏟아내는가 하는 데 눈과 귀를 곤두세우는 것을 말한다. 텔레비전의 내용은 한눈에 단박 알 수 있을 만큼 단순하지는 않다. 어느 정도의 복잡성을 소지하고 있음을 잊어서는 안된다. 그러므로 그에 비판적인 정을 주고자 할 때는 분석하고 해석해보려는 최소한의 노력을 보여야 하는 것이다.

이번에는 거꾸로 질문을 해보자. 텔레비전을 많이 보는 것은 비평에 도움이 되는 것일까? 나는 "그렇다"라고 대답하고 싶다. 텔레비전의 다양한 장르를 이것저것 골라 보는 사람들은 텔레비전의 이치를 잘 안다. 대충 시작을 보면 어떤 일들이 일어날지 예측해낸다. 장면들의 연결에 대해서도 대충 감을 잡고 있다. 특별한 장면에서 카메라 워이 어떻게 이루어질지에 대해서도 미리 내다보는 능력을 지니고 있다. 문제는 자신들이 알고 있는 사안을 체계적이고 조직적으로 풀어내지 못한다는 점에 있다. 마치 말은 잘하면서도 그것을 문법적으로 설명하라면 입을 다물어버리는 사람들처럼 말이다. 외국어 배우기와 비슷해 보인다. 아주 어릴 때 외국에 머물 기회가 있어 별다른 어려움 없이 외국어를 습득한 사람이 있다고 하자. 그 사람은 거침없이 외국어를

말할 수 있지만 문법적으로 어떻게 이루어져 있는지를 설명해보라고
하면 어리둥절해 할 것이다. "왜 문법이냐"고 반문할지도 모른다. 그
냥 잘 말하면 되지 문법이 왜 필요하냐고 말이다. 문법학습은 더 잘
말하기 위한 수단이며 자신의 말에 대한 성찰의 기회를 얻기 위한 것
이다. 방송비평을 하는 법을 배우는 일도 바로 같은 이치다. 잘 보고
있는 텔레비전을 더 재미있게, 더 유익하게 즐길 수 있는 기회를 갖기
위함이다. 그리고 텔레비전을 사회적으로 공론화하는 데 필요한 화법
을 갖게 해주기 위함이다. 모든 사람들이 텔레비전에 대해 지금보다
훨씬 더 잘 이야기하고, 더 비판적이라면 지금보다 나은 텔레비전 현
상을 창조해낼 수도 있지 않을까. 이렇게 텔레비전에 대한 공론을 활
성화하고 공론의 수준을 높이며 궁극적으로는 텔레비전의 수준을 높
이고자 하는 데 이 책의 두번째 목적을 둔다.

　세상에는 눈에 뻔히 보이는 부분과 그렇지 않은 부분이 있다. 어떤
이들은 눈에 보이는 것들만 존재하는 것이라 말한다. 보는 것이 믿는
것이니 보이지 않는 것들은 허깨비에 불과할 뿐이라고 믿는다. 하지만
그것은 좀 수상한 논리다. 분명 존재하고 있는데도 보이지 않는다고
해서 그 존재를 부정하는 일은 소박한 경험론에 지나지 않는다. 현명
한 눈은 보이지 않는 것을 보는 눈일 터이다. 모두 눈을 가졌으되 보
이지 않는 것을 볼 수 있는 눈과 볼 수 없는 눈을 지녔다는 차이는 있
게 마련이다. 그 차이의 극복은 학습이며 훈련으로 이루어지지 않을
까. 텔레비전 수상기의 화면에 명멸하는 그림들은 뻔히 보이는 부분이
다. 하지만 그것을 작동시키는 힘은 보이지 않는다. 보이지는 않지만
뻔히 보이는 것들을 배치하고 절단하고 형상화하는 힘, 그것을 찾아내
는 일이 제대로 비평하는 일일 것이다. 보이지 않는 것을 볼 수 있는
눈을 키우기 위해 방송비평 연습은 필요하다. 아니 절실하다. 그같이
텔레비전의 보이지 않는 부분을 보기 위한 연습의 기회를 제공하는
것이 이 책의 세번째 목적이다.

방송비평은 여러 비평장르 중에서 인기가 떨어진다. 매체들도 방송비평을 위한 장을 별반 고려하지 않는다. 영화비평은 넘치지만 방송비평은 신문기사 한 귀퉁이의 단평 외엔 찾기 힘들다. 1990년대 들어 엄청나게 쏟아져 나온 젊은 문화비평가들도 방송비평에 대해선 큰 관심을 기울이지 않는다. 하루 생활에서 빠뜨릴 수 없는 방송을 왜 이렇게 홀대하는 것일까. 그 책임을 불특정 집단이나 사람들에게 물을 수는 없다. 우선 방송을 가장 가까이 하고 있는 사람들에게 물을 수밖에 없다. 방송정책 등에 대해서는 엄청나게 많은 말들을 쏟아내고, 텔레비전이 사회에 미치는 영향에 대해서는 여기저기 등장해 인터뷰들을 해대지만 정작 매일 벌어지고 있는 방송현상에 대해서는 침묵하는 방송 주변의 사람들의 책임이 크다(물론 이 글을 쓰는 나도 그로부터 자유롭지 못하다).

방송비평이 다양하지 못하기 때문에 방송비평이 인기 없다고 할 수 있을 터인데, 방송비평이 다양해지기 위해서는 비평이 향하는 지점에 대한 수정이 있어야 할 것 같다. 많은 방송비평은 정책이나 산업 쪽으로 향하고 있어 일반 시청자들이 귀를 기울일 만한 친숙한 내용들이 많지 않다. 정책이나 산업에 대한 비평이 중요하지 않은 것은 아니지만 편중된다는 점에서는 문제로 삼을 수밖에 없다. 방송비평이 향해야 하는 지점은 몇 가지로 나눌 수 있다. 그 첫째는 수용자의 이해를 돕는 일이다. 방송수용자들은 방송수용을 버릇처럼 행한다. 자신의 수용행위를 한번쯤 생각해볼 여유를 지니지 못하는 것이다. 방송비평은 그에 착안해 수용자가 자신의 방송수용을 한번쯤은 낯설게 느끼도록 만들어야 한다. 그리고 수용에 대한 성찰을 돕도록 해야 한다. 수용자들은 그같은 비평에 가까이 다가갈 것이다. 방송비평의 활성화를 위해서라도 수용자로 향하는 비평이 더 많이 필요하다. 다음으로 방송비평은 방송제작자로 향할 수도 있다. 제작자들은 방송비평을 통해 자신이 미처 생각하지 못했던 제작상의 문제점들을 발견할 수 있다. 때로는 억울한 지적이 비평을 통해 전달되기도 하지만, 자신이 의도하지 않았던 점들이 비평에 의해 지적되므로 좋은 피드백으로 받아들일 수도 있다. 그러나 현재의 방송비평은 제작에 들이는 품에 비해 현저히 작은 노력으로 쓰여지기 때문에 제작자들이 수용하지 않는 등 상호소통적 비평으로까지 이어지지 않고 있다. 또 다른 한편으로 방송비평은 방송정책 담당자들에게도 도움이 되어야 한다. 정책 담당자들은 방송에 대한 여론을 비평을 통해 전달받을 수도 있다. 그리고 정책에 필요한 구체적 정보나 정당성 등을 구할 수도 있다. 그런 점에서 방송비평은 정책 개입적 성격을 가질 수도 있는 것이다. 이처럼 다양한 비평지향점을 가진 다양한 비평들이 활성화되어야 방송비평도 인기를 끌 수 있다. 그같은 다양화 또한 대중을 염두에 둔 대중적 비평이어야 함은 물론이다. 방송비평의 다양화, 그리고 대중적 방송비평의 활성화, 이것이 이 책의 네번째 목적이다.

그런 목적으로 글을 쓰기는 했지만 평가는 여전히 독자들의 몫이다. 독자들이 이 책의 목적들을 잘 파악해 독서하고 궁극적으로 방송비평을 제대로 해낼 수 있는 데까지 이른다면 목적 달성은 이루어지는 셈이다. 만약 목적과는 딴판으로 도움이 되지 않는 내용이라면 여러 채널을 통한 비판이 있기를 바란다.

솔직하게 말하자면 나의 이번 글쓰기에는 몇 가지 개인적 욕심이 깔려 있다. 그 첫번째는 인용 없는 글을 한번 쓰고 싶은 욕심이었다. 남의 글을 인용하지 않는 것이 큰 자랑은 아니겠지만 인용 없이 적힌 솔직한 글이 쉽게 읽힐 수 있으리라는 기대 때문에 욕심을 부려보았다. 인용은 글을 윤택하게 해주고 더 많은 정보를 전해준다는 장점도 있지만 인용을 위한 인용이라는 폐해와 더불어, 글의 흐름을 막는 장애로 작용하기도 한다. 텔레비전에 대해 평소 지니고 있는 생각들―물론 다른 학자들의 글을 많이 접한 다음 정리된 나 자신의 사고들―을 마음껏 진솔하게 펼치는 책을 쓰고 싶었던 것이다. 개인적인 공명심에서가 아니라 독자들의 편의를 위해서 말이다.

두번째 욕심은 '천박'해지고 싶은 것이었다. 텔레비전을 논의하기
위해서 어렵지만 정교한 이론을 사용하는 것에 별다른 이의는 없다.
다만 어려운 이론일지라도 때로는 쉽게 이해시킬 수 있는 방안은 마
련될 필요가 있다. 매일매일 접하는 텔레비전이라 누구보다 많이 안다
고 생각하고 있었는데 막상 비평을 위해 들여다본 책에서 어려운 이
론을 접하게 되면 당혹해할 것은 뻔한 이치다. 어려운 용어로 정리된
어려운 이론을 갖고 쉬운 텔레비전을 설명하라고, 비평해보라고 주문
한다면 십중팔구 중도하차할 가능성이 높다. "High Theory, Low
Culture." 적절한 비유인지 몰라도 최근 우리 대중문화비평을 보면 아
주 단순한 대중문화 내용에 대한 것에서조차도 첨단 철학자들의 이름
이 오르내림을 볼 수 있다. 어려운 이론으로 즐겁게 비평하는 일도 필
요하지만 그것은 기본적인 내공을 전제로 했을 때 가능하다(기본적인
내공 쌓기). 폼 나게 비평하는 미래를 꿈꾸면서 어려운 이론을 펼치는
것을 피하며 천박하게 이리저리 뒹굴어보는 일도 필요할 것이다(천박
하게 뒹굴기).

몇 가지 목적의식과 개인적 욕심으로 점철된 이 책이 모쪼록 방송
비평을 원하는 이들에게 도움이 되었으면 한다. 머리말의 귀퉁이를 빌
려 몇몇 분들에게 고마움을 전하고자 한다. 먼저 저술 지원을 해준 방
송문화진흥회에 고마움을 표하고 싶다. 그리고 언제나 든든한 마음의
후원자인 나의 자랑스런 스터디그룹 선후배들에게도 출판 소식을 알
리며 고맙다는 말을 전하고자 한다. 언제나 인내와 사랑으로 나를 지
켜보는 은효, 민주, 송희에게도 감사한다.

2000년 10월
청계산 자락에서
원용진

차 례

제3부 방송관련 제도와 텔레비전 비평

제1부 텔레비전과 비평에 대한 이해

1. 텔레비전 다시 보기
2. 텔레비전 비평이란

1
텔레비전 다시 보기

1. 텔레비전과 패러다임의 변화

몇 해 전인가 서울의 배화여고 학생들이 큰 일을 하나 해냈다. 텔레비전에 관한 자신들의 생각을 담아 『텔레비전을 바로 봐야 세상을 바로 보죠』라는 제목의 책을 펴낸 것이다. 자신들의 텔레비전 이용을 회상해보고 잘잘못을 따지는 내용으로 이루어져 있었다. 텔레비전을 통해 세상을 볼 수 있다는 그들의 귀여운 생각이 오랫동안 기억에 남는다. 명멸하는 화면 속에 세상이 담겨 있다는 뜻으로 제목을 결정한 것은 아니리라 짐작한다. 그 책을 찬찬히 읽어보면, 안방에서 즐기기까지의 과정으로서 텔레비전을 조목조목 따지다보면 반사이익으로 세상을 알게 된다는 의미가 더 강함을 알 수 있다. 이때 텔레비전은 수상기 자체도 아니고 방송제도도 아니고 방송내용도 아니다. 그 모든 것을 포함하는 광의의 개념이다.

텔레비전 등과 같은 매체를 과정으로 이해하려는 노력은 대중문화에 대한 관심이 고조되면서 자연스럽게 이루어졌다. 영화를 텍스트(text)로만 대하려는 자세는 진부해 이제 영화비평 소비자들로부터도 거부당한다. 만화를 통해서도 얼마든지 세상을 읽을 수 있다는 득의양양한 비평가들도 등장하고 있다. 자본주의의 꽃이라는 광고를 비평하면서 세상을 읽으려는 고집도 만만찮다. 항간에 유행처럼 번지는 대중문화비평들에 대해 무작정 추인하고자 함이 아니다. 어떤 문화적 장르든 그 안에는 세상을 읽을 만한 단서가 있다는 사실, 매체를 통해 세상을 읽기 위해서는 매체의 과정에 대한 적절한 이해가 선행되어야 함을 전하고 싶을 따름이다.

텔레비전을 위시한 대중문화현상들이 문화비평의 대상이 되기까지에는 상당한 시간이 걸렸다. 후기 구조주의적 해체주의 덕에 대중문화와 고급문화의 경계가 흐려지기 시작했다는 이론적 지형 변화를 먼저 들먹일 필요는 없을 듯하다. 대중문화가 포함되어 있는 사회의 지형이 변했고, 그에 따라 문화를 향한 소비욕구, 소비 후의 사회적 효과에 대한 관심도 늘어났다. 이어 미네르바의 올빼미에 비유되는 학문적 욕구도 뒤따랐다. 속된 말로 학계에서는 뒷북을 치기 시작한 셈이다. 사회 내 진보진영의 전략도 조금씩 수정되기 시작했다(보다 정확하게 말하면 진보진영이 갈라지기 시작한 것이라고 할 수 있겠다). 문화, 그것을 향유하는 소비자, 그리고 문화가 엮어내는 효력(effectivity)을 바라보는 진보진영의 인식에도 지각변동이 생겼다. 이는 경제를 독식하던 독점자본이 문화의 영역에까지 손을 뻗침을 간파하는 위기감과도 통한다. 문화까지 장악하고자 하는 자본의 전략으로 인해 지배의 재생산 양식이 변하고 있음을 인식했다는 얘기다. 그래서 텔레비전을 비롯한 문화현상을 통해서도 사회구성체의 역동성, 문화적 지배까지 노리는 자본의 운동방식, 그에 저항하는 힘을, 즉 세상을 정리해볼 수 있게 됐다는 말이 성립하는 셈이다.

몇몇 문화이론가들은 이러한 문화의 지각변동을 간파하는 인식의 변화를 두고 문예론에서 문화론으로의 패러다임 변화라고 부르면서 그 변화를 적극 지지한다. 이는 매우 획기적인 제안이다. 패러다임의 변화는 진보진영에서 보여왔던 기존의 문화관(문예론)으로는 변화하는 문화의 정치경제학적 지형을 제대로 볼 수 없음을 전제한다. 그것이 낡았다기보다는 유연한 자본의 전략에 대응하는 전술을 수립할 수 없을 뿐만 아니라 분석조차 제대로 이루어지지 않는 결함을 지니고 있기에 전환이 필요하다고 밝힌다. 그래서 대안으로 문화를 바로 보는 새로운 시각인 문화론을 제안한다. 문화가 자본의 지배전략으로 사용되는 마당에 자본주의 문화관을 의도적으로 피하는 경향을 드러내는 문예론은 적절한 이론이 될 수 없다는 입장이다. 오히려 자본주의 내 온갖 문화의 장을 가로질러 보는 솔직성이 필요한데 문화론이 그에 맞춘 것이라고 주장한다.

문예론은 이름 그대로 문화예술론을 줄인 말이다. 문화와 예술의 합성이긴 하지만 악센트는 주로 예술 쪽에 가해진다. 문예론에서는 문예작품의 진보성향의 성패를 주로 문예작품의 재현 충실도(미학, 예술성)에 가두어 두었다. 노동자계급, 민중의 과학적 세계관이 얼마나 충실하게 작품에 재현되고 있는지 따지는 데 초점을 맞춘 것이다. 한 예로 소설에 대한 평가는 소설이 얼마나 계급현실에 충실하며 더 나아가서는 계급을 통한 사회 변혁의 실마리가 될 수 있는 근거를 제시하느냐로 이루어졌다. 민족주의 진영에서의 민족문학에 대한 평가는 계급을 민족으로 대체시키고 얼마만큼 민족의 현실과 미래를 잘 드러냈는가로 이루어졌다. 이러는 와중에 문화의 지형은 독점자본을 그 기반으로 한 문화산업을 중심으로 지각변동을 일으키고 있다. 문예론이 물리쳐야 할 대상으로만 설정해두었던 대중문화가 문화판을 압도하게 된 것이다. 문예론이 비껴 가려 했던 것들이 현실에서 우세종으로 등장하고 있었던 것이다. 이는 역으로 문예론이 자신의 평가 대상으로 삼았던 문예물들이 자본의 전략 변화, 문화산업의 성장 등 변화의 외풍 탓에 문화판 바깥으로 밀려나게 된 것과도 통하는 얘기다.

문화와 예술의 합성인 문예론에서 악센트가 덜 찍힌 문화영역에서도 텔레비전을 비롯한 대중문화, 대중매체 등이 들어설 자리는 없었다. 유물론적 입장에 충실하려는 시각에서 문화를 파악했기 때문이다. 다시 말해서 문화를 정신세계쯤으로 단순화시키고 등한시하기도 했고 오히려 자본주의를 벗어나 있는 문화(예를 들어, 리얼리즘 문학) 등에만 관심을 보여온 것이다. 자본주의가 막 시작되었던 즈음에 등장했던 문화, 즉 자본주의에 저항했던 것들에 초점을 맞추었다. 과거의 것들을 전범으로 삼고 이루고자 했다. 브레히트가 루카치를 비난하던 "미래로 나아가되 미래를 향해 등을 돌리고 과거만을 예의 주시하면서 걸어나가는" 형국으로 문화를 바라본 셈이다. 종합하자면 문예론은 문화에 대해서 오해하거나 무시하는 태도를 보여왔거나 문화적 현실을 비껴 가면서 문화를 창조하고자 했다는 혐의를 받게 된다. 그로 인해 애지중지해오던 문예작품이 문화판에서 소외되는 등, 전혀 예상치 못한 현실을 맞이하게 된다. 대중매체 등을 통한 대중문화가 문화판에서 득세하면서 문예론의 소외감은 급기야 절망감에까지 이어진다('문학의 죽음' 등의 위기론이 그 예다).

문예론에 대한 반성을 바탕으로 하는 문화론은, 독점자본주의체제가 만들어낸 소비문화와 상품문화라는 성격을 지닌 대중문화가 지배하는 상황을 기꺼이 문화현실로 파악한다. 문예론과 공유하는 대강의 합의는 여기까지다. 문화론은 문예론이 간과했던 문화의 물질성, 즉 문화가 사회의 생산양식에 직접 영향을 미칠 수 있는 실천형식이란 점을 강조한다. 이러한 문화의 지위에 대한 문화론적 전제는 몇 가지 제안을 가능하게 해준다. 먼저 문화 개념은 문예론에서 주장하는 바와는 달리 예술로만 설명되는 것이 아니라 예술을 둘러싸고 있는 문화지형 전반을 대신하게 된다. 또한 예술의 반대편에 선 대중문화를 버리는 입장을 거부한다. 예술의 적대로 존재하는 대중문화마저도 생활문화로 파악하고, 논의 안으로 끌어올 수 있는 방안을 고민하게 된다. 예술마저도 대중문화의 상대가 되지 못하거나 문화산업에 의해 포섭

되는 상황을 애써 숨기려 하거나, 그런 세태를 한탄하거나 피하려 하지 않는다. 대중매체가 내놓는 대중문화의 형식이나 내용, 감수성을 문화생산의 주요 기제로 보고, 생산을 둘러싼 의도를 파악하고 그 생산에 참여하는 주체 존재도 찾아내려 한다. 또 한편으로 생산된 문화물들을 소비하는 방식에도 관심을 보인다. 개인의 문화적 소비가 간주체적(間主體的) 교환을 통해서 집단적 문화현상으로 발전되는 지점들에 대해서도 언급하려 한다. 결국 문화론으로 바라본 텔레비전은 자본과 국가의 전략, 생산미학, 수용미학 등등이 한데 얽혀져 있는 조금은 복잡한 양상을 띠고 있다.

2. 문화론적 그물에 걸린 텔레비전

문예론과 문화론만으로 텔레비전에 대한 논의가 이루어져왔던 것은 아니다. 텔레비전이 사회에 어떤 영향을 미치는가를 중심으로 사회학적 관심사가 있었는가 하면, 개인의 태도, 행위 변화와 관련된 심리학적인 논의도 오래 전부터 있어왔다. 이들은 대체로 텔레비전이라는 존재에 대한 물음보다는 텔레비전의 긍정적 기능, 역할 수행 논의에 치중해왔다. 그래서 기능주의적 텔레비전 접근이라고 불리기도 한다. 문화론이나 문예론이 사회변혁을 전제로 했던 것에 비해 기능주의적 접근은 사회안정 유지, 재생산이라는 측면에서 텔레비전에 관심을 쏟아왔다. 사회변혁을 전제로 하는 문예론이나 문화론적 입장에서 보자면 그같은 입장은 텔레비전에 대한 사회적 관심사를 사회유지라는 쪽으로 유도한 도구적 지식이라는 혐의를 받을 수밖에 없다. 이것은 텔레비전의 과정에 대한 인식을 억압하는 효과를 갖는다. 고민해야 될 것과 덜 고민해도 될 것을 바꾸어놓았다는 혐의를 받는 것이다.

문화론적으로 텔레비전을 푸는 방식은 문예론적, 사회학적, 심리학

적 그물에 걸려든 텔레비전 논의를 구해내는 것에 다름 아니다. 구해
낸다 함은 단순히 이론적 당위만을 이야기하는 것은 아니다. 텔레비전
을 전면에 내세워서 학문적 담론으로 현실을 오도하는 것들에 적극적
으로 대응해야 함을 말하는 것이다. 그래서 텔레비전을 문화론으로 풀
이한다 함은 기존의 텔레비전 논의를 체계적으로 비판하고 텔레비전
에 대한 새로운 이론적·실증적 담론을 쏟아내야 하는 이중적인 작업
을 의미한다.

　문화론적 텔레비전 논의의 시작은 아무래도 텔레비전의 물질적 근
거에서 이루어져야 할 것 같다. 텔레비전이 어떤 사회적 환경에 존재
하는지를 밝히는 것으로 그 시작은 가능해진다. 전기, 기술의 산물인
텔레비전은 뉴 미디어의 등장에 의해 점점 바깥으로 밀리는 것처럼
얘기되지만 실제는 그렇지 않다. 오히려 뉴 미디어의 장점들을 흡수하
면서 텔레비전 자신이 신기술의 결정체인 것처럼 행세하기도 한다. 위
성 TV, 케이블 TV, 인터넷 TV 등을 보더라도 뉴 미디어의 등장으로
텔레비전은 낡기는커녕 스스로 변신하면서 첨단매체의 지위를 누린
다. 텔레비전과 기술의 결합은 무색·무취하지도 진화론적으로 이루어
지는 것도 아니다. 기술의 발전과 도입 그리고 그 적용은 철저하게 기
술의 장(場)인 사회의 성격에 의해 물꼬가 정해진다. 그 물꼬의 주체
가 바로 국가이며 자본이다. 그렇다면 텔레비전이 기술 발전과 더불어
변신해가는 과정에 개입하는 결정적인 주체인 국가와 자본의 개입, 그
리고 그 개입방식을 밝히는 일은 그 물적 기반을 따져보는 일임에 틀
림없다.

　물적 기반이 텔레비전의 내용과 문화를 결정한다고 보는 입장은 상
당히 오랫동안 지속되어왔다. 하지만 그 긴 역사에도 불구하고 여전히
부분적인 설명력 탓에 단순히 일원론적이라는 지적을 받기도 한다. 물
적 기반이 텔레비전 내용에 그대로 반영될 것이라는 소박한 믿음 탓
에 그러한 지적을 받는다. 텔레비전의 물적 기반과 화면 속에서 명멸

하는 이미지 사이에는 분명 많은 중재 요인들이 있다. 영상 제작의 전통, 제작의 한계가 가져다준 관습, 방송인들의 문화 등등이 중재할 수밖에 없다. 물론 그 중재 요인을 포함시켜 분석하더라도 물적 기반의 결정력이 고스란히 드러날 수도 있다. 하지만 중재된 드러남과 중재되지 않은 드러남에는 차이가 있다. 중재의 존재를 간과하게 되었을 때는, 단순히 물적 기반의 변화에만 텔레비전에 대한 희망을 걸게 되는 전략상의 실수도 있을 수 있기 때문이다.

물적 기반과 텔레비전 내용의 관계에서와 마찬가지로 텔레비전 내용과 사회적 수용 간의 관계 또한 단선적으로 설명될 성질의 것은 아니다. 사회적 수용은 사회적 존재에 의해 이루어지는 부분이고 역사적인 사건이기도 하다. 텔레비전 수용이 발생하는 사회·역사적 환경이 감안되지 않고서 텔레비전 내용이 바로 문화로 이어진다는 단순한 추정은 피해야 한다. 내용이 문화화되고 그것이 다시 물적 기반과 이어지는 과정은, 논의의 끝부분이긴 하지만 물적 기반과 융합하면서 앞으로 텔레비전 내용 그리고 수용의 변화를 초래하기도 하는 순환의 발단부분이기도 하다.

현재의 정세 속에서 텔레비전의 안팎을 살펴보는 일도 각 요소들의 연결고리를 역사화하는 것에 지나지 않는다. 물적 기반의 변화 그리고 그것이 초래할 수 있는 내용상의 변화—혹은 요지부동—그리고 수용 측면에서의 변화를 아우르는 작업이 바로 문화론적 텔레비전 논의일 것이다.

3. 텔레비전의 물적 기반

결국 텔레비전이란 용어는 그 물적 기반, 내용 그리고 수용환경이란 세 요소를 포함하는 넓은 의미로 사용되고 있으며 그렇게 논의되

어야 할 필요가 있다. 하지만 세 요소를 어떻게 하나로 묶어서 논의에
포함시킬 것인가는 상당한 기술을 요하는 것이기도 하다. 따로 논의한
다음 종합하는 것이라면 그리 어려운 일이 아니란 생각도 든다. 각 요
소들이 맺고 있는 관계는 단순한 인과관계도 아니어서 그렇게 설명하
는 데는 상당한 위험부담이 있을 듯 싶다. 세 요소의 관계는 사회구성
체 설명에서와 같이 각 층위의 자율성을 인정하되 서로가 맞물려 영
향을 주고받는 것으로 설명될 수 있다. 그 설명은 각 요소들이 지닐
수 있는 결정력 혹은 역할의 범주를 정하는 방식으로 이루어질 수 있
다. 물론 그 결정력의 정도는 어떤 국면이냐에 따라 달라질 수밖에 없
음을 전제로 해야 한다. 각 층위의 영향력은 역사적이며 가변적이기
때문이다.

　텔레비전이 속해 있는 우리 자본주의 사회의 성격은 우선 세계 자
본주의 질서 안에서 파악될 수 있다. 세계 자본주의 질서 안에서 일정
지위를 유지해야 하는 외향적 목표와 그 목표를 위해 내부 질서를 유
지해야 하는 내향적 목표를 동시에 지니고 있다. 여기서 국가는 한층
강화된 국제경쟁에 대비해 국가경쟁력 강화를 내세운다. 효율적인 자
본의 배치, 국내의 계급적 갈등 배제라는 당면 과제를 갖게 되는 것이
다. 텔레비전이 위치한 정보통신 분야도 예외는 아니다. 시장개방을
앞두고 경쟁력을 강화해야 하고 이를 달성하기 위해서는 독점자본에
호혜를 주는 편의성을 택하게 된다. 물론 이 편의적인 선택을 놓고는
정보사회라는 장밋빛 청사진 제시, 국제화시대로의 전국민적 동원, 정
보와 생존이라는 이데올로기적 공세로 정당성을 확보하려 한다. 텔레
비전에 대한 국가와 자본의 개입은 이러한 정세하에서 읽힐 수 있다.

　국가가 텔레비전에 개입하는 방식은 예전에 비해 훨씬 정교해지고
있다. 방송허가권을 쥐고 있는 국가는 개방화, 탈규제라는 이름으로
텔레비전 방송 기회를 확대 제공하지만 텔레비전 방송 주체 선정의
선점권을 확보하고 있다. 공중파 TV, 케이블 TV, 위성 TV 등으로 판

을 짜고 방송을 원하는 많은 신청 주체 중에서 선택할 권한을 지니고 있다. 국가는 나름대로 각계각층을 대표하는 이들로 자격심사체를 구성해서 정당성을 확보하려 노력하고 있지만, 정당성을 확보하기 위한 판을 짜는 주체가 국가란 점에서 국가적 개입이 부인될 수는 없다. 국가의 텔레비전 개입이 가장 두드러지는 부분은 공영 텔레비전 제도를 통한 방송 소유와 운용이다. 공영방송의 경영진 임면권으로 국가가 방송을 제어하고 있을 뿐 아니라 준국가기구인 방송위원회 등으로 방송을 감독하게 한다. 국가는 민영방송제도의 도입으로 점차 공·민영 텔레비전 제도로 옮겨가는 경향을 보이지만 이는 여전히 자본 호혜의 원칙을 전제로 이루어지고 있다. 방송제도 개편을 통해 국가 중심의 방송시장 구축에서, 국가와 자본을 병렬하는 시장 구축 방식으로 옮아가고 있다. 이는 국가의 자본에 대한 자신감이기도 하다. 복합매체 산업을 운영하고자 하는 자본을 여타 경제정책 등을 통해서 적절히 제어할 수 있다는 자신감에서 나온 것이라 할 수 있다.

국가 개입 외의 텔레비전에 대한 개입은 자본의 몫이다. 자본의 텔레비전 소유는 가장 일반적인 개입 방식이 되고 있다. 공중파 TV, 케이블 TV의 일부는 이미 대자본에 의해 소유되고 운영되고 있다. 대자본은 이어 위성 TV에까지 참여하려 하고 있고 이미 준비를 마친 상태다. 방송기술의 발전 덕에 채널의 숫자가 무한정으로 늘어나게 되고 국제경쟁력 제고를 '국시(國是)'처럼 내세우는 상황에서 대자본의 방송참여를 막을 적당한 근거를 대기란 여간 어렵지 않다. 대자본은 한 걸음 더 나아가 텔레비전 사업을 시너지 효과 창출의 일환이라고 흘리고 다닌다. 이어 국민경제에 기여할 수 있는 기회라고까지 내세운다. 애니메이션 제작 등을 통해 디즈니 캐릭터에 맞설 수 있는 민족적 캐릭터를 만들고 문화적 자긍심을 심어놓을 수 있다는 명분을 설파하기도 한다. 복합 산업화를 통해서 수익을 극대화하려는 의도를 국제경쟁력이나 문화의 민족주의라는 어설픈 모토로 은폐하려 한다. 광고를 위한 출구 노릇을 할 수도 있고, 영상사업에서 만들어낸 캐릭터를 상품에 전용하려는 기획을 호도하는 셈이다. 이는 위성 TV 진출을 끊임없이 노리고 있는 재벌언론들에 의해 산업적 필요성으로 포장되고 증폭되어 전해진다.

광고 제공은 대자본이 텔레비전에 대해 가장 큰 목소리를 낼 수 있는 방식이다. 광고를 통한 텔레비전 개입은 의도하지 않은 개입처럼 이해된다. 즉 판촉을 위한 광고일 따름이지 방송에 개입하고자 제공된 광고가 아니라고 강변하는 것이다. 텔레비전이 광고를 위해 제공한 시간은 한정되어 있다(현재 전체 방송시간의 10/100으로, 한정된 시간을 확보하기 위한 경쟁은 치열할 수밖에 없다). 그 경쟁에서 조정자 역할을 맡고 있는 방송광고공사는 지속적으로 광고를 할 주체를 선호한다. 혹은 주요 광고 시간대를 사는 광고 주체에 비인기 시간대를 끼워서 파는 불공정 거래도 행하고 있다. 이 경쟁의 승패는 누가 덩치 큰 돈을 지속적으로 내놓을 수 있는가로 결정된다. 뻔해 보이는 이 경쟁에서 대자본은 주요 시간대의 주요 프로그램의 스폰서가 된다. 스폰서와 텔레비전은 이러한 조우를 통해서 감정 구조를 확인하게 된다. 텔레비전의 방송 내용이 펴내는 자본, 경제, 사회에 대한 이념은 이같은 만남으로 인해 한정될 수밖에 없다. 문서화된 지침에 의해서가 아니라 공기에 퍼져 있는 분위기를 통해서 교감하는 것이다.

근래 들어 대자본은 텔레비전 사업에 국가의 개입이 줄어들어야 한다고 역설하고 있다. 국가의 역할은 시장을 보호하는 수준에서 그쳐야 한다는 것이다. 그래서 일견 국가와 자본은 텔레비전에 대한 개입을 두고 경쟁하는 서로 다른 주체처럼 보이기도 한다. 하지만 국가와 대자본의 텔레비전 개입은 제로 섬 게임 방식으로 이루어지지 않는다. 국가 개입이 커진다고 해서 자본 개입의 영향력이 줄어들지 않는다. 그 역도 성립한다. 때로는 같은 무게로 텔레비전에 개입하기도 하는 등 다양한 형태로 개입이 이루어지고 있다. 이제 국가와 자본이 일정

매트릭스로 방송산업의 지형을 주도적으로 정교하게 꾸려감에 주목해
볼 필요가 있다. 허가권 등을 지니고 있는 국가의 정책방향이 결코 자
본을 배제하는 방향으로 이루어지지 않고 있으며 자본은 끊임없이 국
가정책에 개입할 수 있는 공간을 만들고자 한다. 국가와 자본은 호혜
관계를 유지할 수밖에 없는 고충을 경제제일 이데올로기의 생산·배포
를 통해 국민적 합의처럼 꾸며낸다. 국민의 문화·경제적 복지를 내세
우며 텔레비전의 물적 기반을 정당화하려 하는 것이다.

　텔레비전 문화 생산은 철저히 국가와 자본의 판짜기 주도를 바탕으
로 이루어지고 있다. 그 외의 주체는 주변부 텔레비전 시장(지역 민방
이나 케이블 TV)으로 밀리게 된다. 하지만 이조차도 거대자본 중심의
흡수병합으로 인해 새롭게 판이 짜여지기 시작했다(지역 민방이나 지
역 케이블 방송에 자본이 대리 주체를 내세워 지분을 확보하고 있다).
새로운 판짜기 지형에서 승자와 패자는 이미 정해진 것이나 다름없다.
고도의 기술이 텔레비전에 필요하게 되었다는 사실은 텔레비전이 점
차 자본집약적 산업으로 바뀌고 있음을 입증한다. 텔레비전 산업의 시
장 판짜기는 자연스럽게 경쟁력이란 이름하에 국가와 자본을 중심으
로 이루어질 수밖에 없다. 텔레비전을 둘러싼 국가와 자본의 밀회는
정보 및 통신 개발의 중요성이 가속화되면 될수록 더욱 많아질 전망
이다. 이미 대자본의 위성 TV 참여 허가를 내부방침으로 정한 정책방
향에서도 그 전망을 읽어낼 수 있다.

4. 텔레비전 속의 세계

　텔레비전 안테나나 케이블을 타고 안방으로 흘러 들어온 국가와 자
본의 냄새는 안방의 텔레비전 화면에 뽀얗게 전해진다. 그 냄새로는
국가와 자본을 쉽게 알아볼 수 없기에 뽀얗다는 말을 쓸 수밖에 없다.

소유와 개입 방식을 통해 엮어진 국가와 자본의 매트릭스는 때때로 화면에 전혀 다른 방식으로 드러난다. 텔레비전을 통해 세 개 정도의 채널을 보던 때에 비하면 지금은 텔레비전이 사회복지의 첨병이란 착각이 들 정도다. 프로그램 장르간 복합도 많이 이루어져 내용이 상당히 정교해지고 다양해졌다. 자국 문화에 대한 보수적인 자폐성도 사라져 국제화를 이루고 있는 것처럼 보인다. 기술 발달로 인한 다채널시대가 열리면서 다양한 취향에 맞추려는 노력이 많아졌다. 전과는 다른 내용을 텔레비전이 쏟아내고 있는 셈이다.

노동의 대가로 얻어진 가정의 행복을 확인하게 해주는 드라마가 있는가 하면 <세계로 향해 열려진 창>처럼 신속하게 세상을 확인하고 적응할 지혜를 주는 느낌을 갖도록 하는 보도 프로그램도 있다. 비정한 자본주의 사회를 꾸짖고 보다 나은 세상을 만들려고 하는 다큐멘터리도 가끔은 있다. 기성세대의 보수성과 획일성에 저항하며 "이제 그만 됐어"를 외치는 노래를 여과 없이 내보내는 음악 프로그램도 있다. 적어도 내용상으로 보면 다양한 목소리를 전해주려함을 목도할 수 있다. 그래서 텔레비전을 가진 자들의 무기라고 말하기 힘들지 않겠느냐는 목소리도 조심스럽게 나오고 있다.

이는 어쩌면 텔레비전 정책을 통한 자본 호혜를 변명하면서 정책입안자들이 내세웠던 것처럼 수용자들이 문화적 복지를 누릴 수 있는 시기가 도래했음을 증명하는 것인지도 모른다. 채널의 제한이 풀리고 텔레비전 사업 주체를 다양화함으로써 수용자들이 이익을 얻게 될 것이라는 전망이 이루어지는 순간처럼 보이기도 한다. 하지만 다양한 내용들이 과연 어떤 틀거지에 얹혀져 우리에게 전해지는가를 따져볼라치면 전혀 다른 결론을 얻게 된다. 텔레비전 내용의 변화는 단순히 주제나 소재의 변화만으로는 설명될 수 없다. 기존의 제작 관습, 제작코드의 사용 등에서 얼마나 탈피했는가를 추적해 따져볼 필요가 있다. 현실을 각진 텔레비전 수상기에 맞게 깎아내고 짜 맞추는 형식적 과정을 살펴봄으로써 그 표피적 내용을 재평가할 수 있는 것이다.

　텔레비전 화면은 끊임없이 명멸하면서 다가와 앉을 것을 권유한다. 때로는 현실을 제대로 알고 살아가는 방식을 알려줄 터이니 다가오라고 손짓을 한다. 시청 후 더욱 많은 지식과 정보를 알게 되었다는 포만감을 뉴스나 다큐멘터리는 느끼게 해준다. 하지만 포만이라는 느낌을 주기 위해서 원재료에 해당하는 이야기들은 특별한 얼개 위에 올려질 수밖에 없다. 오랫동안 고안되어온 이 얼개를 이야기체라고 말한다. 세상을 있는 그대로 일러주고 전해주는 대신 고안된 특정 이야기체라고 하는 얼개에 얹어 제공한다. 쉽게 이해할 수 있도록 이야기해주는 셈이다. 그래서 텔레비전을 음유(bardic) 매체라고도 말한다. 동네 사람들에게 바깥 소식이나 재미난 이야기를 들려주던 예전의 음유시인 역할을 텔레비전이 대신한다고 붙인 이름이다. 그 이야기하는 방식은 채널과 내용의 다양화 이후에도 큰 변화를 보이지 않고 있다. 뉴스의 내용 폭이 넓어지고 전달하는 기술들이 화려해졌지만 이용되는 얼개는 여전히 그대로다. 예를 들어 드라마의 이야기가 인간의 심리 속에서만 종결되도록 하는 관행들도 바뀌지 않았다. 과연 이야기하는 방식이 채널, 소재의 다양화만큼이나 변화했는가를 따져보면 그렇지 않음을 알 수 있다.

　텔레비전 안테나를 타고 들어온 이미지는 아직까지도 보편적 가치를 바탕으로 한다. 편성전략에 목표 시청자(target audience)를 염두에 두고 있다고 말하긴 하지만 어떤 매체보다도 광범위한 수용자를 그 대상으로 한다. 텔레비전이 등장하기 전까지만 해도 잡지나 라디오 등은 광범위한 수용자를 대상으로 했다. 그러나 텔레비전의 출현으로 사정은 달라졌다. 광범위한 대상은 이제 텔레비전에 내주고 정확하게 소구할 수 있는 대상을 찾아 나서야 했다. 완벽한 보급망을 가진 총아적 매체인 텔레비전에 대응할 수 없었던 것이다. 텔레비전은 모든 사람을 아우를 수 있는 내용을 쏟아낼 전략을 세웠다. 어려운 제작 코드를 줄이고 모든 사람들이 시간만 할애하면 손쉽게 즐길 수 있도록 보편적인 가치를 찾아냈다. 그리고 그것은 지고의 제작적 가치로서 지금도 남아 있다. 남녀간의 사랑, 가족애, 지나치지 않은 오락, 얕은 지식으로도 풀 수 있는 퀴즈 등등 텔레비전은 보편적인 가치와 지식을 쏟아 내는 것이다. 그 보편적인 가치는 기존 질서의 유지라는 말과도 통한다. 몇몇 기이한 주제나 소재로 그 보편적 가치, 기존 질서를 깨뜨리려는 노력이 있긴 하지만 그마저도 소재주의적 새로움에 그치고 만다. 당연히 대안적 가치나 사회변화를 기획하는 아이디어 등은 텔레비전으로부터 소외될 수밖에 없다.

강력한 문화 증폭기 역할을 하는 텔레비전으로부터 소외된 가치나 문화는 자연히 사회적으로 일탈된 것으로 여겨진다. 보편적 가치를 내놓음으로써 주도 문화와 일탈 문화를 구분하는 제작 관행을 두고 예전의 노골적인 텔레비전 내용과 비교해볼 때 달라졌다고 할 수는 없다. 다양해진 욕구들의 충족에 초점을 맞추겠다며 마련된 다채널 방송은 실질적인 역할을 수행하지 못하고 있는 것이다.

보편적인 가치와 지식은 일상에서 상식이라 불리는 것들을 바탕으로 한다. 의문시되지 않는 가치, 즉 상식은 가끔 그 실효성이 벽에 부딪히기도 한다. 대중교육이 보편화되고 사람들이 전문적 매체를 접할 수 있게 되자 상식은 가끔씩 낡은 느낌을 주게 된다. 기존의 상식이 개정되고 새로운 상식이 펼쳐져야 하는 순간들도 있는 것이다. 이럴 때 텔레비전은 보수성을 숨기면서 새로운 상식에 익숙해질 수 있도록 권유한다. 텔레비전이 가끔 진보적인 색채를 띤다고 평가받는 순간이기도 하다. 하지만 이 순간마저도 텔레비전은 그의 물적 기반이 그어 놓은 범주에서 좀처럼 벗어나지 않는다. 수용자로 하여금 정보나 오락을 대하면서 자신의 현실적 경험과 협상하도록 유도하되 가능한 유보적 협상을 하도록 권유하는 것이다. 물적 기반이 그어놓은 테두리 안에서만 가능하게 하는 것이다.

이는 텔레비전 내용이 그 물적 기반의 재생산에 이바지하는 과정이
다. 물적 기반으로부터 일정 부분 자율성을 가지고 있으면서도 그 자
율성은 내용상의 다양성에 그치고, 획기적인 텔레비전 수용은 이루어
지지 못하도록 하는 전략에 파묻히고 만다. 그런 점에서 내용의 다양
성은 물적 기반의 알리바이로서 존재한다. 다채널시대가 우리에게 전
해준 것은 텔레비전의 물적 기반이 더욱 교묘하게 숨어 있다는 것말
고는 없는 듯하다. 한겨레신문과 비슷한 성격인 국민주방송의 필요성
이 다채널시대에 대두되는 것도 그러한 한계의 파악에서 비롯된 것이
라 여겨진다.

안방에서 맞이하는 텔레비전의 안테나 끝에는 사회적 흔적이 묻어
있다. 공기 속의 전파만이 정제·선택되어 화면상에 드러나는 것이 아
니다. 텔레비전을 운용·통제하는 국가, 광고로 돈을 대는 자본, 텔레
비전을 운용하는 자본의 냄새들도 안테나를 통해 안방으로 흘러든다.
여기서 냄새라고 말하는 이유는 텔레비전 내용이 직접적으로 국가나
자본의 의도를 드러내지 않는다고 보기 때문이다. 국가와 자본이 내용
속에 그 어떤 음모나 의도를 드러내리라 생각하는 것은 겹겹으로 구
성되어 있는 텔레비전 과정을 지나치게 단순화한 것에 불과하다. 문화
는 그 자체로 사회관계에 대한 직접적인 설명을 하지 않는다. 자본과
국가를 중심으로 한 체제가 최종 심급으로 작용할 가능성은 있지만
문화는 그것을 은폐하면서 드러나기 때문이다. 텔레비전이 쏟아내는
내용들은 때로 기호적 민주주의(semiotic democracy)[1]의 해방가능성을
보여주긴 하지만 여전히 물적 기반이 정한 범주 내에서 이루어지고
있다. 은폐된 채로 이루어져 있지만 내용이 얹혀지고 제공되는 형식은
변화 없음을 그대로 드러낸다.

---

1) 기호적 민주주의란 바깥 세상의 민주화와 관계없이 텔레비전 내용상으로만
   민주화가 이루어진 상황을 뜻한다.

5. 수용환경의 변화

높은 참여를 요구하는 매체가 있는가 하면 낮은 정도의 참여로도 근접가능한 매체가 있게 마련이다. 조금만 놓쳐도 뒷 이야기를 따라갈 수 없는 경우 주의도나 참여도는 높게 마련이다. 물론 테크놀러지의 발전으로 인해 복제가 용이해져 이제 그런 구분은 낡아 보이기도 한다. 언제든지 되돌려 볼 수 있고 재음미할 수 있도록 복제기술이 발전해 있기 때문이다. 하지만 텔레비전은 복제기술과 관련해보면 참으로 특이한 매체란 생각이 든다. 각 가정의 수상기를 통해 방송되는 것들은 모두 똑같은 내용이다. 대량으로 복제된 것이다. 복제된 같은 내용을 많은 사람들이 즐긴다고 할 수 있을 것이다. 하지만 텔레비전을 보고 있는 사람의 입장에서는 복제의 혜택을 누리지 못한다. 특별히 녹화를 해두는 정성을 기울이지 않는다면 지나간 내용을 되돌려 보기란 쉽지 않다. 텔레비전 시청이란 즉석 소비의 성격이 강한 것이다. 그래서 텔레비전은 높은 참여도를 요구한다. 맥루한(M. McLuhan)은 영화와 텔레비전의 정세도(세밀함)를 비교하여 그 매체적 차이를 설명한다. 정세도가 높은 영화는 매체에 깊숙이 빠지지 않아도 이해가 가능하지만 정세도가 낮은 텔레비전은 그렇지 못하기에 높은 참여를 요구한다고 말한다.

하지만 이 매체적 특성은 텔레비전이 놓이는 공간을 고려해보면 반드시 맞는 이야기가 아님을 알 수 있다. 영화는 꿈의 세계를 만드는 것처럼 컴컴한 공간에서 한 벽만을 응시하게 만든 장치다. 어두운 공간에서 펼쳐지는 거대한 화면과 웅장한 사운드는 관객을 압도하기에 충분하다. 이처럼 영화는 높은 참여도를 보이지 않는 관객들을 야단치며 추슬러 끌고 가는 매체는 아니다. 온갖 막강한 장치들로 관객을 압도하며 이끌고 가는 카리스마가 있는 매체인 것이다. 그에 비해 텔레비전은 훨씬 느긋하다. 밝은 공간에서 흘러나오는 화면과 사운드는 영화에 비해 초라할 지경이다. 가정이란 공간은 주위의 개 짖는 소리, 불청객이 누르는 초인종 소리, 갑작스런 전화벨 소리 등에 속수무책이다. 가정이란 환경이 자아내는 풍경과 주위의 소리들은 텔레비전과 한데 어울려 전혀 새로운 모습으로 바뀐다. 집중이 끊기고 참여가 방해받는 매체가 바로 텔레비전인 셈이다. 높은 참여가 요구되지만 실제 수용 공간에서 높은 참여가 이루어지기 힘든 매체로 이해될 수 있다.

가정이란 공간은 텔레비전에 대한 감수성을 다르게 갖도록 만들어준다. 서점에서 『아버지』란 소설을 사서 집으로 돌아올 때의 마음은 다잡아진 것임에 틀림없다. 이 한 권의 책을 읽고 고개 숙인 아버지를 한번쯤 알아보겠다는 마음으로 독서를 시작한다. 샴푸로 머리를 감고 전철을 타고 영화를 보러 갈 때의 마음도 이와 흡사하다. 이미 영화를 보기 전에 영화의 포로가 되겠다고 무장해제를 한다. 하지만 텔레비전은 다르다. 방송이 시작된 시간이기에 텔레비전을 켜본다. 이리저리 채널을 바꿔보기도 한다. 다른 일을 하면서 그 리듬에 텔레비전을 맞춘다. 썩 마음에 들지 않는 프로그램을 만나게 되면 리모콘으로 이리저리 정착할 채널을 찾아 탐색을 한다. 텔레비전 시청은 순간순간 마감되지만 가정이 자아내는 풍경으로 인해 생활과 짜깁기된다는 것이 텔레비전의 매체적 특성이다. 이러한 특성은 텔레비전이 우리의 일상성과 맞닿아 있다는 말과도 통한다. 즉 지금 이 공간에서 소비가 발생하고 마감한다는 즉시성과 늘 진행되는 생활 공간과 맞닿아 있는 생활이 얽혀 있다는 이야기다. 생활 공간과 화면이 만나는 지점에서 화면상 내용은 압도적인 카리스마를 누리기 힘들다. 시청자들이 화면의 가상 공간과 현실을 왔다갔다하기 때문이다. 그래서 텔레비전 내용이 시청자를 압도하는 정도는 영화의 그것에 비해 현저히 떨어지기 마련이다.

이러저러한 텔레비전 수용환경의 특수성을 감안해서 시청과 내용 사이의 비판적 거리를 확보하려는 노력들이 있어왔다. 텔레비전을 비판적으로 수용할 수 있는 가능성이 있음을 전제로 해서 시청자들을 대상으로 계몽적 교육을 실시해온 것이다. 흔히 텔레비전 읽기 교육 혹은 미디어 교육 등으로 이름 붙여진 이러한 노력들은 텔레비전을 모니터링하면서 그 안에 담긴 내용 등을 무비판적으로 받아들이지 않고 자신의 생활과 비교하고 그 허구를 찾아낼 수 있는 소양을 시청자들에게 전해주려 했다. 앞서 밝힌 텔레비전 시청환경과 매체적 성격을 염두에 두고 비판적 거리 확보가 가능하다는 믿음에서 그러한 운동을 펼쳐왔다.

텔레비전이 가족 매체이며 영화와는 다른 매체환경을 갖는다는 주장은 매체기술의 발달과 그에 익숙해진 시청 습관으로 그 위세가 약해질 전망이다. 비디오를 통한 영화감상을 위해 텔레비전은 점차 영화를 닮아가고 있다. 화면이 커지고 영화화면 비율을 닮은 와이드 스크린 텔레비전도 보편화되고 있다. 취약점이던 사운드도 이제 오디오 시스템에 맞먹게 되었다. HDTV, DVD 등의 개발로 인해 정세도가 낮은 문제도 해결될 전망이다. 텔레비전 시청은 텔레비전 수상기를 통해서만 이루어지지 않는다. 컴퓨터 모니터를 통한 시청도 가능해졌다. 가족 매체가 아닌 홀로 매체가 될 가능성도 많아진 셈이다. 텔레비전 수상기를 둘러싼 기술혁명이 시청 관습에 미치는 영향에서 리모콘 사용은 빠뜨릴 수 없는 사안이다. 예전 로터리식 채널을 돌리면서 화면을 바꾸려 하던 때만 하더라도 텔레비전 내용과 그 시청 공간에는 간극이 있었다. 리모콘으로 1초도 걸리지 않는 시간 내에 채널을 바꾸는 것과 로터리식 채널을 둔탁한 음을 내며 돌릴 때의 차이는 매우 커 보인다. 텔레비전을 시청하는 시간, 장소, 몸 등이 내용과 하나가 될 가능성이 높아진 것이다.

벽걸이형 텔레비전이 머지않아 일반화될 전망이라는 소식을 접하고 보면 이제 텔레비전 자체가 환경이 될 것이란 두려움을 떨칠 수가 없다. 텔레비전과의 최소한의 거리도 확보하기 힘들 것이라는 생각이 들기 때문이다. 텔레비전 수상기가 가정에 들어오고 그 내용이 펼쳐지던 것이 일상과는 다른 이벤트로 여겨지던 시절은 이제 되찾기 힘들게 될 것이다. 텔레비전을 둘러싼 기술 발전 그리고 그것을 움직일 힘을 배분하는 권력은 점차 수용자들을 텔레비전 주위의 이벤트로 바꾸어 놓을 전망이다.

텔레비전은 이제 더 이상 동네 사람들이 모여 울고 웃는 이벤트가 아니다. 일상으로 바뀜으로써 그 존재를 확인하기가 힘들게 되고 매체 와 수용자의 거리를 확보하기가 어려워졌다. 그 간극의 좁혀짐은 비판 적 거리 두기가 점차 소멸됨을 의미하기도 한다.

6. 텔레비전을 바로 봐야 세상을 바로 보죠

텔레비전이 쏟아내는 것들이 바로 대중문화현상으로 이어지지는 않는다. 텔레비전에 개입하는 국가와 자본의 의도가 바로 내용으로 드러나지 않듯이 그가 전한 내용이 바로 사회를 휩쓸지는 않는다. 대중문화의 내용이 텔레비전의 그것과 많이 닮아 있더라도 그 관계에 대한 이해는 신중해야 할 필요가 있다. 불륜 드라마로 알려진 <애인>의 인기 탓으로 황신혜의 머리핀과 유동근의 와이셔츠가 불티나게 팔리더라도 이를 획일적인 반응으로 받아들일 필요는 없다. 머리핀을 꽂는 것도 와이셔츠를 입는 행위도 의미를 내는 행위이다. 행위는 주체가 어떤 사회적 위치에 놓여 있느냐에 따라 달라진다. 각 집단(계층)은 스스로의 의미 내기를 통해서 자신을 다잡고 자신을 사회에서 다시 확인해본다. 방식이 같다고 해서 의미까지 같다고 단순화시키기에는 문제가 있다.

현대 사회의 문화현상을 예전의 문화 개념으로 파악하기엔 무리가 따른다. 문화를 한 사회가 공유한 가치나 태도로 파악하기에는 사회가 너무 복잡하다. 문화를 공유한다는 테제는 문화정책을 내세우는 사람들이 즐겨 이용한다. 문화정책을 내세우는 쪽에서 사회가 문화를 공유하기를 바라는 의도는 아무래도 구린 구석이 있다. 거칠게 말하자면 통치의 편의를 위한 것일 수도 있다는 이야기다. 텔레비전은 문화를 공유시키기에 안성맞춤의 매체다. 그 편재성이나 증폭력에 비추어 보자면 가공할 만한 문화매체임에 틀림없다. 그래서 문화정책을 만들고 공표하는 이들에게 보내는 의심만큼 획일화된 문화를 만드는 텔레비전에도 의심을 보낸다. 적어도 진보진영에서 바라보는 텔레비전 내용에 대한 비판은 그에 준한다. 하지만 텔레비전은 문화를 획일적으로 만들기보다는 오히려 갈등을 유도한다고 욕을 먹어오고 있다. 위화감을 조성한다거나 세대간 갈등을 부추기고 있다는 식으로 비난된다. 소외된 시청자층을 만들어낼 정도로 특정 계층에만 어필하려 한다는 것이다. 이처럼 텔레비전에 대한 인식론과 현실론은 모순적인 관계에 놓이게 된다. 텔레비전은 문화를 획일화하는 매체라고 인식하지만 정작 비평을 할 때는 획일화가 아닌 갈등 조장에 더 할애한다고 말하는 모순된 결론을 낳는 것이다. 이는 텔레비전 과정에서의 내용이라는 요소와 시청이라는 요소를 같은 층위로 혼동하면서 생긴 것이라 할 수 있다. 내용을 분석할 때는 획일화되어 있다는 결론을 내고 시청자의 수용을 분석할 때는 의미의 다양성을 논의하는 비일관성을 노정하는 것이다.

이는 텔레비전에 대한 과학적 인식 부족에서 비롯된 결과다. 그래서 우리가 지니고 있는 텔레비전과 그 문화에 대한 상식적 인식에 의심을 품고 딴지를 걸어둘 필요가 있다. 과학적인 인식과 경험적인 증거들을 바탕으로 텔레비전을 정리해두지 않는다면 텔레비전은 영원히 아무런 문제 없는 제도로 여겨지거나 회피해버릴 수 있는 매체로 여겨질 수 있다. 신문이나 잡지에 실리는 텔레비전에 대한 공격들은 제대로 된 정공법이 아닌 경우가 많다. 과학적인 인식과 경험적인 증거들을 지니고 있지 않은 경우가 많기 때문이다. 그 공격들은 대체로 텔레비전을 멀리하면서 경계의 눈초리를 보낼 것을 강조하고 있다. 간혹 제대로 된 제안이 없는 것은 아니지만 전해주는 인식들은 초라하기까지 한 경우가 많다. 하지만 그러한 담론들이 더 득세를 하고 설득력 있는 견해로 받아들여지기까지 한다. 바로 이같은 지점에 텔레비전에 대한 새로운 담론들이 개입해야 한다.

국가와 자본의 의도가 텔레비전의 매체적 특성을 통해서 내용으로 나타나고 최종적으로 가정이라는 풍경 속에 수용된다. 가정에서의 수용은 이어 사회적 이용으로 전이된다. 전날 본 텔레비전 내용을 실천하는 과정이 최종적으로 이루어지는 셈이다. 이처럼 촘촘하고 오밀조밀하게 짜여진 그물을 비집고 사회로 쏟아져 나온 텔레비전 문화는 그것이 제대로 평가를 받기도 전에 사회적 편견이나 허약한 상식을 맞이하게 된다. 우리가 지닌 텔레비전에 대한 그릇된 통념을 만나는 셈이다. 그러한 통념들을 문제삼는 것은 그것이 단순히 잘못된 상식이기 때문만은 아니다. 그것은 실질적으로 텔레비전을 이해하고 수용하는 데 효력을 미친다. 그리고 텔레비전 문화를 제고해나가고 변화시키는 데 걸림돌이 되기도 한다. 텔레비전 문화에 폐를 끼치는 그릇된 통념들을 살펴보면 다음과 같다.

① 텔레비전 위력 앞에 우리 모두가 무력하다는 통념 : 이 통념은 전날 밤 텔레비전을 통해 쏟아진 패션이나 가요, 은어들을 아무런 여과 없이 수용자들이 되풀이한다는 한탄이다. 수용자들이 주어진 대로 받아들인다는 것이다. 여기서 하나 시비를 걸어보자면 어떤 것은 받아들이는데 어떤 것은 받아들이지 않는다는 사실을 어떻게 설명할 것인가를 질문해볼 수 있다. 어떤 실마리 없이 무턱대고 받아들이지 않을 것이란 점에 주목하지 않으면 안된다.

텔레비전 비평의 몫은 여기서 시작된다. 왜 사람들이 특정한 부분을 받아들여 증폭하고 있는지를 과학적인 사고와 분석으로 풀어내는 것이 비평의 몫이다. 인기란 것은 분명 인구를 가로질러 가는 것인 바, 왜 그것이 가능한가라는 점을 풀어볼 필요가 있다는 것이다. 그러한 고민 없이 텔레비전 위력만을 내세우는 것은 비평이나 학문이 대상으로 하는 대중에 대한 결례를 범하는 일이 될지도 모른다.

② 텔레비전은 가진 자들의 무기라는 통념 : 이는 국가와 자본의 개입을 전제로 했기에 가능한 통념이다. 만드는 이들의 속성을 알면 그 내용을 알게 되고 궁극적으로 내용을 통한 사회적 효과도 추정할 수 있다는 속단이다. 이러한 통념은 생산 주체가 일사불란한 움직임을 지니고 있음과 자본·국가·제작자·내용을 한데 묶을 수 있음을 전제로 한다. 물론 생산 주체의 속성이 생산된 내용의 한계를 그어준다는 점에서 부분적으로 맞는 이야기다. 하지만 그것은 어디까지나 부분적인 참일 따름이다. 이는 텔레비전을 통한 새로운 가능성에 대해서 애써 무시하거나 텔레비전 생산 주체를 바꾸지 않으면 안된다는 무리한 대안을 내놓게 만든다. 텔레비전 과정에 참여하는 주체들은 가진 자들—권력이든 금력이든—이라는 주장은 맞다. 하지만 그 가진 자들의 전략이 일사불란하고 완벽하다고 해서 모순을 낳지 않는 것은 아니다. 대중매체는 인기를 염두에 둘 수밖에 없다. 시청률 경쟁에서의 승리는 방송국 모두의 관심사다. 그리고 인기는 방송제작 전문인들의 메달이기도 하다. 그 메달을 위해서라면 그리고 전문인의 긍지를 살릴 수 있는 것이라면 기존의 물적 기반을 뛰어넘겠다는 제작자의 가능성을 애써 외면할 필요는 없다. 어떻게 그것이 가능했는가를 살펴보는 일은 분명 좋은 연구과제다. 텔레비전을 어느 한 편에만 고정시키는 통념보다는 이쪽으로도 끌어올 수 있는 가능성이 있지 않을까라는 의지를 보이는 것도 필요하다.

③ 텔레비전은 외래문화 혹은 무국적의 문화를 쏟아내는 매체라는 통념 : 이 통념은 우리 고유문화의 존재를 전제로 했을 때 가능하다.

흔히 한국적 텔레비전 문화를 쉽게 제안하지만 유감스럽게도 현재의
텔레비전 문화가 한국적 텔레비전 문화다. 이를 넘어선 이상적 모델은
듣기에는 좋지만 찾기에는 여간 힘들지가 않다. 외래문화나 무국적의
문화를 찬양하자는 것은 아니다. 텔레비전에서 쏟아져 나오는 무국적
의 문화도 우리 문화의 모습이라는 인식이 필요하다는 것이다. 텔레비
전이 외래문화의 주범이 될 수는 없다. 텔레비전이 그 혐의를 다 뒤집
어써야 할 근거는 없다. 비난의 화살은 텔레비전으로 향해지는 것이
아니라 텔레비전이 그 정도의 문화역할을 할 수밖에 없는 환경에 맞
추어져야 한다. 예를 들면 생활문화, 도시문화, 지역문화의 활성화가
이루어져 텔레비전과 경쟁하지 않는 한 그 형태는 지속될 수밖에 없
을 것이다. 그런 점에서 이 통념은 지나치게 비관적이고 본질적이라는
비난을 받을 수밖에 없다.

  이와 같은—이외에도 많이 있겠지만—텔레비전에 대한 통념들이 가
져다주는 폐해는 예상외로 많다. 텔레비전에 대한 대안적 전략 제시에
서 통념은 전혀 엉뚱한 방향을 잡도록 유도하기도 한다. 텔레비전을
본질적으로 파악하여 그것의 존재를 부정하거나 아예 문화적 논의에
서 지우려 하는 우를 범하기도 한다. 또한 무엇보다도 텔레비전 과정
의 제작자와 수용자 간의 관계를 왜곡하기도 한다. 제작자가 텔레비전
을 통해 얻는 인기란 수용자의 재미를 바탕으로 한 것이다. 수용자의
재미를 이데올로기적 몰입으로만 몰아붙이는 일은 인기를 얻은 제작
자를 다른 한편으로 밀어 넣는 전략적 오류를 범하게 된다. 수용자층
의 변화가 제작 관행의 변화로까지 이어질 가능성을 차단하게 될 수
도 있다는 얘기다. 통념은 때로는 수용 관습에도 영향을 미친다. 텔레
비전 경험들이 서로 나누어지는 것을 막기도 한다는 점에서 그렇다.
텔레비전 시청이 무조건 죄악시되는 경우 자신의 시청행위를 숨기거
나 그것 자체를 사회적 의미행위라고 생각지 않게 만들기도 한다. 결

국 텔레비전이 공론화되는 것을 막는 셈이다.

우리가 지니고 있는 텔레비전에 관한 사회적 담론들은 묵시론적 장면들을 펼쳐낸다. 명멸하는 화면 앞에서 무기력하게 비판적 거리를 확보하지 못한 채 매달려 있는 시청자. 시청자들을 통한 텔레비전 내용은 아무런 여과 장치 없이 사회로 흘러나와 권력과 자본의 의도대로 횡행하고 지배의 재생산에 앞장서는 일. 그래서 텔레비전은 대중문화를 소비문화화한 주범, 지배의 도구라는 혐의를 뒤집어쓴다. 그러한 비판에 비해 텔레비전을 통한 새로운 문화의 구축 등에 대해서는 덜 관심을 갖는다. 텔레비전 본질론이랄까, 그럴 가능성이 없어 보인다고 포기한 탓인지도 모른다. 하지만 지금 우리에게 필요한 것은 대중매체, 대중문화의 배척이 아니라 대중매체를 통한 가능성의 타진이다. 그것이 지금의 문화현실이란 점에서 그렇다. 대안문화를 찾는 행위만큼이나 대중매체, 대중문화에 대한 새로운 담론을 구축하는 일도 절실하다. '텔레비전을 바로 보아야 세상을 바로 본다'는 화두는 그런 점에서 매우 유용해 보인다.

2

텔레비전 비평이란

1. 텔레비전 비평의 사회적 지위

모든 창작행위에는 비평−문학비평, 영화비평, 미술비평, 음악비평, 무용비평, 건축비평 등−이라는 후속작업이 뒤따른다. 최근 들어서는 대중문화비평이 빠른 속도로 그 영역을 확장해감을 볼 수 있다. 대중음악비평, 대중문화비평, 만화비평, 게임비평, 텔레비전 비평, 광고비평 등이 그것이다. 비평은 창작자에게는 창작에 피드백을 줄 수 있는 일종의 반응으로 작용할 수 있다. 창작을 수용하는 수용자들에게는 수용의 선택 여부, 수용하는 방법 등을 알려주는 길잡이 역할을 한다. 비평하는 이들은 자신의 비평을 통해서 특정 창작물에 대한 자신의 입장을 확인해볼 기회를 갖게 된다. 즉 자기성찰이란 점에서 비평은 중요한 기제가 되는 셈이다.

전적으로 창작행위라고 할 수는 없지만 텔레비전 또한 후속작업으로서 혹은 반성, 조언, 비판으로서 비평이 뒤따른다. 텔레비전 비평은 제작자들에게는 좋은 피드백으로 작용해 더 나은 제작의 기초가 될 수도 있다. 수용자에게는 텔레비전과 관련된 정보를 알려줌으로써 보다 성찰적인 시청이 되도록 도와줄 수 있다. 텔레비전과 관련된 정책의 담당자에게는 사회의 여론을 전달하는 수단이 되기도 한다. 현대사회에서 빠뜨릴 수 없을 만큼 중요한 제도인 텔레비전을 공적 담론의 수준에 올려놓고 공개장으로 끌어내는 데 텔레비전 비평이 기여할 수 있는 것이다.

그런데 어쩐 일인지 텔레비전 비평은 접하기 어려울 뿐만 아니라 사회적 대접도 제대로 받지 못하는 것 같다. 빈도와 사회적 위상은 밀접한 것이니 따로 떼어서 설명하기가 쉽지 않겠지만 그 어느 쪽도 텔레비전 비평으로서는 달갑지 않은 현실임에 틀림없다. 이 글을 쓴 나 자신도 텔레비전 비평 탓에 겪은 서러움의 기억이 있다. 1990년대 중반 ≪TV저널≫에 몇몇 학자들이 번갈아 텔레비전 주평(週評)을 낸 적이 있었다. 그때는 상당히 공을 들여 비평을 했었다. 비슷한 영역의 학자들이 번갈아 글을 쓰니 아무래도 서로 내공을 뽐내는 경쟁의식도 있었던 것 같다. 그리고 텔레비전 비평 영역이 아직 취약하니 좋은 선례를 남겨 텔레비전 비평도 중요한 비평제도임을 알리자는 묵계도 있었다. 그런데 어느 날 선배 교수 한 분이 지나가는 말로 "주간지에 텔레비전에 관한 글을 적고 거기다 버젓이 사진까지 게재하느냐"고 비꼬았다. 속이 상했지만 그 연배의 분들이 텔레비전에 대해 지니고 있는 정서를 알기에 웃어버리고 말았던 기억이 있다. 텔레비전 비평에 대한 태도도 텔레비전에 대한 태도와 비슷한 수준에서 일궈지고 있었던 것이다.

텔레비전 비평에 대한 사회적 편견의 이유를 한번 찾아보자. 영화비평과 비교해보면 명확한 답을 도출해낼 수도 있겠다. 첫째, 텔레비전 비평은 영화비평에 비해 신비스러운 권위(charisma)를 갖지 못한다. 영화비평가들은 관객들이 보지 않은 영화에 대해서 먼저 답을 내놓는다. 시사회를 통해서 미리 영화를 관람한 영화비평가들은 관객들에 전혀 새로운 정보를 전달하며 관람 여부 판단에 도움을 주게 된다. 그에 비해 방송비평은 항상 뒷북을 치며 걸어가는 형상을 하고 있다. 시청이 이미 끝난 뒤에 시청자의 기억을 요청하는 텔레비전 비평은 선험적 위치에 놓인 영화비평에 비해 낮은 지위를 가질 수밖에 없다.

둘째, 텔레비전 비평은 영화비평에 비해 수준이 낮다고 여겨지기 때문이다. 영화는 텔레비전에 비해 범위가 좁은 관객층을 목표로 하고 있다. 극장을 찾는 인구층이 언제든지 조사될 수 있기에 영화는 그 인구층을 목표로 제작하고 홍보한다. 하지만 텔레비전은 그렇지 못하다. 요즘 들어서는 아주 한정된 시청자층을 겨냥하는 시도들이 있지만 여전히 영화에 비하면 넓은 폭의 인구층을 목표로 하지 않을 수 없다. 영화비평이 겨냥하는 독자층과 텔레비전 비평이 겨냥하는 독자층도 당연히 차이가 나게 된다. 영화비평이 좀더 고급스러워 보이고 전문적인 것처럼 보이는 것은 독자층에 맞춘 글쓰기 때문이라고 보아도 크게 틀리지 않는다. 일년에 극장 한 번 찾지 않는 이가 영화비평을 꼼꼼히 들여다볼 확률은 높지 않다. 그에 비해 텔레비전 비평은 누구나 한번쯤 텔레비전 안에 무슨 일이 벌어졌는지 알고자 하는 마음으로 접하게 된다. 텔레비전 비평이 영화비평의 글쓰기를 따를 수 없음은 당연한 일이다. 그런 사정을 감안하지 않고 비평의 수준이나 격을 정해버린다면 텔레비전 비평으로서는 억울할 수밖에 없다.

셋째, 앞서 지적한 바와 같이 매체에 대한 편견과 연관이 있겠다. 앞의 두번째 이유와 통하는 부분이기도 하다. 누구나 텔레비전에 대해 일정한 태도를 지니고 있다. 그 동안 우리 사회를 지배해왔던 텔레비전관은 바보상자, 저질문화 생산자, 거짓말쟁이, 비교육적 제도 등으로 구성되어왔다고 해도 과언이 아니다. 텔레비전을 강력한 어조로 변호하며 아낄 것을 주장하는 이를 찾기란 여간 힘들지 않다. 텔레비전을 따뜻한 눈길로 볼 것을 권유하는 이조차 찾기 힘들다. 친밀하고 사적인 자리에서는 텔레비전 내용으로 대화와 웃음을 나누는 데는 너나없이 익숙하다. 간밤의 주요 장면이나 연예인 관련 이야기를 친한 친구끼리 스스럼없이 나눈다. 하지만 공적인 자리로 옮기면 태도가 돌변한다. 뉴스 인터뷰나 조사기관에서의 설문작성, 학교에서의 리포트 작성 등에서 텔레비전은 여지없이 깨지고 만다.

　이같은 이중적 태도를 비난하고자 함은 아니다. 우리에게 필요한 것은 사적인 공간에서의 태도와 공적 공간에서의 태도 간 대화다. 텔레비전을 즐겁게 이야기하되 그것이 갖는 사회적 성격을 같이 고민해볼 수 있어야 한다. 즉 사적인 것과 공적인 것에 대한 태도, 그 두 태도가 같이 어우러져 텔레비전 문화 발전에 도움이 되도록 해야 하는 것이다. 하지만 여전히 텔레비전에 대한 태도는 공적 공간에서의 텔레비전관이 주도하고 있다. 영화라는 매체에 대한 우리의 태도를 한번 돌아보라. 영화를 두고 저질이라는 말은 잘 사용되지 않는다. 영화를 폄하하는 말로는 "상업주의적이다" 등이 사용되곤 한다. 그러나 영상 시대를 맞이해서는 '상업주의적' 영화마저도 "잘 만들었다"라는 평을 받는다. 그리고 인간존재를 고민해주는 철학적 영화, 미를 추구하고자 하는 예술영화, 시대정신을 잘 드러낸 리얼리즘 영화 등으로 부추김을 받는 경우가 질타를 받는 경우보다 더 많은 것 같다. 하지만 텔레비전에 쏟아지는 담론들은 '막가는' 경우가 많다. 'TV 망국론'을 펼치는 신문 사설이 있는가 하면, '쓰레기'라는 섬뜩한 언사를 쏟는 경우도 있다. 이같이 매체 자체가 사회적으로 차별을 받는 상황에서 비평에 대한 차별은 당연한 것인지도 모르겠다.

　이상과 같은 이유들이 있긴 하지만 텔레비전 비평 자체가 낮은 대우를 받는 것을 현실로 받아들이기란 쉽지가 않다. 텔레비전이 사회를 '망친다'고 매일같이 성토하던 사람들이 정작 그런 텔레비전 환경을 고치자는 비평을 힐난하는 것을 어떻게 이해해야 할까. 텔레비전은 저급한 매체이니 그것을 비평하는 일 또한 저급하다고 보는 논리는 어디서 구해진 것일까. 텔레비전이 사회에 미치는 영향력이 엄청나다고 아는 이들은 텔레비전을 결코 외면하지 않는다. 오히려 텔레비전과 관련된 말들을 만들어낸다. 그리고 사회에 확산시키고자 한다. 너무 가까이 있어서 오히려 그 존재를 인식할 수 없는 매체인 텔레비전에 대해 고민한 흔적으로 비평을 남긴다. 텔레비전 환경을 변화시키려는 의지가 지나쳐서 때로는 텔레비전에 탐닉하는 것 아닌가 하는 오해를 받기도 하지만 말이다. 누구나 한마디 정도는 할 수 있는 텔레비전을 비평 대상으로 삼았다는 자격지심이 없는 것도 아니다. 헤아릴 수 없을 만큼의 다양성으로 존재하는 시청자들의 입맛에 맞게 쓸 수 없음을 깨닫고는 당연한 입바른 소리, 보편적 비평으로 그쳐버리는 좌절도 자주 경험한다. 그런데도 비평을 그칠 수 없는 것은 텔레비전이 지금의 형태에서 반드시 바뀌어야 하기 때문이다. 텔레비전 비평이 텔레비전 문화를 개선하는 데 가장 앞장서야 한다는 등의 당위성은 없다. 그러나 제작의 수준, 감상의 수준, 토론의 수준을 끌어올리는 데는 상당한 기여를 할 수 있다. 장기적인 전술로서 텔레비전 비평은 텔레비전이라는 사회적 제도를 개선하는 데 빠뜨릴 수 없는 소중한 제도임에 틀림없다.

2. 텔레비전 비평이란

비평가마다 자신들이 행하는 비평을 다르게 정의할 수도 있겠지만 공통적으로 반드시 포함되어야 할 비평의 요소들에 대해서는 합의를 보고 있는 것 같다. 비평이 갖추어야 할 요소를 파악함으로써 텔레비전 비평을 정의할 수 있으며 또 다른 한편으로는 텔레비전 비평이 갖추어야 할 미덕을 정리해낼 수도 있을 것이다. 다음의 내용은 텔레비전 비평이 갖추어야 할 요소와 미덕에 관한 것인데 텔레비전 비평을 위한 비평 대상의 선정, 비평 독자의 상정, 체계적인 비평이 되기 위한 방법론과 이론의 습득, 비평의 목적 포착 등을 중심으로 설명하고 있다.

먼저 비평을 위해서는 비평의 대상이 선정되어야 한다. 매주 방송비평을 시사잡지에 실어야 하는 비평가의 경우 가장 먼저 자신의 비평대상을 구하는 데 착수한다. 특정 프로그램을 대상으로 할 것인지, 최근 벌어지고 있는 방송산업의 변화를 중심으로 할 것인지, 특정 방송인을 대상으로 삼을 것인지를 결정해야 한다. 다른 비평의 경우도 마찬가지다. 대상 선정 없이 막연히 비평을 행하는 일은 쉽게 찾을 수도 없거니와 바람직하지도 않다. 구체적인 대상을 선정하는 것은 비평과정의 맨 앞부분에 있어야 할 사안임에 틀림없다. 방송비평의 대상이될 수 있는가의 여부를 정해주는 뚜렷한 선은 없다. 방송과 관련된 사안이라면 어떤 것이라도 방송비평의 대상이 될 수 있다. 여러 사안을 묶어 공통된 주제로 비평할 수도 있다. 비평 대상 선정을 제대로 해내는 일은 방송비평을 하는 데 있어 가장 먼저 이루어져야 하고 세심한 배려가 필요한 부분이다.

대체로 비평은 발표를 전제로 이루어진다. '방송비평론' 수업을 듣는 학생이 과제물로 제출하는 방송비평이야 공개적 발표를 하지 않겠지만 그 글 또한 담당 교수에 읽힌다는 점에선 발표를 감안하지 않을 수 없다. 발표를 전제로 한다는 것은 바꾸어 말하면 자신의 글을 읽을 독자를 상정하게 된다는 말이다. 그러므로 자신이 글이 발표될 공간의 성격이나 독자의 성향 등을 잘 파악하지 않으면 안된다. 요즘의 대중문화비평은 지나치게 어려워 도움은커녕 짜증만 불러일으킨다는 지적을 많이 받는다. 요즘 영화비평들을 들여다보면 그런 불만을 불러일으킬 만하다는 생각이 드는 것도 사실이다. 학술지에서나 사용될 용어들을 별다른 여과 없이 쏟아낼 뿐만 아니라 비평의 초점조차 추상적이어서 쉽게 이해되지 않는 글들이 많다. 이런 커뮤니케이션 실패는 대체로 자신의 글을 읽을 독자를 제대로 파악하지 못한 데서 생긴다. 물론 독자를 정확하게 파악하는 일은 어려운 일이다. 아무리 특정 잡지가 특정 독자층을 겨냥하고 있다 하더라도 그 안에서 또 다른 독자 분류가 일어날 수도 있어 정확한 파악이란 말처럼 그리 쉬운 일은 아니다. 하지만 자신의 글이 발표될 공간(신문, 주간지, 월간지 등등)의 성격과 독자층의 취향, 수준 등을 파악하는 데 많은 공을 들여야 함을 잊어서는 안된다. 능력 있는 비평가와 그렇지 않은 비평가의 차이는 바로 그런 성실성 여부에서 결정될지도 모른다.

셋째, 텔레비전 비평은 감상문 수준을 넘어서야 하고 그러기 위해서는 체계를 갖추어야 한다. 발표가 이루어진다는 점에서는 텔레비전 비평은 공적 담론이라 할 수 있다. 공적 담론은 사회적 책임을 수반하게 마련이고 그 책임에 맞는 체계를 갖추어야 하는 것이다. 텔레비전 비평이 체계를 갖추는 데 필요한 기본 요소는 두 가지 정도라고 여겨진다. 분석을 위한 체계적 분석방법이 그 하나이고, 분석된 내용을 평가하는 기준이 다른 하나이다. 분석방법과 평가 기준은 텔레비전 비평이 반드시 갖추어야 할 체계적 요소라 할 수 있는데, 만약 그 요소가 포함되지 않으면 감상문 수준을 넘어서는 데 상당히 애를 먹게 된다.

텔레비전 비평은 비평자가 느낀 점만을 쓰는 작업 이상이다. "내가 보기에 좋았다"든지 "보고 기분이 좋지 않았다"라는 식으로만 쓸 수는 없다. 혹 자신의 느낌을 적더라도 왜 그런 기분이 들었는지를 밝히지 않으면 안된다. 흔히 비평을 두고 '비평 대상을 분석하고 평가하는 작업'이라고 말한다. 분석과 평가는 방송비평에서 아주 중요한 용어다. 방송비평의 대상을 체계적으로 분석하고 그 분석된 결과를 두고 비평가가 평가를 내리는 과정을 거쳐야 함을 가리키는 것이다. 분석이란 비평의 대상을 이루고 있는 구성요소들을 분류해내고 그 성질을 밝히는 일이다. 특정 프로그램을 분석하는 일이란 프로그램이 어떤 구성요소를 지니고 있으며 그 요소들이 어떤 역할을 하는지를 찾아내는 일인 것이다. 이런 분석결과를 그대로 드러내는 일은 비평이라고 보기 힘들다. 분석된 결과를 놓고 비평가는 평가를 가해야 한다. 즉 분석된 내용에 가치를 부여하는 것이다.

분석과 평가를 뒷받침해주는 도구가 바로 방법론과 이론이다. 나는 개인적으로 텔레비전 비평에서 필요로 하는 방법론과 이론을 설명하기 위해 메스와 돋보기의 은유를 즐겨 쓴다. 텔레비전과 관련된 사안을 분석하기 위해서는 우선 중요 부분을 절개할 필요가 있다. 절개하는 데 필요한 도구가 메스다. 메스에도 종류가 많다. 소 잡는 데 필요한 칼과 생선 다루는 데 쓰이는 칼은 다르다. 그렇듯이 분석 대상에 맞추어 적절한 메스를 선택해 사용하는 일이 필요하다. 적절한 메스를 선택하고 분석 대상을 잘 절개해놓은 다음은 그 절개된 부분을 어떻게 해석하고 평가할 것인가 하는 과제가 남게 된다. 잘 해석하고 평가하기 위해 필요한 도구가 바로 돋보기다. 돋보기를 통해 절개된 부분을 들여다보고 해석해야 하는 것이다. 그런데 돋보기에도 여러 종류의 돋보기가 있다. 오목렌즈로 된 것이 있을 터이고 볼록렌즈로 된 것도 있을 것이고, 아주 미세한 부분까지 들여다볼 수 있는 현미경용 돋보기도 있다. 어떤 돋보기를 선택하느냐에 따라 해석과 평가가 달라질 수밖에 없다.

방법론과 이론, 즉 메스와 돋보기가 체계적인 텔레비전 비평을 하는 데 반드시 필요한 품목임에 틀림없다면 비평을 훈련받는 사람들은 다양한 메스와 돋보기를 선택하고 사용하는 법을 배워야 한다. 그러기 위해서는 우선 어떤 메스와 돋보기가 있는지를 숙지해야 한다. 자신에게 반드시 필요하지 않은 메스와 돋보기라 할지라도 지혜로운 선택을 위해서는 여러 종류들에 익숙해 있어야 한다. 텔레비전 비평과 관련된 참고서가 해주어야 하는 역할이 바로 그런 것이다. 다양한 방법론과 이론들을 보여주고 선택하게 하는 것 말이다.

좋은 비평을 위해서는 분석을 위한 방법과 평가를 위한 이론을 체계적으로 훈련받는 일이 필요하다. 특히 전문적으로 텔레비전 비평을 하기 위해 준비하는 이들은 이를 결코 게을리 해서는 안된다. 비평이란 단순히 글을 잘 쓰는 작업이 아니다. 정확한 분석력과 그에 대한 해석력이 뒤따라야 한다. 이는 학술적인 논문을 쓰는 일과 큰 차이가 없다. 학술적인 논문도 현실의 내용을 담은 데이터를 잘 분석하고 분석된 결과를 일정 기준으로 평가하는 과정을 거친다. 논문을 잘 작성하는 일과 비평을 잘 쓰는 일은 별개의 사안이 아닌 셈이다. 논문과 비평의 유사성을 주장하는 것에 대해 저항하는 이들도 있다. 반대하는 이들은 분석과 평가 혹은 해석을 근간으로 하는 논문보다 한 단계 아래의 글이 비평이라고 본다. 비평은 정교한 분석보다는 주관적인 평가를 그 목적으로 삼는다는 것이다. 평가만 있는 비평. 이것이 어쩌면 텔레비전 비평이 잘 받아들여지지 않는 주요 요인인지도 모른다. 분석된 내용은 없고 평가만 있다면 과연 어느 독자가 그 평가를 값진 것으로 받아들일까. 지금까지의 많은 텔레비전 비평이 논문에 버금갈 만큼 분석을 제대로 하지 않고 주관적인 평가를 내리는 일에 그쳤기 때문에 홀대받았을 수 있다. 이제 그같은 수준을 넘어설 때다. 방법과 이론을 제대로 갖추어야만 읽을 만한, 설득력 있는 텔레비전 비평이 될 수 있다.

넷째, 방송비평은 초점 잡힌 목적을 지녀야 한다. 왜 텔레비전 비평을 행하는가에 대한 비평가 나름의 목적 설정이 있어야 하는 것이다. 예전의 텔레비전 비평은 비평의 목적을 다분히 제작자에 대한 훈계로 설정하고 있음을 쉽게 찾아볼 수 있다. 제작자에 대한 거친 질타 형식을 많이 취했는데 때로는 제작자들의 항의로 이어졌다. 제작 현장도 잘 모르면서 책임 없는 '뜬구름 잡는' 비평을 한다며 항의했다. 그러다가 제작자들은 점차 방송비평은 참고로 하지 않아도 되는 무용지물로 인식하기 시작했던 것 같다. 영화비평에 비해 방송비평이 제대로 대접받지 못한 것도 이와 무관하지 않다. 초기의 방송비평은 제작자로 향해 있었음에도 제작자들이 저항하고 외면해버렸으니 읽히지 않는 비평으로 추락하고 만 것이다. 그 여파는 아직도 텔레비전 비평계에 미치고 있는 듯하다. 여전히 방송비평은 별다른 주위를 끌지 못한다. 비평가 스스로도 방송비평가라는 명함을 떳떳하게 내놓지 못한다. 텔레비전 비평의 공간은 갈수록 줄어들고 있다. 그렇다면 그런 비평 관행에 대한 반성을 바탕으로 새로운 활로를 찾아야 할 터인데 과연 그것이 무엇일까? 또 어떻게 하는 것이 좋을까? 비평의 목적과 연관시켜 설명해보자.

우선 제작자를 향한 거친 훈계조의 논의 방향을 다른 쪽으로 열어둘 필요가 있겠다. 제작자들은 자신들에게 향해진 비평들이 좀더 체계적이고 분석적이길 원한다. 형식에 대한 철저한 분석이라든지, 내용분석을 하더라도 훨씬 체계적인 방법에 따를 것 등을 바라고 있다. 그들도 전문적인 비평을 통해 새로운 발상의 기회를 갖기를 원하며 자신이 생각하지 못했던 점들을 배우기를 원한다. 아무튼 방송비평이 제작자를 향해 제작과 관련된 사안을 체계적으로 설득하고 반드시 필요한 정보를 제공하는 쪽으로 방향을 틀어볼 필요가 있다. 즉 제작자를 비평 독자로 삼고 보다 나은 제작환경이나 프로그램을 위한 비평을 할 수 있는 것이다.

최근 들어 각 신문들은 문화면을 활성화하는 모습을 보여준다. 특히 대중문화 부문을 전에 비해 심도 있게 다루고 있다. 연예계 소식을 전하는 것은 물론이고 마니아 문화 등을 소개하거나 전혀 새로운 대중문화현상을 소개하는 데도 인색하지 않다. 대중문화에 친숙한 층들이 이제 본격적으로 신문독자층에 편입되었음을 신문이 감지한 탓이 아닌가 생각한다. 그런 (대중)문화면에서 텔레비전에 대한 평은 꾸준히 이루어지고 있다. 대체로 프로그램 내용에 대한 평이긴 하지만 방송조직 내부에서 일어나는 일이라든지, 경영진에서 벌어지는 여러 일들을 다루고 있다. 방송조직이나 경영진에 대한 비평은 그에 대한 감시를 목적으로 한다. 이는 매우 소중한 비평으로 여겨진다. 방송조직, 경영진에 대한 비평은 많은 피드백을 접하지 못하고 있는 그들에게 소중한 것이 아닐 수 없다.

신문이나 잡지 등에 실리는 비평들은 주로 텔레비전 수용자를 대상으로 하는 경우도 많다. 수용자들의 해석을 돕거나 텔레비전을 비판적으로 볼 것을 권유하는 내용들을 담는다. 사실 텔레비전 비평은 영화비평과 달리 시청 사후에 이루어진다. 영화비평가들은 일반 관객들보다 먼저 영화를 본 다음 관객들의 선택을 돕는 역할을 해내지만 방송비평가들은 일반 시청자보다 먼저 텔레비전 내용을 볼 기회를 갖지않는다. 그러므로 수용자의 시청 기억을 되살리며 그 내용을 이렇게해석하면 어떨까 혹은 그 내용은 이러저러한 의도를 지니고 있었으며방송조직의 의도가 특정 방식으로 담겨져 있었음을 전달해주게 된다.즉 시청자들을 독자로 삼아 그들의 해석을 돕고 비판적 의식을 도모하는 목적을 지니는 것이다.

방송 관련 학술지에서도 방송비평은 이루어진다. 학술적 목적으로작성된 이러한 형태의 비평은 학계 내의 동료학자들을 독자로 삼는다.비평을 통해 기존의 방송이론을 검증하거나 새로운 이론을 내놓기도하고, 방송문화 전반을 분석하기도 한다. 앞의 제작자나 일반 시청자를 대상으로 하는 비평보다는 훨씬 더 심도가 있으며 토론을 신청하는 형식을 택한다. 텔레비전 산업, 프로그램, 조직, 제도, 효과 등을 비평 대상으로 하며 학술적으로 공유하는 이론과 방법론을 활용한다. 학술 작업의 방송비평은 학술 담론의 조성, 정책적 방향 제시, 이론과방법론의 개발 등에 목적을 둔다.

비평 대상에 따라 비평의 목적은 달라지겠지만 서로 다른 목적을관통하는 큰 목적은 있게 마련이다. 그것은 방송문화의 발전이다. 여기서 방송문화라 함은 방송 내부에서 벌어지는 모든 관계의 총합을의미한다. 방송과 정부의 관계는 법제적 내용으로 비평할 수 있을 것이고, 프로듀서와 연예인 간의 관계는 조직비평으로 분석, 평가할 수있고, 사회와 프로그램 간 관계는 신화비평 등으로 비평할 수 있다.

다양한 관계들의 총합, 즉 방송문화에 대한 관심은 텔레비전 비평을 하는 전과정에서 항상 염두에 두어야 할 항목이다. 만약 텔레비전 비평에 그런 목적이 없다면 그것은 사회적 비평이라기보다는 개인적 비평에 머물고 말 것이다.

이상의 요소들을 종합해 텔레비전 비평에 대한 정의를 내려보자. 텔레비전 비평이란 "방송문화의 발전을 위해 방송조직, 제작자, 수용자, 정책입안자 등을 독자로 삼아 전문학술지, 일간지, 잡지 등의 매체를 발표 공간으로 하여 방송과 관련된 사안에 대해 구체적인 분석을 해낸 뒤 평가를 내리는 전문적인 작업"이라고 할 수 있겠다.

3. 텔레비전 비평의 유형

1) 유형분류의 의미

텔레비전 비평의 유형 분류는 별로 실익이 없는 일이다. 특정 비평을 보고 "이것은 … 비평이다"라고 말하는 것이 과연 어떤 사회적 유용성이 있겠는가. 그런데도 우리는 교과서를 통해 특정 사안을 두고 유형 분류를 하는 일들을 자주 접한다. 나름대로 이유가 있을 것이다. 별로 실익이 없다고 말했지만 유형을 분류하는 이유와 그것의 이점을 밝혀야 할 것 같다.

첫째, 이 책의 구성을 제대로 이해시키기 위함이다. 책을 읽고 이해하는 데 책 얼개를 구성한 이유를 아는 일은 매우 중요하다. 책을 펴내는 사람은 나름대로의 타당성을 근거로 목차를 나눈다. 그 타당성을 제대로 이해한다면 책의 흐름을 따라가는 데 별다른 불만과 의문을 갖지 않게 될 것이다. 사실 이 책을 준비하면서 과연 어떤 '꼭지'들로 구성해 설명하는 것이 옳을 것인지 많은 고민을 했다. 텔레비전 비평보다 앞선 비평인 영화비평론 서적이나 문학비평론 서적을 참고삼아 살펴보았다. 하지만 영화나 문학의 경우 다분히 내용중심이어서 썩 만족스럽지는 않았다. 텔레비전의 산업적 성격, 사회적 영향력 등을 언급하지 않는다면 텔레비전 비평론 서적으로서는 결함을 지닌 것으로 판명날 것이 뻔한 터라 반드시 그런 사안들을 포괄해야 했다. 그럼 과연 어떤 기준으로 텔레비전 비평 서적의 '꼭지'를 정할 것인가를 심각하게 고민하지 않으면 안되었다. 그 고민을 장황하게 설명하는 것보다는 텔레비전 비평의 유형을 나누어서 그에 따라 목차를 정했다고 말하면 될 것이라 생각했다. 그런 점에서 유형 분류는 이 책의 목차구성에 대한 이해를 돕게 해줄 것이라 믿는다.

둘째, 텔레비전 유형 분류는 텔레비전 비평문들을 쉽게 이해하도록 도울 수 있다. 어느 비평문이든 한 사안만을 집요하게 추궁하지는 않는다. 주요 테제와 부차 테제로 비평문을 구성하되 특정 주제가 두드러지게 작성한다. 그럴 경우 여러 유형 중 비평문이 어디에 속함을 아는 일은 비평문의 의도를 재빨리 알아차리게 돕는다. 예를 들어 텔레비전의 일일연속극을 놓고 벌인 비평이 있다고 하자. 그리고 그 비평문은 주로 이야기의 전개에 초점을 맞추고 그 전개가 어떤 효과를 낳는지를 설명했다고 하자. 그러면 이 책을 꼼꼼히 읽은 독자는 이 비평이 서사를 주로 분석한 신화비평일 확률이 많다고 생각하고 그에 맞추어 비평에 대한 평가를 내릴 수 있을 것이다. 만약 그 비평이 부차 테제로 일일연속극 장면 중에 등장하는 인물들의 비윤리성에 초점을 맞추고 있었다고 하자. 그러면 비평의 독자는 일일극 속의 비윤리성을 꾸짖는 사회규범비평의 일환으로 이해할 수 있을 것이다. 텔레비전 유형분류에 대한 숙지는 비평에 대한 이해를 쉽게 해주는 길잡이 역할을 해주는 셈이다.

셋째, 유형분류는 텔레비전 비평을 연습하는 이들에게 도움을 줄 수 있다. 텔레비전 비평론 수업을 듣는 학생들은 각 유형에 맞추어 나름대로 비평연습을 할 수 있다는 애기다. 비평론을 강의하다보면 학생들이 비평의 초점이 명확히 잡히지 않은 과제물을 내는 경우를 자주 접하게 된다. 한 비평문 안에 자신의 감상을 모두 나열하는 경우가 많다. 그처럼 지나친 욕심을 절제하고 한두 주제에 천착하도록 요청해보지만 쉽게 그 요청이 받아들여지지 않는 것 같다. 그럴 때 비평의 유형을 제시하고 그에 맞추어 연습하도록 하면 어느 정도 일목요연한 비평문을 작성할 수 있게 된다. 즉 유형 분류는 처음 비평연습을 하는 이들에게 비평 초점을 명확히 하는 데 길잡이가 될 수 있는 것이다.

별 유용성이 없다고 말해놓고는 텔레비전 비평의 유형 분류가 매우 유용한 것처럼 말한 셈이 되고 말았다. 몇 가지 유익한 점이 있지만 그것을 외워두거나 늘 염두에 둘 필요는 없다. 비평연습을 할 때나 비평문을 읽을 때 잠시 떠올려 활용할 수 있다고 해두자. 유형 분류는 절대적인 것이 아니다. 비평가나 학자마다 분류를 다른 방식으로 행할 수도 있다. 그러므로 비평을 연습하면서 나름대로 유형을 분류해보고 그에 맞추는 연습을 해보길 권한다.

2) 방송비평의 유형

텔레비전 비평의 유형은 앞서 정의를 내리면서 어느 정도 언급했다. 정의에 따르면 비평은 먼저 그 대상을 지녀야 한다. 즉 무엇을 비평할 것인가를 정해야 한다는 말이다. 텔레비전 비평이 가장 빈번하게 대상으로 삼는 것은 프로그램 내용이다. 이를 프로그램(혹은 텍스트) 비평이라고 부른다. 프로그램 비평은 다시 대상 장르에 따라 드라마 비평, 뉴스 비평, 다큐멘터리 비평 등등으로 나뉜다. 다음으로 들 수 있는 대상은 텔레비전 산업이다. 텔레비전 산업이라 함은 텔레비전 프로그램을 둘러싸고 벌어지는 일종의 경제적 행위들의 총합을 말한다. 이런 대상을 다루는 비평을 산업비평이라 부른다(아니 부르도록 하자). 이

비평은 프로그램이 어떻게 시장에서 교환되고 있는지, 그 교환에서 가치는 어떻게 결정되는지, 시장 메커니즘과 구조는 어떤 모습을 하는지 등등을 다루게 된다. 지금까지의 비평에서는 별다른 주목을 받지 못한 분야이지만 텔레비전 방송이 점차 산업화되고 국제시장에서의 교류가 빈번해지면서 중요한 비평영역으로 떠오르고 있다.

텔레비전은 사회적 제도이다. 그리고 무엇보다도 공익성이 강조되는 제도이다. 그러므로 항상 사회적 제약—내용에 대한 제약, 조직에 대한 제약, 행위에 대한 제약—등등이 따르게 마련이다. 이런 제약에 해당하는 것이 방송법규다. 방송법은 텔레비전이 무소불위의 힘을 휘두르거나 특정 이익집단에 봉사하는 것을 막기 위한 최소한의 제약이다. "법은 차선이다"라는 말이 있듯이 방송 관련 법규들이 완전한 것은 아니다. 개선되어야 할 부분들을 지니고 있다. 방송법규에 의해 조직된 제도들이나 법규를 집행하는 조직(제도)들이 개선되어야 할 여지들이 많다. 이처럼 텔레비전을 둘러싼 법규, 그와 관련된 제도들을 다루는 비평을 텔레비전 법제비평(혹은 법이나 제도에 입각해 정책을 펼친다는 점에서 정책비평이라고 부를 수도 있다)이라고 부른다(아니 부르도록 하자). 비평 대상에 따른 유형 중 네번째로 텔레비전 조직 비평을 들 수 있다. 텔레비전은 그 기능을 수행하기 위해 조직을 유지하고 운용한다. 조직은 외부로부터 원료를 확보하고 인력과 투자로 가공해 결과물을 내게 된다. 우리는 그것을 조직행위라고 부르는데 조직행위에 따라 결과물도 모습을 달리하게 된다. 조직비평은 결과물과 조직행위를 연관짓는 작업이라고 할 수 있다. 특정 사안에 대한 방송보도가 문제가 있었다면 그 내용만 집중적으로 추궁할 수도 있지만 그 이유를 조직행위에 두고 따질 수도 있다. 바로 그런 경우가 조직비평의 적절한 예라 하겠다. 물론 이 비평에는 조직을 구성하고 있는 방송인 개인에 대한 논의도 포함된다. 방송인의 윤리라든지 전문인 의식들을 따지는 비평도 조직비평의 부분이라 할 수 있다.

방송수용자를 비평 대상으로 삼을 수도 있다. 수용자들의 수용행위라든지, 태도, 그들이 보여주는 방송으로부터의 영향 등도 비평의 대상이 된다. 이처럼 수용자를 대상으로 삼는 비평을 수용자비평이라고 부른다. 최근 들어 수용자에 대한 논의가 활성화되고 있어 수용자비평도 텔레비전 비평에서 큰 몫을 차지하리라 기대된다. 예전의 커뮤니케이션 연구에서 수용자는 늘 수혜를 받는 침묵의 존재였다. 그로 인해 송신자의 의도, 태도, 조직, 제도 등이 압도적으로 많이 논의되었다. 하지만 이제 수용자의 능동성이 확인되고 수용자의 다양성이 인정되어 결코 빠뜨려서는 안될 중요한 영역으로 떠오르고 있다. 특히 문학비평 등에서 독자론(reader response theory)이 활성화되고 체계적인 비평논리까지 갖추게 되어 앞으로 활발한 비평이 이루어질 것으로 기대되는 영역이다.

텔레비전 비평에 대한 정의에서 비평은 발표를 전제로 한다는 점을 밝힌 바 있다. 과연 어디에 발표하느냐, 즉 발표매체에 따라 비평유형을 나눌 수 있다. 앞에서 언급된 바 있어 간단히 설명하도록 하자. 신문이나 잡지 등에 짧게 실리는 비평을 두고 저널리즘 비평이라고 말한다. 이는 정확하게 의미를 전달하는 용어는 아니라고 생각한다. 방송 저널리즘을 비평한 것을 두고 저널리즘 비평이라고 말할 수 있기 때문이다. 저널리즘 비평이라고 부른 이유는 신문이나 잡지가 저널리즘의 기능을 지니고 있기 때문이라고 본다. 신문이나 잡지에 실리는 텔레비전 비평은 프로그램을 소개하거나 저널리스트의 비판적 판단 혹은 감상을 내용으로 하는 경우가 많다. 아주 길지 않고 짧으며 체계적인 분석이나 이론적인 판단에 기대지 않는다. 그런 비평을 두고 리뷰라고 말하거나 단평이라고 부른다. 이는 다분히 비평 분량에 의한 분류이기는 하지만 대체로 그렇게 불러 비평의 수준까지도 포괄해버린다. 리뷰와 단평은 약간의 차이를 지닌다. 리뷰는 이름 그대로 프로그램, 방송가 소식을 소개하는 수준에 그치는 비평을 말한다. 엄격한 의미에서는 비평이라고 말하기 어렵다. 단평은 리뷰보다는 심화된 비평이다. 이는 한정된 지면에서 비교적 전문적인 비평을 행한다(이 책에서 소개하는 비평문의 예는 대부분 단평에 해당한다). 이러한 비평문은 주로 일반 수용자나 제작자들에게 읽힌다. 수용자는 방송에 대한 정보를 얻고 제작자는 자신의 행위에 대한 피드백으로 받아들인다. 방송학자나 비평자들은 비평의 수준을 높이기 위해 혹은 새로운 비평의 방식을 나누기 위해 학술지를 이용해 학술적 논의를 하기도 한다. 그럴 경우 텔레비전과 관련된 사안을 주요 데이터로 활용한다. 학문적 담론을 통해 이론과 방법론에 수정을 가하고 새로운 이론, 방법론을 찾아내며 그 결과를 공유할 목적으로 작성되는 비평문을 학술비평이라고 부른다. 이 경우 비평의 독자는 학자, 비평전문가이다.

단평과 학술비평 중간쯤에 위치하는 비평이 있다. 비평 분량에 있어서도 중간쯤이고 비평 수준 또한 중간쯤에 속한다. 그를 두고 흔히 전문비평이라고 부르는데 이는 방송비평가가 학술적인 논의는 아니라 할지라도 방송을 좀더 심도 있게 논의하는 방식을 말한다. 대중문화현상으로서 방송을 사회와 연관짓는다든지, 방송법의 몇몇 부분에 대한 법리적 해석을 한다든지 하는 것 등이 이에 해당한다. 단평과는 달리 일반 독자들을 대상으로 하기보다는 방송에 대해 깊은 의견을 나눌 수 있는 집단을 상정하고 그에 의제를 던지는 방식으로 진행되는 비평이라 하겠다.

방송비평 전개의 초점이 어디에 맞추어져 있느냐에 따라 여러 갈래로 분류할 수 있다. 이는 비평방식에 따른 분류일 수도 있다. 비평방식 혹은 논리전개의 초점에 따라 이론비평, 실제비평, 인상비평, 재단비평, 창조비평 등으로 나눌 수 있다. 이론비평이라 함은 이론적 개발을 목적으로 삼는다. 일반 원리에 의하여 비평 대상에 대한 논의의 체계와 방법, 그리고 그것들을 설명할 일정한 용어와 범주를 수립하고 방송을 평가할 판단기준을 마련하는 데 그 목적을 둔다. 이론비평에서 구체적인 작가나 작품은 이론을 전개하기 위한 일차적 대상이 되고 또한 이론의 타당성을 증명하기 위한 논거의 자료가 되지만 그렇다고 그 자체가 관심의 주된 대상이 되지는 않는다.

실제비평 혹은 응용비평은 실제로 구체적인 방송현상(작가나 작품, 제도, 산업적 이벤트 등)에 대한 논의를 말한다. 실제비평에서는 분석과 평가를 뒷받침하는 원칙과 이론은 표면에 드러나지 않는다. 주안점은 비평가가 실제 방송사건에 대하여 어떤 분석, 이해, 평가를 보이느냐 하는 것이다. 실제비평은 인상비평과 재단비평으로 나뉜다. 인상비평(印象批評, impressionistic criticism)은 한 방송 사안을 대할 때 생각과 감정을 논리나 철학으로 정리함이 없이 오직 자기의 인상을 충분히 표현하려고 하는 의도에서 토로된 것이다. 비평가 자신의 주관적 반응을 강조하는 비평인 것이다. 재단비평(裁斷批評, judicial criticism)은 실제 작품의 제작 테크닉 등에 관한 논의를 말한다. 드라마의 미학이라든지, 다큐멘터리의 제작방식에 대한 논의 등이 이에 속한다. 이론비평이 다분히 형이상학적 범주에 속한다면 재단비평은 이론비평에 비해 훨씬 더 실용적이고 방송의 실제에 가까이 다가가 있다.

창조적 비평을 강조하는 이들은 비평가를 여러 가지 작품으로부터 받은 자기 인상을 다른 수법 또는 새로운 재료로 변형할 수 있는 사람으로 보았다. 비평가 자신의 방송에 대한 새롭고 독자적인 의견을 전개하여 그 비평 자체에 창조성을 부여할 수 있음을 뒷받침하는 언급이다. 이런 비평방식을 두고 창조비평이라고 부른다. 비평 자체가 창조작업임을 강조하고 작품과 그 창작과정의 음미를 통하여 작품을 재생·재현한다는 의미를 띤다. 곧 예술작품이 창조적이고 자유로운 표현인 것처럼 비평 또한 창조라는 말로 바꾼 것인데 말하자면 작가나 현실을 소재로 하여 창작한다는 것이다. 그러기에 그것은 일종의 간접적인 창작이라고 할 수 있다.

비평의 기준에 따라 방송비평을 분류할 수도 있다. 비평의 기준이라 함은 어떤 이론에 기대어 분석결과를 해석하는 토대를 말한다. 이 책에서는 신화비평, 페미니즘 비평, 사회규범비평 등을 그 예로 들고 설명하고 있다. 신화비평은 방송에 드러난 신화, 즉 지배적 이데올로기를 찾아내고 그것을 비판하는 작업이다. 이때 비판의 기준은 신화 깨기, 즉 사회변화가 된다. 페미니즘 비평은 방송에 숨겨져 있는 여성들에 대한 차별 등을 찾아내는 작업이다. 이때 평가기준은 가부장제가 된다. 사회규범비평은 사회규범을 깨는 내용을 찾아내고 그것의 부당성을 지적하는 비평이다. 이때 이미 설정된 사회규범이 비평의 기준이 된다.

누가 비평을 행하는가에 따라 비평을 분류할 수도 있다. 방송 담당 기자들이 행하는 비평을 흔히 저널리즘 비평이라고 부른다. 이는 앞서 말한 리뷰나 단평과 겹치기도 한다. 그러나 신문에서의 리뷰나 단평이 기자에 의해 행해지지 않는 경우도 더러 있어 동일한 범주로 두기엔 무리가 따른다. 시청자비평은 시청자들이 평을 행하는 작업을 말한다. 시청자들도 적극적으로 방송을 보고 느낀 점을 적어 방송사에 글을 보내거나 신문이나 잡지 등에 기고할 수도 있다. 앞으로 이런 비평이 인터넷을 통한 발표공간이 늘어나는 등의 추세에 힘입어 더욱 빈번해질 것으로 전망된다. 모니터링은 방송에 대한 일정 정도의 식견을 가진 모니터 요원들이 꾸준히 모니터링한 결과를 종합하고 기술한 것들이다. 방송을 견제하고 감시하고자 하는 시민사회단체들에서 주로 행하고 있다. 전문비평가에 의한 전문비평이 있을 수 있고 학자들에 의한 학술비평도 있다.

이 책은 이상의 비평분류를 참고로 하되 일관성 있게 분류해 각 장을 구성하지는 않았다. 몇몇은 비평대상 분류기준을 참고로 해 선택했다. 산업비평, 정책비평, 수용자비평, 역사비평 등은 비평대상에 따른 분류에서 선택했다. 그리고 비평기준에 따른 분류에 맞추어 신화비평, 페미니즘 비평, 사회규범비평 등을 뽑아냈다. 아울러 텍스트 비평에

<표 1> 방송비평의 분류

분류기준	종류
비평대상	프로그램(텍스트) 비평, 산업비평, 법제비평, 정책비평, 역사비평, 조직비평, 수용자비평
발표방식	단평, 리뷰, 학술비평, 전문비평
비평방식	이론비평, 실제비평, 창조비평
비평기준	신화비평, 페미니즘 비평, 사회규범비평
비평주체	저널리즘 비평, 시청자비평, 전문가비평, 모니터링

속하는 장르비평, 작가비평을 선택해 하나의 장에서 묶었다. 이 책의 각 장의 내용을 일관되지 않은 기준으로 선택한 것은 저술의 편의를 위한 것이기도 하고, 구체적으로 텔레비전 비평시 도움이 될 만한 것들만을 뽑자는 의도의 결과이기도 하다.

4. 텔레비전 비평을 위한 덕목

텔레비전 비평을 잘 하기 위해서는 아마추어 비평가들이 흔히 내보이는 몇몇 오해를 불식시킬 필요가 있다. 그 오해는 크게 두 가지로 축약된다. 방송비평의 목적과 방송비평의 글쓰기에 대한 오해가 그것이다. 이 두 오해는 방송비평의 발전을 저해하는 주요 요인이 되고 있는데 전문비평들에서도 흔히 드러나곤 한다.

우선 텔레비전 비평의 지향점에 대한 오해다. 방송비평의 궁극적인 지향점은 방송 그 자체가 아니다. 우리는 방송비평을 통해서 좋은 방송을 유도해내야 하지만 궁극적으로는 좋은 사회를 지향해야 한다. 그렇다면 방송비평은 방송과 인간, 사회의 관계에 초점을 맞출 필요가 있다. 방송비평은 방송이라는 징후를 통해서 우리 사회를 진단해보고 평가하는 일이다. 방송비평을 통해서 좀더 나은 사회로 향할 수 있는 가능성들을 드러내야 하는 것이다. 그리고 방송이 인간의 정서와 역능

개발에 어떻게 기여할 수 있는지를 방송비평은 고민해야 한다. 방송비평은 방송에 대해 메스를 가하면서도 방송을 둘러싼 사회와 방송과 함께 더불어 사는 인간으로 향할 수 있고 다시 방송으로 되돌아오는 전진과 후퇴를 거듭하는 작업인 것이다.

방송비평에 대한 또 다른 오해는 글 솜씨와 관련된 것이다. 사실 그동안 대중문화비평들은 현란한 수사의 연결들로 꾸며져 있어 비평에 대한 이와 같은 오해를 낳았다. 방송비평은 글 솜씨를 자랑하는 공간이 아니다. 아마추어 비평가들의 경우 방송비평을 두고 글 솜씨 좋은 이들이 활동하는 공간이라 생각하고 있다. 그래서 많은 경우 아마추어적 방송비평 쓰기는 글쓰기에 역점을 두고 스타일 있는 멋있는 글에 집착한다. 특정 비평가의 글을 모델로 삼고 그 스타일이나 맵시를 흉내낸다. 그처럼 글을 담는 형식에 집착하거나 화려한 수사를 흉내내다 보면 내용을 사상시켜버리는 어리석음을 범하기도 한다. 글을 담는 형식, 화려한 수사 등은 방송비평을 위한 도구이며 테크닉일 따름이다. 방송비평의 성패는 테크닉으로만 결정되지는 않는다. 비평의 테크닉보다 중요한 것은 비평이 살아 숨쉬게 할 수 있는 혼이다. 동양화에서는 그려지는 부분보다 그려지지 않은 부분이 더 큰 미적 감흥을 불러일으킨다. 비어 있는 공간이 온갖 테크닉으로 그려진 부분들을 살려내고 그림 전체가 살아 꿈틀거리게 만드는 것이다. 방송비평도 마찬가지다. 온갖 언설로 설명되는 부분들이 헛되지 않고 글 전체에 생명을 주도록 하는 것은 글의 바깥에 존재한다.

이런 오해를 불식시키고 텔레비전 비평을 위한 준비운동을 마쳤다면 글에 생명을 줄 정신무장을 마쳐야 한다. 정신무장에 해당하는 것들을 '일관성 있는 철학의 발휘', '방송 조건에 대한 숙지,' '일관성 있고 간결하게 글쓰기', '구체성의 노력' 등으로 정리할 수 있다. 좋은 방송을 위해서는 우선 인간과 사회를 바라보는 자신만의 일관성 있는 철학이 갖추어져야 한다. 사회의 발전방향에 대해 비전을 지니고 있어야만 좋은 방송을 제안할 수 있다. 만약 비평에 그러한 철학이 담기지 않는다면 그것은 비평이 아닌 밋밋한 보고서에 그치고 말 것이다. 좋은 방송을 얘기하기 위해서는 좋은 사회에 대한 비전을 지니고 있어야 한다. 공공성의 확보가 좋은 사회로 이르는 지름길이라는 철학을 지니고 있다면 방송이 사회의 공공성 확보를 위해 노력을 기울여야 할 것이며 그 기준에서 볼 때 방송이 과연 얼마나 그에 맞는 실천을 하는가를 평가할 수 있을 것이다. 인간을 위한 좋은 조건이 무엇인지를 알고 있어야만 방송이 인간을 위해 어떤 일을 할 수 있는지를 적어 낼 수 있다. 현대 사회 내 인간의 욕망이 물질주의에로만 향해지고 있어 사회가 위기라는 철학이 있다면 방송이 만들어낼 욕망의 수위 조절 등에 대해서 일관되게 글을 쓸 수 있을 것이다.

방송의 조건에 대한 숙지는 방송비평의 필수사안이다. 방송이 만들어지는 데 관여되는 사회적 제도들이 얼마나 많은지를 고려하지 않은 상태에서 방송 프로그램의 내용만을 꾸짖는다면 편지내용이 형편없다고 우편배달 아저씨에게 화를 내는 것과 같은 우스운 꼴이 될 수 있다. 텔레비전이나 라디오를 통해서 접할 수 있는 방송내용은 표피적인 현상이다. 그 표피적 현상을 가능하게 한 구조 혹은 조건이 무엇인지를 미리 숙지해두는 일은 비평에서 아주 중요한 전제다. 방송시장 현황, 방송제작과정, 방송경영, 방송법제 등 방송 안팎에 대해 일정한 지식을 습득해두는 노력 없이 좋은 비평이 나오기는 힘들다.

일관성과 간결성은 방송비평에서 요구되는 또 다른 미덕이다. 주장의 일관성, 스타일의 일관성, 철학의 일관성 등이 흔들린다면 독자들은 혼란스러워할 것이다. 아무리 훌륭한 글이라도 흔들리는 일관성이라는 흠이 있다면 독자의 동의를 구해내기란 힘들 것이다. 일관성의 원칙이 지켜지지 않으면 글의 간결성도 흔들리게 된다. 비평자가 일관성을 지키지 않을 때 글은 전혀 엉뚱한 길로 접어들게 되거나, 여러 갈래의 주장이 뒤얽힌 난삽함으로 이어지게 된다.

그 다음으로 구체화의 노력이 요구된다. 글에서 제시되는 부분들이 구체화되지 않는다면 주장들이 모두 추상화 수준에서 이루어져 비평의 설득력이 떨어지게 된다. 구체화 수준에서 작성되지 않은 글은 논리의 비약이 있거나 비평 대상을 납득할 수 없는 글로 전락해버릴 가능성이 높다.

자신의 철학을 추슬러보고 이제까지 삶에서 벌어졌던 추리와 예측의 경험들을 정리해보며, 굳건하게 지켜왔던 오해들을 걷어내는 일이 준비되면 이제 방송비평을 위해 책상머리에 앉을 채비가 끝났다고 보아 무방하다. 방송비평의 즐거움을 만끽할 수 있는 첫번째 단추가 끼워진 것이다. 방송은 우리의 일상이다. 그럼에도 우리는 방송이 우리의 일상 안으로 얼마나 깊숙이 들어와 있는지 고민해보지 않는다. 방송과 관련된 일은 방송조직이나 방송정책 관련자들의 몫인 양 별다른 관심을 기울이지 않는다. 방송비평은 그와 같은 고민 없음과 무관심을 깰 수 있는 좋은 계기가 된다. 우리가 일기를 통해서 하루하루의 삶을 되돌아보고 보다 나은 내일을 기약해보는 것과 같은 이치다. 방송비평은 우리의 일상을 자성하고 보다 나은 일상을 찾기 위한 노력인 셈이다. 방송비평은 고통스러운 작업이어서는 안된다. 평소에 즐겨 찾는 방송내용을 솔직히 말해보는 것에 보태서 개선을 위한 궁리를 하면 되는 솔직함과 궁리의 작업이다. 솔직함을 통해서는 자성의 기회를, 궁리의 작업을 통해서는 지식습득의 기회를 얻는 것이니 결코 고통스러운 작업은 아니다. 자신을 버리고 남의 스타일을 흉내내거나 지나치게 거대한 프로젝트로 삼지만 않는다면 즐거운 작업이 될 것이다. 우리 일상 안으로 깊숙이 들어온 방송을 개선할 방도를 마련한다는 점에서는 사회적 유익함도 도모하는 것이 된다. 이처럼 방송비평은 즐거움과 유익함을 동시에 취하는 도랑 치고 가재 잡는 놀이다. 이제 놀이를 맘껏 한번 즐겨보는 일만 남았다.

제2부 텔레비전 비평

3
방송 산업/정책 비평

1. 들어가며

방송법, 방송정책 등이 어떤 모습을 띠고 있는지에 따라 텔레비전의 모습도 확연히 달라질 수 있다. 만약 우리 방송법이 텔레비전을 완전한 영리사업 영역으로 규정한다면 오락 프로그램만이 난무하는 텔레비전을 맞이하게 될지도 모른다. 만약 공영방송제도를 폐지한다는 방송정책이 결정된다면 KBS, MBC는 민영화되어 상업적 방송들간의 피 튀기는 경쟁이 초래될 수도 있을 것이다. 방송산업은 방송법, 제도 등과 밀접한 관련을 가질 수밖에 없다. 오랫동안 시간을 끌어오던 방송법 개정이 임박해지자 많은 방송사업자들이 신경을 곤두세우고 적극적으로 개입하려 했던 것도 그러한 이유 때문이다. 시청자 역시 정책의 변화에 따라 큰 영향을 받는다. 예를 들어 방송산업에서 중간광고 허용을 요구했고, 방송정책 담당자들이 그것을 받아들였다고 하자. 시청자들은 이제까지 중간광고가 프로그램의 허리를 자르는 예를 경험하지 않다가 갑작스런 변화로 어리둥절해할 수도 있다. 그리고 프로그램을 광고의 간섭 없이 볼 수 있는 즐거움이 침해당한다고 분노할 수도 있다. 그럴 경우 방송산업에 대해 항의할 수도 있고, 그것을 허용해준 정책 담당자를 강력하게 비판할 수도 있다. 이처럼 산업, 정책, 그리고 수용자의 복지 등은 한데 맞물린 중요한 사안이다. 방송 산업/정책 비평은 이런 영역에 초점을 맞추어 분석하고 평가하는 작업을 의미한다.

2. 방송 산업/정책 비평이란

산업/정책 비평은 방송비평에서 흔하지는 않다. 방송비평가들이 오랫동안 프로그램 내용에 과도하게 초점을 맞춘 탓이라 생각된다. 그러나 특정 프로그램을 방송산업이나 정책 등과 연계시키는 비평은 얼마든지 가능하다. 방송 프로그램 이면에 도사리고 있는 산업이나 정책적인 측면에 대한 비평은 시청자들에게도 방송이해의 폭을 더욱 넓혀줄 수도 있을 것이다. 예를 들어 공전의 히트를 기록한 드라마가 방송사 내부 제작이 아닌 외부의 독립 프로덕션에서 제작한 것이었다고 하자. 그럴 경우 방송사 내부 제작만이 좋은 프로그램을 제공할 수 있다는 공식에 제동을 걸고 더 많은 외부 제작이 이루어질 수 있도록 해야 한다는 주장도 가능해진다. 그같은 주장의 비평은 산업과 정책 모두에게 중요한 메시지를 전해줄 것이다. 그러므로 산업/정책 비평은 프로그램과 동떨어진 채 벌어지는 추상적인 논의가 아니라 프로그램과 함께 논의될 수 있는 것이기도 하다. 물론 프로그램과 관계없이 방송법, 방송정책, 방송산업의 올바른 진로에 대해 논의할 수도 있지만 말이다. 그 동안 방송 산업/정책 비평이 많이 행해지지 않았다고 해서 이 분야가 덜 중요하다고 말할 수는 없다. 방송산업이 점차 커지고 있고, 그에 맞추어 정책들도 정교한 모습으로 이루어지고 있으므로 시청자들에게는 정보를 전달한다는 점에서, 산업 종사자와 정책 담당자들에게는 서로의 이해의 폭을 넓혀준다는 점에서 앞으로 더욱 강화되어야 하는 중요한 비평영역이라 할 수 있겠다.

산업/정책 비평은 이름 그대로 산업비평과 정책비평을 한데 묶은 것을 말한다. 산업비평은 방송산업의 작동방식을 점검하고 그것에 대한 평가를 내리는 비평을 말한다. 정책비평은 방송을 둘러싼 각종 법, 제도, 정책 등을 분석하고 평가하는 작업이다. 그런 점에서 정책비평은 법과 제도에 대해 분석하고 평가하는 법제비평과 방송산업에 대한 정책을 점검하는 정책비평을 포괄한다고 볼 수 있다. 이와 같이 하부 단위로 나눌 수 있는 다양한 비평을 산업/정책 비평으로 묶은 것은 산업과 정책 그리고 방송법 및 제도들 간의 높은 연관성 탓이다.

방송산업은 방송시장을 형성하고 시장 작동방식을 갖는다. 그러나 방송시장은 일반 재화가 공급되고 소비되는 일반 시장과는 차이를 갖는다. 우선 방송산업이 만들어내는 재화는 일반적인 재화와는 차이가 있다(이에 대해서는 방송산업의 특성을 논의하는 자리에서 충분히 설명하려 한다). 중국음식점에서 서비스되는 자장면과 방송 프로그램은 그 외형상 차이 외에도 많은 차이를 지니고 있다. 자장면은 한 번 소비되면 그것으로 효용가치가 없어지지만 방송서비스는 그렇지 않다. 잘 만들어진 프로그램은 다른 나라로 팔려가기도 하고 대량으로 복사되어 비디오로 판매되기도 한다. 그리고 방송 프로그램에 사용된 음악이 음반시장을 석권해 뜻하지 않은 판매수익을 올려줄 수도 있다. 방송 프로그램을 만들 때는 제작비용이 많이 들지만 일단 그 프로그램이 성공을 거둬 다른 나라 혹은 다른 방송, 그리고 비디오로 판매될 때는 거의 비용이 추가되지 않는다. 복사하는 비용만 들이면 된다. 그러므로 초기 비용을 많이 들인 방송 프로그램이 이후 방송시장에서 더 많은 추가 수익을 올릴 확률이 높아지는 것이다. 초기 비용을 많이 들인 쪽은 이후 더 많은 수익을 올릴 확률이 높아지고 덜 들인 쪽은 추후 수익을 기약할 수 없게 된다. 비용을 많이 댈 수 있는 쪽이 늘

이기는 게임의 룰이 방송시장에서 일어날 가능성이 큰 것이다. 이는 독점으로 이를 수 있는 가능성을 시사한다. 시장에서의 독점은 새로운 사업자의 진입을 막고 생산의 다양성을 막는 악재로 작용할 가능성이 크다. 그러므로 독점을 막을 수 있는 시장 조처가 요청된다. 방송과 관련된 법, 제도 그리고 정책 등이 그같이 시장의 질서를 구축하는 조처에 해당한다. 방송의 특성을 고려한 법과 제도 그리고 정책 등이 시장에서 발생할 수 있는 독점, 불공정거래, 담합, 시장 진입의 어려움 등등을 해결하는 개입적 조처인 셈이다.

방송의 산업적 특성만이 정책 개입을 정당화하는 것은 아니다. 방송이 갖는 사회적 중요성, 사회의 의식(consciousness)과 관련된다는 점 때문에 방송산업에 대한 정책 개입은 요청되기도 한다. 일반 시장에도 공정거래법 등과 같이 시장의 질서를 유지하려는 법이 존재하지만 방송과 관련된 법의 존재 이유와는 차이가 있다. 방송산업은 거의 완벽한 유통망을 지니고 있다. 텔레비전 수상기의 스위치를 켜는 순간 유통될 준비는 갖추어진다. 이는 영화를 보기 위해 극장에 가는 것과는 큰 차이가 있다. 완벽한 유통망은 원하지 않는 것을 본의 아니게 볼 수 있게도 한다. 때로는 청소년에 적합하지 않은 내용을 청소년이 접할 수 있게도 한다. 뿐만 아니다. 방송 내용은 사회 내 문화에 심대한 영향을 미친다. 방송이 문화를 전적으로 결정하는 것은 아니지만 완벽한 유통망과 많은 시청 시간을 고려하면 그 영향력은 능히 짐작하고도 남음이 있다. 그 영향력 등을 감안해 사회의 방송에 대한 법적·정책적 개입은 불가피할 수밖에 없다. 사회에 따라 개입의 정도는 차이가 있긴 하지만 개입의 필요성에 대해서는 대체로 합의를 보고 있다. 물론 방송사업자들은 정책 개입을 줄이고 시장논리에 맡겨줄 것을 요청하고 있다. 시장이 방송 내용을 스스로 정화시킬 수 있고, 시장의 합리성도 구축할 수 있으니 법이나 제도, 정책의 개입은 최소화되어야 한다고 주장하는 것이다. 그와 같은 주장이 최근 들어 설득력을 얻고

있어 정책 개입이 줄어들고 있는 것은 사실이지만 여전히 모든 것을
시장에 맡겨놓는 방향으로 가고 있지는 않다.

　방송시장이 합리적으로 운용되지 않을 가능성 그리고 방송이 의식
에 미치는 영향력 때문에 방송산업과 정책은 같이 가동될 수밖에 없
다. 하지만 양자의 관계는 매우 조심스럽게 논의될 필요가 있다. 방송
산업에 대한 법적·정책적 개입은 언제나 정당화될 수 없기 때문이다.
정치적 영역이 방송산업에 과도하게 개입해 그 누구도 원치 않는 방
송탄압이라는 일을 우리는 오랫동안 목격해왔다. 방송시장을 합리화
한다는 이유로 혹은 문화적 정화를 위한다는 구실로 방송에 개입함으
로써 정치적 이득을 챙기려는 시도는 오랫동안 지속되어왔다. 정치집
단은 법적·정책적 개입의 주체가 되어 방송을 통제하려 했다. 국민적
합의를 가장한 채 개입과 통제가 지속되어 방송의 독립성이 심각하게
훼손된 적이 한두 번이 아니었다. 그러므로 법적·정책적 개입이 과연
어디까지 이루어져야 하는지에 대해서는 아주 신중하고 심각하게 고
민해야 할 필요가 있다. 방송의 정치적 독립성을 유지하면서 방송시장
에서 벌어지는 독점 폐해 등의 비합리성을 막고 공공성을 발휘할 수
있도록 하는 개입의 적정선을 정해두어야 한다. 적정선을 찾지 못할
경우 지나친 간섭, 개입 등으로 지탄을 받게 된다.

　방송 산업/정책 비평은 매우 까다로운 작업이라 할 수 있다. 산업에
대한 정책적 개입을 주장하면서도 그 개입의 최적점이 어디인지도 제
시할 수 있어야 하기 때문이다. 대체로 정책적 개입은 공공성을 그 기
준으로 삼는다. 이때 공공성은 방송시장에서의 공공성, 방송 내용의
공공성, 수용자 복지라는 측면에서의 공공성 등 다차원적 측면을 지닌
다. 어느 하나로 획정할 수 없는 매우 어려운 개념이다. 그리고 객관
적인 면보다는 주관적인 면을 많이 띠고 있는 것도 부정하기 어렵다.
그러므로 산업/정책 비평을 쓰고자 하는 경우 비평가 자신이 염두에
두고 있는 개입의 적정선, 공공성의 정의를 밝힐 필요가 있다.

사실 방송이 시작될 때의 역사적 상황이나 방송 개념 정립 등이 각 사회마다 다르기 때문에 방송산업을 바라보는 관점이나 정책의 정당성, 개입의 정당성, 공공성의 정의 등에 대한 논의는 참으로 다양하다 할 수 있다. 구체적인 예로 영국과 미국이 방송 개념을 정의하는 방식에는 큰 차이가 있다. 미국에서는 방송이 상업방송으로부터 시작되었기에 상업방송에 대한 철학 중심으로 방송을 정의하고 정책을 시행한다. 그에 비해 영국은 공영방송으로부터 출발한 역사적 경험 탓에 미국과는 전혀 다른 방송이념, 철학, 정책을 지니고 있다. 우리나라의 경우 내세울 만한 이념이나 철학이 있었던 것은 아니다. 대체로 국가권력을 잡은 세력이 자신들에 유리한 방향으로 방송을 정의하고 끌어오려 했던 비민주적 역사로 점철되어 있었다 해도 과언이 아니다. 그러다가 '문민정부' '국민의 정부'가 들어서면서 방송에 대한 이념 정립, 철학 수립, 공공성의 재정의 등의 작업들이 이루어지기 시작했다. 하지만 이 역시 일천한 역사 탓인지 합의 없이 다르게 설명하는 경향이 많다. 비평가들은 산업/정책 비평을 할 때 자신이 보기에 가장 설득력 있어 보이는 방송이념이나 철학을 선택해 비평의 기준으로 활용해야 할 것이다. 비평 곳곳에 비평가 자신이 생각하는 좋은 방송, 공공성이 있는 방송, 민주적인 방송산업, 정당한 방송정책 개입 등을 분명히 해둘 필요가 있기 때문이다.

방송 산업/정책 비평에 대한 이 장에서는 비평하는 방식보다는 비평을 위한 기초적 지식과 비평의 대상에 초점을 맞출 것이다. 우선 방송산업의 종류와 범위를 살펴보고자 한다. 그런 다음 방송산업의 특성을 정리할 것이다. 방송산업의 특성을 기반으로 방송시장에서 벌어질 수 있는 문제점들을 지적하려 한다. 마지막으로 그 문제점들은 방송시장의 합리화, 사회적 영향력 등을 감안해 정책적으로 해결되어야 함을 주장하고 방송법, 제도, 정책이 어떤 역할을 할 수 있는지를 밝힌다. 그 과정에서 산업/정책 비평이 관심을 기울여야 할 점들을 정리해내고

방송 산업/정책 비평을 더 잘하기 위해 어떤 준비를 해야 할지를 밝힐
것이다.

3. 방송산업이란

산업의 분류는 자의적으로 이루어지지는 않는다. 산업의 분류는 산
업에 투입되는 재료의 유사성, 생산과정의 유사성, 최종 제품의 유사
성, 그리고 효용도의 유사성과 같은 기준으로 정해진다. 술을 만드는
기업들은 술을 만들기 위한 재료, 제조 공정, 술이라는 제품, 그리고
미각과 분위기를 즐겁게 만든다는 효용성 등에서 유사성을 지니고 있
기에 주류산업으로 묶여져 분류된다. 이렇게 분류된 산업은 그와 관련
된 다수의 하위 산업을 갖는다. 예를 들어 주류산업은 술을 만들기 위
한 곡물 제공 산업을 갖게 된다. 그리고 술을 담는 용기를 만드는 주
류용기 제조 산업도 탄생시킨다. 또한 생산된 술을 가게에 홍보하고
실어 나르는 유통산업도 생기게 된다. 이처럼 한 산업은 생산에서 소
비에 이르는 과정에 관련되는 하위 산업을 만든다. 해당 산업, 그리고
그에 관련된 하위 산업들을 순차적으로 배열하면 그 산업에 관련된
복잡한 경제 주체들이 고스란히 드러나게 된다.

방송산업을 규정하는 방식도 그에서 크게 벗어나지 않는 것 같다.
방송산업은 단순히 방송을 만드는 산업이라고만 볼 수 없다. 방송을
제작하기 위해서는 여러 형태의 재료가 필요하다. 그리고 그 재료를
가공하는 공정과정에도 다양한 하위 산업이 존재하게 마련이다. 방송
산업이라고 해서 기존의 방송사들만을 포함시킬 수 없는 이유가 거기
에 있는 것이다. 방송과 관련이 있는 다양한 산업들을 제작에서부터
수용자에게 전달될 때까지 순차적으로 나열해보면 방송산업의 모습을
한눈에 볼 수 있다. 흔히 그렇게 순차적으로 배열한 모습을 두고 가치

사슬(value chain)이라고 부른다. 즉 한 하위 산업의 제품이 다른 하위 산업에게는 재료가 되고, 이 연관성은 반복되어 소비자에게 이르는데 그 연결고리를 두고 가치 사슬이라고 부르는 것이다.

방송산업을 한눈에 보기 위해 가치 사슬을 도표로 나타내면 다음과 같다.[2]

> 컨텐츠 → 제작 → 유통 → 서비스 제공 및 전송 → 소비자 인터페이스

방송산업의 가치 사슬에서는 제작이 중심 산업이 되고 그것을 둘러싸고 다양한 하위 산업들이 분포되어 있다. 하위 산업들이 각 가치 사슬의 단계에 어떻게 속해 있는지를 살펴보면 방송산업의 윤곽을 알 수 있을 것이다. 하위 산업을 UR 보고서에 나타난 방송산업분류표를 참고로 하여 각 사슬에 포함시켜보자. 다음의 UR 보고서는 방송산업의 분류를 다양하게 할 수 있음을 보여주고 있다.

• 제작·편성·송출의 수직적 계열을 구성하는 하위 산업으로 분류

영상 메시지 제작 투입요소 제공 산업(방송 기자재 제조업, 기자재 임대업, 전문인력 제공업, 각종 소프트웨어 제작업 등), 방송 프로그램 제작 산업, 방송 프로그램 편성·송출 산업, 네트워크 설치·운영 산업, 영상 프로그램 보관·판매 산업, 영상 메시지 유통 산업, 광고산업

• 매체의 특성에 따른 분류

메시지가 전달되는 매체의 특성에 따라 지상파 방송 산업, 케이블 방송 산업, 위성방송 산업으로 구분된다. 광범위하게는 영화 및 비디오 산업과 새로이 등장하는 VAN, 비디오텍스(Videotex), VOD 등 새로운 망을 이용한 서비스산업도 포함한다.

---

2) 윤석민, 『다채널 TV론』, 커뮤니케이션북스, 1999, 157-159쪽.

•생산 제품의 특성에 따른 분류

방송영상물 제작은 방송 소프트웨어 산업, 송출에 이용되는 전자기기 및 통신기기 제조 산업은 방송 하드웨어 산업으로 구분된다.

•네트워크 유무에 따른 분류

네트워크의 사용 유무에 따라 네트워크 산업과 배치(batch) 산업으로 구분된다. 공중전파망을 이용하는 지상파 TV 방송이나 정보통신망을 이용하는 케이블 TV 방송은 네트워크 산업으로, 기기 제작업, 프로그램 제작업, 영화 및 비디오 산업 등은 배치 산업으로 분류된다.

컨텐츠는 제작의 기본 재료가 되는 것들을 말한다. 프로그램에 대한 아이디어, 아이디어를 글로 적은 원고 등은 구성작가, 작가 등에 의해 만들어진다. 프로그램에 참가하는 연기자, 사회자, 중계방송의 대상이 되는 스포츠 산업 등도 컨텐츠 산업에 포함된다. 최근 들어서는 각종 이벤트들이 방송의 중요 재료가 되고 있음에 비추어 컨텐츠 산업은 앞으로 더욱 늘어날 전망이다. 제작산업은 기존의 방송사들이 주축을 이룬다. 지상파 방송사, 케이블 TV 프로그램 공급업체(PP), 케이블 TV 지역 사업자(SO) 그리고 위성방송 프로그램 제작업체 등이 여기에 포함된다. 그 외에 프로그램을 주문받아 제작하는 독립제작사, 영화를 판매하여 방영하게 하는 영화사, 방송사에 이미 만들어진 프로그램을 판매하는 외국 제작사 등이 여기에 포함된다. 다큐멘터리 등의 제작 일부를 납품하는 개인 제작자(비디오 저널리스트 등)도 해당된다.

우리나라 방송산업에서 유통 관련 산업은 그 존재가 미미하다. 외국의 경우 이미 제작된 프로그램의 판권을 구매한 후 다른 방송사에 판매하는 신디케이터 등이 있으나 아직 우리 방송산업에서는 그 형태를 찾기가 힘들다. 기껏해야 방송된 프로그램을 패키지로 묶어 판매하거나 수용자의 주문을 받아 프로그램 복사 서비스를 하는 정도를 그 분류에 포함시킬 수 있을 것이다. 한 방송사의 작품을 다른 방송사에서 수입하여 송신하는 경우가 거의 없는 실정 탓에 유통 관련 산업이 두드러지지 않는 것이다. 서비스 제공이나 전송 또한 방송사에 의해 이루어지고 있다. 서비스 제공에서 주목할 점 하나는 우리나라 방송산업이 지니고 있는 독특한 광고 제공 방식이다. 대부분의 방송은 광고를 주된 수입원으로 삼는다. 광고 없이 방송은 이루어지기 힘들다고 해도 과언이 아니다. 그런데 우리나라 방송광고 시스템은 독특하다. 방송사가 직접 광고주를 대상으로 영업하는 것이 아니라 한국방송광고공사(KOBACO)가 방송사를 대신해 광고영업을 행하고 있다. 이는 방송으로 하여금 광고주로부터 영향을 받지 않게 하는 일종의 서비스로 볼 수 있는 것이다. 소비자 인터페이스는 수용자가 방송을 수신할 수 있는 장비를 제작·제공하는 산업을 말한다. 텔레비전 수상기뿐만 아니라 케이블 TV 수신을 위한 컨버터, 위성방송 수신을 위한 접시 안테나, 셋톱 박스 제작 산업 등이 여기에 포함된다.

방송 산업/정책 비평이 대상으로 삼을 수 있는 영역은 의외로 광범위해 보인다. 단순히 방송사를 둘러싸고 벌어지는 몇몇 사안들에만 국한되지 않고 가치 사슬에 포함된 대부분의 하위 산업들과 관련된 광범위한 사안들을 포함한다. 방송과 관련된 인력수급의 문제, 방송산업의 광고 의존도, 케이블 방송 사업자간의 제휴, 합병방식, 독립 프로덕션의 활성화 방안, 방송 프로그램의 국제유통을 위한 제안, 방송사가 부가가치를 올릴 수 있는 방안, 방송시장에의 신규 진입에 대한 논의 등등이 방송 산업/정책 비평의 대상이 될 수 있을 것이다. 물론 이러한 사안들을 독립적으로 논의하지 않고 연계성을 감안하여 종합적으로 비평할 수도 있다.

4. 방송산업의 특성

앞서 잠깐 언급했지만 방송산업은 여타 산업과는 구별되는 몇 가지 특성을 갖는다. 방송 산업/정책 비평은 그 특성을 감안하여 앞서 밝힌 비평 대상들을 논의해야 할 필요가 있다. 방송의 산업적 특성에 대한 고려가 없다면 일반적인 제조산업과 차이를 두지 않는 우를 범해 올바른 정책 제안을 해내기 어려울 것이다. 이 절에서는 방송이 갖는 특성 중 공공재적 성격, 규모의 경제 특성, 방송산업의 안정화 기제 등을 논의하려 한다.

1) 공공재적 성격

일반적으로 재화는 시장에서 배제성과 경합성의 성격을 갖는다. 배제성(exclusivity)이라 함은 상품에 대해 대가를 지불하는 사람들에게만 상품이 제공됨을 말한다. 대가를 지불하지 않는 사람은 거래에서 배제되는 것이다. 자장면 값을 지불한 사람만이 자장면을 먹을 수 있다는 당연한 성격을 말한다. 경합성(rivalry)은 한 사람의 재화소비가 다른 사람의 소비와 경합을 한다는 말이다. 자장면과 관련된 재료가 제한되어 있는 탓에 내가 집중적으로 자장면을 소비하면 다른 사람은 자장면을 먹을 수 있는 기회가 줄어든다. 그런 성격을 두고 시장에서의 경합성이라고 부른다. 그런데 방송 프로그램은 일반 상품이 공통적으로 지니는 배제성과 경합성을 결여하고 있다. 지상파 방송은 시청자 중 어느 누구도 시청으로부터 배제시키지 않는다. 배제시킬 수도 없다. 그리고 이용 정도에 따라 차별적으로 요금을 정하지 않는다. 그런 점에서 방송 프로그램은 시장에서 비배제성이라는 특성을 갖고 있다 하겠다. 비경합성을 띤다는 점은 방송의 또 다른 특성이다. 한 개인의 과도한 방송시청으로 인해 다른 이가 방송을 시청할 수 없는 일은 생기지 않는다. 한 개인이 벌인 라면의 매점매석은 다른 이들로 하여금 라면을 제 때에 사 먹지 못하게 할 수 있지만 방송은 그럴 수가 없다.

　방송은 비배제성과 비경합성을 지닌 재화라고 볼 수 있는데 이런 재화를 두고 공공재라고 부른다. 공공재에는 시장원리가 잘 적용되지 않는다. 시장에 의해 효율적으로 자원배분이 이루어지지 않는 것이다. 비배제성으로 인해 공공재의 공급자는 소비자로부터 이용료를 받아내기가 어렵다. 광고가 주된 수입원인 지상파 방송은 광고를 열심히 보고 구매를 결심하는 사람에게만 서비스를 제공하지는 않는다. 광고를 보지 않고 광고되는 상품을 구매하지 않는 사람이라고 할지라도 방송 서비스로부터 배제되지 않는다. 이처럼 방송은 무임승차자를 배제할 수 없는 것이다. 그리고 비경합성 탓에 한계비용 수준에서 가격이 결정되지 않는다. 자장면을 100그릇 팔면 하루 장사의 이윤은 보장되고 100그릇 이후에 만드는 자장면은 거의 순수익에 해당한다. 그러나 방송은 그럴 수 없다. 방송을 미리 많이 만들어 두고 그것을 필요로 하는 사람들에게만 팔 수 없다. 당연히 방송제작에서 100명을 위한 서비스에 드는 비용이나 500명을 위한 서비스에 드는 비용은 동일하다. 결국 시장에서의 가격형성 기제가 다른 재화에서처럼 잘 작동하지 않게 되는 셈이다.

　방송 프로그램의 가격을 정할 구체적인 룰을 지니지 못한 셈인데 이 상태에서는 시장에 내놓고 수용자에게 방송을 파는 방식이 아닌 다른 방식을 택할 수밖에 없다. 그 방식은 국가보조금(혹은 그에 상응하는 수금)과 광고를 방송의 수입원으로 잡는 일이다. 국민들로부터 조세 형식으로 시청료를 받아 방송국이 수입원으로 삼도록 해줌으로써, 다른 말로 하면 그러한 정책이 수립됨으로써 방송산업과 방송시장이 가능해진다. 시청료를 따로 받지 않고 국가가 국민의 세금으로 직접 방송을 지원하고 운용하는 방식도 택할 수 있다. 국영방송의 경우 국가가 거둔 세금으로 방송을 직접 지원·운용·관리하는 제도라 할 수 있다. 현재 우리나라는 시청료를 제도화하여 준조세 형식으로 거두고 그것을 방송의 수입원으로 삼게 하는 전자의 방식을 택하고 있다. 우리나라 방송의 경우 준조세에 해당하는 시청료를 받아 수입원으로 삼게 하는 것뿐만 아니라 광고방송을 허용해 또 다른 수입원으로 하도록 정책적으로 배려해두었다. 그 어느 방식이든 방송의 수입원에 대한 결정은 방송 스스로가 정하는 것이 아니라 정책에 의존할 수밖에 없다. 그리고 방송광고를 수입원으로 삼는다는 것은 광고주에 의존하는 것에 다름 아니다. 결국 방송의 주된 수입원, 즉 시청료와 광고의 성격으로 미루어 보아 방송산업의 자본축적은 기생적 속성을 지닌다고 하겠다.

방송의 공공재적 성격은 방송산업으로 하여금 정책적 결정과 광고에 기생적일 수 있는 가능성을 열어두었다. 광고에 기생적이라는 사실의 근원이 역시 정책적 결정임을 감안한다면 방송산업은 방송정책에 영향을 많이 받는다라고 말할 수 있을 것이다. 현재 우리나라 방송산업은 정책에 의해 방송광고의 단가도 정해지고, 방송광고의 양도 제한되는 등 정책 영향의 폭이 그 어느 나라에 비해 큰 편이다. 이는 방송산업이 지나치게 상업주의적 성향을 띠게 될 것을 우려한 탓에 정책적 개입이 많았기 때문이다. 아직까지 방송은 정책담당자 등에 의해 공적 영역으로 인식되고 있으며 시장의 룰에만 맡길 수 없다는 사회적 합의가 형성된 탓에 정책적 개입은 폭넓게 이루어지고 있는 것이다.

2) 규모의 경제

방송 프로그램은 제작된 후 단 한 번의 방영으로 그치지 않는다. 잘 만들어진 프로그램은 방송사 외부에 다시 판매될 수도 있다. 현재 우리나라에 방영되고 있는 외국의 인기 프로그램들이 그 예다. 잘 만들어진 프로그램은 다른 방송사에 판매될 수도 있고, 해외의 방송사에 판매될 수도 있다. 그런데 외부에 이미 만들어진 프로그램을 판매할 때는 제작비용을 다시 들일 필요가 없다. 원판을 복제해서 판매하면 그만일 뿐이므로 재판매시에는 비용이 거의 들지 않는 것이다. 특정 프로그램의 인기가 높아져 여러 군데서 판매 요청을 하면 그 복제 비용마저도 점차 떨어지게 된다. 외부로 판매를 많이 하면 할수록 평균 비용이 더욱 하락하는 것이다. 결국 잘 만든 프로그램 한 편은 여러 군데 판매창구를 열게 되고 판매창구가 많으면 많을수록 재생산비용이 떨어져 수익의 폭이 더 커지므로 초기에 좋은 작품, 인기를 끌 작품을 만들기 위해 큰 투자를 하게 된다. 즉 초기 제작비용이 많이 든 프로그램일수록 더 많은 수익을 낼 가능성이 크다는 말이다. 방송산업의 이런 특성을 두고 규모의 경제적 특성이라고 말한다.

규모의 경제적 특성은 방송제작 초기의 큰 투자가 더 큰 수익을 가져올 가능성을 의미한다. 큰 투자가 큰 수익으로 이끈다는 공식이 늘 현실화되면 이로 인해 시장 무질서가 초래될 수도 있다. 큰 투자가 지속적으로 확대재생산을 하게 되면 그것은 결국 시장독점으로 이어질 수도 있다. 반면 처음 제작에 많은 비용을 투자하지 못한 프로그램은 규모의 경제에서 늘 뒤질 수밖에 없다. 따라서 시장에서의 완전경쟁은 불가능해진다. 이런 특성은 특히 국제 방송시장에서 매우 중요한 의미를 갖는다. 방송 프로그램은 의식과 관련을 맺는다. 일반적인 사유재화의 경우 각 국가에서 강점이 있는 상품을 생산하여 수출하고, 상대적으로 약점이 높은 부분의 상품을 수입함으로써 수출과 수입 구조를 조정하는 것이 가능하다. 하지만 매체상품은 정신을 다루는 상품이기 때문에 이미 그 상품 내부에는 제작된 여건(제작 환경, 제작 참여자 등)의 정신세계가 투영될 수 있다. 따라서 생산부문에서 규모의 경제를 극대화시킬 수 있는 여건을 이미 형성하고 있는 국가나 대기업의 경우 시장논리를 앞세우는 것이 보다 바람직하지만 그렇지 않은 국가나 소규모 제작기업은 시장에서의 경쟁을 통한 재생산이 불가능하기 때문에 정책적 배려를 기반으로 하지 않고서는 생존 자체가 어렵게 된다. 따라서 다양한 제작 주체에 의한 다양성이 소멸되고, 큰 투자를 할 수 있는 제작 주체의 문화적 전횡이 사회를 주도하게 된다. 이렇듯 규모의 경제적 특성은 방송시장의 독점가능성, 그리고 문화적 편협성으로 이어지게 할 여지를 안고 있는 것이다.

물론 국내 영화산업의 경우 시장개방 이후 오히려 국내 영화상품의 질적 우위가 확보됨으로써 한국 영화산업의 성장을 가져오는 계기가 되기도 했다. 이런 점에서 볼 때 비록 제작 여건이 열악한 국가나 기업일지라도 시장논리에 따라 경쟁력 있는 상품을 제작하는 일이 가능하다고 유추할 수 있다. 시장에서 경쟁할 조건을 갖춘 기업만이 시장 우위를 점할 수 있다는 논리는 논리일 뿐이라고 일축할 수도 있는 것이다. 경쟁력이 높은 경우라 하더라도 시장에서의 우위를 통한 독점은 언제나 가능하지 않을 수도 있다는 점에 주목할 필요가 있다. 이론적 차원에서 볼 때 이미 망했어야 할 한국의 영화산업이 새로운 국면으로 접어들어 경쟁력 있는 부가가치 산업으로 재도약하고 있음이 바로 그 증거다. 영화 제작자들의 노력이나 영화에 대한 국민적 관심만으로 설명하기 어려운 부분이다. 생산에서의 규모의 경제적 특성은 기본적으로 이 상품이 정신적 산물로부터 비롯된 것임을 간과하고 지나치게 경제적 논리에만 기대어 설명하고 있기 때문에 그같은 예외적 상황을 잘 풀이해내지 못할 수도 있다. 하지만 한국의 영화산업은 스크린 쿼터라는 정책적 뒷받침이 없었다면 그같은 기적을 행하기 어려웠을 것이다. 영화의 문화적 중요성을 감안해 보호정책을 폈기 때문에 그나마 재도약할 기회를 잡았던 것이다. 그러므로 규모의 경제적 특성은 여전히 방송 등을 비롯한 영상산업의 주요 작동방식이라 할 수 있다. 즉 국제적 수준에서 독점과 국내적 수준에서 대자본의 시장 우위가 발생할 가능성이 큰 산업이라 할 수 있는 것이다. 방송산업에 대한 정책적 개입은 그러한 독점의 가능성과 국제적 수준에서의 방송 프로그램 수급 불균형을 막아내는 장치로 볼 수 있다.

3) 수요 안정화 기제

방송을 비롯한 대부분의 문화산업은 시장에서 수요를 예측하는 데 어려움을 겪는다. 아무리 수용자 조사를 철저히 하고 기획을 훌륭히 해내더라도 예상과 전혀 엉뚱하게 수요가 발생하는 일을 자주 겪게 된다. 큰 기대를 하지 않았던 프로그램이 예상 밖의 인기를 끌기도 하고 애초 큰 기대를 하며 제작에 엄청난 투자를 한 프로그램이 참패를 하는 일이 허다하다. 당연히 방송 등의 문화산업은 수요를 안정적으로 가져오기 위한 노력을 기울이게 된다. 그 동안의 경험을 바탕으로 적정 수준의 수요를 가져다줄 안정 기제를 마련하는 것이다.

그 첫번째 안정 기제는 모방이다. 모방은 몇 가지 점에서 제작자에게 편의를 제공한다. 첫째, 모방은 기획비를 들이지 않아도 된다는 장점이 있다. 세상에 존재하지 않는 프로그램 포맷을 창출하기 위해서는 엄청난 기획비를 지출해야 한다. 창의성을 구매하지 않고서는 창조적이고 매력 있는 상품이 생산되지 않는다. 그러나 모방하는 입장에서는 이미 진행된 기획을 그대로 따르기만 하면 그만이므로 기획비는 전혀 들지 않는 셈이다. 둘째, 모방은 인기를 보장한다. 모방의 대상이 되는 프로그램은 어느 정도 수요를 확보한 것임에 틀림없다. 인기 없는 프로그램을 모방할 리는 없다. 그러므로 모방하는 제작자는 안정된 수요를 확보할 수 있다는 심리적 안정감을 가질 수 있고 실제로 수요를 확보할 확률이 높다. 셋째, 모방은 제작의 편의를 가져다준다. 제작자는 기획뿐 아니라 제작 테크닉까지도 별다른 고민 없이 그대로 가져다 쓸 수 있다는 편의를 얻게 된다.

모방방송에 윤리적으로 접근해보면 제작자에게 모든 책임을 물을 수밖에 없지만 산업적으로 접근해보면 이처럼 안정화 기제로 이해할 수 있다. 물론 그렇다고 해서 모방의 책임을 면제하자거나 용서해주자는 것은 아니다. 지금 현재 지출되지는 않지만 기획비용을 전향적으로 제작비용에 포함시키지 않으면 언젠가는 산업적으로 뒤지거나 저작권료 지불이라는 비용을 지출할 수밖에 없다. 더 많은 비용을 치르게 되는 것이다. 국제경쟁력을 키우는 일은 단순히 그대로 립 서비스로만 이루어지는 것이 아니라 창의성을 제고하기 위한 과감한 기획비용의 지출, 기획의 기회를 제공하는 산업적 배려를 통해 이루어짐을 인식해야 한다. 제작자적 입장에서 보면 모방은 안정화를 위한 합리적 선택이지만 산업의 미래, 경쟁력 등을 감안해 말하자면 이는 지극히 비합리적 선택일 수밖에 없다.

　방송이 택하는 두번째 안정화 기제는 스타의 활용이다. 우리는 방송을 두고 지나치게 몇몇 스타에 의존한다는 불평을 많이 한다. 이는 인기 스타들의 겹치기 출연으로 인해 방송시청이 짜증스럽다는 지적으로 이어진다. 스타의 겹치기 출연은 스타나 방송제작자의 자제력 부족에서 비롯되는 것은 아니다. 수요가 불확실한 방송시장에서 불확실성을 감소시키기 위해 스타활용이 빈번해짐으로써 그같은 일이 벌어지는 것이다. 그런데 텔레비전이 스타를 활용하는 데는 상당한 시장질서 교란이 뒤따른다. 텔레비전에 등장하는 대부분의 스타 연기인은 연공서열로 따져진 출연료를 받게 마련이다. 사실상 텔레비전 출연료는 연기자들이 생활을 영위하는 데는 턱없이 부족한 금액이다. 그러므로 텔레비전 출연을 통해 인기를 확보한 다음 광고산업 등에서 수입을 챙긴다. 그러나 스타들은 연공서열과 관계없이 출연료를 지불받기를 원한다. 스타들이 연공서열제를 파괴하는 셈이다. 스타를 활용할 계획을 세운 제작자는 출연료부터 파격적으로 제시해야 한다. 스타에 지불되는 파격적인 출연료는 이미 할당된 제작비 한도 내에서 지급될 수밖에 없다. 그러므로 스타에게 지급될 출연료로 인해 제작비용은 심한 타격을 받고, 다른 출연 배우들에게 돌아가는 몫이 줄어들거나, 심지어 몇몇 조연급 배역은 사라지게 되어 출연의 기회를 얻지 못하는 불이익이 생기기도 하는 것이다.

몇 해 전부터 방송 연예인 노조에서는 이런 불합리성을 지적하고 연기자들에게 출연할 기회를 더 많이 열어줄 것을 요구했다. 스타 출연자에 기생하는 현재의 제작 시스템으로는 타 연기자들의 출연기회가 현저히 줄어들 수밖에 없으므로 이에 대한 시정을 요구했다. 그리고 연기자를 캐스팅하는 권한을 방송 연예인 노조와 나누자는 제안까지 하게 되었다. 이 요청은 스타 활용을 통해 시장 불확실성을 감소시키려는 방송산업의 안정화 기제를 적절히 지적, 비판한 것이다. 방송산업은 이에 대한 적절한 대책을 수립해야 할 것으로 보인다. 몇몇 스타에만 출연기회와 부의 축적기회를 제공한다는 것은 방송산업 전체로 보아서도 바람직한 일이 아니기 때문이다. 스타 활용이 성공을 보장한다고 믿는 것은 아무래도 안이한 자세로 볼 수밖에 없을 것 같다.

세번째 안정화 기제는 방송산업의 수직적 통합이다. 수직적 통합은 방송과정의 많은 부분을 모두 방송사 체제 내로 끌어들인 상태를 말한다. 예를 들어 현재 우리나라 방송사는 컨텐츠부문, 제작부문, 송신부문 등을 방송사 내로 흡수해 관련 인력들을 모두 고용하고 있다. 보도국 기자가 작성한 원고를 방송사에 고용된 아나운서가 읽고, 그 내용은 뉴스 제작진에 의해 제작되어 자사의 송신 기술자들에 의해 송신된다. 이런 수직적 통합은 방송에 필요한 자원을 언제나 제공받을 수 있으며 거래비용을 줄일 수 있다는 이점을 갖는다. 방송사로서는 프로그램 수급에서 큰 차질을 빚을 염려가 없고 출연료, 제작비 등을 둘러싸고 힘들게 거래를 해야 하는 비용을 지출하지 않아도 되는 것이다. 하지만 잃는 것도 많다. 방송사가 거대 조직화되는 것이 가장 큰 손실이라고 볼 수 있다. 방송사가 거대화됨으로 인해 사회적으로도 방송사로서도 모두 잃는 점이 많다. 다양성을 잃는다는 점에서 사회적 손실이고, 조직의 유연성과 순발력을 잃고 관료화된다는 점에서는 방송사의 손실이다.

이같은 방송산업의 안정화 기제들은 방송산업으로서는 합리적 선택일 수 있으나 방송 서비스를 받는 수용자에게는 비효율적 기제로 보인다. 창의적인 프로그램을 보지 못한다는 사실, 출연자들에게 기회균등이 이루어지지 않아 늘 같은 얼굴을 보아야 한다는 점, 방송사가 관료화되어 조직 보존에만 관심이 있고 시청자를 돌보지 않는다는 점 등 제작자 위주로만 짜여진 방송산업에 시청자의 권익을 위해, 공공성을 불어넣기 위해 정책적 개입은 불가피하다. 방송의 다양성을 막는 여러 안정화 기제들의 불법성을 지적하고 그에 대응하는 법적·정책적 대안을 만들어내는 일이 시장을 합리화하는 것이다. 아무튼 방송 산업/정책에 대한 비평은 방송이 지닌 특성들에 대한 적절한 이해를 바탕으로 해야 한다. 그렇지 않을 경우 비평은 적절한 분석도, 제안도 내놓지 못하는 현황 파악에 그치고 말 공산이 크다

5. 방송정책

방송정책은 국가의 방송산업에의 개입을 의미한다. 방송산업에의 정책 개입은 크게 두 가지 수준에서 정당화된다. 첫째, 방송정책은 방송시장에서 자유롭고 공정한 거래가 발생하도록 돕는 목적을 지닌다. 시장은 필연적으로 시장실패를 초래한다. 약육강식 형태의 거래가 발생할 수도 있고, 사업의 실패로 인해 특정 분야가 약화되어 시장에서의 주요 부분은 대외 의존도가 높아질 수도 있다. 그럴 경우 시장은 늘 불안할 수밖에 없고 제대로 된 방송 서비스를 제공할 기반을 잃게 될 수도 있다. 그러므로 시장은 보호되어야 하고, 시장에서의 거래는 자유롭고 공정하게 이루어져야 하는 것이다. 앞서 설명한 대로 방송산

업이 규모의 경제 특성으로 인해 독점과 불공정거래가 발생할 것을 안다면 정책은 시장실패를 보완할 장치를 마련해야 한다. 방송이 안정화 기제로 수직적 통합을 할 경우 독립제작사들이 성장할 가능성은 줄어든다. 더구나 방송사와 독립경쟁사 간 불평등한 관계 탓에 불공정한 거래가 이루어질 개연성도 크다. 방송정책은 그러한 산업적 특성으로 인한 시장실패 및 불안정성을 보완해야 하는 것이다.

방송산업에의 정책 개입이 정당화되는 두번째 이유는 방송산업이 제공하는 내용물이 갖는 사회적 영향력에 있다. 방송산업이 제작한 메시지는 신발이나 술 등과는 달리 우리의 의식세계에 심대한 영향을 미친다. 방송산업은 공적인 정보를 전달하면서 우리의 의식세계를 왜곡시킬 수도 있고, 사적인 정보를 전달하면서 특정 개인에 대한 잘못된 인식을 심어줄 수도 있다. 그러므로 방송내용은 늘 공적인 책임을 지는 공공성을 갖는 것이다. 여기서 공공성이라 함은 사회의 복지, 개인의 인권, 문화적 다양성, 사회적 소외집단에 대한 배려 등을 포함하는 광의의 개념이다. 방송내용이 공공성을 갖지 않게 되면 방송은 사회 전체에 부정적 영향을 미치는 사회악으로 전락할 수도 있다. 방송산업이 사적인 이익을 앞세워 공공성을 훼손하여 사회를 어려움으로 몰지 않도록 하기 위해서 방송정책이 필요한 것이다.

이러한 방송정책의 정당성과 필요성에 대해 모든 방송 주체들이 동의하고 있는 것은 아니다. 여전히 방송정책이 공공성 보호에 앞장서야 한다는 집단이 있는가 하면, 공공성의 강조보다는 시장보호 수준에서 정책 개입이 마감되어야 한다는 주장도 만만찮다. 시장보호 또한 최소한으로 이루어져야 하며, 시장질서에 깊숙이 개입하는 일은 더 이상 발생해서는 안된다는 주장들도 강력하게 대두되고 있다. 시장에 맡기지 않은 채 정책적 개입이 많아질수록 방송의 경쟁력은 떨어지고 방송의 독립성도 훼손된다는 논리도 상당한 힘을 받고 있는 셈이다.

1) 공공 서비스 모델과 시장 중심 모델

방송의 정책 개입이 불가피하다는 사실에는 합의가 이루어져 있지만 개입의 정도에 대해서는 상당히 큰 의견차가 있음을 볼 수 있다. 국가의 방송 개입을 설명하는 논의에는 대체로 두 개의 대립되는 주장이 있다. 그중 하나는 공공 서비스 모델이고 다른 하나는 시장 중심 모델이다. 공공 서비스 모델은 방송이 민영이든 공영이든 관계없이 방송 자체를 공공 서비스로 보아야 한다는 입장이다. 이는 앞에서 살펴보았듯이 방송에 대한 비용 지불은 일반 재화와는 달리 간접적으로 이루어지고 국가의 정책에 의해 지불방식이 정해지는 것이기 때문에 국가에 그 권한을 부여한 국민들의 이익에 부합되어야 한다는 것이다. 물론 케이블 TV나 위성방송은 송신자와 수신자의 계약에 의해 수용 여부가 결정되므로 공공 서비스에서 거리가 조금 멀어졌다고 볼 수도 있다. 그러나 여전히 그같은 시장거래방식 외에도 방송은 사회 성원들의 의식에 영향을 미친다는 점에서 일반적인 재화와는 다르게 인식될 필요가 있다는 점이 공공 서비스 모델의 초점이다. 공공 서비스 모델은 방송시장에 의해 모든 것이 정해질 수 있다는 믿음에 대해 회의적이다. 오히려 공공 서비스가 더욱 확고히 자리잡을 수 있도록 방송정책이 방송산업을 제어하고 견제해야 함을 강조한다.

시장 중심 모델은 그같은 논의에 반박한다. 지금까지 방송이 가지는 몇 가지 기술적 한계 때문에 공공 서비스 모델이 가능할 수 있었으나 더 이상 그 한계들은 유효하지 않다는 논리를 편다. 방송 주파수가 제한되어 있어 특정 개인이나 집단만이 방송에 진입할 수 있으므로 방송사업자는 공익에 상당한 관심을 기울여야 한다는 예전의 논리는 기술발전으로 인해 더 이상 통용될 수 없는 진부한 것에 지나지 않는다는 입장이다. 기술발전은 주파수의 문제를 해결했을 뿐만 아니라 수용자에게 선택의 폭을 넓혀주고 있으므로 이제 수용자의 선택이 중요해졌다는 논리다. 방송이 사회 성원들의 의식에 지대한 영향을 미치는 것은 사실이지만 이 역시도 더 넓은 선택의 폭과 능동성을 지닌 수용자가 얼마든지 대처해낼 수 있다는 논지를 편다. 즉 일반 재화와 크게 다르지 않은 것으로 보아주길 바라면서 시장의 능력을 믿자는 것이다. 이 경우 정책은 시장보호와 시장에서 벌어지는 몇 가지의 폐해, 즉 독점이나 불공정거래 등에만 관심을 보이면 된다고 말한다.

시장 중심 모델은 1990년대 들어 전세계 방송담론을 주배하고 있다. 방송산업에 대한 탈규제(deregulation)가 바로 그 증거다. 그 동안 방송을 제한해왔던 모든 규제들을 풀고 경제적 논리에 의해 방송을 사고하자는 주장이다. 방송과 통신의 융합으로 방송의 정체성도 불분명하고, 국경의 개념도 무너지고 있는 형편에서 한 국가가 정책으로 방송을 규제함은 시대에 뒤떨어지는 발상이라고 생각하는 것이다. 이제 방송은 산업이며 사업(business)으로 인식되어야 한다고 말한다. 사실 이같은 주장은 갈수록 힘을 얻고 있다. 케이블 방송이나 위성방송은 마치 상품처럼 거래되는 성질을 갖는다. 요금을 지불하지 않는 이에게는 서비스를 해주지 않기 때문이다. 이 경우 방송은 공공재라기보다는 사유재에 가깝다. 일반 상품과 큰 차이가 없는 것이다.

공공 서비스 모델과 시장 중심 모델이 갈등하고 있는 양상이긴 하지만 앞서 밝힌 바와 같이 방송의 시장성을 더 중시하는 방송정책이 점차 득세하고 있다. 방송기술 발전으로 인해 방송사업을 하고자 하는 이들이 몇몇에 제한될 수 없고, 수용자에 의한 방송참여도 가능해졌기 때문에 정책으로 방송을 제어하는 일 등은 방송의 독립성을 해칠 뿐이라는 논리가 설득력을 얻은 것이다. 이 입장은 만약 방송에 대한 국가적 개입이 있더라도 시장을 보호하고 공정한 거래가 이루어지도록 하는 수준에서 마감되어야 한다고 보고 있다. 특히 지상파 방송이 아닌 뉴 미디어 방송, 즉 케이블 방송이나 위성방송 등은 더더욱 그렇다고 주장하고 있으며 실제 그런 방향으로 진행되고 있다. 그 동안 방송

에 개입해오던 정책의 주체였던 정부도 방송의 국제경쟁력, 방송산업
의 성장 등을 감안하지 않을 수 없기 때문이다. 그러나 여전히 지상파
뿐만 아니라 뉴 미디어 방송에도 공익성이 강조되어야 한다는 주장도
적지만 남아 있다. 시민사회단체 등에서는 방송의 공익성은 방송기술
의 진전에도 불구하고 여전히 유효하며 공익성을 제고하기 위한 정책
은 지속적으로 이루어져야 한다고 주장한다.

2) 공익성과 기술성

여기서는 공공 서비스 모델에 대한 몇 가지 오해를 불식시키는 일
이 필요할 것 같다. 공공 서비스 모델을 방송 주체(혹은 방송소유 주
체)의 성격으로 설명하는 방식을 여러 군데서 접할 수 있다. 즉 공영
방송이 제공하는 방송 모델을 공공 서비스 모델로 설명하는 방식이
그것이다. 그러나 엄밀한 의미의 공공 서비스 모델은 방송 자체를 공
공의 영역으로 보고 있다고 해야 할 것이다. 방송 주체가 민영방송이
라 할지라도 그 내용과 기능의 측면은 공공 서비스에서 벗어날 수 없
다는 것이다. 영상매체기술과 통신기술의 급격한 발달은 과거에는 사
적인 선택의 영역으로 간주되었던 문화적 체험(오락, 놀이 등등)을 공
개적인 의사소통의 영역으로 끌어들이고 있다. 이는 문화적인 차원의
공공영역화가 더욱 가속화되는 것으로 볼 수 있다. 방송기술이 진전될
수록 방송의 공공성이 더 지켜져야 하는 것이다. 방송 프로그램들은
방송으로서 혹은 시장에서의 거래로서 그치지 않는다. 그것은 다른 문
화영역과 새로운 갈등을 일으킬 수도 있고 긍정적인 방향으로 상승효
과를 만들어낼 수도 있다. 그런 점에서 방송은 생산 주체(혹은 소유
주체)와 관계없이 서비스 자체가 공공성을 갖게 된다. 따라서 엄밀하
면서도 장기적이고 생산적인 정책의 개입은 필요할 수밖에 없다.
방송기술의 발전으로 인해 공공성을 내세운 논리가 약화되었다고

보는 입장과, 공공성이 더욱 강화되어야 한다고 보는 입장이 팽팽한 긴장관계를 유지하고 있다. 방송통신기술의 진전으로 인해 더 이상 기술적 제한을 빌미로 한 공익성 개념을 내세워서는 안된다는 입장과 기술적 제한이 풀리더라도 여전히 방송의 사회적 영향력을 감안한 공익성은 강조되어야 한다는 입장이 맞서고 있는 것이다. 방송정책의 방향은 어느 논리에 더 무게를 실어주느냐에 따라 달라질 수밖에 없다. 기술적 발전에도 불구하고 여전히 공공성을 강조하고 방송을 공공 서비스로 보는 입장은 방송의 문화적 측면에 더 많은 관심을 갖고 정책을 펼칠 것이다. 그럴 경우 많은 정책적 개입이 강조되고 합리화된다. 반면 기술적 진전으로 인해 방송의 상품화, 방송산업의 일반 시장화가 급격히 진전되었다고 보는 입장은 국내 방송상품이 국제경쟁력을 갖추게 되고, 국내시장에서 공정하게 거래되는 것에 더 많은 관심을 보인다. 결국 방송산업을 어떤 관점으로 보느냐에 따라 정책도 달라질 수밖에 없는 것이다.

우리의 방송정책은 공공 서비스 모델과 시장 중심 모델 사이에서 방황하고 있는 것처럼 보인다. 방송이 공공 서비스임을 강조하면서도 시장 중심의 논리를 완전히 배제하지 않는 어정쩡한 모습을 하고 있는 것이다. 방송을 시장에 맡기자는 논리에는 전적으로 동의할 수는 없지만 국제경쟁력 등을 감안해 세계적인 추세에 맞추지 않으면 안된다는 논리 앞에서는 주춤거린다. 방송법에도 그같은 성격이 잘 드러나 있다. 공공성을 위한 편성 제한 등의 조항을 두고 있지만 방송시장을 외국자본 및 대자본에 개방하는 조항도 동시에 두고 있다. 물론 제한적 개방이긴 하지만 1990년대 초반까지 공영방송제도를 고수했던 것에 비하면 상당한 변화가 일어났다고 할 수 있다.

방송정책이 이같이 굳건하지 못하고 흔들리는 것은 한 사회의 방송정책, 방송과 관련된 법, 법에 따른 제도, 그리고 행정부의 정책집행 등이 국내상황만을 고려해 이루어지는 것이 아님을 보여주는 것이기도 하다. 주지하다시피 WTO 체제의 출범 이후 모든 시장은 국제적인 수준으로 변화되었고, 국내법만으로 시장을 통제하는 일이 힘들어졌다. 현행 방송법이 담고 있는 외국 텔레비전 프로그램의 편성비율 제한이나, 외국자본의 참여 제한 등은 전에 비해 완화된 것이기는 하지만 국제 통상거래에서 말썽이 될 소지가 있다. 이미 미국은 한국의 방송시장이 외국자본에 대해 비우호적임을 여러 번에 걸쳐 지적해왔다. 그들은 방송 프로그램을 철저하게 상품으로 파악하고 상품거래를 막는 모든 제한은 철폐되어야 한다고 주장해왔다. 방송을 문화적 자원으로 규정하고 문화예외조항을 들어 방송편성 제한과 소유 제한으로 해외 프로그램 편중과 외국자본의 본격 진출을 막고는 있지만 언제까지 그 제한이 가능할지는 아무도 모른다. 국내법이 국제법을 압도할 수 없는 상황으로 인해 점차 방송정책의 일관성이 흔들리고 있는 것이다.

　방송 산업/정책 비평은 공공성/시장성, 공공성/기술성 양편 사이에서 흔들릴 가능성을 안고 있다. 상황에 따라 주장이 모습을 달리할 개연성이 큰 것이다. 그만큼 방송산업이 급격히 바뀌고 있으며 고려해야 할 변수들이 많아진 탓이다. 일관성 있는 비평을 위해서는 비평하는 이가 스스로 어느 입장에 놓여 있는지를 수시로 점검하고 그에 맞춘 분석과 평가를 행해야 할 것이다

6. 산업/정책 비평의 준비와 역할

　방송 산업/정책 비평을 위해서는 비평가가 나름대로 몇 가지 준비를 해두어야 할 것 같다. 앞서 언급했지만 방송을 과연 어떤 관점에서 바라볼 것인지에 대한 자신의 입장정리가 있어야 할 것이다. 산업/정책 비평을 위해 필요한 가장 중요한 준비는 비평 기준의 마련이다. 앞

서 방송산업의 특성을 설명하고 그로부터 파생될 문제점을 지적했지만 그것 자체가 문제가 되지 않는다고 주장하는 이도 있을 수 있다. 예를 들어 방송시장 합리화를 두고 전혀 다르게 생각할 사람도 있는 것이다. 방송시장에서는 완전한 경쟁이 이루어져야 하는 것이지 공정한 경쟁만을 논의하는 것은 문제가 될 수 있다는 시장지상주의자도 있을 수 있다. 그러므로 비평가는 자신이 생각하는 올바른 시장, 공정한 방송시장, 바람직한 방송시장 등에 대한 신념을 정확하고 일관성 있게 지니고 있어야 한다. 비평가의 주요 덕목 중 하나가 일관성이다. 산업, 정책 등에서 벌어지는 사안들에 대해 일관성 있는 비평을 하기 위해 반드시 그같은 기준을 설정해두어야 한다. 방송산업과 정책에 대한 더 많은 관심, 그리고 방송산업의 특성에 대한 정확한 고찰, 깊이 있는 논의 등을 반복해 기준 설정을 준비해두어야 한다.

두번째는 비평을 위한 자료의 준비다. 비평을 행하고 있는 현재의 방송산업 상황, 방송정책의 현재 등에 대한 자료가 충분히 준비되어야 한다. 방송산업과 관련된 주변의 통신산업 그리고 국제시장에서의 변화 등을 충분히 숙지해야 한다. 그리고 방송산업과 관련된 법제와 정책의 현황 및 변화, 새롭게 벌어질 사안들에 대해서도 충분한 조사가 필요하다.

세번째는 비평의 범위를 정하는 일이다. 방송산업 내에서 조정이 가능한 부분인지, 아니면 정책으로 해결될 문제인지, 그도 아니면 새로운 법의 제정으로만 고쳐질 수 있는 것인지 등과 같은 범위를 정해야 한다. 방송법의 개정으로만 해결될 수 있는 문제라면 개정 이전에는 어떤 조처들이 필요한지를 적어야 하고, 방송 관련 제도의 마련을 위해 어떤 지혜를 발휘해야 하는지를 제안해야 한다. 만약 그러한 범위를 정하는 일에 소홀히 할 경우 모든 것을 방송 관련 법규의 잘못으로 돌리고 파행의 원인을 환원시켜버리는 오류를 범할 수도 있다.

네번째 준비는 비평 독자를 정확하게 파악하는 일이다. 방송 산업/

정책 비평은 여러 유형의 독자들로 향할 수 있다. 먼저 방송정책 관련자들로 향한 비평이 있을 수 있다. 방송산업에서 드러나는 여러 문제점들을 정책적으로 해결해줄 것을 당부하는 비평이 그에 해당한다. 산업/정책 비평은 될 수 있는 한 정책의 개입을 최소화할 것을 주장하며 그 주장의 전제로 방송시장의 자율적 규제, 합리화 등을 언급할 수도 있다. 그럴 경우 방송산업 종사자에게로 비평은 향할 것이다. 현재 방송산업 및 정책 등을 둘러싸고 벌어지는 일들을 독자들에게 알리며 여론형성에 큰 관심을 보이는 비평도 있을 수 있다. 이러한 유형의 비평은 일반 방송수용자로 향하게 될 것이다. 비평 독자 선정에 따라 비평의 난이도, 엄밀성 그리고 깊이 등을 선택해야 할 필요가 있다.

모두에서 언급했지만 방송 산업/정책 비평은 그리 흔하지 않다. 덩치가 큰 사안이기 때문에 짧은 비평문에 적합하지 않다는 인식도 한 몫 했으리라 짐작한다. 하지만 방송산업 및 정책은 좋은 방송문화의 조건에 해당하는 중요한 자원이다. 이 자원의 중요성을 인식하고 제대로 활용할 지혜를 전달할 수 있는 방송 산업/정책 비평은 소중할 수밖에 없다. 단순히 산업과 정책의 상황을 알리는 정보에 머물지 않고 합리적인 산업적·정책적 대안을 내놓는 비평은 방송문화 전체의 발전을 위한 소중한 계기가 될 수 있을 것이다.

4
텔레비전 역사 비평

1. 역사비평의 빈곤과 오해

기억은 전쟁터와 같다. 모든 이들이 기억을 하지만 그 기억의 내용은 같지 않다. 서로 다른 기억들은 평화롭게 어깨를 나란히 한 채 공존하지 않는다. 각 기억들은 사회에서 인정받기를 원하고 사회 내 공식 기억이 되길 원하기 때문에 그들간에 심한 경쟁이 벌어지게 마련이다. 전쟁터에서 모두가 이기는 일은 많지 않은 법이다. 이기는 자, 그렇지 않은 자가 확연히 갈라지지 않고서야 전쟁터라 할 수 있을까. 어떤 기억은 살고, 어떤 기억은 살기는커녕 기억 그 자체로 인해 박해를 받기도 한다. 한 개인 및 집단의 역사를 기록하는 일은 단순히 과거에 있었을 법한 일을 쓰는 단순 작업이 아니다. 전쟁을 치르듯이 이루어지는 작업이다. 어떤 기억은 살려두고 다른 기억은 죽여버릴 수밖에 없는 전투적 갈등이 바로 역사 적기가 아닐까.

텔레비전 역사를 쓰는 일도 마찬가지라 생각한다. 텔레비전을 통해 전인생을 바쳤다고 기억하는 제작진이 있는가 하면, 예전에 본 텔레비전의 내용은 모두 거짓이었고 모두를 속이려 한 나쁜 의도의 결과라고 주장하는 사람도 있을 것이다. 그 중간쯤에 서서, 예전의 텔레비전은 너무 정치에 종속되어 있어 숨쉴 틈이 없었지만 그래도 주어진 한계를 넘어서려고 이러저러한 노력을 했노라고 말하는 이도 있을 것이다. 누가 옳은 것일까. 만약 역사적인 접근으로 텔레비전을 비평한다면 우리는 누군가의 손을 들어주는 작업을 해야 할 것이다. 단순히 심증으로 설득력 있는 주장의 편에 서는 것이 아니라 여러 사료를 챙기고 확인하는 작업을 통해서 말이다. 만약 그같은 작업이 제대로 이루어진다면 우리는 기꺼이 그것을 텔레비전 역사 비평이라고 부를 수 있을 것이다.

한 예를 들어보자. 1970년대는 텔레비전 방송의 상업적 성격이 정착되던 시기라 볼 수 있다. 당시는 프로그램 제목에 광고주나 상품명이 들어가기도 했다. 예를 들면 일동제약이 제공하는 <일동 스포츠>, 무궁화제분이 제공하는 <무궁화 가요쇼>, OB 맥주가 제공하는 <OB 그랜드 쇼> 등등의 기업명 제목으로 프로그램이 방영되었을 정도다. 당시의 프로그램을 제작하던 이들은 자신들의 오락 프로그램이 현재 수준의 프로그램으로 이어지게 된 발판이었노라고 자신 있게 말할 것이다. 하지만 당시 MBC나 TBC에서 방영한 대부분의 상업적 프로그램은 일본 것을 모방했거나 이름 그대로 국적 없는 텔레비전 쇼를 이 땅에 정착시킨 '몹쓸' 것이었다고 주장할 비평가도 있을 것이다. 그때의 지나친 상업주의화로 인해 우리 대중문화가 파행적 모습을 띠게 되었다고 말하는 이도 있을 터이다. 과연 누가 옳은 것일까. 역사비평이 아니고서는 이 사안에 대한 판정이 어려울 수밖에 없다. '과거를 현재와 관련하여 어떻게 평가할 것인가' 이것이 역사비평의 작업인 것이다.

텔레비전에 대한 역사적 접근은 흔치 않다. 이 땅에 텔레비전이 도입된 지가 40년이 넘었지만 아직 텔레비전에 대한 변변한 역사편람 하나 가지고 있지 못하다. 기껏해야 개인적 회고담을 적거나 방송인들

의 주변 이야기들을 다룬 것들이 주를 이루고 있을 정도다.3) 방송 초
기에 있었던 실수담이나 당시 방송인들에 대한 회고, 방송과 관련된
장소를 찾는 글, 방송사가 내놓는 사사(社史) 등이 대부분이다. 텔레비
전을 역사적으로 접근할 데이터들은 있으나 그것을 엮어 해석한 작업
들은 턱없이 부족한 셈이다. 텔레비전 비평도 마찬가지다. 텔레비전
역사를 중심으로 풀어간 비평을 찾기란 쉽지 않다. 심지어 텔레비전과
비평, 역사라는 용어가 서로 잘 어울리지 않는다는 느낌을 받을 정도
로 이들은 어색한 관계를 유지해온 것 같다. 그러나 방송연구, 방송비
평이 풍부해지기 위해서 역사적 접근은 절실히 요청된다. 텔레비전과
역사는 서로 잘 어울리지 않는 것이 아니라 소홀히 해온 태도 탓에 잘
어울리지 않게 인식되었을 뿐이다. 이제 그런 인식은 깨져야 한다. 역
사적 접근과 역사비평의 소중함을 인식하고 그것들이 가져다줄 이점
들을 활용해야 한다. 텔레비전 비평, 더 나아가 텔레비전 문화의 윤택
함을 위해서라도 그같은 작업은 이루어져야 한다.

텔레비전에 대한 역사비평이 부족한 이유는 여러 가지가 있겠으나
몇 가지로 간추려 설명할 수 있을 것이다. 우선 방송을 역사적으로 연
구한다는 것에 대한 오해가 많다. 방송은 역사가 길지 않기에 아직 역
사적 연구를 하기에는 부족함이 많다는 오해다. 70여 년 정도의 역사
를 가진 방송은 한 명의 사학자가 간단히 정리해낼 수 있는 것일 뿐
여러 형태의 역사연구가 행해질 필요성이 없다는 말이 되겠다. 그러나
우리가 아는 대부분의 연구들은―연구자들이 인정하지 않더라도―역
사적 연구가 될 수밖에 없다. 사회적 상황에 입각하지 않은 연구란 없
기 때문이다. 그렇다면 방송의 구체적인 역사적 상황과 방송을 연관지
은 연구는 역사연구라고 할 수밖에 없다. 방송비평도 마찬가지다. 대
부분의 방송비평은 역사적 비평일 수 있다. 비평을 쓴 그 시기의 상황

---

3) 김성호(편저), 『한국방송관계문헌색인: 1925-1997』, 나남, 1999를 들여다보
   면 역사적 접근을 시도한 연구들이 얼마나 빈약한지를 알 수 있다.

을 방송과 연관짓기 때문이다. 다만 본격적으로 지나간 특정 시기를 정해놓고 그 기간 동안 벌어진 역사적 전개를 쓴 것이 아니기에 역사적 연구라고 부르지 않을 뿐이다. 그러므로 방송의 역사가 짧기 때문에 역사적 접근은 적절하지 않다고 말하는 것은 역사비평을 막는 심각한 오해라고 보아야 할 것이다.

방송에 대한 역사적 연구 및 비평에 대한 또 다른 오해는 방송의 정치적 자율성에 대한 폄하에서 비롯된다. 방송은 오랫동안 정치적 권력에 종속되어왔기 때문에−만약 역사적 연구를 한다면−방송과 정권의 관계를 기술하는 것으로 충분하다는 생각이 팽배해 있다. 이는 방송을 일괴암적으로 사고하는 것에서 비롯된 습관이다. 방송의 편성·내용·조직·제도·법 등은 정치적 권력에 의해 좌우된 점이 없는 것은 아니지만 반드시 단선적인 인과관계를 갖지 않을 수 있음을 인정하는 일도 필요하다. 방송도 상대적 자율성(relative autonomy)을 지니고 있음이 강조되어야 한다. 지금 드라마의 형태는 정치권좌에 있는 몇몇이 시켜서 이루어진 일은 아니다. 정부가 그렇게 하도록 지시해서 이루어진 것도 아니다. 위로부터 지침을 받은 몇몇 제작자의 머릿속에서 하루아침에 고안된 것도 아니다. 정권의 영향력과 과거 제작의 여건, 그리고 제작자의 창의성 등등이 한데 어우러져 만들어진 드라마적 전통에서 비롯되었다고 보는 것이 옳을 것이다. 그렇다면 과연 특정 시기에 정치적 권력은 방송에 어떤 방식으로 개입하려 했으며, 이에 조직은 어떻게 대응했고 집단적 대응방식은 없었는지를 살펴보는 일은 소중하지 않을 수 없다. 그러나 아직 거기까지 생각이 미치지 못하고 있다. 여전히 방송은 정치적 개입으로부터 자유롭지 못하고 자율성을 운위하기엔 덜 독립적이라는 전제 때문일 것이다. 시급한 것은 정치적 개입으로부터의 자유이기 때문에 과거 역사를 다룰 때도 정치적 개입이 어떻게 이루어졌고 그것이 가져온 폐해가 무엇인지를 말하는 것이 더 절실하다고 믿는 이들이 많다. 하지만 방송의 많은 요소들을 정치적 압력이나 국가의 정치적 의도의 결과로만 몰아붙이는 접근법은 더 많은 중요한 매개변수들을 사장시키는 일이다. 그리고 역사비평의 단조로움을 부추기는 것이 될 공산이 크다.

　방송에 대해 역사적으로 접근하기에는 사료가 턱없이 부족하다는 언급도 자주 접하게 된다. 이 언급 자체가 오해라고 볼 수는 없다. 하지만 이는 역사적 접근을 지나치게 좁게 해석하는 오해라고 말할 수는 있다. 이미 지나간 방송의 내용은 녹음·녹화되어 있지 않고, 보관되어 있다고 하더라도 접하기 어려운 것은 사실이다. 그리고 제작과 관련된 사료가 많지 않은 것도 인정하지 않을 수 없다. 게다가 방송에 대한 역사적 연구도 많지 않으니 역사적 접근을 하려는 입장에서 보면 참으로 조건이 좋지 않다는 불평은 당연해 보인다. 그러나 역사적 접근은 매우 다양하게 이루어질 수 있다는 점을 놓쳐서는 안될 것이다. 방송내용이 사료로 남아 있지 않을 경우, 당시 제작을 담당했던 사람들의 기억을 수집하고 재구성하여 추정하는 것도 가능하다. 당시 그 내용을 접했던 수용자들의 기억으로 당시 방송의 영향력을 추정해 볼 수도 있다. 방송과 관련된 대중잡지들의 언급들도 놓칠 수 없는 중요한 사료다. 역사연구에서 흔히 정사(正史)를 야사(野史)보다 더 높이 평가하는 경향을 찾아볼 수 있다. 그러한 구분과 평가는 온당한 것으로 보기 어렵다. 공식적 기록에 의존한 역사는 비공식적 기록에 의존한 역사보다 우월하다고 말하는 것은 위험성을 내포한다. 공식적 기록 역시 누군가에 의해 작성되었다는 점에서 역사적 사실 그 자체가 아니다. 그것 역시 역사가(혹은 역사비평가)의 해석을 필요로 한다. 야사로 불리는 것들도 마찬가지다. 그것들이 서로 비슷한 지위를 지니고 있다고 보아도 무방하다. 그렇다면 역사가(혹은 역사비평가)가 자료를 선택해 어떻게 해석하느냐가 중요한 문제이지 사료의 질을 놓고 평가하는 일에만 매달려서는 안될 일이다. 방송인들의 기억, 방송가에 남아 있는 사적·공적 문서들, 성명서, 방송계에 관한 신문과 잡지의 기

사 등은 방송에 대한 역사적 접근을 하기 위한 사료로서 충분한 가치
를 지니고 있다.

　역사비평이 빈곤한 것이 역사적 접근에 대한 오해, 그리고 나쁜 조
건 때문일 수도 있으나 무엇보다도 역사비평을 해보려는 의지가 약한
탓이라 할 수 있을 것이다. 후에 기술하겠지만 역사적 접근은 많은 노
력을 요구한다. 역사비평을 행하기 위해서는 사관을 갖추어야 하기에
사회를 보는 눈도 길러야 하고, 수많은 사료들을 수집해야 하는 부지
런함도 갖추어야 한다. 수집된 자료를 꼼꼼히 들여다보고 해석해야 하
는 성실성과 해석능력도 요청된다. 모든 연구나 비평도 이같은 노력을
요구하기는 하지만 아무래도 역사비평에서 요구되는 정도를 넘어서지
는 않는 듯하다. 물론 긴 학술논문이 아닌 텔레비전 비평에서는 엄청
난 정도의 노력을 요구하지는 않겠지만 여전히 갖추어야 할 준비사항
들이 많은 것은 사실이다. 다만 정확하게 방송과 사회를 보는 눈을 가
지고, 이미 발생한 방송사건들에 초점을 맞추고 그에 대한 자료들을
수집해 현재와 연결시키는 작업을 하는 정도에서 마친다면 방송역사
논문을 쓰는 것에 비해 에너지를 덜 수는 있을 것이다. 그런 점에서
큰 효용도를 지니고 있는 방송역사비평은 힘들지만 한번쯤 해볼 만한
일이라 생각된다.

2. 역사비평의 유용성

　앞서 밝힌 오해를 제거하고 역사적 접근과 역사비평을 수행하면 의
외로 얻는 수확이 많다. 특히 비평과 관련해서는 더욱 그렇다. 비평의
설득력 제고를 그 첫번째 유용성으로 들 수 있다. 역사적 접근이 빠져
있으면 방송연구, 방송평 전반이 불편하게 느껴질 수밖에 없다. 현재
를 바르게 판단하기 위해서는 현재와 과거를 대비하는 작업이 필요하

기 때문이다. 비평문이 갖는 기능 중 하나가 정보를 설득력 있게 전달하는 것일 터인데 사실 역사적 접근은 설득력에 관한 한 왕자의 위치를 차지한다고 해도 과언이 아닐 것이다. 텔레비전 뉴스에 대한 비평을 예로 들어보자. 현재와 과거의 보도방식의 차이를 설명한다고 치자. 당연히 뉴스환경이 많이 바뀌었고 그에 따라 정보제공방식도 변화했다고 해석할 것이다. 그런 과정에서 과거의 뉴스환경과 정보제공방식 간의 연관관계를 적절히 설명한다면 독자들에 좋은 글을 전달했다는 평가를 받을 것이다. 이처럼 연구와 비평의 설득력을 높이는 것을 역사적 접근의 첫번째 유용성으로 들 수 있다.

둘째, 역사적 사실들간의 관계에 대한 언급은 현재의 사실들간의 관계 설명이 얼마만큼 정당한 것인지 혹은 조작된 것인지를 가려낼 수 있게 해준다. 가설적으로 특정 사실들간의 관계를 설정하고 비평을 하려 하는데 과연 그것이 얼마나 정당한지를 알고자 할 때 역사적 접근이 도움을 줄 수 있다. 예를 들어 여름에는 납량물이 많이 제작되고 많은 인기를 끈다며 좀더 오싹하고 재미난 납량물을 만들어야 한다고 주장한 비평문이 있다고 하자. 그 비평문은 '시원한 납량물 → 더위 탈출'이라는 도식에 기대고 있는 셈이다. 그런데 그 비평문은 최근 3~4년 동안의 경향을 근거로 한 것이지만 실제로 10년 전, 5년 전에는 여름철 납량물이 전혀 인기를 끌지 못했다는 역사적 사실이 있었다고 하자. 그렇다면 최근 3~4년 사이의 여름철 납량물의 인기 이유는 무엇일까, 더위를 식혀주는 전혀 새로운 장르로 등장한 것이 아니라면 왜 인기를 끌고 있는 것일까, 혹시 납량물에 관한 한 천재적 작가가 등장한 것이 아닐까, 최근 들어 여름철에 볼 만한 프로그램이 편성되지 않은 탓이 아닐까 등등 역사적 사실의 고찰로 인해 우리는 전혀 다른 질문을 하게 되고 다른 답을 얻게 될 것이다. 즉 전혀 다른 문제설정을 하게 되는 것이다. 여름과 납량물이라는 편협한 문제설정을 넘어서는 지혜를 역사적 접근이 제공하는 셈이다. 즉 역사적 접근

은 비평에서 설정된 가설의 정당성, 허구성을 파악하는 데 유용한 것
이다.

세번째 유용성은 현재의 방송이 안고 있는 모순에 대한 해결책을
전해줄 수 있다는 점이다. 앞서 설명한 바와 같이 현재의 방송이 지니
고 있는 모순은 오랜 시간에 걸쳐 누적적으로 형성된 것일 수 있다.
시간의 흐름에 따라 다양한 요소들이 각기 다른 시간에 여러 모순을
야기했을 수 있다. 그럴 경우 과연 현재의 문제점을 타결하기 위해 주
요 모순은 무엇이고, 부차적 모순은 무엇인지를 밝혀낼 필요가 있는데
역사적 연구를 통하지 않고는 찾기가 힘들다. 전통의 집적과정에서 벌
어진 여러 사건들을 살펴보고 그 사건들의 가치 경중을 따진 다음, 해
결의 고리가 될 수 있는 부분이 무엇인지를 밝혀내는 일은 역사비평
이 전해줄 수 있는 가장 큰 유용성이라 생각된다.

역사비평의 네번째 유용성은 후속 연구를 위한 발판이 되고 자료가
된다는 점이다. 이러한 유용성은 크게 두 가지로 나누어 설명할 수 있
겠다. 먼저 역사비평 자체가 심도 있는 역사적 접근을 불러일으키는
동인이 될 수 있다는 점이다. 비평을 통해서 우리나라 프로듀서 저널
리즘이 언제부터 시행되었는지를 적고 그 발전양상에 대해 설명한 다
음 현재 상황을 평가하는 일을 했다고 하자. 그런 비평으로부터 통찰
력을 얻은 학자가 프로듀서 저널리즘의 실체에 대해 심도 있는 연구
를 할 수도 있을 것이다. 프로듀서 저널리즘은 과연 기자 저널리즘과
차이가 있는가, 있다면 어떤 점에서 그런가, 그리고 두 저널리즘의 발
전양상으로 미루어 어떤 형태로 나아갈 것 같은가 등등의 연구를 할
수 있다. 역사비평으로부터 좋은 연구주제를 얻을 수 있는 것이다. 다
음으로 역사비평 자체가 시간이 지난 다음 역사연구의 좋은 자료가
될 수도 있음을 인식하는 일도 필요할 것 같다. 역사비평을 통해 그
동안 알려지지 않은 자료를 소개하고 그에 맞추어 역사적 사실을 해
석했다면 이후의 역사연구는 이를 중요한 단서로 잡고 새롭게 비평하

고 연구할 수도 있는 것이다.

비평의 설득력을 높인다는 점, 설명의 정확성을 확인해줄 수 있다
는 점, 현재의 모순에 대한 해결책을 전해줄 수 있다는 점, 그리고 다
음 연구에 통찰력을 주고 자료로서도 활용될 수 있다는 점 등이 텔레
비전을 역사적으로 접근하여 얻을 수 있는 이점이라 하겠다. 이외에도
더 많은 유용성이 있으리라 믿는다. 이러한 유용성들을 십분 활용하기
위해서라도 역사비평은 활성화되어야 할 것이다. 언론사 연구에서 인
쇄매체의 역사에 대한 연구가 주를 이루고 있으며 방송사(放送史) 연
구가 언제나 소외되는 것을 만회할 필요가 있다. 방송사 연구, 역사비
평 등이 잘 이루어지지 않는 것은 참으로 한국적인 현상처럼 보인다.[4]
방송역사에 대한 연구는 서구 등지에서는 아주 인기 있는 학문영역으
로 대접받는다. 방송이 할리우드와 손을 잡게 된 계기에 대한 자세한
설명, 특정 쇼가 미국인에게 최고의 인기를 누린 배경, 상업적 방송제
도 속에서 PBS가 탄생하게 된 역사적 이유, 영국 방송에서 전문인 의
식(professionalism)이 형성되던 시기에 대한 미시적 고찰 등등 방송사
를 연구하는 학자들은 학문적으로 상당한 대우를 받고 있으며 많은
연구결과들은 단행본 혹은 전문잡지를 통해 쏟아져 나온다. 그러나 우
리의 사정은 전혀 그렇지 않다. 단행본으로 정리된 방송사를 찾아보기
힘들다. 뿐만 아니라 방송사라고 이름지을 만한 논문을 찾기도 여간
어렵지 않다. 이런 형편에 역사적 접근을 한 비평을 찾는 것은 무리한
기대인지도 모르겠으나 그것의 중요성을 다시 강조하고 싶고 비평에
뜻을 둔 이들에게 이 영역에 들어서볼 것을 권유하고 싶을 따름이다.
남이 이루어내지 않은 부분을 찾아가는 기쁨 또한 대단한 것이어서
다른 어떤 비평보다 더 많은 성취감을 선사해줄 수도 있을 것이다.

---

4) 방송인들은 방송사가 제대로 정리되기를 기대하는 글을 지속적으로 쓰고 있
   다. 노정팔, 「방송의 뿌리, 방송사의 체계 갖출 때」, ≪방송심의≫ 제27호,
   1983; 김호영, 「방송사론, 수집정리할 때가 되었다」, ≪방송문화≫ 제122호,
   1991 참조

3. 역사비평＝구성작업

혼히들 두 가지의 역사가 있다고 말한다. 그중 하나는 우리가 다시
는 갈 수 없는, 이미 이루어져 소멸해버린 역사로서 1942년 12월 27
일에 발생한 소위 '단파방송사건' 같은 것이다.[5] 이는 우리가 되돌아
갈 수 없는 지나간 시간이며 역사이다. 이는 역사가들이 복원해보려는
대상이다. 또 다른 역사는 말, 글 등 언어를 사용해 풀어놓은 역사이
다. 이는 역사가들의 작업의 결과이다. 우리는 이 둘을 다 역사라고
부르지만 엄밀하게는 전자를 역사, 후자를 '역사 적기'라고 부를 수
있겠다. 하지만 역사 적기란 용어가 익숙한 것은 아니다. 역사 교과서
에 적힌 것을 두고 역사 적기라고 부르진 않는다. 그냥 역사라고 부르
는 것이다. 그러기에 역사에 대한 혼동이 생긴다. 역사책에 적힌 것이
실제로 있었던 것과 동일한 것으로 받아들일 개연성이 높아지는 것이
다. 그 혼동과 개연성을 줄이기 위해 둘을 분명히 구분해 설명할 필요
가 있겠다.

후자의 역사(역사 적기)는 전자의 역사를 복원해 후세에 전하려는
의도로 만들어진 것이다. 실제로 있었던 역사와 적힌 역사의 간극은
얼마 만큼일까. 누구든 자신의 역사 적기가 과거에 있었던 일을 가장
잘 복원한 것이라는 명예를 얻기를 원할 것이다. 그러나 이미 지나간
과거를 복원하려 역사 적기를 가장 충실하게 한다 하더라도 그것이
똑같을 수는 없다. 그 둘 사이의 간극을 놓고 역사가들은 오랫동안 논
란을 벌여왔다. 실증주의 역사관을 가진 자들은 역사와 관련된 모든
데이터를 충실히 모아서 재현해내면 전자의 역사에 가까이 갈 수 있
다고 믿었다. 체계적으로 사료를 수집하고 그것을 객관적으로 정리해

---

5) 이는 당시 방송국에 근무하던 몇몇 방송인들이 미국에서 방송하는 한국어 ＜미
국의 소리＞ 방송과 중경의 임시정부방송을 단파 수신기로 수신하다 일본 경찰
에 발각된 사건이다.

내면 그것이 바로 우리가 다시 회복해 돌아갈 수 있는 역사가 되는 것처럼 말한 것이다. 가능한 사료를 모두 모아서 시간별로 펼치는 편년체적 연구 등이 그런 신념을 지니고 있다. 역사란 인간 경험의 기록을 연구하는 특정한 방법인 동시에 그러한 결과로 얻어진 정보의 체계로 보는 것이다. 하지만 그러한 실증주의적, 편년체적 역사접근이 갖는 문제점에 대한 지적은 합의를 보고 있는 듯하다.

실증주의 역사관에 대해 다음과 같은 의문을 제기할 수 있다. 먼저 역사적 접근에서의 데이터에 관한 것이다. 역사적 데이터는 선별적으로 남아 있다. 데이터를 남길 수 있는 집단들의 데이터만이 남아 있을 뿐이다. 글을 모르는 사람들은 자신들의 데이터를 남기기에는 불리한 위치에 놓여 있다. 그렇다고 해서 그들이 역사에 존재하지 않았다고 말할 수는 없다. 데이터를 남겨두었지만 후대에까지 그 데이터가 잘 전달되지 못해 잊혀진 사회적 집단들도 있을 것이다. 그런 집단들은 분명 역사에 존재했지만 역사 적기에서는 빠지게 될 것이다. 역사상에 존재했지만 데이터를 남기지 않은 집단을 빠트린 역사 적기를 두고 체계적이고 정확한 역사 적기라고 할 수는 없을 것이다. 그리고 역사적 데이터의 객관성에 대해서도 의문을 제기할 수 있다. 우리에게 남겨진 데이터, 즉 역사적 데이터 또한 누군가에 의해 적힌 것이다. 이때 데이터는 역사적 자료가 아니라 누군가의 해석이고 설명일 가능성이 높다. 객관성과 역사 적기에 대한 훈련으로 똘똘 뭉쳐진 사람이라 할지라도 역사적 데이터가 적힌 상황, 그것을 적은 사람을 정확하게 추적하는 일은 그리 쉬운 일이 아니다. 아무리 객관성을 띤다 하더라도 역사 적기가 과거에 있었던 사실, 즉 역사일 수 없는 것이다.

역사 적기에는 언어의 사용이 필수불가결하다. 그것은 누군가의 의도가 역사 적기에 개입될 수밖에 없음을 말하는 것이다. 역사 적기는 일종의 신념의 행위(act of faith)이다. 이는 역사란 역사가가 해석하고 서술하기 때문에 비로소 존재하며 만일 역사가가 없다면 역사는 불가

능하다는 것을 의미한다. 바꾸어 말해서 역사는 역사가에 의해, 역사
가의 의도와 신념을 기반으로 만들어지는 것이다. 역사학자인 E. H.
카아는 역사가가 불가피하게 선택적으로 되지 않을 수 없다는 상대주
의적 입장을 합리화했다. 이는 역사적 신념에 따라 같은 역사적 사건
도 다르게 적힐 수 있음을 암시한다. 역사적 사건을 적기 위해서 역사
가는 지도를 필요로 하는데 그 지도에 해당하는 것이 바로 사관이고
신념이다. 결국 방송사를 적는 데는 일정한 관점이 있게 마련이란 뜻
이다. 이는 방송역사 적기, 비평에도 과연 방송을 어떻게 볼 것인가
하는 일정 관점이 요청된다는 의미다. 만약 방송을 국민의 재산이며
국민 권리의 대상으로 파악한다면 그러한 권리가 지켜지지 않은 데,
그러한 권리를 인정하지 않은 데 초점을 맞추게 될 것이다. 왜 권리가
지켜지지 않았는가, 그 권리를 침해한 것은 과연 무엇인가, 국가정책
인가, 자본의 개입 탓인가 등등에 초점을 맞추고 역사적으로 추적해
들어가는 것이다. 텔레비전을 어떻게 파악하느냐, 텔레비전과 사회의
관계를 어떻게 파악하느냐에 따라 연구대상인 역사적 사건을 적는 방
식도 달라질 수밖에 없다.

　방송에 대한 역사적 접근은 상대주의적일 수밖에 없음을 설명한 셈
이다. 명백히 객관적인 시각은 불가능해 보인다. 어떤 철학, 이념, 신
념을 지니고 있는가에 따라 역사적 사실에 대한 해석은 달라지는 것
이다. 여기까지는 사회적 합의가 어느 정도 이루어져 있다. 모든 자료
를 망라하면 과거 방송에 관한 사건을 잘 적을 수 있을 거라는 믿음보
다는 일정 관점에 따라 자료를 모으고 그에 맞추어 역사를 적어나가
는 일이 더 옳다고 생각하는 것이다. 한 예를 들어보자. 텔레비전 프
로그램 내용을 사료로 삼아 역사 적기를 한다고 치자. 그럴 때 당연히
필요한 것은 텔레비전 프로그램 내용을 어떻게 파악할 것인가 하는
전제적 해석이다. 텔레비전 프로그램이라는 역사적 자료를 인식하는
방법에는 여러 가지가 있을 수 있다. 그 첫번째는 텔레비전을 명명백

백한 역사적 기록자로 보는 방식이다. 이는 텔레비전을 세계로 향해 열린 창으로 봄을 의미한다. 이 경우 텔레비전이 남겨둔 기록은 그것 자체로서 별다른 해석이 필요없는 사료가 된다. 두번째는 텔레비전을 역사의 해설자로 보는 방식이다. 텔레비전에 담긴 내용은 사회에 대한 텔레비전적 해석 혹은 사회의 재구성으로 파악한다. 텔레비전을 사회적 현실을 재구성하지 않으면 안되는 언어적 해석체로 보고 당시의 텔레비전이 갖는 사회적 위상을 파악하면서 그에 맞추어 텔레비전적 내용을 재해석하는 것이다. 세번째는 텔레비전을 독자성을 지닌 문화형식으로 파악하는 방식이다. 이같은 텔레비전 견해에서는 텔레비전 내용을 텔레비전이 독자적으로 개발한 형식, 관습 등으로만 파악한다. 즉 텔레비전을 일종의 예술형식으로 보는 것이다.

텔레비전을 어떻게 볼 것인가는 역사적 접근을 행하는 비평가가 선택할 일이지만 어느 방식이 더 나은 것인가에 대해서는 어느 정도 합의가 있는 듯하다. 앞에서 설명한 두번째 방식, 즉 텔레비전의 재구성론에 대한 지지가 높은 편이다. 텔레비전은 사회적 현실을 있는 그대로 전하는 것이 아니라 자신이 처한 사회적 위치에 따라 재해석하고 평가하는 등의 재구성을 행한다. 텔레비전 내용은 사회 현실 그 자체가 아니라, 텔레비전적 해석을 포함하고 있다고 보는 것이다. 그러므로 역사적 접근을 행하는 비평가는 텔레비전이 행한 사회적 해석에 대해 재해석을 하게 된다. '해석에 대한 해석', 이것이 바로 텔레비전 역사 비평가들이 해내는 작업인 것이다. 그리고 텔레비전의 독자성에 대한 어느 정도의 수긍도 필요하다. 즉 텔레비전을 보는 세번째 방식, 즉 문화형식에 대한 고려도 있어야 한다. 두번째 방식을 중심으로 비평을 진행하되 세번째 방식도 첨가되어야 한다고 주장하는 셈이다. 그러므로 역사비평가들은 연구하려는 방송사건을 둘러싼 여러 데이터들에 주목할 필요가 있다. 당시 텔레비전을 둘러싼 정치경제적 상황, 텔레비전의 내적 전통, 텔레비전의 표현방식의 전개 등등을 종합해 텔레비전이 행한 해석에 대해 평가를 내리는 것이다.

　이처럼 역사비평을 위해서는 준비해야 될 사안들이 많다. 사료를 모으는 일 외에도 역사 적기의 길잡이가 될 방송관을 가지고 있어야 한다. 그 방송관 없이 쓴 역사비평은 그야말로 역사적 사실의 나열로서 역사비평이라는 평가를 받기는 어려울 것이다. 그러므로 역사비평은 일종의 구성작업이다. 자신이 선택한 방송관에 맞추어 사료를 모으고 그에 입각해서 과거의 일을 다시 구성해내는 작업인 것이다.

4. 역사비평의 적용대상

　모든 연구문제들은 역사적 접근의 대상이 된다고 하더라고 과언이 아니다. 이 책 안의 많은 비평들도 역사적 접근과 연결될 수 있는 것들이다. 신화비평에서 역사적으로 신화가 어떤 방식으로 방송에서 제시되었는지를 살펴볼 수도 있다. 장르비평에서 장르의 역사적 변천에 대해서 언급할 수도 있다. 방송 산업/정책 비평에서도 산업·정책·법제의 변천을 역사적 접근으로 해결해낼 수 있다. 그런 점에서 역사적 접근은 모든 비평방식과 연관될 수 있으며 대부분의 연구문제들도 역사적으로 접근될 수 있다 하겠다. 그러한 가능성을 염두에 두고, 역사적 접근으로 할 수 있는 비평은 어떤 것들인지 구체적으로 정리해보자.

　먼저 방송 관련 인물들에 대한 역사적 비평이다. 이 책에서도 작가비평에 대해 짧게 언급할 것인데 그것과 관련이 있는 비평유형이라 하겠다. 작가비평이란 방송에서 특별한 업적을 남겼다고 인정받을 만한 인물에 관한 심도 있는 비평을 말한다. 사실 방송에서 작가비평 등의 혜택을 입을 만한 인물들이 얼마나 되겠는가 하는 질문도 있을 수 있다. 뛰어난 제작자가 있었던 것도 아니고 있다 하더라도 방송 프로그램은 영화와 달라서 한 작가의 작품으로 보기 힘들다는 반론도 얼마든지 가능하다. 그러나 방송의 전체 구조 속에 몇몇 개인은 언급될 만한 업적을 남겼고, 전체 방송구조를 바꾸기도 했다. 대체로 이런 인물들에 대한 언급은 전기형식일 가능성이 높은데 방송비평은 비교적 가벼운 터치로 그들의 업적 등을 사료를 기반으로 하여 정리할 수 있을 것이다. 예를 들어 김수현이라는 작가가 새로운 작품을 내놓았다고 하자. 이미 20여 년 가까이 드라마 작가 생활을 해온 김수현의 새로운 작품에 대한 언급은 당연히 그 이전에 그가 어떤 작품들을 내놓았고, 그것이 갖는 역사적 기여는 무엇이었는지를 기반으로 해야 할 것이다. 김수현의 작품 연보(年譜)는 물론이고 그 동안 김수현의 작품에 가해졌던 여러 비평들, 김수현과 관련된 기사들, 김수현과의 인터뷰, 김수현 드라마를 보는 시청자의 입장 혹은 기억들 등등이 동원될 수밖에 없다. 기억될 만한 프로듀서, 방송경영자, 정책담당자, 연기자 등에 대한 비평도 그런 식으로 가능할 것이다.

둘째, 방송법제에 대한 역사적 접근도 가능하다. 방송법이 만들어지기까지의 과정은 매우 역동적이다. 단순히 정치가나 행정가 몇 명이 모여서 방송법을 만들고 그에 따라 제도가 마련되는 것은 아니다. 그 과정에는 학자들도 참가하고 시민사회단체, 방송노조, 방송경영인들도 참가한다. 그리고 각종 이익단체들이 방송법과 제도에 자신들의 이익을 반영하기 위해 온갖 노력을 기울인다. 그러한 노력들이 공적인 무대뿐만 아니라 무대 뒤에서 벌어지기도 하지만 역사적 접근을 하는 비평가의 입장에서는 가능한 모든 자료를 수합해서 법이 어떻게 만들어졌고, 그로 인해 어떤 제도가 마련되었는가를 정리하고 평가할 수 있을 것이다. 방송법과 제도에 대한 각종 담론들을 점검하고, 의심이 가는 부분은 인터뷰를 하고, 공적 회의의 회의록 등에 근거하여 특정 시기의 방송법 및 제도의 특성을 규정하고 평가하는 일이 가능하다. 앞서 지적했듯이, 아쉽게도 우리는 이러한 과정을 지나치게 단순화하여 정권이 밀실에서 모든 일을 결정짓는 것으로 일별해버리는 경향이 있다. 그럴 경우 다음의 방송법제 제정과정에서 할 수 있는 일이 별로 없게 되는 것이다. 만약 역사적 접근을 통해서 특정 방송법과 제도의 제정과정을 정확하게 규명해낸다면 방송 관련 사회단체들이 과연 어떤 준비를 해야 하고 어떻게 여론을 유도해야 하는지 등에 대한 좋은 길잡이 역할을 할 수 있게 된다.

셋째, 방송산업에 대한 역사적 접근도 가능하다. 방송이 '방송산업'이라 불릴 만큼 규모가 커진 것이 언제였으며 어떻게 그것이 가능했는가에 대해서는 방송이 사회 내 변화와 어떤 관계를 맺는가 등으로 접근할 수 있을 것이다. 우리나라에서 방송이 방송산업이라 칭해질 만한 규모로 모습을 드러낸 것은 1960년대 후반 1970년대 초반쯤이다. 이때는 경제개발계획이 국가 주도로 이루어지고 많은 산업이 대량생산체제로 돌입한다. 대량생산은 대량소비를 기반으로 해야 하고 당연히 소비를 촉진시킬 수 있는 문화적 제도들이 필요하게 된다. 광고가 본격화되고, 광고를 담을 수 있는 방송이 산업으로까지 성장하게 된 것이다. 방송산업은 정치적인 독립을 구하지는 못했지만 지속적으로 성장할 조건을 국가로부터 부여받았다. 그러던 방송산업이 1980년대 초 신군부의 등장으로 인해 통폐합이라는 된서리를 맞게 된다. 신군부가 민영방송을 없애고 공영방송제도를 만들었고, 이후 1990년대 들어서 다시 민영방송을 허용하게 된다. 이같은 방송산업의 변화 그리고 매출액의 변화, 국가경제와의 관계 등에 대한 역사적 접근은 우리 방송산업의 특성을 규정짓는 데 중요한 역할을 할 수 있을 것이다.

넷째, 방송 프로그램에 대한 역사적 접근은 하루빨리 활성화되어야 할 분야다. 지금 우리가 접하는 방송내용들은 분명 전통을 가지고 있을 것이다. 젊은 층을 대상으로 하는 트렌디 드라마를 예로 들어보자. 트렌디 드라마의 계보를 찾고 그것이 어떤 배경에서 시작되었는지를 밝히는 일은 중요하다. 일반적으로 트렌디 드라마는 일본에서 수입한 대표적인 장르로 취급된다. 그런데 중요한 것은 한국의 트렌디 드라마들이 동남아나 중국에서 큰 인기를 끈다는 사실이다. 정확한 통계를 대지는 못하겠지만 그 열기는 대단하다고 한다. 그런데 트렌디 드라마의 종주국인 일본의 트렌디 드라마가 동남아에서 인기를 끈다는 소식을 들은 적은 없다. 일본에서 트렌디 드라마를 받아들인 한국이 과연 어떻게 트렌디 드라마를 한국화했기에 동남아에서 인기를 끄는 것일까. 그 부분에 대한 답을 내리기 위해서는 아무래도 트렌디 드라마의 시작이라고 하는 MBC의 <질투>에서부터 최근의 것에까지 드라마 내용들을 점검하고 그와 관련된 자료들을 정리해야 할 것 같다. 트렌디 드라마가 모방이라고 말하는 것도 비평의 한 방식이지만 모방으로 시작된 장르가 주요 장르로 정착되기까지 어떤 경로를 거쳤고, 변형되었는지를 살펴보는 역사적 접근은 여러모로 쓸모가 있을 것이다. 뉴스에 대한 역사적 접근도 필요한 부분 중 하나다. 텔레비전 뉴스에 관한 한 우리는 독특한 모습을 하고 있다. 몇몇 보도방식은 일본 뉴스를 닮아 있기는 하지만 서구의 그것과는 상당한 차이를 두고 있다. 구체적으로 따져보면 일본의 보도방식과도 차이가 많을 것이다. 그렇다면 과연 한국의 텔레비전 뉴스 제작방식은 어떤 경로를 거쳐 현재에까지 이르렀는지 살펴본 후, 지금의 뉴스에 대해 적절히 비평할 수도 있다.

다섯째, 방송조직에 대한 역사적 접근도 소중한 작업이다. 방송조직은 사회의 변화에 민감하다. 방송기술의 진전은 방송사로 하여금 발빠른 대응을 하게 한다. 조직을 개편하고 전에 없던 부서를 신설하기도 한다. 이런 변화는 새로운 방송장르를 낳기도 하고, 새로운 조직문화를 만들어내기도 한다. 다큐멘터리 부서를 예로 들어보자. 다큐멘터리 제작은 대체로 프로듀서들이 맡아왔으나 최근에는 기자들도 다큐멘터리 제작에 상당한 공을 들인다. 직업적 배경이 서로 다른 집단들이 같은 장르를 제작함으로써 다큐멘터리 전체 장르에 상당한 변화가 생길 수도 있다. 서로가 장점을 취득함으로써 장르의 발전이 이루어지기도 하는 것이다. 다큐멘터리의 변화를 단순한 제작 테크닉의 변화로만 생각하지 않고 이같은 조직의 변화도 포괄하여 설명할 수 있다면 매우 설득력 있는 비평이 될 수 있다.

사회의 변화와 방송내용의 변화 간 관계를 설정해보는 방송사회사도 더욱 활발히 논의되어야 할 분야이다. 방송과 사회 간의 관계를 설명하는 데는 여러 방식이 있다. 방송이 사회변화를 추동한다는 설명법도 있고 방송이 사회변화를 반영한다는 설명법도 있다. 양자의 관계는 상황에 따라 유동적일 수밖에 없다는 견해도 있다. 때로는 방송이, 때로는 사회가 앞선 요인으로 작용한다는 것이다. 아직까지 그 어떤 것도 가설로 남아 있을 뿐 명확하게 어느 것이 더 나은 설명력을 가진다고 말하기 어렵다. 구체적이고 체계적인 실증적 연구가 많지 않은 탓이다. 예를 들어 텔레비전에서의 여성 이미지 변화와 사회의 변화를 관련시키는 연구나 비평은 많지 않다. 여성에 대한 신화를 만들어내는 텔레비전에 대한 논의는 많지만 그 신화가 점차 변화하고 있다는 사실, 새로운 신화가 만들어지고 있는 사실과 사회의 변화 등에 대한 언급은 많지 않은 것이다. 여성운동은 방송에 대해 어떤 태도를 취해야 하고 방송에 대해 어떤 요청을 할 것인가를 나름대로 결정해야 한다. 방송사회사적 연구가 그러한 결정에 도움을 줄 수 있음에도 연구 부족으로 제대로 역할을 해내지 못하고 있다.

방송에서 벌어진 특정 사건(혹은 사안)을 역사적으로 접근한 사례연구(case study)도 있을 수 있다. 사례연구는 한 사건이 벌어지는 전과정을 추적하는 일종의 백서적(白書的) 성격을 갖는다. 사건의 시작, 사건과 연루된 많은 변인들, 그들간의 관계, 그리고 평가에 이르기까지 한 사건의 생명을 다루는 작업이라 하겠다. 사례연구의 목적은 단순히 한 역사적 사건의 생명을 언급하기 위한 것은 아니다. 방송과 관련된 이론의 점검이라는 목적도 가진다. 예를 들어 정치계의 방송 개입이 높아질수록 방송노조 활동이 활발해진다는 가설이 있다고 하자. 그 가설에 대한 점검은 방송노조가 벌인 한두 개의 활동에 대한 연구로 이루어질 수도 있다.

이외에도 많은 주제들이 역사적 접근의 대상이 된다고 하겠다. 앞서 밝힌 바대로 역사적 연구의 연구대상이 전반적이며 특정한 연구분야를 가지고 있지 않기 때문에 적용대상을 정하는 일에 무리가 있을 수 있다. 따라서 앞서 정리한 적용대상들은 구체적 역사비평을 떠올리는 데 편의를 제공할 것이다. 방송에 대한 역사적 접근의 학술 연구가 많지 않은 여건에서 역사적 비평을 강조하는 것 자체가 억지일 수도 있다. 하지만 역사적 접근의 비평은 역사적 연구를 위한 좋은 자료가 될 수도 있고 연습이 될 수도 있다. 그리고 무엇보다도 비평을 통해서 연구를 자극하는 좋은 의제(議題)를 내놓을 수 있다.

5. 역사비평을 위한 준비와 절차

텔레비전을 역사비평이라는 이름으로 비평하는 일은 흔하지 않다. 특히 단평일 경우 역사비평을 행하기란 여간 어렵지 않다. 기껏해야 학술비평에서나 역사비평이 제대로 된 모습으로 행해질 수 있을 것이다. 하지만 비좁은 비평공간에서도 역사비평은 얼마든지 행해질 수 있다는 믿음을 가질 필요는 있다. 앞서 밝힌 바와 같이 방송의 역사는 일반인들에게 잘 전해지지 않아 역사적 무지 속에서 방송이 인지된 예가 허다하다. 이때 방송은 예전의 역사를 되돌아보지 않은 채 오류를 반복한다고 '역사적 사실'을 들어 설명한다면 아주 설득력 있는 비평이 될 수 있다. 방송은 늘 그렇고 그런 것 같은 반복처럼 보이지만 꾸준히 변화하고 있다. 10여 년 전의 뉴스에 비해 지금의 뉴스는 제작기법이나 보도방식에서 상당한 변모를 보인다. 그 변화가 과연 바람직한 변화인지 아닌지를 비평가가 역사적 사실을 들어 설명한다면 상당한 설득력과 설명력을 지닐 수 있다.

역사비평에서의 미덕을 밝히는 일은 필자의 능력을 넘어서는 일이다. 오랫동안 역사학자들이 일구어놓은 성과도 있을 터인데 그것을 인정하지 않고 나름의 잣대를 정한다면 주제 넘는 일임에 틀림없다. 이미 선학들이 거둔 성과에 기대어보자. 문학에서의 역사비평이 강조하는 미덕6)을 통해 텔레비전 역사 비평이 필요로 하는 덕목, 얼개 등도 살펴볼 수 있을 것이다. 우선 한 연구자가 강조한 역사적 연구를 위한 자질을 짚어보자.7)

① 역사소설이 아닌 학술적인 역사서 읽기를 좋아한다.
② 도서관, 특히 참고실, 서지실 등에서 자료를 찾아 연구하기를 좋아한다.
③ 문헌적 정보를 수집하는 데 체계적이며 정확하고, 노트를 항목별로 잘 정리한다.
④ 필요한 자료의 출처를 찾아다닐 각오가 되어 있다.
⑤ 글쓰기를 좋아한다.

역사연구 및 비평을 위한 이같은 자질이 누구에게나 있는 것은 아니다. 꾸준한 연습을 통해 개발될 수도 있다. 도서관 등을 통해 다른 사람의 역사연구, 역사비평을 열심히 읽는 일, 자료의 출처를 찾아가는 일, 자료를 잘 정리해놓는 일, 비평 연습하기 등을 통해 역사비평의 자질이 배양될 수 있는 것이다. 반복적으로 그런 연습이 이루어지면 역사비평의 태도가 갖추어지고 역사비평을 적절히 쓰는 능력을 갖추게 될 것이다.

그런 태도에 덧붙여 구체적으로 역사적 접근을 수행하기 위해 반드시 갖추어야 할 미덕도 요청된다. 첫째, 역사적 비평가는 믿을 만한 원전을 확인하고 확정하는 작업부터 시작한다. 둘째, 역사적 비평가는 그 작품이 제작된 특정의 시간과 공간에서 기능했던 언어, 습관, 문화

---

6) 박철희·김시태, 『문예비평론』, 탑출판사, 1988, 112-114쪽.
7) 차배근, 『사회과학연구방법론』, 세영사, 1981, 257쪽.

등에 대해서 상당한 지식을 습득하여야 한다. 셋째, 역사적 비평가는 방송의 외적 환경들, 즉 제작과정에 영향을 미친 요인들에 비추어 내용을 정밀하게 탐구해야 한다. 넷째, 역사적 비평가는 한 시점의 방송과 그 이전의 방송을 비교하며 그 내용에 영향을 미쳤을 방송 내적인 전통을 검토한다. 다섯째, 역사적 비평가는 작품을 한 시대의 소산으로 본다. 다시 말하면 작품이 만들어진 그 시대의 문화에 대한 표현으로서, 그리고 그 시대와 사회의 (재구성적) 반영으로 이해한다.

첫번째 미덕에 해당하는 원전의 확인 및 확정 작업은 텔레비전 비평에서도 매우 중요하다. 텔레비전에 관련된 글들을 찾았다 하더라도 사실확인의 작업을 거치지 않을 수 없다. 실제 프로그램에서 정말 그렇게 드러났는지 등을 확인해야 하는 것이다. 사실 이것이 텔레비전 역사 비평의 빈도가 낮은 이유일 수 있다. 텔레비전 프로그램을 직접 확인하기 위해서는 그것을 들여다보아야 하는데 두 가지 점에서 여의치 않을 수가 있다. 먼저 오래된 방송 프로그램이나 사건에 대해서는 기록이 거의 남아 있지 않은 경우가 많다. 녹화기술이 보편화되기 이전의 프로그램은 남아 있지 않고 녹화기술이 도입된 이후에도 체계적으로 프로그램들이 정리·보관되어 있지 않을 수 있다. 그럴 경우 제작자의 기억에 의존하거나 방송 프로그램의 문서자료(방송작가의 스크립트, 연출일지 등)에 의존할 수밖에 없다. 그나마 문서자료도 많지 않아 확인하기 어려운 경우도 많다. 신문의 방송단평 혹은 리뷰, 사사(社史)에 의존할 수도 있지만 그럴 경우 그 자료가 1차 자료가 아닌 누군가에 의해 다시 작성된 2차 자료임을 인식하고 인용하며 활용해야 한다.

두번째와 네번째 미덕은 같이 논의될 필요가 있겠다. 역사비평 중 빠뜨리지 말아야 할 것은 당시의 기술력, 표현방식 등을 세밀히 살펴보아야 한다는 점이다. 예를 들어 한 작가의 비범한 표현방식이 눈에 띄었다고 하자. 그 비범함은 그 이전의 표현방식과 비교해 전혀 새롭다는 느낌을 줄 때 가치를 가질 것이다. 그러기 위해서는 장기적으로 지속된 표현양식, 전통 등을 꿰뚫고 있어야 한다.

문학에 대한 역사비평의 미덕이 텔레비전에 대한 역사비평의 미덕과 통하는 부분도 있지만 더 첨가될 사안들도 있다. 문학이 개인적인 창의성을 그 핵심으로 삼는 데 비해 텔레비전은 조직행위 자체를 그 핵심으로 삼는다. 개인 제작자가 만들되 문학에 비해 조직의 상황에 맞추어 제작하고 그로부터 영향을 받을 개연성이 훨씬 높기 때문이다. 문학 또한 읽혀야 한다는 점에서 시장을 기반으로 하고 있는 것이 사실이다. 하지만 텔레비전이 시장을 기반으로 하는 정도와는 엄청난 차이가 있다. 그러므로 산업적 측면과 방송조직의 측면 등은 항상 더 많은 조명을 받아야 한다.

텔레비전의 사회적 영향력은 엄청나다는 말밖에 별다른 표현법을 찾기가 힘들다. 정치적으로도 그렇고 경제적으로도 그렇다. 그러므로 정치적 제도와 경제적 제도는 끊임없이 텔레비전에 개입해 자신들의 이익을 관철시키고자 한다. 쉽게 말하면 사회적 외풍을 많이 탈 수밖에 없는 존재인 것이다. 텔레비전은 제도적으로 국가와 관련을 맺고 있으며 그것의 운영을 위해서는 경제적 제도들과 관련을 맺고 있다. 그러므로 특정 시대의 텔레비전이 보여주는 경향성에 대해서는 그것이 처한 상황적 맥락을 충분히 인식하고 언급해줄 필요가 있다. 텔레비전의 사회성은 역사비평이 늘 소중히 간직해야 할 중요한 요소인 것이다.

역사비평의 자질과 미덕이 갖추어졌다면 실제 비평으로 들어설 수 있다. 정해진 순서에 따라 역사비평 및 연구를 해야 할 필요는 없지만 대체로 다음과 같은 단계들을 포함시켜 작업을 행할 수 있을 것이다.

① 연구주제의 선정
② 자료의 발견과 수집

③ 사료의 검토와 비판
④ 사료의 해석과 결론의 도출

연구주제의 선정단계는 주제를 선정하는 일뿐만 아니라 연구방식을 선택하는 단계다. 연구주제에 따른 하위 주제를 설정하고 연구범위를 정하는 일도 이 단계에서 이루어진다. 연구주제가 제대로 구체화되지 않을 경우 자료수집에 애를 먹게 된다. 사실 연구주제의 선정과 자료 발견·수집은 상호작용을 일으키는 부분이기도 하다. 아무리 연구주제가 잘 잡혔다 하더라도 자료를 구할 길이 없다면 연구가 진행될 수 없다. 그러므로 연구주제를 선정하는 일과 가능한 자료의 범위를 살펴보는 일은 거의 동시에 이루어질 필요가 있다. 하지만 연구주제가 명료하게 설정되어야 자료를 발견하고 수집하는 데 큰 어려움이 없다는 사실만큼은 인식하고 있어야 한다. 자료의 발견과 수집은 이미 이루어진 연구들(그리고 그 연구들의 참고문헌, 참고사료)을 참고로 이미 밝혀진 자료들을 섭렵하여야 함과 동시에 새로운 자료를 찾아내는 일도 포함한다. 글이나 방송자료뿐만 아니라 인터뷰, 사적 서신 등을 사료로 사용할 수 있으므로 모자라는 자료는 창의성 있게 찾아 나서는 작업도 필요한 것이다. 선택된 사료들이 얼마나 믿을 만한가에 대한 점검도 필요하다. 잘못 선택된 사료는 연구결과 전체를 흐트러뜨릴 수도 있기 때문에 이 과정은 반드시 필요하다 하겠다. 사료의 해석과 결론을 내리는 과정은 앞서도 언급한 바 있는 '방송관'과 연관짓는 과정이기도 하다. 비평가가 지니고 있는 방송관에 맞추어 주어진 사료, 분석된 사료들을 해석하고 그 해석들을 종합해 결론을 내리고 역사비평을 마무리하게 된다.

6. 역사비평의 다양성

너무 가까운 역사는 역사가의 손을 비켜갈 수밖에 없다고들 한다. 역사적 평가를 받기 위해서는 특정 사건이 일으킨 장기지속적 효과가 가시화되어야 하고, 많은 사료들과 연구들이 축적되어야 하기 때문에 최근의 역사는 연구에서 자꾸 비켜나게 된다고 말하는 것이다. 그렇게 말할 경우 방송은 역사 적기에서 외면될 가능성이 크다. 이 땅의 방송은 1927년 일본의 식민정책의 일환으로 시작된 라디오 방송으로 출발한다. 당시의 방송을 우리 방송사에서 어떻게 처리할 것인가를 놓고 격론을 벌인 적도 있다. 식민경험하의 방송을 역사에 넣어서는 안된다는 입장과 굴욕의 역사도 역사인 만큼 정확하게 밝히는 일이 필요하다는 입장이 맞서왔다(이 논란은 중앙청 건물 철거를 두고 벌어졌던 논의 양상과 비슷해 보인다). 다분히 감정 섞인 역사관이 만들어냈던 이 격론은 해프닝으로 마감될 공산이 크다. 남의 손에 의해 시작되었다 하더라도 여전히 조선 사람들에게 상당한 영향을 미쳤고, 방송을 보는 눈을 제공했다는 점에서 언급하지 않을 수 없는 역사적 사실임에 틀림없다. 몇 백 년의 역사를 지니고 있지는 않지만 방송의 역사는 지속적으로 연구되고 후대의 연구로 이어질 수 있도록 밝혀져야 한다. 방송의 역사가 짧다고 외면하는 일은 억지에 지나지 않는다.

방송사 연구를 통해 우리가 구하고자 하는 것은, 첫째 과연 우리 방송문화 내에서 장기적으로 지속되는 경향은 어떤 것들이 있으며, 둘째 그 장기지속적 경향에 영향을 미친 사건들은 어떤 것인가를 찾아내는 일이다. 그 둘에 대한 천착을 통해서 방송의 전통을 성찰하고 더 나아가 새로운 방송문화를 만들기 위한 실마리와 교훈을 얻고자 하는 것이다. 흔히 "역사는 반복된다"라는 말을 자주 사용한다. 그같이 역사 안에서 반복되는 경향을 두고 우리는 장기지속적 경향이라 부른다. 하지만 반복되는 것처럼 보이는 경향도 그 나름의 독특성을 지니고 있다. 그 경향에 영향을 미친 사건들의 독특성 때문이다. 같아 보이지만 다를 수밖에 없다. 그 독특성에 기여하는 여러 사회적 제도들을 살펴봄으로써 장기지속의 특수성을 가려낼 수 있다. 그리고 특수성의 성격도 포착해내게 된다. 앞의 두 가지 물음에 대한 답을 찾아낼 수만 있다면 사회 내 여러 제도들이 방송과 관련해 어떤 지위에 있게 되는지 그리고 방송의 사회성은 어느 정도인지를 알아낼 수 있다.

결국 역사비평은 장기지속적인 경향성을 찾고 그 이유를 밝히는 데 전력을 다하는 것으로 이해할 수 있겠다. 그런데 장기적으로 지속되는 것 또한 시기별로 특수성을 보여주고 있음에 주목하지 않으면 안된다. 역사는 반복되되 특수성을 갖고 반복된다고 할 수 있는 것이다. 그런 점 때문에 시대구분이 역사비평에서 중요해진다. '장기지속'이 시작되는 시점과 끝나는 시점 사이의 기간을 설정하는 일을 시대구분(period-ization)이라 부른다. 시대구분은 역사연구에서 매우 중요한 작업이다. 시대구분을 정확하게 해낼 기준을 지니지 않은 경우 방송에 영향을 미쳤다고 생각되는 정치사적 구분에 기대는 예를 자주 본다. 정권별로 방송을 설명하는 경우가 그에 해당한다. 그것은 어쩌면 방송사적 접근이라기보다는 정치사적 접근인지도 모른다. 시대구분은 여러 형태로 이루어질 수도 있다. 예를 들어서 특정 방송경영인의 임기와 다른 경영인의 임기를 기준으로 그 사이에 어떤 일이 벌어졌는지를 비교할 수도 있다. IMF 통치 경제라는 특수한 시기를 중심으로 서술하는 것도 가능하다. 그를 통해 경제위기가 방송을 어떻게 바꾸었는지, 방송이 경제위기에 어떻게 대응해나가는가를 살펴볼 수도 있다. 그 어떤 기준에 의한 것이든 역사비평을 위한 시대구분은 정확하게 이루어져야 한다.

시대구분의 중요성을 언급하는 이유는 간단하다. 우리의 방송사 기술에서 시대구분은 중요하게 여겨지지 않거나 지나치게 편협하게 정해져왔다. 정권별로 방송의 경향성을 살펴본다든지 법제적 변동에 따른 방송의 경향성을 찾아보는 데는 익숙하지만, 그 외의 시대구분법에는 별다른 관심을 보이지 않고 있다. 한 방송제작자의 작품경향에도 변화는 있게 마련이다. 만약 그 변화에 주목한다면 개인의 심리적·기능적·창작적 여건의 변화뿐만 아니라 방송제도, 방송제작 시스템의 변화를 아우르면서 역사비평을 해낼 수 있다. 그 경우 개인에 대한 역사 적기가 아니라 방송제도, 제작 시스템의 변화가 개인 창작자에게 미치는 영향까지 살펴보는 방송제도에 대한 역사 적기로까지 발전할 수 있다. 하지만 아직까지 우리의 방송에 대한 역사 적기와 역사비평은 그에 이르지 못하고 있다. 다양한 기준으로 다양하게 시대구분을 해보고 방송사를 여러 방식으로 정리해볼 수 있음에도 우리는 아직도 예전의 몇몇 주도적 방식에 사로잡혀 있다. 그 결과 방송에 대한 역사비평은 늘 주변부 위치를 점하고 있을 뿐이다. 역사비평을 위한 새로운 시각, 시도 등이 절실한 때다.

5
사회규범비평

1. 사회규범비평이란

사회에는 많은 구성요소들이 있다. 온전한 사회가 되기 위해서는 그 구성요소들이 각자에게 맡겨진 사회적 책임을 다해야 한다. 그 책임을 다할 때 구성요소들은 제대로 역할을 수행했다고 평가받는다. 방송도 비슷한 방식으로 설명할 수 있을 것이다. 많은 사회적 요소들이 방송을 둘러싸고 있다. 방송사, 방송조직, 방송제작자, 광고회사, 시청률 조사회사, 방송위원회, 방송정책 담당자, 연예인, 매니저 그리고 수용자 등등이 그것이다. 온전한 방송이 되기 위해서는 그 각각의 구성요소들이 자신들에게 맡겨진 책임을 다해야 한다. 그 책임을 다할 때 구성요소들은 방송과 관련한 역할을 제대로 수행했다고 평가받을 것이다. 사회규범비평은 그런 사회를 하나의 유기체로 보고 유기체를 구성하고 있는 요소들이 주어진 규범 내에서 책임을 다하는가를 평가하는 비평이다.

차차 논의하겠지만 이 비평방식은 사회를 유기체로 보는 독특한 시각을 지니고 있다. 모두가 규범을 지니고 있으며 그 규범에 어긋나지

않아야 함을 강조하고 있다. 방송에도 주어진 규범이 있다. 사회규범
비평에서는 그 규범을 방송의 사회적 기능이라고 부른다. 방송에게 주
어진 규범, 즉 기능을 제대로 행할 때 방송은 좋은 평가를 받을 수 있
다. 방송 생산자에게만 규범이 있는 것은 아니다. 수용자에게도 규범
은 있다. 건전한 사고로 방송이 제대로 기능하고 있는지를 감시해야
하는 규범이 주어져 있는 것이다. 방송정책 담당자에게 주어진 규범은
있다. 방송을 규제하되 지나친 간섭이나 통제가 되어서는 안되고 방송
이 제 기능을 할 수 있는 정도에서 규제해야 하는 규범이 주어져 있
다. 이처럼 방송을 구성하는 여러 요소들이 주어진 규범 안에서 제 역
할을 하게 될 때 방송이 제 기능을 하며 좋은 사회를 위해 기여할 수
있다.

그러므로 사회규범비평에서는 각 요소들이 준수해야 할 규범, 기능,
역할이 무엇인지를 미리 정해두고 그에 맞추어 비평을 행한다. 다른
말로 하면 좋은 방송이란 무엇인지, 좋은 수용자란 어떤 사람들을 말
하는지, 좋은 방송정책은 어떤 것인지 등에 대해 나름대로 기준을 가
지고 있어야 하는 것이다. 분석대상이 되는 것은 주로 방송을 둘러싼
여러 요소들이 보여주는 '기능 못함', 즉 사회규범비평식으로 말하자
면 역기능적인 면이 된다. 제대로 역할을 수행하지 못하고 규범에서
벗어나는 부분을 찾아내 그것을 분석하는 것이다. 제 기능을 못하는
것을 다시 기능하게 하는 방안과 대안을 제시하는 것으로 비평은 마
감된다. 이같은 사회규범비평은 기능주의적으로 방송을 보는 견해와
비슷한 면을 지니고 있다. 사회규범비평은 그 이론적 기반을 (구조)기
능주의로 삼고 있는 바 이해를 돕기 위해 먼저 (구조)기능주의를 살펴
보고, 구체적으로 사회규범비평이 초점을 맞추고 있는 부분을 정리할
필요가 있다. 그리고 (구조)기능주의에 대한 논의를 바탕으로 사회규
범비평이 갖는 문제점 등을 정리해보면 사회규범비평의 윤곽이 대충
드러날 것이다.

2. 사회규범비평의 매력

사회규범비평[8]이란 이름으로 방송비평을 분류한 예를 찾기란 매우 힘들다. 그래서 이 책에서 구태여 사회규범비평이란 이름을 붙여 선보이는 이유를 먼저 말할 필요가 있겠다. 방송비평의 역사가 길지 않은 탓인지 방송비평은 몇 개의 정형화된 방식으로 이루어진다. 그중 하나가 방송이 자신의 규범을 다할 것을 요청하거나 사회 내 윤리의식의 제고에 이바지할 것을 부탁하는 방식이다. 그래야만 수용자들도 방송으로부터 긍정적인 영향을 받게 되어 제 역할을 다하는 건강한 시민으로 성장할 수 있다는 논리다. 이 방식은 오랫동안 방송비평의 주류를 이루어왔을 뿐만 아니라 상당한 설득력을 지녀왔다. 좋은 사회, 훌륭한 방송, 건강한 시민을 주창하면 방송의 부정적 측면과 긍정적 측면을 설파해내는 데 설득력이 없을 수 없다. 말 그대로 입바른 소리하는 비평인데 매력적이지 않을 수 없다. 그런 탓인지 다른 비평방식에 비해 체계적이진 않지만-때로는 인상비평의 느낌도 지울 수 없지만-많은 방송비평가들은 손쉽게 이 비평방식을 택해왔다. 방송비평을 주문받은 학생들도 이 비평방식으로부터의 유혹을 쉽게 떨치지 못하고 있음을 종종 볼 수 있다. 오랫동안 이 비평방식에 익숙해 있기에 방송비평은 그와 같이 이루어져야 한다고 생각한 탓일 것이다.

그렇다면 사회규범비평이 현재 비평을 업으로 하고 있거나 혹은 앞으로 방송비평을 하고자 하는 자들을 유혹하는 이유들을 구체적으로 따져보자. 사회규범비평은 대체로 방송과 방송인의 '본분' 그리고 건강한 수용자로서 갖추어야 할 책무, 떠안아야 할 규범을 강조하고 있다. 방송경영자는 그 본분에 맞게, 제작자도 제작자 본분에 어긋나지

---

8) 이 책에서는 사회규범비평과 사회윤리비평이라는 용어를 서로 교환가능한 것으로 보고 별다른 주의를 기울이지 않고 혼용하고 있다. 엄격한 잣대를 대면 차이가 나겠으나 별다른 차이가 없다고 보고 함께 사용하고 있다.

않기를 요청한다. 그들의 손에 의해 만들어진 프로그램도 방송의 본분에 어긋나지 않아야 함을 강조한다. 시청자들도 본분을 벗어나지 않고 건강한 시민으로서 존재하기를 요청한다. 본분을 '역할' 혹은 '책임'으로 대체시켜도 큰 무리가 없다. 방송과 관련된 모든 주체들이 제 역할을 다하고 책임을 다하면 방송에 무슨 문제가 생기겠느냐는 관점에서 비평을 하는 것이다. 요청, 기대와는 달리 불행히도 방송의 관련자, 프로그램들은 본분과 책무를 다하지 못하고 엇나가고 있으니 그에 대해 비평의 메스를 가해보자는 것이 사회규범비평이다. 상당히 합리적인 요청이다. 그리고 누구나 쉽게 할 수 있는 이야기이기도 하다. 왜 책임을 다하지 않느냐, 왜 본분에 어긋나게 일하느냐, 왜 책임을 저버리느냐를 준엄하게 꾸짖는 것으로 비평을 마감하기에 비평으로서도 큰 부담은 없다. 이 점이 사회규범비평의 매력이다.

사회규범비평의 매력은 그에 그치지 않는다. 방송과 수용자 간 관계를 명료하게 설정하고 있음도 큰 매력으로 와 닿는다. 사회규범비평에서는 방송이 프로그램을 생산해 수용자에 제공하면 수용자는 그것을 별다른 저항 없이 받아들여 모방하거나 그에 준하는 태도 혹은 행동을 보이게 된다고 믿는다. 방송이 중요한 사회화제도(socialization agency)라고 본 것이다. 방송은 사회화의 제도이고 수용자들은 방송을 통해 많은 부분 사회화된다고 보고 있다. 사회화를 보는 관점이 여러 가지가 있겠으나 대체로 사회규범비평은 아직 세계관이나 사회관을 제대로 터득하지 못한 채 사회화의 과정에 놓여 있는 청소년들이 탈규범적인 방송내용으로부터 심대한 영향을 받게 된다고 믿고 있다. 탈규범적 방송은 탈규범적인 수용자, 즉 일탈적인 수용자를 양산한다는 것이다. 방송과 수용자 간 관계를 지나치게 단순화시킨 감은 있지만 사회규범비평에서는 이같은 직선적이고 인과적인 효과관으로 그 둘 사이의 관계를 설명해낸다. 간단한 만큼 설득력은 있다. 당연히 비평의 용이성이란 점에서 사회규범비평은 높이 평가받을 수밖에 없다.

사회규범비평이 매력적인 이유는 또 있다. 사회규범비평은 가시적인 현상—텔레비전 프로그램 내의 일탈적 행위, 사회 내 수용자들의 일탈적 행위, 정책상의 오류 등등—을 대상으로 한다. 이는 형식보다는 내용을, 구조보다는 현상을 다룸을 의미한다. 눈에 보이지 않는 형식이나 구조를 따지는 데는 보다 많은 노력을 필요로 하지만 가시적인 내용이나 현상은 척 보아서 알 수 있는 것들이다. 즉 그 어느 비평보다 손쉽게 포착할 수 있는 대상을 지니고 있다는 점에서 매력적인 것이다.

사회규범비평과 윤리비평이 매력적이기는 하지만 정확하게 규정되어야 할 요소들을 안고 있다. 사회규범이나 윤리에 대한 사회적 규정은 과연 어떻게 이루어지며, 시간의 흐름에 따라 규범이나 윤리규정은 변하게 마련인데 사회규범비평은 이를 어떻게 다루고 있는가 하는 점 등등이다. 먼저 사회규범이라는 용어를 꼼꼼히 따져볼 필요가 있다. 본분과 관련시켜 말하자면 사회 내 각 제도나 단체, 개인에게는 사회가 부가한 윤리규정이 있다. 그 규정은 정확하게 명문화되어 법처럼 작동하는 것은 아니다. 하지만 사회성원 중 많은 사람이 공감하고 동의한 내용이다. 그러면 그런 규정은 누가 먼저 발의하고 누가 부가해주는가? 청소년은 청소년다워야 하는데 청소년답기 위해서는 세부 윤리규정을 잘 지켜야 한다. '청소년답다'라는 구체적 규정은 과연 무엇인가? 그 세부 윤리규정을 누가 만드는가? 참으로 어려운 질문이다. 그것은 사회가 지니고 있는 전통이며, 규범이며, 도덕률일 뿐 구체적으로 그것을 만든 누구의 이름을 꼭 집어서 댈 수는 없다. 구태여 말하자면 사회가 사회제도, 집단, 개개인에 부여했다고 할 수 있을까. 그렇다면 다르게 질문해보자. 사회는 무슨 근거로 그런 규정을 만들어 부가하며 과연 그 부가는 얼마나 정당성을 가지는가? 만약 그 규정을 거부한다면 어떤 일이 벌어질까? 쉽게 답하기 어려울 만큼 사회규범비평의 기준이 되는 '사회규범과 윤리'는 모호하기 짝이 없는 용어다.

하지만 누구나 그렇게 어려운 질문을 하지는 않는다. 뻔한 사실을 모른 체 질문하는 것은 말꼬리 잡기 아닌가 하고 반문할 수도 있다. 청소년이 청소년다워야 하는 것은 당연한 일이고, 청소년답다라는 말을 듣기 위해서 행해야 하는 일도 뻔한 것인데 무엇을 그리 따지냐는 반문도 얼마든지 가능하다.

사회규범비평은 이상과 같은 질문에 대해 나름대로의 논리적 체계를 지니고 있다. 사회규범비평도 나름대로 사회정의, 공동선, 역할, 책임 등에 대한 체계적인 논의구조를 배경으로 하고 있다. 그런 논의구조를 언급하지 않은 채 규범비평을 할 따름이지 이론적 배경이 없는 것은 아니다. 사회규범비평을 행하는 자들 중에서도 간혹 그런 논의구조가 배경이 된다는 사실을 전혀 모른 채 비평을 행하기도 하지만 말이다. 사회규범비평에 대한 좀더 정확한 이해를 위해서는 아무래도 그 논의구조를 세밀히 살펴볼 수밖에 없을 것 같다. 여기서는 사회규범비평의 이론적 근거를 구조기능주의로 보고 그에 대해 살펴보고자 한다. 방송에 대한 구조기능주의적 접근을 정확하게 알게 되면 텔레비전 사회규범 비평의 윤곽도 쉽게 손에 들어오게 될 것이다.

3. 사회윤리비평의 논리기반: 구조기능주의

1) 구조기능주의의 역사적 배경

구조기능주의는 미국의 사회학에서 가장 현저한 경향으로 지적되며 미국식 사회학이라고 일컬어지기도 한다. 미국에서 사회학이 구조기능주의로 경도되고, 구조기능주의가 미국에서 완성되는 데는 역사적 배경이 있다. 유럽에서 사회학은 초기에 대학에 자리잡는 데 상당한 어려움을 겪었다. 하나의 학문으로 대접받는 데 시간이 많이 걸렸다.

사회학이 제대로 체계를 갖추기 전부터 학문세계를 지배하고 있었던 철학 등의 인문학적 전통이 사회학의 진입을 견제했던 것이 큰 이유라 짐작된다. 그리고 사회학이 유럽에서 채 뿌리를 내리기도 전에 파시즘의 부흥이나 제1차, 제2차 세계대전으로 많은 학자들이 이주하게 된 것도 그 원인이라고 하겠다. 전쟁을 전후해 유럽의 많은 사회학자들은 자신들의 학문적 거처를 미국으로 옮겼다. 자연스럽게 20세기 들어 미국은 사회학 이론의 중심지가 되었다.

유럽과 달리 미국에서 사회학은 큰 어려움 없이 대학에 입성했고 그 영향력을 키워나갔다. 대학의 전통이 깊지 않아 사회학을 적대시할 지적 세력이 없었고 당시 미국을 특징짓는 자유주의 이데올로기 탓에 큰 어려움을 겪지 않았던 것이다. 유럽에서는 사회학이 사회주의 좌파와 보수주의 우파로 날카롭게 양극화된 시간에 대두되었기 때문에 정치세력 등으로부터도 상당한 영향을 받을 수밖에 없었다. 그러나 미국의 대학은 정치적 엘리트로부터의 독립을 어느 정도 유지할 수 있었다. 자유주의 중도를 유지하는 데 큰 어려움이 없었던 것이다.

미국의 사회학이 유지하려 한 자유주의 중도의 입장을 위협하는 요소가 전혀 없었던 것은 아니다. 사회학이 미국의 대학에서 자리잡을 즈음에 사회주의 기운이 강하게 대두되었고, 흑인 민족주의 부흥 운동도 한창이었다. 노예에서 해방된 흑인들이 동등한 시민권리, 정치·사회권리를 강하게 요구하고 나섰다. 그리고 심지어는 흑인 민족주의 운동으로까지 진전되고 있었다. 또한 여성운동도 활발하게 벌어지고 있었다. 여성참정권을 요구하는 자유주의자들로부터 사회변동을 주장하는 급진론자에 이르기까지 페미니스트 운동이 새로운 기운으로 일고 있었다. 그러나 사회학은 그러한 질문들에 휘말리지 않았다. 될 수 있는 한 계급문제, 인종문제, 성문제 등을 비켜 갔다. 사회적 분파로 인한 갈등보다는 사회 전체가 고민해야 하는 통합의 문제로 자신들의 초점을 맞추어나갔다. 사회 내 부정, 부패, 폭력, 편견, 실업, 지역감정,

개인의 일탈 등이 통합을 해친다고 보고 그 문제들을 해결해나가는 것을 사회학적 목표로 삼기 시작한 것이다. 미국의 사회학이 보다 큰 문제인 계급, 인종, 성에 대해 다루지 않고 우회한 탓에 미국 사회학을 백인·남성중심, 중간계급의 가치를 반영하는 학문이라고 부르는 이들도 생긴 것이다.

그런 중심 가치를 기반으로 사회학, 즉 구조기능주의 사회학은 미국 사회의 변동으로 인한 여러 문제들을 다루고 그 문제를 치유하고 통합하는 데 열정을 보였다. 농업경제 기반의 소도시들이 점차 소비하는 다민족 다인종 도시사회로 전환하는 과정에서 벌어지는 사회문제를 다루고자 했으며 사회문제를 해결하고 미국을 유지할 수 있는 데 초점을 맞추었다. 그래서 사회학은 사회를 해결하고 유지하는 유용성(utility)을 가진 것으로 정착되었다. 미국식 사회학은 사회 내 작은 문제들에 대해 실질적인 지식을 생산하는 데 열심이었다. 구조기능주의가 실질적인 문제해결에 초점을 맞추고 사회통합을 강조하면서 자연스럽게 여러 형태의 정책이나 행정 등과 결합하게 된다. 사회통합을 저해하는 각종 사회문제를 다루면서 중앙 및 지역 행정부와 보조를 같이하게 된 것이다. 미국식 사회학, 즉 구조기능주의를 두고 행정적 연구라고 부르는 이유가 바로 거기에 있다.

2) 사회체계와 AGIL 도식

구조기능주의 사회학에서는 사회(혹은 집단)를 세 가지 뚜렷한 체계로 구성되어 있는 존재로 파악한다. ① 개인의 욕구와 동기(인성체계), ② 개인들간의 공유된 신념과 가치(문화체계), 그리고 ③ 개인들에게 주어진 사회역할과 규범(사회체계)이 그것이다. 이들은 서로 독립적인 것이 아니라 상호작용관계에 놓여 있다. 이는 구조기능주의를 집대성한 파슨즈가 강조한 사회체계의 기본이다. 방송조직을 예로 들어보자.

방송조직은 항상 방송은 소중한 것이며 사회에 기여해야 하며, 또 다른 한편으로는 경쟁에서 이겨야 한다는 신념체계를 갖게 마련이다(신념과 가치: 문화체계). 그리고 방송사의 구성원들은 자신의 조직이 만든 프로그램이 어떻게 의미를 내는지 그리고 다른 방송사를 어떻게 이겨야 하는지에 대해 알고 있어야 한다(사회역할과 규범: 사회체계). 그리고 조직 내에서 자신의 능력이 어느 정도 되는지 그리고 얼마만큼 열심히 할 수 있는지를 알아야 한다(욕구와 동기: 인성체계). 따라서 방송조직에 대한 체계접근, 즉 구조기능주의적 접근은 방송을 둘러싼 개인·사회·문화체계 사이의 상호작용을 분석하는 일이 될 것이다.

파슨즈는 사회 내의 이러한 체계들을 연구하는 각각의 전문분야가 있게 마련이라고 보았다. 그래서 인성체계에 대해서는 심리학이, 문화체계에 대해서는 인류학이 담당할 것이라고 생각했다. 당연히 사회학의 몫은 사회체계에 대한 논의였다. 사회적 역할, 지위, 규범 등에 대한 것이었다. 사회체계를 분석하는 데 있어 중요한 문제는 역할, 규범 등에 대한 논의를 통해 여하히 사회통합을 설명할 것인가 하는 것이었다. 여기서 사회통합은 사회의 유지, 존속 그리고 재생산과 비슷한 의미로 쓰인다. 즉 사회통합을 위해서는 사회가 유지·존속되어야 하고 재생산되어야 하며, 그를 통해서 통합이 이루어진다고 본 것이다.

그런데 사회통합, 즉 사회체계가 유지·존속·재생산되기 위해서는 몇 가지 요건이 충족되어야 한다. 즉 사회가 몇 가지 기능을 행해야 한다는 것이다. 그 첫번째 요건은 적응(adaptation)이다. 사회성원들이 사회에 적응할 수 있도록 욕구의 수준을 조절하고 욕구에 맞추어 자원을 배분하는 기능을 사회가 행해야 하는 것이다. 두번째 요건은 목표달성(goal attainment)이다. 사회가 사회목표의 우선 순위를 정하고 목표들이 달성되는 것을 보장해야 한다. 세번째 요건은 통합(integration)이다. 사회통제와 연대를 유지하는 역할을 해야 한다. 네번째는 유형유지(latent pattern maintenance)다. 사회체계 내 개인의 욕구·가치·동기를 안정적으로 보장하는 것이다.

이러한 사회의 기능, 즉 적응, 목표달성, 통합, 유형유지 등과 같은 요건들은 사회 내 하부체계들이 담당할 몫이다. 사회 내의 각 하위체계, 제도들은 그들에게 맡겨진 역할과 기능을 지니고 있는 것이다. 자원배분과 관련된 적응은 경제제도가, 사회목표의 우선 순위를 정하는 일은 정치제도가, 통제와 연대를 도모하는 일은 사법제도가, 개인의 욕구·가치·동기를 보장하는 일은 가족, 종교, 교육 그리고 문화적 제도 등이 맡는다. 사회체계에 대한 이러한 요건들과 하위체계 그리고 담당역할은—앞에서 잠깐 언급한 바 있는—문화체계, 인성체계에도 적용될 수 있다. 이러한 사회의 기능, 즉 유지·존속을 위한 요건들의 영문 머릿글을 따 AGIL 도식이라고 칭하기도 한다.

다시 정리하면 이렇다. 사회의 유지·존속을 위해서 사회는 여러 기능을 해야 한다. 그 기능은 사회 내 여러 하부체계(제도)들에 의해 수행된다. 하부체계들의 역할수행에 의해 사회성원들은 사회에 적응할 수 있으며, 사회가 목표달성을 위해 매진할 수 있고, 갈등과 일탈 없이 통합될 수 있으며, 지속적으로 유지·재생산될 수 있는 것이다. 방송은 하부체계로서 방송 스스로 맡은 역할이 있을 뿐 아니라 아울러 방송 스스로도 자신을 유지·존속시키기 위해 여러 하부체계로부터 도움을 받기도 한다. 방송이 사회 내 하부체계로서 사회의 유지·존속을

<표 2> AGIL 도식

유지·존속 요건	하위체계	역할
적응	경제제도	욕구에 맞춘 자원의 제공
목표달성	정치제도	목표순위 판정 및 달성보장
통합	법적 제도	사회통제와 연대유지
유형유지	가족·종교·교육	욕구·가치·동기를 가진 개인생산

위해 기여하는 일을 두고 방송의 기능 혹은 역할이라고 부르고, 방송에게 주어진 기대수준을 두고 방송의 규범이라고 부르는 것이다.

3) AGIL 도식과 방송

AGIL 도식을 방송에 두 가지 방식으로 적용시켜볼 수 있겠다. 첫번째는 방송이 하나의 체계로서 사회 내에서 살아가기 위해 필요한 요건, 즉 자기생존을 위한 기능을 논의할 수 있다. 방송은 사회에 적응하기 위해 자원을 확보하고 공정하게 방송체계 내에 배분해야 한다. 적절한 보상체계를 지니고 있어야 하고 능력에 맞추어 인력을 배치해야 한다. 배분된 자원을 기반으로 목표의 순위를 정하고 그것이 제대로 활용되도록 행정적으로 보장해야 한다. 방송사 내부의 각종 하위체계들은 연대감을 가져야 하고 또 규제를 받아야 한다. 뿐만 아니라 방송이 목표를 잘 달성하도록 지침을 주는 제도도 필요하다. 방송사는 내부 성원들이 동기와 욕구를 갖고 기술을 활용할 수 있도록 교육시켜야 한다. 이러한 요건들이 마련되어야 방송체계는 정상적으로 운용될 수 있을 것이다. 방송사의 조직원들에 대한 이런 기능을 규범적이라고 볼 수밖에 없다. 더 약화시켜 말하자면 윤리적인 것이다. 윤리적인 부분들이 제도화되면 규범이라 할 수 있을 것이다. 방송의 하부체계 및 성원들이 규범적인 역할을 제대로 수행하지 못하면 갈등이 야기된다. 정당하게 분배가 이루어지지 않는다든지 목표달성에 대해 내부적 의견이 조정되지 않으면 갈등이 증폭된다. 이런 갈등은 조직 내다양한 집단의 기대와 조직 전체의 기대가 일치하는 순간에는 발생하지 않는다. 즉 공유된 이해와 가치의 수준이 있으면 발생하지 않는 것이다. 그러므로 갈등을 미리 막는 방법은 공유된 이해와 가치의 수단을 생산하고 그것을 내면화하도록 하는 일이다. 그리고 내면화를 기반으로 제도화가 이루어지는 것이다. 이런 조직 내 합의를 만들어가는데도 불구하고 발생하는 갈등은 강제적으로 해결되는 수밖에 없다.

　AGIL 도식의 방송에 대한 두번째 적용은 방송의 사회적 기능에 관한 것이다. 즉 방송이 사회에 하부체계로서 기능하는 것을 말한다. 방송은 사회가 적절하게 적응, 목표달성, 통합, 유형유지를 이룰 수 있도록 도와야 한다. 방송이 사회적 역할을 갖는 것이고 또한 기능을 갖는 것이다. 방송은 자원의 배분이 균등하게 이루어지도록 감시하는 역할을 해야 한다. 사회 내 다양한 집단들의 욕망을 전달하고 그 욕망에 걸맞은 보상체계가 이루어지도록 책무를 다해야 하는 것이다. 뿐만 아니라 우리 사회의 목표를 설정하고 순위를 정하는 일도 수행해야 한다. 사회 내 목표설정이나 목표의 순위설정에 이견이 있을 때는 여론을 조사하여 합의를 도출하고 수렴할 수 있도록 도와야 한다. 그리고 규범이 지속적으로 재생산되어 큰 갈등이나 일탈 없이 지속되도록 해야 한다. 그러기 위해서는 개인들에게 일정 수준의 기대를 전해주고 규범을 내면화하는 일이 이루어지도록 노력해야 하는 것이다.

　4) 방송의 기능

　사회성원이나 제도에 내려진 그와 같은 역할을 기능이라고 부른다. 방송도 사회로부터 부여받은 기능이 있다. 흔히 방송의 네 가지 기능이라고 말한다. 앞서 말한 대로 자원의 배분, 목표의 설정, 사회 유대 및 통합, 그리고 개인 생산과 관련된 기능을 말한다. 이러한 기능들을 방송에 맞게 정리한 것이 방송의 네 가지 사회적 기능(혹은 방송의 4 기능이라고 부른다)인데 흔히 환경감시 기능, 상호연결 기능, 문화전수 기능, 오락의 기능을 든다. 이 기능들이 제대로 지켜지지 않거나 과도하게 실행된 경우를 두고 역기능이라고 부른다. 역기능은 사회적 통합을 저해하고 규범의 혼돈, 개인 생산에서의 비효율성 등을 자아낸다. 방송에 대한 기능주의적 관점의 비평, 즉 여기서 설명하는 사회규

<표 3> 매스 커뮤니케이션의 기능

순기능	역기능
1. 환경감시: 정보와 뉴스의 제공	
경고 - 자연적 위험 도구적 - 경제·공중·사회에 필수적 뉴스 규범에 노출 - 사람들 이야기, 사건 등	공포, 과잉보도의 가능성 마취 - 무감각, 수동성, 지나친 동화 과노출 - 시각 결여
2. 상호연결: 선택, 해석, 비판	
사회규범 강화 - 합의유도, 일탈을 노출 지위 부여 - 여론지도자 사회안정과 공포에 대한 위협을 저지 여론을 청취하고 관장함 정부 견제	동조현상이 높아짐, 고정관념의 고착화 의사 사건, 이미지, 인간형을 창출 사회변화 및 개혁을 저지 비판의 최소화, 다수의 횡포 권력의 유지와 확장
3. 문화전달: 교육	
사회응집력 향상 - 공통경험의 장 확장 무규범, 소외감의 해소 지속적인 사회화 - 교육, 원조, 통합	다양한 하위 문화의 위축, 대중사회의 비인간화, 대인접촉의 부족 표준화의 경향, 문화성장의 저지
4. 오락	
개인적인 휴식, 도피, 여가선용 음악·미술 등 대중문화 창조, 대량 노출 취향, 기호의 고양	도피주의 조장, 여가에 집착 순수예술을 타락시킴 취향의 저급화 및 발전저해

범비평은 방송의 기능을 강조하고 기능이 잘 이루어질 수 있도록 비평하되 역기능을 경계하는 목적을 갖는 것이다.

방송의 환경감시 기능이란 현대 사회를 사는 사람들의 주위 환경을 살피고, 그 환경에서 벌어지는 온갖 현상들을 알리고 설명하는 역할을 말한다. 방송이 정부의 살림살이를 감시하고 국제질서에 관한 정보를 전달하는 등의 일이 그것이다. 방송의 뉴스, 정보 프로그램, 다큐멘터리 등의 프로그램이 그 기능을 행한다. 그런데 만약 그 기능을 과도하게 행하면 필요없는 우려, 두려움 등을 시청자에게 전하게 된다. 환경을 알리는 방식이 과장되어 지속적으로 전달되면 수용자들은 웬만큼 큰 일이 아니면 놀라지 않는 무감각을 드러낼 수도 있다. 방송의 상호연결 기능은 방송이 사회 내 각 제도들간의 유대를 강화하는 일을 말한다. 특정 사안에 대한 여론을 조성하고 그에 대한 사회적 합의를 이루어 사회적 효율성을 높이는 일에 방송은 상당한 노력을 기울이고 있다. 그러나 사회적 효율성과 합의가 지나치게 강조될 경우 사회가 획일화되는 결과를 낳을 수가 있다. 그리고 방송이 의도적으로 특정 집단의 이익에 맞추어 합의의 방향을 이끌 위험도 있다. 만약 방송이 그런 일을 행하면 역기능적인 구실을 하는 셈이다. 방송은 사회성원들을 교육하고 사회화시켜 사회의 규범을 내면화하는 기능도 수행해야 한다. 그로 인해 사회는 더욱 공고히 통합되고 결속을 다지게 된다. 그러나 특정 가치만을 강조하면 사회적 다양성은 무시된다. 규격화된 규범이나 가치관을 강조하다보면 다른 문화에 대해서는 배타적 태도를 갖게 하는 역기능을 초래할 수도 있다. 방송은 오락적 기능을 통해 사회활동으로 인해 야기된 긴장을 해소한다. 그러나 오락 프로그램을 둘러싸고 벌어지는 시청률 경쟁 등으로 인해 과도한 오락 혹은 선정적이고 폭력적인 내용은 사회적 일탈을 조장할 수도 있다. 오락 프로그램이 깊이 없는 피상적인 쾌락을 겨냥하여 사회 내 문화를 저급하게 만드는 역기능을 수행하기도 한다.

순기능과 역기능을 그 기능이 이루어지는 기간의 길이에 따라 다시 몇 개의 범주로 나눌 수 있다. 방송이 짧은 시간 내에 순기능과 역기능을 행할 수도 있고(현재적 기능이라고 부른다), 장기간에 걸쳐 행할 수도 있다(이를 잠재적 기능이라고 부른다). 예를 들어 매우 중요한 사안에 대한 보도에서 꼼꼼한 방식이 아니라 위협적인 메시지만을 묶어 전달한다면 짧은 시간 안에 사회를 공포에 몰아넣을 수 있다(<표 4>의 c에 해당). 사제지간의 정을 감동적으로 그린 다큐멘터리는 어린 시청자들에게 단기간 내에 교훈을 전달할 수도 있다(a에 해당). 그러나 방송의 효력은 오랜 시간을 걸쳐 누적적으로 드러나게 마련이다. 폭력적 내용을 담은 프로그램이 당장 시청자를 폭력적 성향을 갖게 만드는 것은 아닐 것이다. 지속적으로 폭력적 내용에 노출되면 오랜 시간 후에 폭력적 성향이 드러나게 된다고 보는 편이 맞을 것이다(d에

<표 4> 방향과 시간에 따른 기능의 분류

	현재적	잠재적
순기능	a. 현재적 순기능	b. 잠재적 순기능
역기능	c. 현재적 역기능	d. 잠재적 역기능

해당). 기능의 시간적 차원과 순·역기능을 교차시켜보면 다음과 같은 네 범주의 기능이 도출된다.

방송에 주어진 규범은 사회적 기능을 다하라는 것이다. 이를 좀더 구체적으로 말하면 현재적으로 혹은 잠재적으로 환경감시, 상호연결, 문화전달, 오락의 기능을 순기능적으로 행하는 것이 방송에 주어진 규범이다. 방송규범비평은 방송에게 주어진 그러한 규범에 비추어 지금의 방송을 평가하는 일인 것이다. 규범과는 달리 역기능을 행할 경우 그것을 꼬집고 순기능으로 돌릴 수 있는 방안을 제시하는 작업인 것이다.

4. 사회윤리비평의 초점

구조기능주의를 사회규범비평과 나란히 놓고 설명하는 것 자체가 무리가 아닌가라는 반문도 가능하다. 어쩌면 사회규범비평은 기능주의가 갖는 문제의식보다 훨씬 뒤떨어지는 내용으로 이루어져 있는지도 모른다. 그래서 사회규범비평은 때로는 인상비평에 가까운 주관적인 글쓰기라는 비판도 받는다. 항상 도사가 내뱉는 내용으로 가득 차 있어 사회규범비평은 정말 말 그대로 "방송은 우등생이 되어야 한다"는 신조를 가진 것처럼 보인다는 것이다. 사회규범비평의 이론적 기조를 구조기능주의로 두는 것은 서로 잘 맞지 않는 것을 억지로 끼워 맞춘 것이라는 생각은 그런 '입바른 소리', '인상비평', '우등생 방송' 등과 같은 이미지 탓이라고 생각한다. 구조기능주의가 객관적이고 합리

적인 사고를 기반으로 하는 데 비해, 사회규범비평은 지나치게 윤리주
의적 냄새를 풍겨 주관적인 이미지를 갖고 있기 때문일 것이다.

그러나 사회규범비평이나 구조기능주의 사회학이 큰 차이 없이 규
범을 강조하고, 규범을 벗어남을 일탈로 간주하여 주요 연구(비평)대
상으로 삼고 있으며, 사회통합을 목적으로 삼으며, 사회체계들의 순기
능을 목표로 설정하고 있다는 점에서 가족적 유사성을 갖는다고 하겠
다. 사회규범비평이나 구조기능주의 공히 방송이 사회에 대해서 행해
야 하는 기능에만 초점을 맞추지는 않는다. 방송의 하부체계들의 기능
에 대해서도 관심을 갖는다. 방송시청자나 방송비평가의 기능에 대해
서도 언급한다. 즉 추상적으로 설정한 방송의 개념을 넘어서 방송을
구성하고 있는 다양한 하부체계들도 주요 대상으로 삼는 것이다. 즉
방송을 구성하고 있는 하부체계들도 방송이 사회적 기능을 다할 수
있도록 하는 데 어떤 기능들을 수행해야 하는지에 대해서도 관심을
갖고 있다 하겠다.

방송경영이 갖는 기능은 방송제작자들이 이상의 네 가지 기능을 제
대로 행하도록 지원하는 일이 될 것이다. 예를 들면 a 영역에서 방송
경영이 제대로 환경을 감시하는 대신 시청률을 염두에 두어 선정적
내용으로 사회환경을 전달하면 역기능을 야기하게 된다. 선정적 내용
의 프로그램을 부추기게 되는 것이다. 방송경영측 혹은 방송경영자는

<표 5> 방송 하부체계의 사회적 기능

	방송경영	방송법제	방송 프로그램	방송제작자	시청자, 비평가
환경감시	a	b	c	d	e
상호연결	f	g	h	i	j
문화전달	k	l	m	n	o
오락	p	q	r	s	t

방송이 사회에서 행할 수 있는 여러 기능들이 수행될 수 있도록 지원은 하되 큰 간섭을 하지 않는 의지가 필요하다. 그러나 많은 방송경영진들은 타 방송사와의 경쟁을 염두에 두는 관습을 버리지 못해 시청률을 주요 목표로 삼는 경우가 많은데 이는 사회규범비평의 주요 대상이 된다.

방송법제도 같은 맥락에서 평가될 수 있다. 방송법제가 잘 갖추어져 방송의 여러 기능들이 잘 수행되도록 하고 있는지를 비평할 수 있다. 예를 들어 만약 방송법이 방송의 오락 프로그램 편성에 대한 제한을 두지 않아 오락 프로그램만 성행하고(q 영역) 정보제공 프로그램(b 영역)이나 교양 프로그램(g, l 영역) 등이 위축된다면 법제가 제 기능을 하지 못한다고 비평할 수 있을 것이다. 방송위원회가 방송 뉴스의 오보 등을 제재하지 않는다면 그것은 사회적 불안 및 인권침해 등으로 이어질 것이고(b 영역) 위원회는 기능을 제대로 수행하지 않는다는 지적을 받게 된다.

규범비평이 가장 관심을 두는 부분은 방송 프로그램과 제작자라고 볼 수 있다. 많은 노력을 기울이지 않는 한, 비평가들이 방송경영 부문이나 법제에 대해 정보를 얻어내기는 어렵다. 그에 비해 프로그램은 매일 접할 수 있고 프로그램을 통해 제작자의 제작행위를 유추할 수 있어 이러저러한 비평을 가할 수 있다. 예를 들어 보도 프로그램에는 그에 합당한 기능이 주어져 있다. 보도가 오락성향을 띤다면 그것은 제 기능을 못했다고(c 영역) 비평받아 마땅하다. 코미디가 폭력적 성향을 너무 띠어 사회규범을 흔들 정도라면(m, r 영역) 그 또한 제 기능을 하지 못하고 역기능을 행한다고 비평받을 것이다. 그리고 프로그램 제작자들은 자신들이 행해야 할 기능·규범을 제대로 파악하고 있지 못하다고 지적될 것이다.

시청자나 비평가도 기능을 갖는다. 시청자와 비평가는 방송이 제대로 기능을 수행하고 있는지를 감시하고 평가해야 할 몫을 지니고 있다. 방송 프로그램 편성이 어느 한쪽에 편중된다면 그것은 부분적으로 시청자의 책임일 수도 있다. 프로그램을 편식하는 버릇 탓에 그런 편성이 야기되었다고 볼 수도 있기 때문이다. 방송은 늘 시청자들이 부담 없이 즐길 수 있는 오락을 원하고 있기에 원하는 것을 주는 것일 뿐이라고 자신을 면책하려 하는데 시청자들이 이런 빌미를 주어서는 안된다고 규범비평은 주장할 수 있다. 방송비평가도 방송의 사회적 기능 발휘에 일정 역할을 해야 한다. 방송제작자들의 의욕을 떨어뜨리지 않는 수준에서 방송을 비판하고, 수용자에게는 방송을 유익하게 활용할 수 있도록 정보를 주는 역할을 해야 한다.

살펴보았듯이 방송규범에 대한 논의는 방송 프로그램이나 방송사, 제작자에만 국한되지는 않는다. 방송이 잘 이루어지기 위해서는 방송의 하부체계인 여러 제도들이 제 역할을 해야 하는 것이다. 그런 점에서 방송에 대한 규범적 비평은 산업비평이나 법제(정책)비평, 내용에 관한 비평, 그리고 수용자비평 등과도 연관될 필요가 있다. 각 분야에 대한 비평은 독립적으로 이루어질 수도 있지만 대체로 몇몇 분야에 걸쳐서 비평이 이루어질 가능성이 크다.

5. 사회규범비평에 대한 평가

방송에 대한 사회규범적 평가는 다각적으로 이루어진다. 규범적 방송제도인가를 따지는 일도 가능하고 방송경영인의 규범을 놓고 비평하는 일도 가능하다. 방송제작진들의 규범도 비평의 대상이 된다. 가장 빈번히 규범비평의 대상이 되는 것은 역시 방송내용이다. 탈규범적 내용은 사회화가 진행중에 있는 어린이나 청소년에 심각한 영향을 미치고 궁극적으로는 일탈적 행동에 이르게 할 수도 있다고 믿기 때문이다. 규범비평은 시청자들의 규범도 요구한다. 탈규범적 방송내용을

거부(분별)하고 건강한 시민으로서 방송을 감시하는 규범을 요청하기
도 한다.

이러한 규범비평에 대한 반론을 내놓기란 쉽지 않다. 규범 및 규범
적 행동에 대한 강조를 반대하는 것은 탈규범적 행위로 낙인찍힐 가
능성이 크기 때문이다. 그러므로 규범비평이 전제하고 있는 학문적 체
계에 대한 언급으로 우회 비판할 필요가 있다. 앞서 설명한 바와 같이
규범비평은 상당 부분 구조기능주의에 기대고 있다. 구조기능주의는
사회의 여러 제도들은 사회로부터 기능(역할)을 부여받고 있음을 지적
한다. 각 제도들은 부여받은 기능을 행해야 하는데 만약 그 기능을 제
대로 행하지 않으면 사회 전체 구조가 와해될 위협을 받는다. 즉 순기
능을 행하지 않으면 다른 제도들이나 사회성원들에 영향을 미치게 되
어 사회통합에 장애가 된다는 것이다.

이런 전제는 다음의 몇 가지 비판으로부터 매우 취약함을 보인다.
사회통합을 주장하고 있긴 하지만 과연 누구를 위한 통합인가에 대해
궁색한 대답을 내놓을 수밖에 없다. 기능주의적 입장에서 보자면 사회
통합은 현상태의 유지에 가깝다. 즉, 지금의 사회를 중심으로 통합을
이루어야 한다는 것이다. 만약 지금의 사회나 현상의 유지에 불만을
품고 있거나, 현 사회체제, 통합 등으로부터 소외되고 있는 성원들로
부터는 통합과 유지는 보수적이라는 비판을 받을 수밖에 없다. 계급
불평등을 재생산하는 구조를 그대로 두고 계급 불평등을 시정하고자
하는 노력을 체제 안으로 통합·흡수하려 한다면 그것은 보수적이라는
비판과 동시에 특정 계급만을 지지하는 노력이라는 비판을 받을 수밖
에 없는 것이다. 방송에 대한 사회규범비평도 그럴 개연성이 있다. 방
송의 규범을 현재 사회를 유지하고 통합하는 데 묶어둔다면 사회 내
다양한 형태의 모순과 불평등을 찾아내는 일보다는 그것을 봉합하는
데 더 높은 평가를 내릴 가능성이 크다. 그러한 경우에 방송규범비평
은 기득권을 가진 집단의 이익을 도모하는 비평이 될 가능성이 높은

것이다.

 규범적 내용은 방송수용자에게도 규범적으로 작동할 것이라는 가설은 아직까지 확증되지 않았다. 마찬가지로 규범을 벗어난 일탈적 내용이 수용자의 일탈로 이어지리라는 것도 역시 확증되지 않은 가설에 불과하다. 그렇다면 사회규범비평은 상당 부분 확증되지 않은 가설을 기반으로 해서 비평을 행하는 것일 수 있다. 텔레비전 내 폭력이나 선정적인 장면이 수용자의 일탈로 이어질 것이라는 비평은 상당한 과오일 수도 있다는 얘기다. 또한 사회규범비평이 방송 프로그램의 전체 맥락보다는 가시적인 장면들에 초점을 맞추고 있기 때문에 맥락을 상실한 비평이라는 지적을 받기도 한다.

 몇몇 한계가 있긴 하지만 사회규범비평은 비평가들이 즐겨하는 방식이다. 이는 우리나라의 방송학이 미국식의 방송연구에 경도되어 있는 데서 그 이유를 찾을 수 있겠다. 주지하다시피 기능주의는 오랫동안 우리나라 사회과학을 주도해왔다. 방송학도 예외는 아니었다. 방송이라는 제도를 이미 주어진 것으로 보고 방송이라는 제도의 탄생에 대해 큰 의문을 던지지 않고 그것이 해내야 하는 사회적 역할만 강조해온 기능주의적 방송연구를 많은 연구자들과 비평가들이 행해왔다. 최근 들어서 가시적인 방송내용과 방송행태들에만 초점을 맞춘 사회규범비평에 반기를 들고 새롭게 방송을 해석하는 노력들이 등장하고 있긴 하지만 여전히 방송비평에서 사회규범비평은 방송비평의 전형으로 대접받고 있다. 아직까지 본격적으로 사회규범비평의 보수성이나 기득권 옹호에 대해 반기를 들고 일어난 경우는 없지만 규범비평을 행하는 이들은 그같은 반응을 염두에 두어야 할 필요가 있다. 텔레비전의 상업주의가 가속화되는 등 전에 없이 방송의 근본에 대한 사유가 절실해졌는데 언제까지나 그것을 규범이탈, 역기능 등으로만 돌릴 수는 없다. 근본적으로 방송 서비스가 어떠해야 하는가 등에 대한 철학적이고 이념적인 대답이 필요하기 때문이다. 사회규범비평은 그같

은 질문에 명료한 답을 내지 못하고 부분적 개선을 반복적으로 주장
할 개연성이 크다.

6
신화·이데올로기 비평

1. 텔레비전은 세계로 향해 열린 창

"텔레비전은 세계로 향해 열린 창이다"는 말을 많이 접해보았을 것
이다. 텔레비전이라는 창을 통해서 세계를 경험할 수 있다는 말이 되
겠다. 심각하게 질문해보자. 과연 우리는 텔레비전이라는 창을 통해
세계를 바라보고 경험하고 있는가? 그럴 때도 있는 것 같다. 멀리 유
럽이나 남미에서 열리는 축구시합과 그에 열광하는 축구팬들의 모습
을 텔레비전을 통해서 볼 때면 '참 세상이 편리해졌다'라는 생각을 하
게 될 것이다. 그럴 때면 정말 세계로 향한 창처럼 텔레비전은 우리에
게 많은 것들을 보여준다는 생각을 하게 된다. 그런데 한 번만 머리를
비딱이 하고 생각해보면, 텔레비전은 세계로 향해 있지만 때가 끼어
제대로 보이지 않는 창이라는 생각이 들 수도 있다. 여성에 관해 이야
기해보자. 텔레비전이 여성의 모습을 보여줄 때는 대체로 여성들의 몸
과 관련된 것일 가능성이 크다. 미인대회, 인기 스타의 근황, 패션 쇼
등등과 같은 이벤트 말이다. 그런데 세계의 여성은 늘 그런 모습이 아
닐 수 있다. 왜 여성의 모습을 제대로 다 보여주지 못하고 그런 일부

분만을 보여주는 것일까?

세계로 향해 열린 창이라 주장하는 사람들은 텔레비전에 때(먼지)가 껴서 그렇다고 말한다. 원래 텔레비전은 세계로 향해 열린 창인데 제대로 창 역할을 못하도록 막는 여러 요소, 즉 때가 존재하기 때문에 왜곡되게 보여준다는 것이다. 그 때에 대해서는 대체로 다음과 같이 설명한다. 텔레비전을 둘러싸고 여러 사회제도들이 있는데 그 제도들은 텔레비전에 개입하여 내용을 변질시킨다고 말한다. 사회 내 각 제도들의 개입이 때로 작용한다는 것이다. 어떤 제도들의 개입이 있는가. 신화·이데올로기 비평과는 직접적 연관은 없지만 '텔레비전=세계로 향해 열린 창'이라는 등식을 좀더 잘 이해하기 위해 설명해보자.

텔레비전은 사회 내 독자적인 존재가 아니다. 텔레비전이 방송을 하기 위해서는 방송허가를 받아야 한다. 방송허가는 대체로 국가가 정한 방송관련법, 그리고 정책적 배려에 의해 이루어진다. 방송허가를 받은 후에도 텔레비전은 늘 각종 제약에 처하게 되고, 심한 경우에는 그 허가가 취소되기도 한다. 각종 법·제도·정책을 수행하는 여러 형태의 국가기구들은 텔레비전으로 보아서는 상당한 제약일 수밖에 없다. 그 제약이 대부분 수용자의 이익을 도모한다는 차원에서 이루어지긴 하지만 국가가 권력으로써 전혀 바람직하지 않게 개입할 수도 있다. 그럴 경우 여러 국가제도들이 텔레비전으로 하여금 세계로 향해 열린 창의 구실을 못하도록 할 수 있는 것이다. 그것이 첫번째로 말하고 싶은 유리창 때의 유형이다.

많은 경우 텔레비전은 광고수익을 통해 그 존재를 재생산한다. 우리나라의 모든 방송이 광고수익에 의존해 있음에 비추어 볼 때, 광고는 텔레비전에서 참으로 중요한 수입원이 아닐 수 없다. 누가 방송광고에 돈을 대는가? 흔히 광고주라고 말한다. 광고주는 제조 및 서비스 산업이다. 이들은 자신의 제품이나 서비스를 널리 알릴 목적으로 방송에 엄청날 정도의 광고비를 내고 광고를 한다. 광고주는 될 수 있는 한 자신들이 돈을 대는 방송 프로그램에 대해 이러저러한 주문을 하고 싶은 욕망을 가질 수 있다. 특정 항공사가 스폰서인 프로그램에 그 항공사는 자신들의 비행기로 주인공이 여행하는 모습을 보길 원할 것이다. 그런 욕망은 방송에 대한 개입으로 이어질 수도 있다. 흔히 이 개입을 경제적 개입 혹은 경제적 통제라고 부르는데 이 또한 큰 때의 역할을 하기도 한다.

텔레비전 보도의 경우 정보제공자에 의해 상당한 제약을 받는다. 정부의 각 부처는 자신들과 관련된 정보를 일부만 제공하고 부정적인 부분들은 은폐하려 할 수 있다. 한정된 정보만을 제공받은 텔레비전은 그에 대해서만 보도를 할 수밖에 없는 어려움에 처할 수도 있다. 그리고 정보제공자들은 자신들의 좋은 이미지를 알리기 위한 방편으로 사건을 만들어(혹은 조작하여) 텔레비전에 알릴 수도 있다. 예를 들어 대통령의 생일을 맞아 프랑스의 유명한 포도주회사에서 대통령의 나이만큼 숙성된 포도주를 선물했다고 하자. 당연히 대통령 측근이나 포도주회사는 이를 주요한 사건인 것처럼 텔레비전에 알릴 것이고, 텔레비전은 보도를 하게 된다. 보도를 통해 정치인인 대통령은 국민들에게 친숙감을 주게 될 것이고 포도주회사는 손쉽게 광고를 하는 셈이 된다. 이처럼 철저하게 의도되고 만들어진 사건을 두고 의사사건(pseudo-event)이라고 부른다. 이 과정에서 텔레비전은 정보제공자로부터 제한을 받는다. 이 또한 정보원(情報源)에 의한, 빠뜨릴 수 없는 때가 된다.

텔레비전 조직 자체도 때로 작용할 수 있다. 방송사 소유주의 이념이나 경영방침 등은 제작된 프로그램의 내용을 바꿀 수도 있고, 미리 제작시에 유념해야 할 지침으로 작용하기도 하므로 큰 영향력을 갖는다. 특히 민영방송의 경우 그 영향력은 더 클 수밖에 없다. 텔레비전 조직 내의 관료체제 또한 프로그램에 대한 통제력을 갖는다. 일선 기자나 제작자가 만든 프로그램은 상부층으로 올라가면서 잘리고 깎일 가능성이 있다. 이런 과정을 두고 게이트 키핑(gate-keeping)이라고 부른다. 각 상부층은 수문장 역할을 해서 밑에서 올라온 내용을 깎고 다듬는다는 얘기다. 현장과 떨어져 있는 상부층이 깎고 다듬는 이유야 나름대로 정당성을 갖고 있겠지만 왜곡의 소지도 많은 것이 사실이다. 그러므로 방송조직 자체도 세계로 향해 열린 창에 낀 때 역할을 하기도 하는 것이다.

이외에도 많은 요소들이 텔레비전 과정에 개입한다. 텔레비전 내용과 관련된 이익 당사자들도 텔레비전 내용을 자신의 이익에 유리한 쪽으로 바꾸기 위해 온갖 활동을 벌인다. 심지어는 텔레비전 스튜디오에 난입해 방송을 막는 일까지 서슴지 않기도 한다. 텔레비전 종사자들에게 부정한 방법으로 접근하여 자신을 알리려 하거나, 부정적인 사실을 은폐하려고 하는 행위들도 다양한 집단들에 의해 이루어지고 있다. 이 모든 요소들이 텔레비전으로 하여금 세계로 향해 열린 창의 역할을 제대로 하지 못하게 막는다. 유리창의 때 역할을 하는 것이다.

텔레비전이 세계로 향해 열린 창이라고 보는 입장의 비평가들은 이런 여러 형태의 때들을 찾아내고 그것을 지울 수 있는 방안을 모색하게 된다. 텔레비전에 끼인 때를 닦아내고 다시 세계로 향한다면 제대로 된 세상을 시청자들에게 보여줄 수 있다는 믿음을 가지고 있는 것이다. 이 견해를 두고 '소박실재론'이라 부른다. 소박실재론은 정말 텔레비전이 세상을 있는 그대로 보여줄 수 있다는 믿음을 갖는다. 제작자나 방송사의 잘못된 의지, 방송에 개입하려는 사회적 제도들만 제거하면 그것이 가능하기 때문에 잘못된 의지를 꾸짖고 고쳐나가 텔레비전을 통해서 실재를 구할 수 있도록 비평을 하자고 말한다.

2. 텔레비전은 이야기꾼

텔레비전에 대한 소박실재론과 비교되는 주장이 있다. 텔레비전은 이야기꾼이라는 주장이 그것이다. 소박실재론에서는 텔레비전을 리포터의 역할에 견주어 설명한다. 이러저러하게 꾸며서 이야기하는 것이 아니라 본 대로 전해주는 역할로 한정된다고 설명하는 것이다. 이야기꾼으로 보는 입장은 텔레비전이 예전 할머니들의 이야기 기능을 떠맡아 매일같이 우리에게 이야기를 전해준다고 생각한다. 어떤 이는 아예 텔레비전을 이야기 매체(bardic medium)라고 하기도 했다. 그렇다면 텔레비전을 이야기꾼으로 보는 것은 어떤 입장인가? 그것은 텔레비전이 이야기하는 틀거지를 나름대로 지니고 있으며 그에 사건이나 내용을 올려 시청자들에게 전달하는 매체라는 것으로 인식한다. 이야기하는 틀거지가 따로 있고, 그 틀거지에 사건이나 내용을 올려서 전달하는 것이라면 텔레비전에 대한 관심은 바로 그 이야기하는 방식에 집중될 수밖에 없다.

텔레비전 내용이 이야기인 이상 그것이 실재와 같을 수는 없다. 실재인 것처럼 꾸며서 보여줄 수 있을 뿐 결코 실재 그 자체가 되지는 않는다. 이야기로 꾸민 실재와 비슷한 것일 뿐이다. 이때 비평은 실재와 이야기가 얼마나 일치하는가에 초점을 맞추지 않는다. 대신 다음과 같은 사안에 초점을 맞춘다. 이야기꾼이 지닌 이야기 틀거지가 과연 어떤 모습을 하고 있는가, 텔레비전 프로그램들은 장르에 관계없이 비슷한 이야기 틀거지를 가지고 있는가, 그런 틀거지에 내용이 얹히면 어떤 효과가 발생하는가 등등. 이런 인식을 기반으로 한 텔레비전 비평을 이야기 중심의 비평이라고 할 수 있을 것이다.

텔레비전에서 펴내는 이야기들의 구조를 찾고, 그 구조의 효과를 찾는 비평이 이야기 중심의 비평인데 나는 이것을 '신화비평'으로 통칭하려 한다. 이야기비평이라고 했을 때는 단순히 이야기가 어떻게 짜여져 있으며 어떻게 전개되는가 하는 것에만 관심이 있을 가능성이 크다. 즉 이야기란 말 자체가 중립적이어서 이야기비평은 분석만 하고 구조를 찾아내는 과학탐구(혹은 지리적 탐사)와 같은 뉘앙스를 줄 수 있기 때문에 그 개념을 피하고 싶었다. 대신 신화비평이라고 하면 그 비평의 목적의식과 이념적 위상을 전달할 수 있다. 신화비평이라 함은 인간이 만든 이야기들이(여기서는 텔레비전이 만든 이야기들이) 어떤 구조를 하고 있는지에 가장 큰 관심을 갖는 비평을 말한다. 신화비평은 대체로 신화가 짜여진 방식에 초점을 맞춘다. 텔레비전과 신화비평을 접목시킨다는 것은 텔레비전 안에 신화가 어떻게 짜여 있는지를 찾는 작업이 된다. 둘째, 텔레비전 안에 신화가 구성된 방식에 의해 과연 어떤 사회적 효과가 도출되는지를 찾아낸다. 신화는 궁극적으로 신화를 듣는 사람으로 향한다. 신화를 듣는 사람들은 과연 어떤 과정을 통해 신화를 받아들이게 되고 받아들인 신화를 어떻게 활용하는지를 신화비평은 추적하게 된다.

텔레비전을 세계로 향해 열린 창으로 보는 입장에서 가장 중요한 표적이 되는 것은 텔레비전을 둘러싼 여러 제도적 개입들이었다. 그리고 제도적 개입을 최소화시킬 방안을 찾는 목표도 지니고 있다. 정치적 개입, 경제적 개입, 텔레비전 조직 내적 개입, 정보원에 의한 개입 등을 최소화한다면 텔레비전은 제대로 창으로서의 역할을 할 수 있을 것이라는 믿음이 컸다. 그런데 텔레비전을 이야기꾼으로 보고 그 내용을 신화로 보는 입장에서는 텔레비전이 여러 제도적 개입으로 인해 왜곡된다고 생각하지 않는다. 이야기꾼으로 보는 입장에서 가장 중요한 표적이 되는 것은 사회 내 지배집단들이다. 물론 소박실재론에서 들고 있는 제도적 개입들도 사회 내 지배집단에 의한 것이라 할 수 있지만 사실상 둘 사이에는 큰 간극이 있다. 소박실재론에서는 텔레비전을 독자성을 가지려 노력하지만 늘 외부의 사회적 제도들에 의해 제한을 받는 존재로 설명하고 있다. 신화비평에서는 텔레비전을 사회 내 지배세력과 은밀한 공조체제를 갖추고 있으며 지배세력의 이념을 유포하는 존재로 파악한다. 텔레비전은 그 은밀한 공조체제를 드러내기보다는 교묘하게 숨기면서도 지배세력의 이념을 이야기처럼 꾸며 자연스럽게 전달해주는 제도로 인식되는 것이다.

여기서 지배세력이라고 하는 것은 계급적인 측면에서의 지배세력, 즉 지배계급만을 의미하지는 않는다. 지배세력은 여러 영역에 걸쳐 존재한다. 성별, 연령별, 지역별, 학연별, 지연별, 계급별 등등에 걸쳐 다양하게 존재한다. 그 지배세력에 의해 가부장제, 연장자주의, 지역주의 등등이 유포되는데 텔레비전은 이에 대해 마치 중립을 취하는 것같은 외양을 가지면서도 실제로는 지배세력에 유리하도록 이야기를 꾸리고 있는 것이다. 텔레비전 속의 그러한 내용은 맨눈으로는 잘 확인이 되지 않는다. 마치 이야기가 재미있으면 그 속에 빠져 그 이야기가 어떤 구조를 지니고 있는지 생각하지 않게 되듯이 텔레비전도 이야기를 재미있게, 자연스럽게, 의미가 생기도록 꾸며놓고 있기 때문에 한 눈에 단박 그 은밀함이 포착되지 않는다. 신화비평은 한눈에 보이지 않는 것을 구체적으로 손에 잡히도록 설명하는 작업이라고 할 수 있다. 눈에 잘 보이지 않는 부분을 보도록 하는 작업인 것이다.

3. 텔레비전과 신화의 구조

신화가 무엇인지를 설명하지 않은 채 텔레비전 신화 비평을 얘기해왔다. 독자들은 텔레비전 안의 이야기들이 대체로 신화가 아닐까 생각했을 것이다. 과히 틀린 생각은 아니다. 텔레비전은 수많은 신화를 만들어내기도 하고 이미 사회에 존재하고 있는 신화를 재구성해 우리에게 전달해주기도 한다. 구체적인 논의를 위해서 본격적으로 신화를 논의해보자. 두 개의 신화정의법을 소개할 것인데 먼저 레비스트로스(C. Lévi-Strauss)가 말한 신화를 소개하려 한다. 또 하나의 신화정의법은 롤랑 바르트(R. Barthes)가 행한 것인데 이는 레비스트로스에 대한 설명 이후에 소개할 것이다. 편의상 앞의 것을 레비스트로스적 신화, 뒤의 것을 바르트적 신화라고 부르며 두 정의법을 구별할 것이다.

레비스트로스는 1950~60년대를 중심으로 왕성하게 활동한 프랑스의 구조주의 인류학자다. 1949년에 『친족관계의 기초구조』라는 저술을 펴내면서 구조주의라는 전혀 새로운 방법론을 제시했다. 1950년에는 브라질의 아마존 지역을 탐사한 결과를 묶은 여행기 『슬픈 열대』를 펴냈다. 1962년에 펴낸 『야생의 사유』는 당시 프랑스의 사상적 지도자였던 사르트르의 개념들을 근본적으로 비판하여 사상계의 스캔들로까지 받아들여졌다. 그는 구조주의라는 학문체계를 완성시킨 학자라는 평가를 받는다.

레비스트로스는 주로 원시사회를 연구대상으로 삼았다. 원시사회 성원들은 자신들이 해결해낼 수 없는 문제들을 상상적(imaginary) 방식으로 전환시켜 걱정을 줄이고 있었다. 즉 해결되지 않는 문제를 이야기로 만들어 그 속에서 해결된 것으로 바꾸어놓은 것이 바로 레비스트로스가 관심을 가졌던 신화다. 그가 관심을 가졌던 부분은 여러 원시사회의 다양한 신화에 관한 것이 아니었다. 그는 다양한 신화에 공통적으로 존재하는 기본 구조에 대해 관심을 가지고 있었다. 각 원시사회의 신화는 내용적 다양성을 지니고 있는 것처럼 보이지만 실제 그 내용이 기대고 있는 기본 구조는 보편적임을 밝혔다. 레비스트로스가 찾아낸 신화의 기본 구조는 이항 대립(binary opposition)이었다. 대부분의 원시사회 신화는 대립되는 두 쌍을 기본 구조로 하여 진행된다는 점을 밝혀냈다.

앞서 레비스트로스를 대표적 구조주의학자라고 밝힌 바 있다. 구조주의는 일련의 학자들의 업적을 한데 묶어 이름 붙인 것일 뿐 학파로서 존재하지는 않았다. 대체로 구조주의의 시작을 구조주의 언어학자인 소쉬르(F. de Saussure)로 삼는 데는 큰 이의를 달지 않는다. 소쉬르는 자신의 언어연구 이전의 연구를 통사적(diachronic) 언어연구라고 불렀다. 통사적 연구에서는 시간의 흐름에 따라 언어가 어떻게 바뀌는가 등의 언어역사에 관심을 둔다. 소쉬르는 이제 언어학은 통사적 연구를 그만두고 전혀 새로운 연구에 접어들어야 한다며 자신의 언어학을 펼쳤다. 그리고 그 연구를 공시적(synchronic) 연구라고 명명했다. 공시적 연구는 시간의 흐름에 대해 관심을 갖지 않는다. 시간의 흐름에 관계없이 언어가 의미를 내기 위해서 기본적으로 가져야 하는 구조가 있는데 공시적 연구는 그 구조에 대해 관심을 갖는다. 언어가 의미를 내기 위해 갖는 구조, 바로 그것이 공시적 연구가 찾고자 하는 것이었다. 소쉬르와 같은 구조주의자들이 갖는 관심은 시간의 흐름에 관계없이 존재하는 보편적 구조였다. 구조주의 인류학자인 레비스트로스가 신화와 관련해 관심을 가진 것은 어느 종족의 신화이든 관계없이 모든 신화에 보편적으로 존재하는 이야기 구조였다. 그리고 구체적으로 그 이야기 구조는 대립되는 쌍들로 꾸며져 있다는 것이었다.

신화는 대체로 추상적인 수준의 짝패와 구체적인 수준의 짝패들로 구성된다. 신화를 대하면 그 전체를 관통하는 짝패 요소가 있음을 알게 된다. 그것을 추상적 수준의 짝패라고 할 수 있다. 선과 악의 대립, 자연과 문명의 대립 등이 바로 그 수준의 짝패라고 할 수 있겠다. 추상적 수준의 대립은 이어 신화 속에서 구체적인 대립으로 이어지게 된다. 즉 우리 편(us) 대 상대편(them), '인간다운' 대 '비인간적인',

<표 6> 신화의 짝패구조

선 : 악	추상적 수준의 대립
우리 : 너희	구체적 수준의 대립
인정 있는 : 인정 없는	
인간다운 : 비인간적인	
감성적인 : 냉혈적인	
문명적인 : 야만적인	

'감성적인' 대 '냉혈적인' 등의 대립으로 이어지게 된다. 레비스트로스는 신화의 전개를 구체성의 논리로의 전개라고 말한다. 즉 추상적인 것들이 구체적인 것들로 대신되고(혹은 은유적으로 표현되고) 다시 구체적인 것들은 종합되어 추상적인 것을 확인하게 된다.

레비스트로스의 원시사회 신화의 기본 구조는 원시사회 신화에만 적용되는 것은 아닌 듯하다. 현대 사회의 많은 이야기들에도 적용할 수 있을 것이다. 텔레비전 드라마는 대립하는 인간관계를 그 기본 구조로 활용하는 경우가 많다. 대립되는 두 가족으로 인해 고민하는 청춘남녀, 한 애정대상을 두고 대립하는 서로 다른 성격의 두 주인공, 피를 나눈 형제지만 서로 다른 배경에서 자라난 탓으로 결코 화해할 수 없는 경우 등 대립되는 인간 쌍을 중심으로 드라마는 진행된다. 텔레비전 코미디의 이야기 구조도 비슷하다. 바보(clown)와 바보 아닌 자들 간의 대립으로 코미디는 진행된다. 바보는 바보 아닌 자들을 조롱하고, 바보 아닌 자들은 바보를 조롱한다. 이렇듯 현대 사회의 이야기인 코미디도 원시사회의 신화와 비슷한 기본 구조를 지니고 있는 것이다.

세계로 향해 열려진 창이 아니라 세상을 다시 구성해 이야기로 전달해주는 역할을 하는 뉴스를 한번 살펴보자. 노사분규, 소비자권리 문제, 어린이 폭력, 남북한 문제, 여야 문제 등을 9시 뉴스가 다루었다고 하자. 대립되는 한 쌍의 구성에서 벗어나는 뉴스 꼭지가 있는가. 노사분규는 노동자측과 사용자측의 갈등을 중심으로 한 이야기를 전달해주는 것이며, 소비자권리에 관한 뉴스는 생산자와 소비자 간의 이익갈등을 축으로 한 이야기를 전달하고, 어린이 폭력 문제의 보도는 어린이와 어른(부모) 간의 대립을 축으로 전달된다. 이 중 어린이 폭력 보도를 예로 들어보자. 어린이날을 맞아 한 방송사에서 어린이들이 가정폭력으로부터 시달린다는 뉴스를 기획해 보도했다고 하자. 그 뉴스 꼭지는 추상적인 수준에서 대립되는 항을 가질 것이다. 어린이와 어른 혹은 선과 악의 대립구조를 설정할 것이다. 그런 다음 구체적인 수준에서의 대립을 가져다 놓는다. 보호받아야 하는 어린이 대 보호해야 하는 어른, 힘 없는 측과 힘 있는 측, 아무것도 모르는 사람 대 너무나 영악한 사람 등의 대립을 만들어낼 것이다. 당연히 뉴스는 그런 대립구도를 설정해 이야기함으로써 보호되어야 할 사람이 보호되지 못하고 있으며 억울함을 당한다는 의미를 만들어내게 된다. 그리고 악이 선을 구박하고 있다는 결론적 의미를 형성하게 된다. 즉 추상적 수준과 구체적 수준을 오르내리면서 그런 의미를 만들고 있는 것이다.

레비스트로스의 신화구조에 대한 설명을 두고 우리는 흔히 신화의 요소적(paradigmatic) 접근이라 부른다. 즉 신화를 구성하고 있는 주요 요소, 축을 설명해냈기에 그 이름을 붙인 것이라 할 수 있다. 그런데 신화가 이야기인 이상 축이 있을 뿐만 아니라 그 요소가 전개되는 흐름이 있을 수밖에 없다. 즉 요소들이 연결되어 어떤 흐름을 갖게 마련인 것이다. 신화의 흐름에 대한 연구를 두고 흔히 서사연구 혹은 신화에 대한 흐름적 접근이라고 부른다. 레비스트로스는 그런 흐름, 이야기의 진전에 대해서는 별다른 언급이 없었다. 그래서 신화가 어떻게 진전되는가에 대한 논의는 다른 학자의 연구를 통해 이루어진다.

러시아의 민담연구가인 프롭(V. Propp)은 100여 개의 러시아 민담을 모아 이야기의 흐름, 즉 전개를 연구했다. 연구를 통해 민담의 흐름에는 레비스트로스가 발견한 것과 같이 패턴화된 공동구조가 있음을 밝혀냈다. 100여 개의 민담을 분석하고 종합한 결과 보편적인 흐름의 패턴이 있더라는 것이다. 프롭은 31단계의 흐름을 찾아냈는데 이를 줄여보면 약 6단계의 흐름으로 다시 구성할 수 있다.

I. 준비단계
"한 가족이 평화롭게 살고 있었다. 그런데 그 이웃에는 악의 무리들이 살고 있어 그 평화를 위협할 준비를 하고 있다."

제2부 텔레비전 비평

II. 복잡화단계

"악의 무리가 그 가족을 침범한다. 가족은 피해를 당한다. 해를 당한 가족은 악의 무리에 복수를 꾀한다."

III. 이주단계

"가족은 고향을 떠난다. 고향을 떠난 가족은 복수를 꿈꾸며 여러 준비를 한다. 그 과정에서 새로운 기술을 익히기도 하고 도움을 주는 사람들을 만나게 된다."

IV. 투쟁단계

"이야기의 영웅은 악당을 만나 싸운다. 악당을 물리치고 애초의 평화를 되돌려놓는다."

V. 귀향단계

"영웅과 가족은 고향으로 되돌아온다. 영웅이 돌아온 고향에는 가짜 영웅들도 있지만 결국에는 영웅을 제대로 알아보게 된다."

VI. 인식단계

"영웅이 제대로 인식되고 악당과 가짜 영웅은 처벌받는다. 영웅은 고향에서 공주와 결혼을 하고 새로운 지위에 오른다. 그리고 사람들은 평화의 소중함을 인식하게 된다."

이처럼 단계에 맞추어 이야기는 전개된다. 즉 레비스트로스가 말한 대립구조(선과 악, 영웅과 악당)를 축으로 흐름을 갖게 되는 것이다. 모든 민담들이 이 단계를 반드시 거치지는 않지만 대체로 이런 구조에서 크게 벗어나지 않음을 프롭은 찾아냈다. 이어 그는 한 단계에서 다른 단계로 넘어가는 과정에서 주요 등장인물들이 결정적 역할을 해낸다고 말한다. 이야기를 끌어가는 배역들이 있다는 것이다. 그 배역과 배역의 역할을 보면 다음과 같다.

1. 악당: 평화를 침범하며 영웅과 싸운다.
2. 증여자: 영웅에게 초능력을 주거나 싸움에서 이길 수 있는 무기를 전달해준다.
3. 도우미: 위기에 처한 영웅을 도와준다.
4. 공주와 아버지: 악당이 차지하려는 대상이다. 공주는 영웅에게 주어지며 아버지는 허락한다.
5. 파견자: 영웅에게 임무를 부여하고 파견하는 역할을 한다.
6. 영웅: 주어진 임무를 수행하기 위해 악당과 싸우고 공주를 차지한다.
7. 가짜 영웅: 영웅행세를 하지만 결국엔 가짜임이 드러나고 변신하게 된다.

이 등장인물들은 각 단계에서 자신의 몫을 해내게 된다[프롭은 등장인물의 몫을 기능(function)이라고 불렀다]. 악당은 평화를 깨뜨리고 도우미는 영웅이 위기에 처했을 때 도와주며, 증여자는 고향을 떠나 와신상담 귀향을 꿈꾸는 영웅에게 초능력을 선사한다. 우리가 익히 알고 있는 텔레비전 드라마를 보면 이런 인물들이 이야기를 이끌어가는 것을 알 수 있다. 드라마 <허준>에서 주인공을 못살게 구는 무리들이 있는가 하면, 허준에게 명의가 될 수 있도록 기술을 증여하는 이도 있고, 끊임없이 그의 주위를 맴돌며 도와주는 이도 있다. 그가 구해야 하는 공주(식솔, 백성)도 있고, 그를 흉내내는 사이비 의원들(가짜 영웅)도 있다. 그 등장인물들은 허준이 성공을 거두고 귀향하기까지 군데군데서 이야기를 전개시키는 역할을 하는 것이다.

신화를 짝패로 설명한 레비스트로스의 설명과 민담의 흐름을 분석한 프롭의 설명을 한데 묶어서 설명해보면 다음 도표와 같다.

준비단계 → 복잡화단계 → 이주단계 → 투쟁단계 → 귀향단계 → 인식단계

선 : 악

영웅·도우미·증여자·공주·파견자 : 악당·가짜 영웅

레비스트로스의 대립항을 중심으로 한 이야기 요소들은 프롭이 설명한 단계대로 등장인물들에 의해 진행된다. 텔레비전 드라마에 이 구조는 별다른 어려움 없이 적용될 수 있다. 이를 종합해 우리가 텔레비전 드라마 한 편을 꾸며보자. 텔레비전 드라마에서 주인공인 영웅은 한 여인(공주)을 사랑하게 된다. 그러나 그 여인 집안과의 대립(계급적 대립, 종교적 대립, 과거의 악연)으로 인해 좌절한다. 그 여인을 차지하려는 다른 상대자(악당)가 등장하고 사랑은 어려움을 겪게 된다. 주인공은 그 어려움을 도우미(자신의 친구 혹은 여인의 친구, 여인의 한 가족성원)의 도움으로 이겨내게 된다. 드라마의 대부분은 그 어려움들을 이겨내기 위한 악당과의 싸움, 그 과정에서 벌어지는 온갖 에피소드에 할애하게 된다.

하지만 드라마는 대부분 그 끝을 처음의 시작단계와 비슷하게, 즉 사랑의 단계로 종결짓는 경향이 있다. 사랑을 회복하는 것으로 막을 내리는 것이다. 이것이 사랑의 신화, 결혼의 신화를 전달하는 텔레비전의 의미생산방식이라 하겠다. 남녀간의 사랑이란 결혼을 정점으로 치닫는 일종의 게임이다라는 의미, 바로 그것이 사랑과 결혼에 대한 신화다.

토도로프(T. Todorov)는 이런 이야기 구조, 신화의 구조를 더욱 명료하게 설명하고자 한다. 그에 따르면 이야기는 항상 조화의 상태, 안정의 상태에서 출발한다. 그러나 이야기의 시작에서 악당은 그 조화와 안정성을 깬다. 이야기를 불안정의 상태로 몰아가는 것이다. 깨진 조화나 안정성은 언제까지 지속되는 것은 아니고 이야기의 마지막 부분에 이르면 다시 회복된다. 영웅, 주인공의 노력에 의해 회복되는 것이다. 뒤에 찾은 조화나 안정성은 처음의 조화나 안정성과는 차이가 있다. 조화와 안정성이 한번 깨진 뒤에는 그것을 되돌리려는 사회적 노력이 필요하고 그로 인해 사회성원들은 노력에 해당하는 교훈을 얻게 된다. 즉 안정과 조화는 소중한 것임을 배우게 되는 것이다.

  토도로프의 이 설명은 신화의 이야기 구조가 갖는 효과를 잘 전달
해준다. 이야기 구조상 조화와 안정성을 깨는 힘은 사회적으로 일탈된
것으로 받아들여진다. 조화를 깨는 악의 무리는 사회적으로 배척되어
야 하는 존재로 받아들여지는 것이다. 그리고 다시 되찾은 조화와 안
정성은 소중한 것으로 여겨진다. 그리고 조화와 안정성을 지키고 되살
리려는 힘 또한 긍정적으로 받아들여질 수밖에 없다. 그러므로 이러한
이야기 구조는 사회에서 누가 부정적으로 대접받아야 하고, 누가 긍정
적으로 평가받을 수 있는지를 미리 설정해버린다. 뉴스의 예를 들어보
자. 지하철 파업이 있었다고 하자. 뉴스는 이를 지하철 노조에서 노동
자의 권익을 위해 파업에 들어간 것이고 그로 인해 많은 사람들이 출·
퇴근에 불편함을 겪었다고 보도할 것이다. 이때 노동자는 안정과 조화
를 깨는 사람들이다. 그리고 공권력은 안정과 조화를 되돌려놓는 역할
을 한다. 이 경우 뉴스는 세상에서 있었던 일을 보고해주는 것이 아니
라 안정을 깨는 자와 지키는 자를 분명하게 가른 뒤 우리에게 이야기
해주는 것이다. 이 뉴스를 접한 이들이 갖게 되는 반응이 어떠할지는
더 이상 자세히 설명하지 않아도 짐작될 것이다.
  방송광고를 예로 들어보자. 위장약 광고는 주로 밤을 중심으로 상
황을 설정한다. 한 모델이 잠을 자고 있다가 속이 쓰려 잠에서 깬다.
조화가 깨진 것이다. 그는 위장약을 먹는다. 다시 몸의 조화가 이루어
지고 잠을 잔다. 이때 위장의 통증은 받아들여질 수 없는 병이며 일탈
이다. 광고상의 영웅인 위장약 덕에 병과 일탈은 사라지고 다시 몸에
고요가 찾아온다. 우리는 영웅에 관심을 갖게 되고 그것을 흠모하며
구매하기에 이른다. 이와 마찬가지로 지하철 파업과 관련해 전달되는
노동자, 파업, 공권력에 대해 우리는 일정 태도를 갖게 된다. 안정은
깨져서는 안되고 만약 깨졌다면 반드시 빨리 회복되어야 하는 것으로
받아들인다. 즉 공권력의 개입을 인정하게 되는 것이다. 그럴 경우 우
리는 지하철 노조가 파업한 이유에 대해 큰 관심을 갖기보다는 안정

의 깨짐, 회복 등에 더 많은 관심을 갖게 된다. 이처럼 이야기 구조는 일정 효과를 낸다.

영화에서도 한번 시작된 이야기는 반드시 종결된다. 특히 할리우드적 영화들은 서사가 종결된다는 특징을 갖는다. 아무리 복잡한 이야기라 할지라도 깨진 조화는 다시 영화 말미에 종결된다. 회복되는 것이다. 그로 인하여 영화에서 보았던 복잡한 갈등양상은 찻잔 속의 태풍처럼 받아들여지고 관객들은 아무 일도 없었던 것처럼 극장 문을 나선다. 그들은 다시 갈등의 이야기를 담은 영화를 찾지만 영화가 언제나 종결된다는 것에 익숙해져서 극장 바깥에서 갈등을 이야기하지 않게 된다. 그리고 그 갈등을 초래한 사회적 모순에 대해서도 힘주어 말하지 않게 된다. 갈등은 언제나 해결되게 마련이라고 생각하기 때문이다. 그것이 바로 신화가 갖는 효과다.

4. 신화와 지배 이데올로기

신화에 대해서는 바르트도 말하고 있지만 레비스트로스와는 다른 차원에서 말한다. 바르트의 신화 개념을 제대로 설명하기 위해서는 구조주의의 창시자라 할 수 있는 소쉬르로 잠깐 돌아가볼 필요가 있다. 스위스의 언어학자인 소쉬르는 언어의 기본 요소를 기호(sign)라고 보았다. 그리고 기호는 두 개의 요소로 구성되어 있다고 보았다. 기표(Sr, Signifier, Signifiant)와 기의(Sd, Signified, Signifie)가 그 두 요소이다. 여기서 기표는 기호의 물리적 성격을 말한다. 내가 캠코더로 찍은 '아버지와 딸'의 화면을 여러분에게 보여주었다고 하자. '아버지와 딸'임을 화면상의 많은 색 알갱이들로 알 수 있게 된다. 그 색 알갱이들은 '아버지와 딸'이라는 기호의 물리적 성격이라 할 수 있다. 기호의 물리적 성격을 가리켜 우리는 기표라고 부른다. 기호의 물리적 성격을 통해 여러분들은 '아 아버지와 딸이구나'라는 의미를 갖게 된다. 여러분이 그림을 보고 머릿속에 의미를 갖게 된 것을 기의라고 부른다. 즉 기표가 기의로 이어지는 것이다.

이처럼 물리적 성격의 기표와 그에 의해 촉발된 이미지적 성격의 기의가 한데 어울려 기호를 구성하게 된다. 하지만 이 둘의 관계를 기표가 기의를 자극하는 것으로 설명할 수 있을 것이다. "기표 → 기의"라는 작용을 두고 의미화과정(signification)이라고 부른다. 그런데 바르트는 이 의미화과정을 보다 심층적으로 설명하고자 했다. 의미화과정을 세분화했고 언어적 작용만이 아닌 사회적 작용으로까지 연결시키고자 했다. 앞서 설명했던 바와 같이 '화면상의 색 알갱이 → 머리에 떠올린 아버지와 딸의 이미지'로 이어지는 과정을 바르트는 '1차적 의미화과정'이라고 불렀다. 그리고 다른 용어를 선택해 이름을 붙였다. 즉 1차적 의미화과정을 외연적 의미화과정(denotation)이라고 명명한 것이다. 외연적 의미화과정은 일종의 객관적 의미화과정을 뜻한다. '아버지와 딸'을 찍은 화면, 즉 색 알갱이들의 집합을 접하면 우리는 누구나 '아버지와 딸'이 같이 있구나 하고 머릿속에 떠올릴 것이다. 그 화면을 접하고서 '할아버지와 할머니'를 떠올리진 않을 것이다. '회사 사장과 비서'라고 떠올리지도 않을 것이다. 1차적 의미화과정은 보편적이고 객관적인 의미를 내는 과정이라고 볼 수 있을 것이다.

그런데 우리는 1차적 의미화에서 멈추지 않는다. 그 화면을 보고 어떤 감정을 갖는다. '아버지와 딸'의 화면을 보고서 '참으로 다정하다' 혹은 '자상한 아빠와 사랑스럽고 귀여운 딸'이라는 식의 느낌을 갖는다. 이는 화면상의 색 알갱이인 기표와 그로 인해 촉발된 이미지인 '아버지와 딸'이라는 기의가 합쳐져서 생긴 느낌이다. 우리는 이런 의미화과정을 '2차적 의미화과정'이라 부르고 '내포(connotation)'라고 부른다. 1차적 의미화과정의(기표와 기의의) 총합이 기표가 되고 다시 기의를 갖는데 그것이 2차적 의미화과정을 통해 생긴 의미, 즉 내포

(혹은 함축적 의미)인 것이다. 그런데 이 내포는 언어적 작용이라기보다는 문화적이고 주관적인 작용이라고 볼 수 있다. 만약 한 번도 사진이나 영상을 본 적이 없는 사람들은 그런 그림을 보고 별다른 느낌을 얻지 못하고 그냥 신기하다는 표정만 지을 것이다. 아직도 봉건적인 가족제도를 가지고 있는 사회권의 사람들은 그 화면을 통해 별다른 느낌을 가질 수 없을 것이다. 그러나 부부와 한두 자녀로 가족을 꾸리는 핵가족제도에 익숙한 사람들은 화면을 접하는 순간 2차적 의미화 과정을 거칠 것이고 별다른 어려움 없이 '다정하다', '사랑스럽다', '행복해 보인다' 등등의 느낌, 즉 내포를 얻게 된다.

그런데 의미화과정은 거기서 그치지 않고 또 다른 의미화과정으로 이행한다. 다정한 아빠, 귀여운 딸은 '화목한 가정', '행복한 가정' 등과 같은 의미로 이어지게 된다. 이를 가족신화, 가정신화라고 부를 수 있다. 즉 행복한 가정은 '자상한 아빠와 귀여운 딸'이라는 식으로 구성될 수 있다는 생각을 하는 것이다. 이런 가족·가정신화는 단순히 가정을 설명하는 방식으로만 작동하지는 않는다. 아버지는 가정을 지키고, 꾸리고, 보호하는 지위에 있으며 여성인 딸은 보호받아야 하고, 사랑받아야 하는 존재로 여겨지게 한다. 즉 그 신화 속에는 가부장제라는 지배적 이데올로기가 숨어 있는 것이다. 여기서 주의할 점이 하나 있다. 신화는 '아버지와 딸'이 담긴 화면 속에 있는 것이기도 하지만 실제로는 이미 우리 머릿속에 박혀 있는 것이기도 하다. 화면에 접하기 이전에 우리는 이미 신화에 사로잡혀 있어 화면을 접하는 순간 손쉽게 그러한 신화적 내용을 다시 떠올리게 되는 것이다. 즉 화면을 접하는 순간 신화가 재생산되는 셈이다.

바르트는 자신의 한 경험을 신화의 예로 든다.

"이발소에 갔다. 그런데 이발소에서 나에게 ≪파리 마치≫라는 잡지를 권했다. 그 잡지의 표지에는 프랑스 군복을 입은 한 흑인 소년이 프랑스 국기를 향해 거수경례를 붙이는 장면이 사진으로 실려 있었다. 사진의 의미는 그것이 전부인 것처럼 보였다. 그러나 그것이 무엇을 뜻하는지 정확하게 알 수 있었다. '프랑스는 위대한 제국이다. 그들의 자손들은 피부색이 다름에도 불구하고 모두들 국가에 충성한다. …' 이것은 분명 기호학의 대상이 되는 뛰어난 예라고 할 수 있다. 기표가 있고 기의가 있다. 그리고 그 기호가 다시 또 다른 기의를 만들어내고 있었다."

1차적 의미화과정에서 사진이라는 기호를 통해 '흑인 병사가 프랑스 국기에 경례한다'라는 의미가 생겼을 것이다. 그런데 이 의미가 다시 2차적 의미화과정을 거쳐 '위대한 프랑스 국기에 흑인 병사가 충성을 표시한다'라는 의미로 전이된다. 국기에 대한 거수경례가 충성을 표시하는 것으로 받아들여지는 것이다. 거수경례의 의미를 모르는 이들은 이런 의미화과정으로까지 이어지지 못할 것이다. 하지만 국기에 대한 거수경례의 의미를 아는 이들은 충성을 맹세하는 것으로까지 해석하게 된다. 의미화과정은 거기서 멈추지 않는다. '위대한 프랑스는 피부색을 가리지 않고 국민들로부터 존경을 받으며 그것은 영원할 것이다'로 전이된다. 이런 의미화가 반드시 일어날 것이라고 누구도 보증할 수 없다. 세번째의 의미로 이어지기 위해서는 교육과 문화화가 필요하다. 즉 프랑스에 대한 신화에 익숙해 있어야 하는 것이다. 프랑스는 자유로운 나라이며, 인종차별을 하지 않는 훌륭한 나라라는 믿음이 있어야만 가능한 것이다.

신화는 다름 아닌 특정 상황이나 사물에 대한 사회 내 지배적인 믿음을 말한다. 우리는 여성에 대한 신화를 갖고 있다(이에 대한 자세한 것은 제8장 페미니즘 비평을 참고하라). 여성에 대한 신화는 여성에 대한 사회 내 지배적 믿음을 말한다. '순종해야 하고, 조신할 줄 알며, 남성에 비해 순결해야 하고, 사적인 공간에서 역할을 더 잘할 줄 아는 사람'이라는 식의 이미지 덩어리들을 지니고 있다. 신화란 일종의 개념들의 다발인 셈이다. 그 개념들의 다발은 언제나 사회 내에서 환영받기 때문에 누구나 사물이나 사람을 대하게 되면 그 다발을 동원한다. 남성은 '용감, 박력, 의리, 정의, 공적 공간, 가장, 보호하는 사람' 등등의 이미지 다발을 지닌다. 바르트가 말하는 이 개념 다발은 남성을 여성보다 훨씬 더 우대받게 하는 결과를 낳는다. 남녀를 차별하는 기제가 되는 것이다. 따라서 신화를 지배 이데올로기로 볼 수도 있겠다.

   방송은 이러한 신화를 활용해 신화를 재생산해낸다. 여성에 대한 신화를 활용해 재미를 주고, 그 신화는 다시 텔레비전 드라마를 통해 사회에 환원된다. 즉 지배 이데올로기는 이 순환으로 인해 이미 언제나 그런 것으로 받아들여진다. 당연한 것으로 말이다. 만약 이것을 당연한 것으로 받아들이지 않으면 드라마는 재미없게 된다. 그런 점에서 신화는 부자연스러운 것을 자연스러운 것으로 만들어버리는 효과를 갖는다. 남녀간의 차이, 그로 인한 차별 자체가 이상하지 않고 당연한 것으로 받아들여지도록 작용하는 것이다. 앞서 예로 들었던 노사분규를 다시 언급해보자. 여기서 노동자에 대한 신화는 대체로 '자기에게 주어진 임무를 충실히 해 국가경제에 이바지하는 일꾼'이다. 그런데 그 임무를 버리고 파업을 한다는 것은 사회의 조화를 깨고 불안을 조성하는 행동이 된다. 그러므로 노사분규 현장을 찍는 카메라 기자는 파격적인 노동자, 즉 '머리를 깎고 머리에 빨간 띠를 두르고 팔을 하늘로 향해 쭉쭉 뻗는 노동자'에 초점을 맞출 것이다. 신화를 깨는 노동자에 초점을 맞춤으로써 그를 안정과 조화를 해치는 주체로 설정하고 시청자에게 신화 안에서 받아들일 것을 요청하는 것이다. 당연히 신화에 익숙한 시청자는 '노동자가 부지런히 일하면 됐지. 일하지 않고 임금인상을 요구하는 것은 국가경제를 위해서 도움이 되지 않는다'고 받아들일 것이다. 즉 신화를 바탕으로 노동자에 대한 지배적 규정을 받아들이는 것이다.

   신화는 일상적인 언어사용으로 우리 주위를 맴돌고 우리로 하여금 그 신화의 대상이 되게 한다. 일상적인 언어사용 중 은유는 자주 쓰이는 어법이다. 은유는 낯익은 내용으로 낯선 것을 친근하게 만드는 언어사용법이다. 마음의 평온함을 간략하게 설명하기 위해 "내 마음은 호수다"라고 말하거나 시간의 소중함을 알리기 위해 "시간을 아껴라"라는 식으로 말하면 큰 노력 없이 그 의미가 전달된다. 많은 경우 은유를 언어사용법으로 받아들이지 않고 그대로 자연스럽게 받아들인다. "시간을 낭비한다"라는 말이 있다. 그에 반대되는 말은 "시간을 투자한다"일 것이다. 이때 시간은 돈으로 사고된다. 시간은 돈과 달라서 투자할 수도 낭비할 수도 없다. 시간을 돈에 대한 은유로 사고하고 말하는 것은 노동을 강조하는 자본주의 사회의 이데올로기로 볼 수 있다. 노는 것은 마치 돈을 낭비하는 것과 같은 것으로 몰아붙이는 것이다.

우리는 좋은 것을 높은 위치에 올려놓는 말들을 흔히 접한다. 고급 승용차, 고급 옷, 고가의 장비 등 좋은 것이 높은 위치에 놓일 원초적 이유는 없다. 만약 좋은 것과 그렇지 않은 것을 구분해야 할 필요가 있다면 좌우로 배열할 수도 있을 것이다. 그런데 수직적 공간을 활용해 좋고 나쁨을 표시한다. "서울에 간다"는 말보다는 "서울에 올라간다"는 말을 즐겨 쓴다. 지도상 서울이 위에 있으니 당연한 것 아니겠냐고 반문할지도 모르겠다. 그러면 강릉 사람들은 "서울에 옆으로 간다"고 말할까. 아마 "서울에 올라간다"고 말할 것이다. 이는 서울 대 지방의 차이에서 비롯된 은유적 언어사용법이다. 이런 은유의 반복적 사용은 서울에 대한 신화, 지방에 대한 신화를 아무런 저항 없이 받아들이게 하고 실천하게 한다. 상식으로 받아들이게 되는 것이다. 상식은 역사적인 산물이지만 상식에 대해 질문하거나 의혹을 갖지는 않는다. 그러면 상식 이하가 되기 때문이다. 이처럼 은유는 은밀하게 우리에게 다가오고 신화를 자연스럽게 만드는 역할을 하는 것이다.

신화가 목표로 삼는 것은 주체다. 주체가 형성되는 것을 목표로 삼는다. 즉 신화가 재생산되는 데는 그것을 실천해주는 사람을 필요로

하는 것이다. 신화를 바탕으로 방송이 만들어지고, 그것이 다시 시청
자에게 전달되고, 시청자가 그것을 자신의 것인 양 받아들이며 사회
내에서 실천하면 신화는 재생산의 사이클을 수행하게 된다. 재생산된
신화는 다시 방송으로 들어가고 그것이 다시 시청자에게 되돌아오는
식으로 반복된다. 궁극적으로 신화, 지배 이데올로기가 겨냥하는 것은
사람이다.

　구조주의자들은 사람, 인간이란 용어 대신 주체(subject)란 말을 쓴
다. 신화와 지배 이데올로기가 겨냥하는 최종 목표를 주체라고 부르는
것이다. 주체는 매우 흥미로운 개념이다. 영어 'subject'를 사전에서 찾
아보면 '주제, 당면과제, 주어, 주관, 자아' 등으로 번역되어 있기도 하
지만 '백성, 신하, 피지배자'라는 명사적 설명과 함께 '지배를 받는,
복종하는, 영향을 받기 쉬운' 등의 형용사적 설명을 동시에 지닌다.
구조주의자들은 주체를 신화나 지배 이데올로기의 대상이란 뜻으로
사용한다. 즉 이데올로기의 백성, 신하, 피지배자로 설정하고 있는 것
이다. 신화나 이데올로기는 자신의 영향력을 행사할 주체를 부른다.
드라마를 통해서, 뉴스를 통해서, 영화를 통해서, 음악을 통해서, 재미
난 이야기를 통해 주체를 불러들인다. 그것을 호명(呼名, interpel-
lation) 과정 혹은 손 흔들어 부르기(hailing)라고 부른다.

　신화나 지배 이데올로기가 우리를 부를 때 "네" 하고 대답하면 우
리는 그의 주체가 된다. 신화나 지배 이데올로기를 만드는 주체가 아
니라 그에 복종하는 주체가 되는 것이다. 사회 내의 신화나 지배 이데
올로기의 부름에 아무런 응답을 하지 않거나 그가 부르는 것조차 알
아차리지 못하는 경우는 사회 내 주체가 되지 못한다. 그에 즐거이 대
답해야만 주체가 되는 것이다. 신화나 지배 이데올로기를 받아들여 주
체가 되면 이제 신화나 지배 이데올로기를 실천하게 된다. 마치 그것
이 나의 것인 양, 나의 심사숙고 끝에 나온 결정인 양 펼친다. 즉 신화
와 지배 이데올로기의 실천인 것이다. 이데올로기는 그런 점에서 관념

적으로만 작동하는 것이 아니다. 실천이라는 측면을 지니는 것이다. 여성, 노동자, 공권력 등에 대한 태도를 갖게 되고 자연스럽게 그 태도를 생활에서 활용하고 온 몸으로 이어가는 것이다. 주체의 신화, 지배 이데올로기의 실천으로 사회 내에서 그것은 굳건한 기반을 갖게 된다.

5. 신화비평의 유용성

신화비평에 대해서는 많은 오해가 있을 수 있다. 우선 신화라는 용어 탓에 생기는 오해다. 문학비평에서는 신화비평을 조금 다른 방식으로 이해한다. 문학에서는 종종 신화비평과 원형비평(原型批評)을 동일한 것으로 받아들인다. 원형비평은 노스롭 프라이(N. Frye)에서 가장 명료하게 설명되고 있다.

> "문명의 역사에서 문학은 하나의 신화체계를 따라 존재한다. 신화란 인간세계를 비인간적인 세계와 동일시하려는 상상력의 단순하고도 원시적인 노력이다. 그리고 그 노력의 가장 전형적인 결과는 신에 관한 이야기이다. 뒤로 오면 신화체계는 문학과 합쳐지고, 신화는 이어서 설화의 구조적 원칙이 된다."

문학에서 원형비평은 신화의 원형을 문학작품에서 찾아내고 작가들에 의해 그것이 어떻게 재현·재창조되어 있는가를 찾아내는 작업이다. 즉 문학작품들은 신화의 원형에서 크게 벗어나지 않는다는 전제를 하는 것이다. 다양한 문학은 동일한 원형의 변이로 볼 수 있음을 강조하는 셈이다. 그러니까 문학에서의 원형비평은 작품의 근원을 캐는 것이 아니라 그것의 기본 구조를 찾아내는 것이다. 그런 점에서 원형비평은 이 장에서 설명한 신화비평과 큰 차이가 없다. 그러나 문학에서의 신화비평, 원형비평과 텔레비전 신화 비평에 차이가 있다면 그것은 이데 올로기에 대한 강조점이라 하겠다. 둘 다 신화의 기본 구조를 찾아내 는 데 초점을 맞추지만 대중매체인 텔레비전의 경우는 신화적 구조가 자아낼 수 있는 사회적, 이데올로기적 효과에 더 관심이 많다.

신화비평에 대한 또 다른 오해는 신화가 일방적이라는 것이다. 텔 레비전은 대체로 지배적 이데올로기를 전하기도 하지만 반신화 (counter myths)를 담고 있기도 하다. 반가부장제적 내용을 담은 드라 마도 있을 수 있고, 지배계급의 이익을 전하는 대신 노동계급의 이익 을 중심으로 한 다큐멘터리도 있을 수 있다. 신화비평은 지배 이데올 로기를 찾아내고 그 효과를 밝히기도 하지만 동시에 간혹 텔레비전에 등장하는 반신화적 내용이 갖는 의미를 찾는 일도 포함한다. 신화비평 에 대한 또 다른 오해는 신화가 맨눈에 쉽게 인식될 수 있을 것이라는 믿음이다. 앞서 살펴보았듯이 신화를 찾아내는 작업은 그리 쉬운 일은 아니다. 텔레비전 화면에 보이는 내용들은 빙산의 일각에 불과하다. 신화를 분석하는 작업은 빙산의 일각을 떠받치고 있는 보이지 않는 빙산의 밑바닥을 분석하는 일이다. 신화비평을 위해서는 많은 학습과 연습이 필요하다는 말이다.

이런 오해들을 걷고 많은 연습을 통해 큰 어려움 없이 신화비평을 해내면 텔레비전을 이해하는 데 상당한 도움을 얻을 수 있다. 신화비 평은 신화들을 탈신비화하고 신화 안에 숨겨진 역사를 드러내는 작업 이다. 여성에 대한 신화를 예로 들어보자. 여성은 아이들의 양육과 가 사에 더 적합하다라는 신화가 있을 수 있다. 이는 남성에게 다른 형태 의 신화를 부여한다. 즉 남성은 여성과 아이들의 생계를 책임진다는 신화가 부여된다. 이로 인해 가정 내의 역할분담이 자연스럽게 만들어 지고 받아들여지게 되어 가정에 대한 신화가 생성된다. 즉 가정은 건 강한 남녀가 만나 역할분담을 통해 꾸려가는 사회적 제도라고 개념지 어지고 받아들여지는 것이다. 그런 신화는 많은 이들에게 자연스럽게 받아들여진다. 누구나 주부가 아이들의 양육을 책임지며 가사를 도모하고 남편은 가정 바깥에서 가정을 영위할 자원을 챙겨오는 것을 자연스러운 것으로 받아들인다. 하지만 이러한 남성, 여성, 가정에 대한 신화는 역사를 가지고 있는 것이지 인류 탄생 이래로 있어왔던 일은 아니다. 대체로 가정에서의 역할분담은 산업자본주의의 진전으로 인해 고정되었을 가능성이 크다. 산업자본주의의 시작으로 노동력을 팔기 위해 도시로 몰려온 사람들은 농촌사회에서 꾸려왔던 대가족제도를 포기하고 핵가족 형태의 가정을 이루게 되었다. 농촌사회에서의 노동과는 달리 공장에서의 노동은 자녀 동반이 허용되지 않는 노동이었다. 당연히 자녀를 돌보아야 하는 책임을 누군가가 지게 된다. 아이를 낳아야 하는 여성의 신체적 제약을 자녀양육의 역할로 전이시켜 그것을 책임지게 만들었다. 그로 인해 여성에게는 자녀를 위한 사랑, 감수성 등의 개념들로 엮인 신화가 부가되었다. 대신 남성은 가정 외부에서의 노동을 위한 건강한 몸, 힘, 자립성 등의 개념이 담긴 신화가 부가된 것이다. 이처럼 신화는 역사를 지니고 있다. 그러나 신화의 반복으로 인해 우리는 그 역사성을 잊고 자연스럽게 당연한 일로 받아들인다. 신화는 역사적인 것을 자연스러운 것으로 만들어버리지만 신화비평은 신화의 역사성을 드러내고 신화의 자연스러움을 불편한 것으로 만든다.

그러한 작업을 위해서는 신화를 분석하는 일이 먼저 이루어져야 한다. 즉 신화의 구조를 설득력 있게 분석, 제시하고 그 구조에 의해서 우리가 어떻게 주체화되는지를 보여주어야 하는 것이다. 그런 분석의 과정 없이 신화 깨기에 들어가면 신화비평 작업은 설득력을 잃게 된다. 비평도 결국 자신의 작업을 그럴 듯하게 만들어 동의를 얻는 과정이다. 그럴 듯함이란 잘 정리된 분석에서 비롯되는 것이지 주장의 나열로만 발생하지 않는다. 분석을 통해 신화의 구조를 잘 드러낸 다음 그 구조가 가질 사회적 효과를 전달하는 일이 필요한데 그것이 바로 신화 깨기 과정이다. 너무 낯익어서 질문하지 않았던 신화를 전혀 낯선 것으로 만들고 그 동안 신화의 덫에 걸려왔음을 전달하는 것이다.

신화비평을 구조주의와 관련지어 설명하는 데 많은 지면을 할애했는데 구조주의에 대한 이해는 신화비평을 위해 필수적이라 생각했기 때문이다. 구조주의는 우리의 언어에 대한 사고를 매우 윤택하게 해준다. 텔레비전의 내용은 언어적이다. 영상언어와 함께 사용되는 대화, 그리고 간혹 첨가되는 자막들, 이 모든 것들은 언어로 포괄된다. 그렇다면 언어를 체계적으로 설명하고 있는 구조주의에 대한 정확한 이해가 선행되어야만 텔레비전에 담긴 신화를 분석하고 해석하는 데 큰 어려움이 없을 것이다. 더 나은 신화비평을 위해 구조주의 언어학, 인류학 등에 대한 이해를 돈독히 해둘 필요가 있겠다.

7
장르비평

1. 텔레비전에 대한 불평과 장르

텔레비전은 늘 "그 나물에 그 밥"이라는 욕을 먹는다. 새로움이란
전혀 없고 늘 같은 모습을 하고 있다는 지적이다. 우리는 드라마를 두
고도 늘 같은 줄거리에 같은 인물이 등장하고 결말도 뻔하다라고 불
평한다. 왜 텔레비전에서는 새로움을 찾을 수 없을까? 몇 가지 이유를
들어보자. 첫째, 텔레비전은 매일 혹은 매주 같은 제목 아래 다른 내
용을 펼쳐야 한다. 정해진 자원으로 정해진 방송시간을 메워야 하기에
아무리 새로움을 추구한다 하더라도 한계가 있을 수밖에 없다. 제작진
들은 선배들이 만들었던 것, 이웃 채널에서 이미 방송했던 것을 참고
로 하며 자신들의 방송시간을 메운다. 당연히 새로움은 자리잡기 힘들
고 늘 같은 것이라는 느낌을 주는 것이다. 둘째, 텔레비전은 시청률을
성패의 기준으로 삼는다. 공영방송은 시청률을 초월해 유익한 내용을
방송하라는 주문을 받지만 여전히 시청률로부터 자유롭지 못하다. 경
영진은 늘 시청률이라는 결과를 놓고 제작자들을 평가하기를 원하고
제작자들도 그로부터 크게 벗어나지 못한다. 시청률의 노예가 되어가

는 방송문화는 많은 비난을 받고 있지만 여전히 방송사는 시청률로 평가받고 그것을 중요한 가치로 설정하고 있다. 하지만 텔레비전 프로그램의 성공적 시청률을 보장해주는 정확한 공식은 없다. 불확실성을 제거하기 위해 제작자는 이미 성공한 프로그램을 참고한다. 그것을 통해서 '스타를 활용하라' '다양한 인물들을 등장시켜라' '갈등을 증폭시켜라' 등의 교훈을 건지게 된다. 대중에게 성공적으로 호소했던 스토리와 테크닉을 반복해 성공의 확률을 높이는 것이다. 시청률에 대한 불안을 이미 성공했던 작품과 작품제작 공식을 활용함으로써 잠재워보려 하는 것이다. 물론 그같은 반복이 성공을 보장해주지는 않는다. 성공한 작품을 그대로 베낀다고 해서 반드시 성공하는 것은 아니라는 것쯤은 누구나 안다. 그 사실을 알면서도 제작자는 성공의 확률을 높이기 위해 이미 성공한 프로그램의 제작방식과 내용을 반복할 수밖에 없다. 다른 돌파구가 없기 때문이다. 셋째, 이미 제작된 프로그램들에 익숙한 시청자들은 새로움을 원하면서도 놀라울 정도로 새로운 내용이 나타나면 어리둥절해 한다. 이것은 제작자들이 갖는 시청자에 대한 인식이기도 하다. 시청자들은 새로움을 원한다면서도 새로운 것보다는 전과 비슷한 내용을 더 즐길 것이라 생각하고 반복하는 것 자체를 이상하게 여기지 않는 것이다.

텔레비전 제작자들의 고충을 너무 너그럽게 이해하려 한 것이 아닌가 하고 의혹을 가질 수도 있겠다. 사실 제작자들을 만나보면 새로운 것, 전과는 다른 것을 꿈꾸지 않는 사람을 찾기 힘들다. 그들은 자신의 프로그램이 시청자들로부터 호응을 얻기를 원하고 있으며 사회에 긍정적 영향을 미치기를 갈구하고 있다. 하지만 제작환경은 그런 욕망을 담아내기에 턱없이 모자란다. 그래서 새로운 프로그램을 연구하고 제안하는 부서가 따로 있으면 좋겠다는 의견도 피력한다. 아니면 제작자들로 하여금 일정 기간의 휴식기를 주는 일도 필요하다고 강력히 요청한다. 하지만 현재 우리 방송문화는 일반 제조품을 만드는 공장과 같은 시스템으로 작동한다. 매일, 매주 같은 것을 만들고, 편성 개편 때가 다가오면 약간 포맷만 바꾸어 또다시 매일, 매주 비슷비슷한 것들을 제작해낸다. 많은 세월이 지나면서 이제 이 관행 자체가 문화가 되어버렸다. 꿈과 욕망이 있던 이들도 이 정도 되면 자포자기한다. 그 문화로부터 일탈하기를 원하지 않게 되는 것이다. 그래서 심한 경우 타 방송사의 것을 그대로 모방하기도 하고, 이미 성공한 일본 프로그램을 베끼기도 한다. 새로움 없음, 그 나물에 그 밥이라는 비판은 개인 제작자들에게 던져져야 하는 것이 아니라, 창의성을 존중해주지 않는 방송문화라는 제작조건들로 향하는 것이어야 함은 물론이다.

이 장에서 다루려는 텔레비전 장르의 존재 이유를 앞에서 설명한 바와 같이 '텔레비전에 왜 새로움이 없는가'라는 질문에 대한 답으로 대신할 수 있을 것 같다. 답이 중복되지는 않지만 텔레비전에 새로움이 없는 이유와 텔레비전 장르의 존재 이유는 상당부분 겹치는 것 같다. 텔레비전에 새로움이 없는 이유에 대한 답으로 텔레비전 장르를 설명해볼 수 있다는 이야기다.

그러면 새로움이 없는 이유와 장르의 존재이유를 한번 대비시켜 설명해보자. 첫째, 텔레비전은 '매일 혹은 매주 같은 제목 아래 다른 내용을 펼쳐야 하기 때문에' 장르를 지닌다. 이는 장르를 산업적 필요성으로 설명하는 방식이다. 텔레비전 조직은 우리가 아는 것보다 유연성이 떨어진다. 매일 새로움으로 프로그램을 채워야 한다는 고민만을 담당하는 부서를 두고 있지 않다. 기획 전담 부서가 없는 것이다. 제작자들은 매주 프로그램을 제작하면서 다음 새 편성에 맞춘 프로그램을 기획해야 한다. 새로운 편성에 어떤 프로그램을 넣을 것인가를 고민하는 주체도 바로 지금 제작에 임하고 있는 제작자들이다. 새로움에 대해 고민할 시간적 여유가 없는 사람들에게 이미 정해진 포맷을 가진 장르가 있다는 것은 희소식이 아닐 수 없다. 이미 정해진 포맷에다가 등장인물을 바꾸고 순서를 조금 손질하고 음악을 바꾸어, 새로운 것인

양 내놓을 수 있음은 정말이지 보통 반가운 일이 아니다.

둘째, '대중에게 성공적으로 호소했던 스토리와 테크닉을 반복해 성공의 확률을 높이는 것'도 장르의 존재 이유다. 이미 시청률로 검증을 받았고 사람들에게 즐거움을 선사한 프로그램이나 포맷의 관습을 답습하는 것은 성공적 시청률을 확보할 가능성을 높여준다. 영화에서는 한 작품이 놀라울 정도의 성공을 거두는 경우 속편을 만드는 일도 서슴지 않는다. 텔레비전도 한 프로그램이 종영된 뒤에 한참 시간이 흐르면 리바이벌 형식을 빌려 다시 제작하기도 한다. <아씨> <청춘의 덫> 등이 그 예다. 이런 성공을 거둔 장르적 관습과 내용의 반복은 대중문화산업에서 아주 흔히 일어나는 현상이라고 할 수 있는데 텔레비전 장르의 존재 이유로도 볼 수 있겠다.

셋째, '이미 제작된 프로그램들에 익숙한 시청자들은 새로움을 원하면서도 놀라울 정도로 새로운 내용이 나타나면 어리둥절해 한다'는 것도 장르의 존재 이유다. 제작자와 수용자 간에 이미 소통하는 방식이 합의되어 있는데 그것을 구태여 깰 필요가 없다. 아방가르드 예술이야 낯익은 소통방식을 깨는 것을 자신의 표현방식으로 택하지만 텔레비전과 같은 대중적 매체는 그렇지 않다. 오히려 합의된 소통방식을 적극 활용하는 것에 더 열심일 필요는 있어도 피해갈 이유가 없는 것이다.

시청자들에게 빈번하게 색다름을 선사하지 못하고 비슷한 제작관습과 내용을 내놓는 텔레비전이야말로 가장 장르적인 매체 혹은 장르매체라고 불릴 수 있다. 텔레비전은 장르에 따라 편성하고 프로그램을 만들고 수용자에 서비스한다고 말하지만, 이를 직설적으로 말하자면 텔레비전은 늘 비슷한 내용과 포맷으로 반복을 거듭한다고 할 수 있겠다. 고급 예술관에서는 예술은 결코 반복하는 것이 아니고 창의적이어야 하고 스스로가 원조가 되어야 함을 강조한다. 새로움이 없는 예술작품은 그것만으로 비판의 대상이 된다. 그러므로 예술적 사고에서 텔레비전을 보면 이는 '저급한' 매체일 수밖에 없다(이는 제1장에서 이미 언급한 바 있다). 심지어는 뻔한 이야기를 지속적으로 '부끄러운 줄도 모르고 해댄다'며 바보상자로 부르고 있지 않은가. 그런 점에서 장르는 별로 축복받지 못하는 개념이라 할 수 있겠다.

텔레비전 장르 비평은 텔레비전이 장르라는 기제를 통해 뻔한 이야기를 반복하는 것을 비판하는 것은 아니다. 차차 논의하겠지만 텔레비전 장르가 단지 산업적 이유에서만 채택되는 것은 아니다. 상당한 인기를 끌던 장르가 갑자기 사회적 주목을 받지 못하게 되고 급기야는 사라지는 경우도 있다. 코미디의 하위 장르인 슬랩 스틱 코미디의 경우가 그렇다. 우리나라 텔레비전 초기 엄청난 인기를 끌던 배삼룡, 서영춘, 구봉서 등이 보여준 때리고 자빠지는 슬랩 스틱 코미디는 이제 추억 속의 장르가 되고 말았다. 당시 방송비평들은 때리고 자빠지고 해야만 코미디가 되느냐고 몰아붙였지만 최고의 인기 장르였음을 부정하기는 어렵다. 그런데 왜 그 장르가 지금은 찾아보기 힘들게 되었을까? 이는 분명 텔레비전 내적인 이유만으로는 설명될 수 없을 것 같다. 사회변화와 관련이 있음에 틀림없다. 장르비평은 이런 연관성을 찾아내고 풀어서 설명하는 작업이다.

그뿐만 아니다. 텔레비전 장르 안에는 눈에 쉽게 보이지 않지만 꼼꼼히 따져보면 분명히 존재하는 층위(hierarchy)가 있다. 특정 장르는 다른 장르에 대해 사회로부터 나은 대접을 받는다. 보도장르와 오락장르 간 차이가 그렇다. 방송사로 보아서는 오락 프로그램이 더 많은 시청자를 지니고 있고 수익에 더 보탬을 주지만, 방송사나 사회는 논픽션 장르인 보도 프로그램이 더 유익한 프로그램이라고 평가한다. 왜 이같은 장르적 편견 혹은 인식차이가 생겼을까? 이 문제도 장르비평이 즐거이 다룰 수 있는 소재이다. 장르의 역사에 대한 논의, 장르의 변화에 크게 영향을 미친 제작자에 대한 논의, 장르의 변화와 방송산업의 변화 간 관계 등 장르비평의 영역은 매우 넓다고 하겠다. 이후 논의에서 장르란 무엇인지, 장르를 어떻게 이해하는 것이 장르비평을 하는 데 도움이 되는지, 그리고 장르비평은 작가비평과 어떤 연관성을 갖는지 등에 대해 언급하겠다.

2. 장르에 대한 이해

잘 갖추어진 비디오 가게에 들어섰다고 가상해보자. 비디오 가게는 대체로 국산 영화, 홍콩 영화 그리고 그밖의 외국 영화들로 분류해 진열해놓고 있다. 그중 신작들은 앞 열에 정리되어 우리의 눈길을 끌고 있다. 부지런한 비디오 가게 주인은 제작된 지역별로 진열하는 것을 넘어서서 고객들이 찾는 유형별로 분류해두기도 한다. 멜로 영화, 액션 영화, 갱 영화, 코미디 영화, SF 영화, 역사 영화, 전쟁 영화, 무협 영화, 에로 영화 등으로 말이다. 비디오 가게 주인이 대학에서 영화를 전공했는지는 알 수 없으나 이런 식으로 정리를 해두면 손님들은 편하다. 우리가 비디오 가게로 갈 때는 대체로 무엇을 볼까 고민한다. 멜로를 볼까, 액션을 볼까 하는 식으로 말이다. 물론 최종 판단은 그날의 기분에 따라 좌우되기도 하고 아침에 잠깐 읽었던 신문의 영화평에 의해 결정되기도 한다. 비디오 가게에 가서는 해당 섹션 앞에서 다시 고민을 한다. 멜로를 보겠다고 결정했다 하더라도 과연 어떤 작품을 택해야 할지를 또 결정해야 하기 때문이다. 하지만 비디오 가게 주인의 부지런함은 한 번의 고민을 덜어주기 때문에 고객들에게는 고마운 서비스가 아닐 수 없다.

장르를 복잡하게 설명하기 이전에 우리는 이처럼 장르를 경험하고 있으며 실행하고 있다. '멜로물을 볼 거야'라고 결정했을 때 이미 장르적 발언을 한 것이다. 비디오 가게 주인에게 재미있는 신작을 소개해달라고 했을 때 "최근 멋있는 SF 영화가 하나 나왔는데 보시겠어

요?"라는 말을 들었다면 이 역시 장르적 소통을 한 셈이다. 장르는 유형 및 분류(type, kind)를 의미한다. 앞의 예처럼 비디오 가게 안에 들어 있는 비디오의 총합을 보기 좋게, 선택하기 편하게 만들어놓는 것은 장르적 배열이다. 물론 비디오 가게 주인이 행한 분류는 나름의 영화지식에 입각한 것이기에 우리가 말할 학술적 의미에서의 장르와는 일정한 거리가 있지만, 장르라는 말은 우리 주위에 있고 자주 활용되고 있으며 직접 경험하고 있다고 해도 과언이 아니다.

영화나 비디오에서는 잘 들어맞는 것처럼 보이는 장르라는 용어가 텔레비전에서는 잘 사용되지 않는다. 방송학에서도 장르라는 말보다 프로그램 유형·분류 등을 더 즐겨 사용한다. 미루어 짐작하건대 영화 등에서 사용하는 장르라는 용어가 방송에는 적합하지 않다고 생각했거나, 아니면 장르론을 특별히 개발하지 않았기 때문에 이론 없이 그 용어를 쓰기가 쑥스러워 사용하지 않았을 수도 있다. 최근 들어 방송학에서도 장르에 대한 논의들이 많이 늘고 있는데 장르라는 용어를 장르론에 입각한 분석들에서 주로 찾을 수 있는 것으로 미루어, 그 동안 장르론의 부재로 인해 그 용어가 잘 쓰이지 않았던 것이 아닐까 짐작해본다. 프로그램의 유형이나 분류를 넘어서서 장르의 산업적·사회적·미학적 특성을 정리해보는 장르론이 더욱 가다듬어질수록 텔레비전 장르에 대한 논의는 더욱 진전될 것으로 기대된다. 다큐멘터리라는 장르가 갖는 특성은 어떤 것이며, 우리 사회에서 어떤 대접을 받고 있고, 외국의 그것과 우리의 것은 어떤 차이가 있는지 등에 대한 논의가 크게 부족했던 탓에 다큐멘터리 논의는 언제나 다큐멘터리가 반드시 해야 되는 일, 하지 말아야 하는 일 등에만 한정되어왔다. 드라마도 마찬가지다. 드라마가 갖는 미학적 특성이나 산업적 성격, 한국적 드라마 전통 등에 대한 논의보다는 지엽적으로 드라마 내용상의 문제점 등을 다루어, 재미있고 체계적인 비평의 전통을 만드는 데 성공하지 못했다.

1) 텔레비전 장르

앞서 장르라는 용어는 구분이나 유형과 친밀성을 갖는다고 말한 바 있다. 만약 그렇다면 텔레비전 장르에는 어떤 유형이 있으며 그 구분은 어떤 기준으로 이루어지는 것일까. 장르를 구체적이고 체계적으로 논의하기 전에 이 문제부터 해결하고 넘어가도록 하자. 영화나 비디오처럼 텔레비전도 여러 형태의 하위 장르를 갖는다. 방송법 제50조는 방송 프로그램을 보도방송, 교양방송, 오락방송으로 구분하고 각 장르들을 다음과 같이 설명한다. "… 보도방송이라 함은 정치, 경제, 사회, 문화 등 모든 분야의 시사에 관한 속보 또는 해설을 목적으로 하는 방송을, 교양방송이라 함은 국민의 교양향상 및 교육을 목적으로 하는 방송과 어린이, 청소년의 교육을 목적으로 하는 방송을, 오락방송이라 함은 국민정서의 함양과 여가생활의 다양화를 목적으로 하는 방송을 말한다." 방송법은 내용과 목적을 기준으로 구분한 것처럼 보이는데 법 집행 외에는 별다른 유용성이 없는 듯하다. 사실 이 구분은 모호하기 짝이 없다. 예를 들어 <용의 눈물> 같은 역사 드라마는 오락적인 면도 있지만 시청자들로 하여금 역사를 학습하게 한다는 점에서 교육적인 면도 갖는다. 퀴즈 프로그램은 교양적인 면도 있지만 최근 들어서는 오락적인 면이 더욱 강조되는데 과연 어디에 포함시켜야 할까.

텔레비전 장르 구분에 관심을 갖는 학자들은 이를 좀더 세분화하여 설명한다. 뉴스, 드라마, 다큐멘터리, 코미디, 교양 프로그램, 토크 쇼, 가요 프로그램, 버라이어티 쇼 등의 각 장르들은 또 다른 하위 장르를 갖는 것으로 설명된다. 드라마의 경우 역사 드라마, 청춘 드라마, 멜로 드라마, 트렌디 드라마, 수사극, 시추에이션 드라마 등의 하위 장르를, 다큐멘터리는 역사 다큐멘터리, 자연 다큐멘터리, 휴먼 다큐멘터리, 시사 다큐멘터리 등의 하위 장르를 갖는다. 이러한 텔레비전 장르나 하위 장르의 나열에 대해 동의하지 않을 수도 있다. 드라마를 픽션 드라마, 논픽션 드라마로 나누고 다시 하위 장르를 설정할 수도 있다. 학자나 비평가 혹은 방송 관련 종사자들마다 하위 장르에 대해서는 조금씩 이견을 가지고 있다. 이는 장르에 대해 사고하는 방식이 다르기 때문이다. 방송경영자나 제작자 등 방송업 관련 종사자들은 산업적 측면에서 장르를 말할 가능성이 크다. 그들은 드라마 하위 장르를 언급할 때 매일 하는 드라마는 일일극, 주말에 하는 드라마는 주말 연속극, 주중에 하는 드라마는 미니시리즈, 긴 시간을 두고 하는 드라마는 대하 드라마 등으로 칭한다. 이는 자신들의 작업이 매일 이루어지느냐, 주당 몇 회 이루어지느냐에 따라 분류한 것이다. 방송조직이 분류된 형태를 그대로 따라 이름 짓는 경우도 있다. 보도국에서 하는 보도 프로그램, 교양국에서 하는 교양 프로그램, 드라마국에서 하는 드라마, 예능국에서 하는 쇼·코미디, 보도제작국에서 하는 다큐멘터리 등이 그것이다. 비평가들은 자신들의 가치를 부여해 장르를 말하기도 한다. 가벼운 터치의 청춘물을 트렌디 드라마, 남녀간의 치정을 다루는 불륜 드라마, 가정 화목을 중심으로 엮어가는 가족 드라마 등으로 나누기도 한다.

누구나 방송의 장르를 하위 장르로 다시 또 하위 장르로 나누는 데 익숙하지만 그 누구도 모두를 만족시키는 분류를 해내지 못하는 것 같다. 모두 자신의 분류기준을 가지고 있으며 그에 맞추어 유형을 나누기 때문이다. 만약 방송장르를 구분하여 유형을 정하고 그 유형을 중심으로 체계적으로 분석을 하는 것이 장르비평이라고 한다면 과연 어떤 기준으로 할 것인가 하는 점이 가장 중요한 문제로 남는다. 장르비평에서는 방송 프로그램의 각 유형들에는 다른 유형들에서는 찾아보기 힘든 독특한 관습들이 있음에 착안한다. 이를 장르적 관습이라고 부른다. 뉴스를 예로 들어보자. 뉴스는 정해진 시간 안에 기자가 취재한 사건·사고를 보도하는 것으로 이루어져 있다. 아나운서나 앵커가 각 요소들을 엮으며 흐름을 책임지고 단선적으로 진행한다. 그것이 당장 우리 눈에 띄는 제작관습이다. 눈에 띄지 않는 제작관습도 있을 수 있다. 기자가 사건·사고를 뉴스로 선택할 때는 지침이 되는 관습에 따른다. 사건·사고를 촬영하는 카메라 기자도 마찬가지의 관습을 따르고 있을 것이다. 물론 그 관습은 기자 개개인이 선택한 창의적인 것은 아니다. 오랫동안 뉴스를 담당하는 기자들이 형성해온 전통일 수도 있다. 그런데 뉴스가 활용하는 요소, 제작관습은 드라마의 그것과는 차별성을 둔다. 드라마가 가지고 있지 못한 독특한 제작관습을 지니고 있는 것이다. 이러한 제작관습은 뉴스를 제작하는 이들에 의해서만 활용되는 것은 아니다. 시청자들도 그런 관습에 익숙해져 있어 뉴스를 대할 때는 그 관습에 맞추어 이해하려 한다. 주요한 뉴스가 앞에 배치된다고 아는 이들은 초반 서너 꼭지에 대해서만 집중하고 나머지 뉴스들은 별다른 주의를 기울이지 않고 지나쳐버리기도 한다. 하지만 드라마를 챙겨 보는 이들은 후반부의 이야기 전개에 더 많은 관심을 갖는다. 이처럼 뉴스의 제작관습을 시청자들도 공유하고 있으므로, 그들은 뉴스가 드라마와 다르다는 것도 알고 뉴스를 대할 때의 자세와 드라마를 대할 때의 자세를 달리 한다. 시청자가 갖는 장르적 이해, 장르적 인식도 프로그램의 이해에 상당한 영향을 미치는 것이다.

장르는 제작하는 이에게는 제작상 편의를 제공하고, 수용자에게는 장르에 대한 특정 기대나 자세를 미리 갖도록 해준다. 구체적으로는 각 장르의 제작시 활용되는 요소(재료), 독특한 제작방식, 그리고 독특한 제작방식에 의해 만들어진 독특한 장면들에 의해 장르적 특성이 이루어진다고 볼 수 있다. 텔레비전의 각 하위 장르들은 독특한 제작 요소, 즉 재료들을 활용한다. 멜로 드라마는 사랑이야기를 재료로 할 것이고, 정치 드라마는 정치나 그 뒷이야기 등을 재료로 활용한다. 코미디는 우스갯소리나 우스꽝스러운 몸집, 몸짓 등을 재료로 이용한다. 뉴스는 실제로 벌어졌던 일들을 제작대상으로 삼는다. 교양 프로그램은 이미 알려져 있으나 대중들이 궁금하게 여기는 토픽을 재료로 삼는다. 수사극은 이미 오래 전에 벌어졌던 사건·사고를 이야기로 각색하거나 가상 사건을 창작하여 재료로 이용한다. 버라이어티 쇼는 가수들의 노래나 코미디언들의 코믹한 장면들, 방청객들의 참여 등을 재료로 하여 엮어가게 된다. 이처럼 각 장르들은 다른 장르와는 다른 재료를 활용한다. 다시 정리해 말하자면 각 장르들은 독특한 장르적 재료(generic elements)를 지니고 있다 하겠다.

각 장르는 그에 맞는 재료를 가지고 있을 뿐만 아니라 그것을 조리함(cooking)에 있어 다른 장르와는 구별되는 독특한 방식을 가진다. 멜로 드라마는 사랑이 이어질 듯 이어질 듯하다가 실패하거나 성공하게 꾸민다. 그러므로 청춘남녀 주인공을 내세우고 그들의 사랑을 반대하는 인물을 설정하고, 다른 한편으로 사랑을 도와주는 인물도 등장시킨다. 정치 드라마는 정치적 각축을 벌이는 등장인물들의 노력을 중심으로 이야기를 이끌어간다. 물론 어느 한쪽의 정치적 승리를 보여주며 그에 대해 평가하도록 구성할 것이다. 코미디는 과장된 형태로 우스갯소리, 몸짓 등을 엮는다. 그리고 전혀 예상치 않은 말이나 행동이 나오게 함으로써 일상적인 것을 뒤집는다. 뉴스는 최근에 발생한 사건·사고를 중요하다고 판단되는 대로 순서를 정하고, 아나운서나 앵커의 진행에 맞추어 배열한다. 교양 프로그램은 다양한 사회적 토픽을 무미건조하게 전달하는 방식이 아니라 친근감 있는 인물을 등장시켜 설득력 있게 전달하려 한다. 전달하려는 토픽과 관련된 음향을 사용하기도 하고 전문가도 등장시켜 설득력을 높이려 시도한다. 수사극은 이미 있었던 사건·사고나 창작된 사건·사고 이야기를 수사관과 악당의 대립적 구도에 실어 긴장을 만들어가다 해소되는 방향으로 진행시킨다.

물론 장르간에도 비슷한 조리방식을 나누어 가질 수도 있다. 예를 들어 멜로 드라마의 이야기 진행방식과 수사극의 이야기 전개방식은 비슷하다. 모든 긴장과 갈등이 극의 마지막에 해소된다는 점에서 유사해 보인다. 하지만 극에 등장하는 인물들의 성장은 다르게 진행된다.

멜로 드라마 속의 주요 등장인물은 극의 진행에 따라 심리적 변화를 보여주는 데 비해 수사극의 주인공은 그렇지 않다. 수사극의 주인공은 매주 비슷한 임무를 수행해야 하기 때문에 큰 변화를 일으키지 않는 것이다. 이처럼 장르에 따라 재료를 꾸미고 배열하는 독특한 방식들을 지니고 있다.

이런 조리방식에 의해 각 장르는 독특한 장면들을 갖게 된다. 멜로 드라마는 감미로운 사랑을 나누는 장면을 다양한 음악을 배경으로 제공한다. 가끔은 사랑의 난관으로 인해 서로를 위로하며 슬픈 장면을 연출해내기도 할 것이다. 정치 드라마는 은밀한 공간에서 벌어지는 정치적 거래 등을 담은 장면을 독특하게 연출해낸다. 정치생명이 끝난 인물들의 '정치무상'을 깨닫는 장면 등은 다른 장르에서는 찾아보기 힘든 것이다. 코미디는 연기자가 갑자기 쓰러지게 하거나 우스꽝스런 행동을 아무렇지도 않게 행하도록 한다. 그리고 모두가 아는 진실을 코미디언 혼자만 모른 채 인생을 살아가고, 그러면서도 잘난 체하는 우스운 장면 등이 연출된다. 뉴스는 현장감을 드러내기 위해 기자로 하여금 사건·사고가 있었던 어수선한 곳에서 현장을 전달하게 한다. 청와대 앞에 선 기자나 검찰청에서 다른 기자들과 몸싸움을 벌이며 보도하는 기자의 모습은 뉴스에서만 찾을 수 있는 장면이다. 교양 프로그램은 전문가가 등장해 관련 토픽을 자세히 설명해주고 조언을 주는 장면 그리고 그에 화답하는 방청객의 모습 등을 연출한다. 계몽하는 쪽과 받아들이는 쪽이 평등하게 대화하는 장면을 드러내 보여주는 것이다. 수사극은 쫓고 쫓기는 장면, 선과 악이 서로 부딪히는 박진감 있는 액션 장면 등을 연출한다.

각 장르는 장르적 요소(재료)들을 배열하는 방식을 지니고 있으며 그 배열방식의 결과로 인해 독특한 장르적 장면들이 연출된다. 궁극적으로는 재료, 배열, 장면화 등을 통해 특정 의도, 즉 장르적 재미를 관철시키고자 한다. 즉 장르별로 다른 의도를 지니고 있는 것이다. 멜로

<표 7> 각 장르별 장르 구성요소 비교

장르	활용재료	조리방식	장면	의도
멜로 드라마	사랑에 관한 애기 연인, 갈등	사랑의 진전, 좌절, 실패, 성공	로맨틱한 장면 비장한 장면	사랑의 위대함 긴장의 해소
정치 드라마	정치적 투쟁·실화 각색된 이야기 정치인	갈등, 정치적 승리·실패·역전·재역전	은밀한 거래 승리의 순간	권력무상 뒷이야기·정보 획득
코미디	우스갯소리 우스꽝스러운 몸집·몸짓	일상의 전복	예기치 않은 말·동작, 자신만 모르는 상황전개	웃음을 통한 긴장 해소
뉴스	최근의 실제 사건·사고, 현장, 기자	현장감, 실제감, 스튜디오와 현장 연결	사건·사고의 현장	정보제공, 주위환경에 대한 준비 촉구
교양 프로그램	다양한 사회 토픽, 설득력 있는 인물	설득을 위한 다양한 장치	전문가의 설명·조언	정보획득 만족감
수사극	과거에 있었던 혹은 창작된 사건·사고	선악의 명확한 구분선의 승리	선악의 갈등, 추적, 악의 몰락장면	선의 강조, 박진감

드라마는 사랑의 고귀함, 세상사의 어려움을 수용자들이 공감하며 즐거움을 얻도록 의도할 가능성이 크다. 정치 드라마는 권력의 무상함, 겉으로는 드러나지 않았던 정치 메커니즘에 관한 정보를 얻으며 시간을 보낼 수 있도록 꾸밀 것이다. 코미디는 일상을 전복함으로써 웃음을 자아내게 하고 그로 인해 현실에서의 긴장을 해소하게 해준다. 뉴스는 세상사를 인지하고 이해한 데서 오는 만족감과 주변으로부터의 위험에 대처할 수 있는 준비를 목적으로 삼는다. 수사극은 악은 반드시 망하고 선이 승리함을 보여주고, 그 과정에서 벌어지는 각종 장면들의 박진감을 통해 즐거움을 주고자 할 것이다. 각 장르들의 의도가 최대한 살려지도록 제작자들은 장르 내 각종 제작방식을 활용할 것이며 그에 맞는 장면들을 연출해낼 것이다.

아주 단순화하여 설명한 장르적 요소들을 <표 7>로 정리해보자. 활용재료, 제작방식, 장면, 의도 등은 장르가 지니고 있는 여러 요소중 대표적인 것일 따름이다. 제작방식에도 내러티브, 카메라 움직임, 카메라 샷의 크기, 음향 사용, 연기자의 연기 등 다양한 요소들이 있을 수 있다. 장면 또한 시작하는 부분의 장면, 끝 장면 등으로 나누어 설명할 수도 있다. 여기에 소개된 장르적 특성들은 일부분에 해당하는 것이고, 더 자세히 나누면 더 많은 항목들이 추가될 수 있을 것이다.

2) 장르, 제작자, 수용자, 문화산업

이미 오랫동안 텔레비전을 대해온 수용자들도 이러한 장르간 차이를 잘 인지하고 있다. 멜로 드라마를 통해서 박진감을 얻고자 하지 않을 것이고 뉴스를 통해 사랑의 위대함이라는 교훈을 얻고자 하지 않을 것이다. 즉 수용자들은 장르간 차이를 숙지하고 있으며 텔레비전 프로그램을 대할 때 그것을 가져가 즐거움을 얻을 준비를 하는 셈이다. 흔히 장르를 두고 제작자와 수용자 간의 약속이라고 말하는 이유가 바로 그것이다.

그러나 그 약속은 제작자의 강요가 더 돋보이는 약속이라고 볼 수도 있다. 합의된 약속이 아니라 장르별 제작방식에 수용자가 '길들여졌다'고 보는 편이 더 정확할지도 모른다. 제작자들은 자신들의 제작 편의를 돕기 위해 혹은 제작의 한계를 극복하기 위한 방편으로 제작방식, 장면화 등을 관습화했을 가능성이 크다. 혹은 사회적 변화에 힘입어 전혀 새로운 제작방식, 장면화를 고안해 시청자들에게 전달했을 수도 있다. 반복적인 전달로 인해 시청자들이 그에 익숙해졌고, 장르만으로도 즐거움의 기대를 가늠할 수 있게 된 것이다. 수용자들의 길들여진 기대는 제작자의 입장에서 매우 유용한 것이 아닐 수 없다. 코미디에서는 조금만 엉뚱해도 웃음을 발산할 준비가 되어 있는 수용자가 고마울 수밖에 없다. 조금만 심각한 음악을 깔고 영상을 비장하게 만들면 지금 진행중인 멜로 드라마 속 사랑이 어려움을 겪는구나 하고 눈치를 채는 수용자를 두고 고맙다고 말하는 방식 외에 무엇이 있을까. 그러므로 장르는 제작자와 수용자 간의 합의에 의한 약속이라기보다는 일방적 약속이되 수용자가 훈련받아 마치 약속인 것처럼 받아들이는 것이라 할 수 있겠다. 그러나 이 언급마저도 매우 조심스러울 수밖에 없다. 장르별 구성요소들은 조금씩 변하게 되고 그 변화로 인해 장르 변형 혹은 장르 소멸에까지 이를 수 있는데 그 변화나 소멸에 결정적 역할을 하는 것은 역시 시청자들이다. 시청자가 외면하면 그 장르는 존재할 수 없다. 그러면 시청자들도 끊임없이 변화한다고 볼 수 있는 것이다. 시청자의 취향이 바뀌면 각 장르들도 그에 맞출 수밖에 없고, 그로 인해 장르 변형 혹은 장르 소멸이 발생하는 것이다. 그런데 어떻게 제작자가 구성요소, 제작관습 그리고 장면화 등을 수용자에게 일방적으로 강요한다고 말할 수 있을까 하는 의문이 생긴다. 결국 장르를 둘러싸고 제작자와 시청자 간에는 상당한 교류가 있다는 결론을 내려야 할 필요가 있다. 장르의 형성과 변화는 제작자와 수용자 간의 대화적 교류를 통해 이루어진다는 사실의 인식은 매우 소중한 것이다.

장르와 관련해 빠뜨릴 수 없는 또 하나의 주체가 있다. 그것은 바로 문화산업이다. 문화산업은 장르 형성에서 매우 중요한 역할을 해왔다. 장르 자체가 문화산업의 전략으로 치부되기도 한다. 문화산업은 비슷한 이야기를 지속적으로 우려먹고 특출한 스타를 등장시켜 반복할 의도를 지니고 있었는데, 이를 위해서는 모든 요소들을 올려놓는 틀거지가 필요했다. 그 틀거지가 바로 장르이다. 장르는 최소의 경비를 들여 최대의 수익을 올리는 도구이며 수단이었던 것이다. 만약 장르가 변화했다면 더 이상 수익을 올릴 수 없다는 문화산업의 판단에 의한 것으로 이해될 수 있다. 장르의 형성과 변화에서 문화산업의 역할과 중요성을 인식할 수는 있지만 유일하고 직접적인 변수로 다룰 수는 없을 것 같다. 앞서 설명한 바와 같이 장르란 단순히 한두 주체의 결정에 의해 형성되고 변화되는 것은 아니다. 오히려 수용자, 문화산업, 제작자 등의 상호작용을 통해서 형성되고 변화되는 복잡다단한 성격을 지닌 것으로 이해되어야 마땅하다.

3. 장르비평이란

그러면 장르비평이란 무엇인가. 영화나 텔레비전 프로그램을 분류하고 유형으로 나누는 일을 두고 장르비평이라고 말하지 않는다. 특정 프로그램을 놓고 성분을 분석한 다음 이것은 어떤 장르에 속한다고 말하는 것이 장르비평은 아니다. 물론 그런 작업이 필요하지 않다는 말은 아니다. 장르비평은 그 이상의 것이다. 장르비평을 한두 마디로 정의하기보다는 장르비평이 해낼 수 있는 과제들 몇 개를 예로써 구체적으로 설명하려 한다. 그 설명을 통해 독자들은 장르비평의 윤곽을 그릴 수 있을 것이고, 장르비평의 목적 등을 파악할 수 있으리라 기대한다.

우선 장르비평은 특정 장르에서 반복되는 전통적 관습, 요소 등을 분석한다. 일일 연속극에서 결혼, 대가족 등은 어떻게 다루어지는가, 코미디에서 웃음의 대상이 되는 인물은 어떤 이들인가, 웃음은 어떤 관습을 통해 발생하는가, 또한 그런 관습은 언제 시작되었는가 등에 대한 분석이 그것이다. 하지만 장르비평은 단순히 반복되는 관습, 요소 등에만 관심을 갖는 것은 아니다. 장르 형성과 사회적 상황은 어떤 관계에 있는지를 살펴보는 컨텍스트적 접근도 행한다. 텔레비전 산업의 변화와 장르 형성 등도 논의의 대상이 된다. 뿐만 아니라 장르 변화에도 관심을 갖는다. 장르는 변화하기도 하고, 사라지기도 하는 등 생물체처럼 일종의 진화과정을 거치는데 장르비평은 그 이유를 찾기도 하고 그 과정 자체를 추적하기도 한다.

또 다른 한편으로 장르가 갖는 이데올로기적 효과에 대한 비평도
가능하다. 장르 내의 관습이 특정 시기의 지배적 이데올로기를 살려낼
수록 그 장르는 더욱 인기를 끈다. 장르 관습 중 서사를 예로 들어보
자. 우리는 악당이 뒤집어놓은 상황을 주인공(영웅)이 회복시키면서
수사극이 끝나는 관습에 매우 익숙해 있다. 인기를 끄는 수사극은 대
체로 그러한 관습을 지니고 있다. 질서의 회복 그리고 변화의 거부라
는 지배적 이념 속에서 이루어지는 수사극이 인기 있다는 것은 수용
자들이 그 관습을 선호하고 있으며 그 이념 안에서 사고하는 것을 즐
긴다는 뜻이다. 장르를 이용하는 제작자들은 그런 수용자들의 선호와
즐김을 배반하지 않는다. 수요가 불확실한 상황에서 제작자들은 모험
을 하지 않고 그 관습을 반복하는 것이다. 그 관습이 반복된다는 것은
지배 이데올로기의 재생산이 가능함을 말한다. 연인간 사랑이 위기를
맞다가 결국 사랑의 회복 혹은 완성으로 끝나는 멜로 드라마의 관습
은 이성애적 가족의 정당성을 확보해준다. 뉴스가 공적 엘리트들과 관
련된 사건·사고를 가치 있는 뉴스로 선택하는 관습은 사적 영역과 공
적 영역의 대비에서 공적 영역의 중요성을 설파하고 남성적 영역의
소중함을 전하는 효과를 낸다. 즉 모든 장르적 관습들은 중립적인 테
크닉이 아니라 사회적 효과를 전달하는 일종의 메타 메시지(meta-
message)인 것이다. 장르비평은 그것에 초점을 맞추고 장르와 사회 간
관계 등을 풀이한다.

장르와 수용자 간 관계에 대한 논의도 비평이 주목해야 할 부분 중
하나다. 앞서 장르적 관습에 수용자들이 길들여져 있을 가능성을 설명
했다. 그러나 모든 수용자가 장르적 관습에 길들여져 순순히 장르적
즐거움을 얻는 것은 아니다. 수용자들은 때로는 장르를 자의적으로 변
형시키기도 한다. 예를 들어 아주 오래된 한국 영화(예를 들자면 <미
워도 다시 한번> 같은 멜로 영화)가 명절에 방영되었다고 하자. 분명
텔레비전은 영화를 보여주기 전 한국 특선 영화라며 멜로 드라마의

거장 누구누구가 만든 것이라고 예고편 등을 통해서 소개할 것이다. 즉 텔레비전 시청 때 장르적 기대를 가져오도록 설득하는 것이다. 그러나 젊은 시청자들은 그 영화에 등장하는 인물들을 알지도 못하고 옛날의 사랑방식을 제대로 이해하려 하지도 않는다. 그럴 경우 그들에게 즐거움을 주는 것은 어색하기 짝이 없는 대사나 사랑놀음일 수 있다. '바닷가를 거니는 연인. 갑자기 여자 주인공이 바닷가를 달린다. 남자는 여자를 뒤쫓고 잡을 듯 말 듯하다가 여자 주인공이 넘어진다. 쫓아가던 남자 주인공이 그 위에 쓰러진다. 그리고 두 사람의 눈이 마주친다.' 이 경우 젊은 시청자들은 그런 어색함을 보고 즐거워한다. 즉 지금의 일상과는 너무 다른 어색함 말이다. 급기야 멜로 드라마가 코미디로 바뀌는 것이다. 장르는 수용자에게 일방적인 게임을 할 수 있는 기제라기보다는 수용자에 의해 바뀌기도 하는 기제로 볼 수 있는 것이다. 장르비평은 장르와 수용자 간의 쌍방향성을 찾아내는 작업을 통해 그것이 내는 의미의 변화를 추적할 수도 있다.

장르비평을 몇 가지 하부 단위로 나누어볼 수 있겠다. 첫째, 산업적·제작적 관습을 중심으로 장르를 비평할 수 있다. 산업적 수익을 보장받기 위해 시청자들의 기대를 깨지 않는 수준에서 행한 제작관습을 찾아내고 그것을 장르별로 유형화하는 작업이다. 둘째, 산업적·제작적 장르 제작 관습이 갖는 사회적 효과를 추적하는 이데올로기(신화) 비평이 있을 수 있다. 이는 관습이 중립적인 것이 아니라 지배 이데올로기를 재생산하는 도구로 활용되고 있음을 지적하는 것이다. 셋째, 특정 장르가 어떻게 탄생했고 어떻게 사회적 맥락과 관계를 맺으면서 진화했는가에 대한 비평이다. 이를 사회학적 장르비평 혹은 역사학적 장르비평이라고 할 수 있겠다. 넷째, 수용자가 장르를 어떻게 변형시키며 그로부터 얻는 것은 무엇인지를 설명하는 수용자적 장르비평이 있다. 이 하부 분류는 장르비평이 다른 비평과 연관되어야 제대로 된 모습을 얻을 수 있음을 역설하는 것이기도 하다.

그 외에 특정 장르를 꼼꼼히 살펴보는 작업도 장르비평의 범주에 포함될 수 있다. 예를 들어 '텔레비전 코미디에 대한 고찰'이라는 제목하에 방송비평론 수업을 듣는 학생이 학기말 숙제를 제출했다고 하자. 그 숙제에서 학생은 텔레비전 코미디가 웃음을 만들어내는 방식을 찾아내 그에 따라 다시 코미디를 더욱 세분화시켜 분류했다고 가정하자. 텔레비전 코미디가 웃음을 만들어내는 계기로는 골계(comic), 풍자(satire), 해학(humor)이 있다. 골계는 '척 보았을 때 우스운 모습이 자아내는 웃음'을 말한다. 우스꽝스러운 모습, 행동, 말투 등이 그것이다. 그러므로 대체로 모든 코미디 프로그램은 골계를 기반으로 하지만 슬랩 스틱 코미디는 골계를 중심으로만 꾸며진다. 즉 중심된 이야기 구조를 갖고 웃음을 자아내기보다는 순간순간의 골계로만 상황을 꾸려가는 것이다. 때리고, 자빠지고, 과장되게 행동하는 것들로 구성된다. 풍자는 특정인 혹은 특정 집단을 공격함으로써 얻는 웃음이다. 개그나 스크루볼 코미디 등은 근엄한 사람, 집단 등을 풍자함으로써 웃음을 선사한다. 그에 비해 해학 중심의 코미디는 철저하게 서사적이다. 즉 이야기 중심적인 것이다. 특정인을 공격하거나 풍자하는 데 그치지 않고 이야기의 마지막에서는 그들마저도 끌어안아 하나됨을 강조한다. 코미디에 드라마적 요소를 포함시킨 드라메디('drama'와 'comedy'의 합성어), 시트콤 등에서 이 해학을 활용한다. 예를 들면 MBC에서 방영했던 <테마극장>이 이에 속한다고 하겠다.

그 수강생이 학기말 과제에서 다음과 같은 결론을 얻었다고 하자. "텔레비전 코미디 장르에도 하위 장르 구분은 가능하며 하위 장르들은 웃음을 만들어내는 나름의 장르적 관습들을 지니고 있었다. 골계, 풍자, 해학 등이 그것이다." 이렇게 밝힌 뒤 <표 8>을 만들었다고 하자. 이 정도의 과제물이라면 우수한 성적을 받기에 충분하다. 훌륭한 장르비평임에 틀림없다. 한 장르를 꼼꼼히 들여다보고 그것의 성격을 충분히 설명한 보고서, 비평 등도 장르비평에 포함될 수 있다. 그

<표 8> 텔레비전 코미디 장르의 하위 장르 분류

분류	활용하는 기법	기법의 내용	예
골계 코미디	골계	우스꽝스러운 표정, 장면, 행동 등을 보여주어 인지적으로 (적 보아) 웃음을 낚아 낸다. 서사에 큰 비중을 두지 않는다.	슬랩스틱 코미디
풍자 코미디	풍자, 비교	특정인이나 집단의 허위, 가식 등을 공격하여 해소감을 얻도록 한다. 약간의 서사가 포함된다.	개그, 스크루볼 코미디
해학 코미디	행학, 동정	특정인에 대한 공격에 그치지 않고 결말에서 그들을 공동체 안으로 끌어들인다. 용서와 화해에 역점을 두며 서사를 강조한다.	드라메디, 시트콤

런 점에서 대부분의 비평은 잠재적이나마 장르비평의 성격을 띤다고 하겠다. 드라마의 서사, 인물 그리고 신화에 대한 분석은 드라마라는 장르를 집중적으로 연구하고 비평한 장르비평에 포함될 수밖에 없다.

4. genre와 GENRE

장르는 간혹 언어에 비유된다. 아니 언어학에서 빌린 몇 가지 용어에 빗대어 설명된다. 먼저 장르를 설명하기 위해 동원되는 언어학을 설명하고 그에 맞추어 장르를 논의하도록 하자. 장르는 구조주의 언어학에 등장하는 '랑그(langue)'와 '파롤(parole)'이라는 용어로 자주 설명된다. 사실 이 두 용어는 신화비평이나 이데올로기 비평, 수용자비

평, 여성비평 등에도 적용될 수 있는 매우 유용한 것이므로 숙지해둘
필요가 있다. 그러면 먼저 구조주의 언어학에 대한 기본적인 이해로부
터 출발해보자.

구조주의 언어학자인 소쉬르는 언어학에는 두 종류가 있다고 설명
한다. 하나는 통시적 언어연구(diachronic approach) 혹은 언어학이다.
이는 언어를 시간에 따라 변하는 것으로 보고 과연 어떤 형태로 변화
해왔는지를 추적하는 작업이다. 즉 언어의 역사적 변화과정에 대한 연
구라고 하겠다. 소쉬르는 자신의 언어학 이전에는 이러한 언어연구가
주를 이루어왔음을 강조한다. 또 다른 언어학, 즉 소쉬르적 언어학은
다른 모습을 띤다. 그가 말하는 언어학은 언어가 의미를 내는 방식과
구조에 대해 관심을 갖는다. 언어가 어떤 구조를 지니고 있기에 의미
를 낼 수 있는가 하는 데 초점을 맞추는 것이다. 이 언어학을 공시적
언어학(synchronic approach)이라 한다.

소쉬르는 공시적 접근으로 언어의 구조를 찾아내는 것이야말로 진
정으로 언어학이 해야 할 일이라고 말한다. 언어가 아무리 바뀌어도
언어가 의미를 내는 방식, 언어가 갖는 구조는 바뀌지 않으니 당연히
언어의 구조를 찾아내는 작업을 언어학이 해내야 한다고 본 것이다.
이같은 소쉬르의 주장은 그가 언어의 세계를 분류한 작업에서도 드러
난다. 소쉬르는 언어의 세계를 두 가지로 분류한다(구조주의는 양분법
적 분류를 즐긴다). 언어의 세계(language)에는 파롤과 랑그가 있다고
한다. 파롤은 개인적 언어의 스타일, 용법 등을 말한다. 누구나 언어를
사용하는 스타일을 지니고 있다. 어떤 이는 주어와 목적어를 도치해가
면서 강조하는 언어법을 사용한다. 다른 이는 어미를 생략하는 언어사
용법을 쓰기도 한다. 또 다른 이는 주어를 맨 뒤에 갖다 놓는 스타일
을 지니고 있을 수도 있다. 이같이 개인적인 말 씀씀이, 스타일의 세
계를 파롤이라고 불렀다. 그에 비해 랑그(langue)는 그 스타일, 말 씀
씀이의 차이에도 불구하고 소통이 되게 해주는 구조를 말한다. 즉 말

의 구조, 문법체계 등이 근간이 되어야 개인적 스타일의 차이에도 불구하고 의미를 내는 것이다. 소쉬르를 비롯한 구조주의 언어학자들은 당연히 파롤보다는 랑그에 더 많은 관심을 가진다. 랑그가 없으면 파롤이 있을 수 없다고 생각하기 때문이다.

그렇다면 구조를 강조하는 구조주의 언어학자들은 언어에 대한 역사적 연구인 통시적 연구와 개인적인 말 씀씀이인 파롤을 경시한다는 지적을 받을 수 있다. 구조에 대한 강조로 인해 개인적인 부분들을 지나치게 무시해왔다는 비판도 가능하다. 사실 이런 무시 혹은 경시로 인해 구조주의는 심각한 딜레마에 빠진다. 우선 파롤의 중요성을 한번 살펴보자. 개인적인 말의 사용이 먼저인가 아니면 구조가 먼저인가라는 질문은 달걀과 닭의 논쟁을 떠올리게 한다. 개인적인 말 없이 구조화가 이루어졌을까. 언어가 탄생할 때 구조가 먼저 탄생했다고 보는 것이 옳은 것일까. 구조 즉 랑그를 강조하는 것에 대한 것까지는 학문적 경향성으로 인정할 수 있다 하더라도 파롤을 무시하는 태도는 심각한 문제를 야기할 수 있다. 통시적 언어연구에 대한 외면도 적절히 비판받아야 한다. 언어의 의미는 단순히 구조에 의해서만 발생하는 것은 아니다. 언어를 둘러싼 사회 내 집단의 치열한 경쟁 혹은 투쟁으로 인해 언어는 바뀌게 마련이다. 그러면 예전의 언어가 내는 의미와 현재의 언어가 내는 의미는 다를 수밖에 없다. 구조주의 언어가 천착하고자 하는 언어의 구조에 대한 설명은 모든 언어에 적합한 보편적으로 적용될 수 있을지는 몰라도 특수성을 띠게 마련인 개별 언어의 역사, 언어를 둘러싼 투쟁의 개별적인 역사 등에 대해서는 눈을 감는다. 즉 비역사적일 수밖에 없는 것이다.

장르를 설명하는 자리에서 왜 이렇게 장황하게 구조주의 언어학을 늘어놓는가 하고 의문을 품을지도 모르겠다. 이유는 간단하다. 구조주의 언어학에 대한 설명과 장르에 대한 설명을 병치시키면 이해가 더 빠를 것이기 때문이다. 장르라는 말에는 두 가지의 서로 다른 의미가 있다. 소문자 장르(genre)와 대문자 장르(GENRE)라고 해두자. 대문자 장르는 구조주의 언어학의 랑그에 해당한다. 즉 이미 여러 요소를 갖추어 구조화된 상태를 말하는 것이다. 시트콤, 일일 연속극, 버라이어티 쇼, 자연 다큐멘터리 등등이 바로 그에 해당한다. 이는 개별적 작품들이 쌓여서 형성된 구조를 말한다. 시트콤은 처음부터 어떤 구조를 지니고 있었던 것이 아니라 <오박사네 사람들> <LA 아리랑> <세 친구> 등의 개별 작품이 모여서 점차 구조화된 것으로 볼 수 있다. 대문자 장르는 긴 시간을 두고 개별 프로그램들이 축적되어 이른바 큰 유목으로 정착된 것을 말한다. 소문자 장르는 개별 작품들을 가리킨다. 즉 <오박사네 사람들> <세 친구> 등을 시트콤 프로그램이라거나 시트콤 장르라고 부르는데 그것이 바로 소문자 장르인 셈이다.

랑그와 파롤을 GENRE와 genre에 비유한 이유는 장르의 역사성을 말하기 위해서다. 장르는 변한다. 사회의 변화에 따르기도 하고, 제작 여건의 변화에 따르기도 하고, 장르의 내적 발전에 따라 변하기도 한다. 경쟁이 일상화되지 않은 시기에 퀴즈 쇼는 일상을 뒤집는 재미로 인기를 끌었지만 지금과 같이 경쟁이 모든 생활에 스며든 때는 오히려 퀴즈가 큰 인기를 얻지 못한다. 그래서 퀴즈 쇼는 경쟁을 중심으로 하던 것에서 큰 상품을 주는 것으로 모습을 바꾸고 있는 것이다. 경쟁이 아니라 횡재를 하는 재미로 수용자를 끌고 있다. 이처럼 퀴즈 쇼라는 장르가 인기를 얻지 못하자 다른 형태로 바뀌면서 장르적 관습을 변화시킨다. 결국 퀴즈 쇼라는 장르는 예전과는 전혀 다른 모습을 하게 되는 것이다. 그런데 전혀 다른 모습에 다다르는 데는 몇몇 주요 퀴즈 프로그램이 기여했을 가능성이 크다. 즉 몇몇 파롤이 지금의 장르, 즉 랑그로 만들었을 가능성이 큰 것이다. 이처럼 사회의 변화, 몇몇 프로그램 제작방식의 획기적 변화(혹은 실험) 등으로 인해 장르는 변하게 마련이다.

장르를 고착된 것으로 보거나 랑그로만 파악하면 장르의 역사성을

잊게 된다. 장르의 역사성을 추적하는 일은 장르비평으로서는 매우 중
요한 작업이다. 없던 장르가 새로 생기거나 인기를 끌던 장르가 없어
지는 등 장르의 변화하는 모습을 기술하는 일이야말로 방송비평이 해
낼 수 있는 중요한 임무다. 그러한 장르비평은 때로는 방송사회학이
될 수도 있고 때로는 방송조직의 변화를 추적하는 조직연구가 될 수
도 있다. 그리고 장르 내적인 변화를 추적해 장르 관습의 진화를 설명
하는 미학적 논의가 될 수 있다. 더 욕심을 내면 이 모든 것을 아우르
면서 논의하는 방송사회사로 인정받을 수 있을 것이다. 하지만 텔레비
전 연구나 방송비평에서 고착된 장르에 대한 언급들은 있지만 변화하
는 장르에 대한 접근은 드문 형편이다.

　그렇다면 이런 도식이 가능하겠다. 특정 프로그램들인 genre적 시도
들이 모여서 구조에 해당하는 GENRE를 만들어 구축된 관습들을 갖
게 된다. 하지만 그것은 이내 창의적인 프로그램인 또 다른 genre에
의해 도전을 받는다. 관습 자체에 변화가 생기는 것이다. 그러면
GENRE는 그 도전을 받아들여 장르 변형을 일으키기도 하고 아예 무
시해버리기도 한다. 무시하는 경우 genre가 실험을 계속하게 되어 다
른 구조적 GENRE를 만들게 된다. 그 실험적이고 시도적인 genre는
사회변화, 산업적 변화, 방송조직의 변화, 전혀 새로운 작가의 등장 등
으로 이루어진다. 그들의 개입으로 인해 장르 변화 혹은 진화가 발생
하는 것이다. 장르 진화를 도표로 나타내면 다음과 같다.

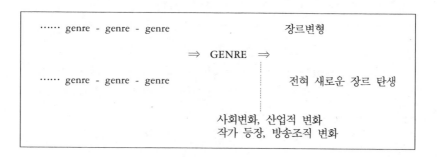

5. 작가비평

영화에서 작가비평은 아주 중요한 지위를 갖고 있다. 협동작업이긴 하지만 몇몇 감독은 영화사에 한 획을 그을 만한 업적을 남겼는데 작가비평은 바로 그 업적에 천착해 비평해낸다. 제7의 예술로 인정받는 영화예술에서 그런 비평은 당연한 것인지도 모른다. 그런데 영화의 작가비평은 예술적 업적에만 국한되지는 않았다. 애초 작가비평은 일군의 프랑스 비평가들의 미국 영화감독에 대한 비평으로부터 시작되었다. 프랑스의 ≪카이에 뒤 시네마(cahier du cinema)≫라는 영화잡지의 비평가들은 미국 할리우드 상업영화 속에서도 영화만이 갖는 독특한 개성을 살린 주목할 만한 작가(auteur)들이 있음을 강조한다. 유럽 영화들이 고전소설을 원작으로 하여 영상에 옮기는 데 주력했던 것에 비하면 영화의 특수성을 이해하고 살린 할리우드 감독들에서 비범함을 찾을 수 있다는 주장이었다. 그 비범함을 찾아내는 일이 작가비평의 주된 임무다. 그러므로 작가주의적 비평가는 특정 작가의 작품을 고른 다음, 그 작가의 영화에서 드러나는 형식적·수사적 패턴을 확인하는 동시에 모든 작품에 일관성 있게 관류하는 영화구조나 개성적 비전을 발견하고 기술한다. 다른 한편으로는 작가정신, 예술적 영향, 전기 등을 통해서 영화와 그 작가를 사회사와 개인사의 교차점으로 보고 평가한다.

이처럼 작가비평은 다양한 형태로 기억될 만한 작가들을 선정해 비평하는 방식을 의미하며 영화비평에서는 활발하게 이루어지고 있다. 텔레비전 비평에서는 작가비평이 널리 행해지지는 않지만 제작환경의 변화, 제작기법의 변화를 도모하고 전문 제작자들의 전문인 의식을 높이기 위해서라도 반드시 필요한 부분이라 생각된다. 우리가 아는 많은 영화 감독들은 작가라는 이름으로 추앙되고 있다. 그러나 텔레비전 제작자로서 그런 대우를 받는 사람은 거의 없다고 해도 과언이 아니다.

텔레비전 자체가 저급한 매체로 대접받는 탓이기도 하지만 비평가들이 미처 거기까지 눈길을 돌리지 못했기 때문이다. 그런 점에서 작가비평은 텔레비전 비평에서 새롭게 개척되어야 할 중요한 영역이라 하겠다.

텔레비전 장르 비평의 말미에 작가비평을 포함시킨 이유를 잠깐 언급해야 할 것 같다. 사실 영화나 텔레비전 모두 협동작업임에 틀림없다. 제작진들에게 예술적 성취를 갖다 붙이는 일도 자연스럽지는 않다. 대중적이고 상업적인 매체인 영화나 텔레비전에서 위인적 풍모를 갖춘 이를 찾아내고 그들에 대한 비평을 하기란 여간 쑥스러운 일이 아닐 수 없다. 상당한 전통을 지니고 있는 영화만 하더라도 좀 낫다. 영화는 영화만의 독특한 미학을 구축한 대중매체이기 때문이다. 영화의 사생아쯤으로 취급되는 텔레비전은 독자적 영상미도 지니고 있지 않을 뿐더러 영화 작가에 필적할 만한 인물들도 없는 것이 사실이다. 하지만 텔레비전 내의 장르가 변화하고, 새로운 영상미가 구축되고, 산업적 변화가 일어나는 일 등은 자연스러운 변화나 산업적 변화로만 설명될 수는 없다. 그같은 변화과정에는 반드시 사람과 그 사람의 노력이 숨어 있게 마련이다. 장르의 변화를 초래할 만한 제작자라면 작가라는 이름 아래 비평받아 마땅하다고 생각되어, 작가비평을 장르비평의 끝자락에서 논하는 것이다.

방송에서 작가로 불릴 사람이나 단체는 여러 유형으로 나뉜다. 우선 프로듀서 혹은 VJ 등으로 불리는 제작자 개인을 들 수 있겠다. 모든 프로듀서들이 작가비평의 대상이긴 하지만 적어도 구체적인 대상이 되기 위해서는 특정 경향성을 갖는다든지, 특정 장르를 개발해 발전시켰다든지 하는 업적이 있어야 할 것이다. 그리고 이름 그대로 방송작가에 해당하는 방송대본을 쓰는 사람도 포함될 수 있다. 드라마 작가, 다큐멘터리 작가 등이 여기에 포함될 것이다. 이들 개인 작가들에 대한 비평은 그들이 남긴 방송에서의 족적만을 따지는 것이 아니라 그들 작품의 경향성, 다른 작가들과의 확연한 차별성, 작품성 등에 대한 구체적 언급이 이루어져야 한다. 작가로 불릴 수는 없지만 방송 경영자 및 운영자도 여기에 포함될 수 있다. 새로운 방송경영기법을 도입했다든지, 방송의 신기원을 열었다든지 하는 경영자나 운영자도 작가비평의 대상이 된다 하겠다. 집단으로서의 작가도 이 비평의 대상이 될 수 있다. 텔레비전에 꾸준히 영상물을 대는 영상집단이나 영상회사 등이 그것이다. 독특한 색깔을 가진 독립 프로덕션도 이에 해당한다.

텔레비전은 영화보다 훨씬 더 많은 제약을 지닌다. 텔레비전 비평에서의 작가비평이라 함은 그런 제약에도 불구하고 훌륭한 작품을 남겼거나 업적을 남긴 개인이나 단체를 비평하는 것을 의미한다. 이미 갖추어진 체계나 구조에 대한 비평이라기보다는 기존 체계나 구조에 도전하는 인물 혹은 집단을 대상으로 삼는 것이다. 즉 변화에 초점을 맞춘 비평이라 하겠다. 주로 이미 형성된 관습 등에 초점을 맞추는 장르비평과는 대비되는 비평이다. 하지만 장르비평과 작가비평은 동시에 행해질 수도 있다. 특정 장르가 변화하는 과정에서 특정 작가가 어떤 역할을 했는지를 따지는 일은 장르비평일 수도 있고 작가비평일 수도 있다. 또한 작가비평은 앞서 소개한 역사비평과 함께 이루어질 수도 있다. 한 방송 인물을 역사적으로 추적하고 그가 방송사에 남긴 족적을 찾아내는 일은 역사비평이면서 작가비평일 수도 있다. 우리가 작가라는 개념을 좀더 폭넓게 사용한다면 말이다.

1. 들어가며

한 인류학자가 한 원시부족을 찾는다. 연구차 들른 그 원시부족을
보고 인류학자는 문자 없는 부족이라고 판단을 내린다. 그는 내심 문
자 없는 인간생활과 문자로 영위되는 인간생활에는 어떤 차이가 있는
지를 알아볼 좋은 기회라 생각한다. 부족의 족장에게 그는 문자를 가
르쳤다. 그리고 문자 도입에 따른 변화를 관찰한다. 그 인류학자는 문
자 도입이 초래한 놀라운 결과를 발견한다. 족장은 문자를 배운 뒤 문
자를 권력의 도구로 삼는 것이 아닌가. 문자를 깨친 자가 그렇지 않은
자에게 문자를 권력으로 내세우고 자신의 지위를 도모함을 발견한 것
이다. 그는 급하게 나름의 판단을 내린다. 문자가 권력의 도구로 활용
되고 있음을 목도한 그는 문자는 권력의 행사, 사회의 불평등을 초래
한다고 주장한다. 당연히 문자는 인간사회의 악이요 독이라는 결론을
내린다. 거기서 멈추지 않는다. 그는 문자를 중심으로 소통하는 서구
의 문명사회를 가리켜 '반(反)인간사회'라 규정한다. 다분히 낭만주의
적 사고를 가졌던 이 인류학자는 문자 없는 원시부족이 서구의 문명

사회보다 훨씬 더 인간적이고 살가운 사회인 것처럼 설명해냈다.

　이 인류학자는 후대의 학자들로부터 반서구문명을 견지한 인물로 떠받들어졌다. 대부분의 서구 인류학자들이 제국주의적 시선으로 동양문화, 원시문화 등을 관찰하고 그에 입각해 서구 중심적인 혹은 백인우월주의적인 결론을 내리는 데 비해 이 인류학자는 반서구적이며 반인종우월주의적인 결론을 내렸다고 숭앙받은 것이다. 문자 없는 사회를 더욱 치켜올리고, 문자로 뽐내는 서구문명을 폄하했으니 그런 대접을 받는 것은 당연했으리라. 자신이 몸담고 있는 문명사회, 서구사회, 백인사회를 낮추는 것은 엄청난 용기를 필요로 할 것이므로 그가 칭송을 받는 것은 당연한 일인지도 모른다.

　하지만 어느 세상이든 트집잡는 뼈딱이들은 있는 법이다. 몇몇 뼈딱이들은 그 인류학자의 반서구중심주의를 의심하기 시작했다. 우선 도대체 어떤 기준으로 그가 찾은 원시부족이 문자를 가지지 않았다고 결론지었는지를 묻기 시작했다. 원시사회라 할지라도 의사소통이 필요했을 터이고 그들 나름대로 소통을 위한 상형문자 혹은 도상문자도 있었을지도 모른다. '그 인류학자는 과연 그것들을 찾으려 했던 것일까', '만약 상형문자, 도상문자가 있었더라면 문자 없는 사회라고 말하긴 힘들 텐데' 하는 의혹이 제기되었다. 뼈딱이들은 자신들의 결론을 다음과 같이 말한다. "그 인류학자는 문자에 관한 한 늘 서구의 알파벳을 기준으로 사고하고 그에 맞추어 문자의 유무를 결정했을 것이다." 방문했던 원시사회에 알파벳 수준에 해당하는 문자가 없었다고 해서 문자 없는 사회라고 말한다면 그것은 정말 큰 문제가 아닐 수 없다. 그러니 그 인류학자는 당연히 반서구중심주의자가 아니라 서구의 알파벳중심주의를 뼈에 사무치게 묻고 있어 자신의 서구중심주의적 사고를 미처 헤아릴 수조차 없었던 '서구중심주의자'이며 '백인우월주의자'였다고 반박한다.

　세상살이가 늘 그렇다. 우리는 쉽게 입으로 자신은 공평무사하다고 말하지만 어떤 일에든 공평무사하기란 말처럼 그렇게 쉽지가 않다. 언제나 자신만은 어느 한편을 낮추어보거나 부당하게 대하거나 차별하지 않는다고 말하지만 깊게 구체적으로 따져보면 꼭 그렇지만은 않음을 알게 된다. 이 장에서 말하고자 하는 여성에 대한 우리의 태도도 그렇다. 주위에서 자신이 페미니스트라고 말하는 남성들을 자주 본다. 남성우월주의를 과감히 떨쳐버리고 사니 이렇게 편할 수가 없다며 떠벌리는 사내들도 적지 않다. 하지만 말처럼 진정한 페미니스트가 되는 것 그리고 남성 중심적인 사고를 떨쳐버리는 것은 여간 어렵지 않다. 뼈 속 깊이 남성중심주의를 간직하고 있으면서, 혈관 속에 남성중심주의를 담고 있으면서 그것을 극복하는 일은 쉽지 않다. 남성들만이 아니다. 스스로 여성으로 사는 일에 대해 불만을 드러내며 가부장제적 사회에 변혁의 바람이 불어야 한다고 주장하는 여성들조차도 예의 인류학자처럼 자신의 무의식에 남성 중심의 사상을 묻고 있음을 자주 볼 수 있다.

텔레비전에 대한 페미니즘 비평은 텔레비전이 우리 사회의 남성중심주의의 생산 및 재생산과정에서 어떤 역할을 하는지, 그 고리를 끊을 수 있는 방안은 무엇인지를 논의한다. 텔레비전 페미니즘 비평은 여러 모습을 하고 있지만 그 목적에서 크게 벗어나지 않는다. 그러므로 텔레비전 페미니즘 비평이 대상으로 삼고 있는 부분이 무엇인지, 그 대상을 과연 어떤 기준으로 비평하는지에 대한 구체적인 논의가 필요하다. 이 장에서는 페미니즘 비평이 대상으로 하는 것들과 구체적으로 페미니즘 비평이 텔레비전에 접근하는 다양한 방식들을 논의하려 한다.

2. 페미니즘의 텔레비전에 대한 관심

1980년대 이후 인문사회과학에서 벌어진 가장 큰 변화로 성(gen-der)이 중요한 사회적 변인으로 등장한 것을 들 수 있다. 상당히 시간이 지난 지금 성차, 여성 등을 언급하지 않은 인문사회과학 저술은 찾아보기 힘들 정도가 되었다. 학문적인 영역에 성이라는 변인을 끌어들여서 논의하는 학문인 페미니즘은 이제 큰 학문적 패러다임으로 자리잡았고, 그에 매달리는 연구자들의 숫자도 많이 늘어났다. 그래서 이제는 페미니즘을 단지 하나의 학문체계로 논의하기에는 너무 덩치가 큰 것 아닌가 하는 우려마저 생겼다. 어떤 페미니즘, 어떤 관점의 페미니즘인지를 분명히 밝혀야 대화가 될 정도로 그 범위가 넓어진 것이다.

그런 탓인지 이제 페미니즘이라는 학문분야 앞에 형용어를 사용하여 '○○페미니즘'으로 분류하는 작업들이 이루어지고 있다. 가장 보편적인 페미니즘 분류는 여성의 불평등 기원을 설명하는 방식에 따라 나눈 급진적 페미니즘, 자유주의 페미니즘, 마르크스주의 페미니즘, 사회주의 페미니즘 등의 분류일 것이다. 각 유형은 여성에 대한 성적 차별에 따른 고통의 기원이나 모습, 그리고 해결책을 다르게 제시한다. 단순화를 무릅쓰고 간략하게 설명하자면 우선 급진적인 페미니즘의 입장에서는 여성 억압의 원인을 남성집단이 여성집단에 힘을 행사하는 지배체계, 즉 가부장제로 파악한다. 마르크스주의 페미니즘은 그와는 다르게 사유재산 및 계급의 발생이 여성 억압의 근본원인이 된다고 파악한다. 자본이 노동을 통제하고 힘을 행사하는 결과로 남성이 여성을 지배한다고 보는 것이다. 자유주의 페미니즘에서는 급진적 페미니즘, 마르크스주의 페미니즘과는 달리 가부장제나 자본주의 등과 같은 구조적 모순에 혐의를 두지 않고 대신 여성에 대한 남성의 편견, 사회제도의 미비 등을 문제삼는다. 사회주의 페미니즘은 급진적 페미니즘이나 마르크스주의 페미니즘 등이 한 제도에 모든 결정력을 제공하는 본질주의적인 모순을 범하고 있다고 보면서 다양한 사회적 제도의 모순들로 인해서 여성에 대한 사회적 억압이 발생하고 있다고 파악한다. 즉 가부장제적인 모순과 자본주의 모순 등이 중첩되어 여성에 대한 억압이 발생하는 것이지 그 어느 하나로만 설명할 수 없다고 주장하는 것이다.

아주 간략하게 살펴본 여러 갈래의 페미니즘이 성 불평등이나 성 모순을 설명하는 페미니즘의 모든 것을 대표하는 것은 아니다. 앞에서 예로 들었던 페미니즘의 분류 외에도 정신분석학을 바탕으로 하는 페미니즘, 포스트모던 페미니즘, 현상학적 페미니즘, 생태 페미니즘 등 등 많은 분파가 있다. 어떤 분파가 있는가를 아는 것보다 더 중요한 것은 각 분파들이 여성의 문제를 어떻게 파악하고 있으며 어떤 해결책을 내놓고 있는지를 살펴보는 일일 것이다. 특히 이 장의 주제에 적용시켜본다면 각 분파의 여성학들은 과연 텔레비전과 같은 대중매체를 어떻게 파악하고 있으며 여성과 어떻게 관련짓는가 하는 점일 것이다. 이후 설명하겠지만 각 페미니즘들은 텔레비전이라는 매체를 다르게 해석하고 있으며 그 안의 남성 중심적 내용을 바꿀 수 있는 방안을 다르게 제시하고 있다.

텔레비전 등의 대중매체가 페미니즘의 주요 연구대상이 된 이유는 어쩌면 너무나 자명해서 많은 설명을 필요로 하지 않을지도 모른다. 페미니즘이나 대중매체를 이론적으로 접하지 않은 사람들이라 할지라도 대중매체 속의 여성들의 왜곡된 모습이나 여성 비하 현상에 대해서 분노를 느낀 경험을 지니고 있을 것이다. 대중매체는 성 불평등의 내용을 담고 있을 뿐만 아니라 그것을 사회적으로 확산시키는 데 엄청난 영향력을 행사하고 있으므로 페미니즘에서는 결코 지나칠 수 없는 영역일 수밖에 없다. 페미니즘이 텔레비전 등에 대해서 관심을 갖는 또 다른 이유는 여성해방의 정치학적인 면과 관련지을 수 있을 것이다. 여성해방이라는 정치적 행위는 다른 정치적 행위-예를 들면 노동해방-보다 의미를 둘러싼 문화적 투쟁의 요소를 많이 지니고 있다고 할 수 있다. 여성들의 일상에서 많은 부분을 차지하는 대중매체 소비는 개인적인 것이 정치적인 것이라는 페미니즘의 모토와 친근성을 갖는다. 구체적으로 논의하자면 여성들의 대중매체 소비는 언제나 여성화되어 있다. 그에 비해 남성들의 대중매체 소비는 보편타당하면서 성별의 요소를 지니고 있지 않은 것처럼 보이는 예가 많다. 남성들의 뉴스 시청을 교양 있고 의미 있는 문화행위로 보는 반면 여성들의 드라마 시청을 '질질 짜기 위한 하릴없는 비생산적 문화행위'로 보는 경향 등이 그것이다. 뉴스 시청 이후 이어지는 남성들의 친구간 이야기와 여성들의 드라마에 대한 친구간 이야기도 사회적으로 다르게 인식된다. 이러한 남성 중심의 시각에 의해서 때로는 페미니스트들조차도 여성들의 문화나 문화수용을 폄하하는 경우가 있다. 페미니즘에서의 대중매체와 대중문화에 대한 관심은 바로 이상과 같은 사회적 인식에 대한 도전이자 새로운 인식을 사회에 퍼뜨리는 일이며, 궁극적으로는 여성을 남성과 다른 존재가 아닌 인간으로 받아들이는 운동으로 이어지게 하는 것이다.

페미니즘이 텔레비전을 비롯한 대중매체에 대해 갖는 관심은 크게 세 가지로 나누어 설명할 수 있다. ① 대중매체 속의 여성의 이미지(문화적 재현)에 대한 관심 ② 여성을 의미화(signification)하는 방식과 그 방식에 의한 여성 및 남성 주체 형성 ③ 대중매체를 소비하는 여성들에 대한 관심 등이 그것이다. 첫번째 관심은 주로 텔레비전 속 여성의 이미지에 맞추어진다. 텔레비전이 그려낸 여성은 어떤 모습인지를 분석하는 일이다. 두번째 관심은 여성이 어떻게 의미화되고 있으며 그 의미화가 과연 어떤 주체를 만들어내는가를 설명하고자 한다. 흔히 여성 및 남성의 신화 만들기와 주체 형성에 관한 연구라고 부른다. 세번째 관심은 실제 여성의 일상과 대중매체 간의 관계에 관한 연구를 포

200

함하고 있다.

초기 여성학에서는 대중문화 속 여성 이미지에 대해서 많은 관심을 보였다. 예를 들면 텔레비전에서 여성들이 어떻게 비춰지고 있는지, 광고에서 여성의 역할은 어떠한 것인지, 남성에 비해서 연약하고 수동적인 존재로 보이고 있지는 않은지, 혹은 여성이 성적인 대상으로 그려지고 그로 인해서 여성은 보이는 존재로만 사회에 나타나지는 않는지 등등에 관해서 많은 관심을 보였다. 미국에서 시민운동의 일환으로 여성해방운동이 전개된 직후인 1960년대 말 이래 1970년대에 걸쳐 여성상 혹은 이미지 등에 관한 연구들이 많이 쏟아져 나왔다. 특히 앞에서 잠깐 언급했던 자유주의 여성학을 중심으로 그러한 연구들이 나왔다.

그 이후에 정신분석학과 기호학 등을 바탕으로 한 매체 속 여성의 의미화(재현형식)에 대한 논의들이 등장했다. 이는 재현의 내용에 대한 논의라기보다는 주로 재현형식에 대한 논의들이었다. 여성 이미지에 대한 논의는 텔레비전에 어떻게 드러나는가에 초점을 맞추고 여성이 보다 긍정적인 이미지로 그려지기를 원하고 있었지만, 의미화에 대한 논의는 여성이 텔레비전 등에 의해 어떤 의미로 나타나고 있으며 이후 그 재현이 어떻게 받아들여지는가에 대한 연구들로 이어졌다. 이는 두 가지 프로젝트를 담고 있다. 의미화와 주체형성을 담고 있는 것이다. 여성의 의미화에 대한 논의는 주로 기호학이나 정신분석학을 기반으로 하고 있으며, 주체형성 논의는 정신분석학, 이데올로기 연구 등으로부터 통찰력을 전해 받았다. 여성들의 대중문화 수용에 대한 관심은 그리 긴 역사를 갖고 있지 않다. 1970년대 후반부터 시작된 문화사 연구, 영국을 중심으로 한 하위 문화 연구, 그리고 영국 문화연구라는 새로운 패러다임의 등장에 힘입어 1980년대 들어 활성화되기 시작했다. 이 관심은 여성들의 문화적 경험을 여성학적인 입장에서 재해석하고 더 나아가 사회적 질서를 재해석하는 작업으로까지 이어졌다. 이들의 새로운 해석은 여성 수용자의 대중매체 수용에 정치적 의미를 불어넣었고 1980년대 중반 이후 여성학분야에서의 대중매체 연구의 주를 이루었다.

서로 다른 배경에서 형성된 관심들이지만 이들이 공통적으로 갖는 연구대상은 존재한다. 가부장제가 그것이다. 앞에서 소개한 세 유형의 연구들은 가부장제가 어떻게 존재하는가, 가부장제가 어떻게 사회에 재생산되는가, 가부장제를 무너뜨릴 수 있는 방안이 무엇인가 등에 대해 각자의 질문과 해결방안을 가지고 있다. 특히 텔레비전이 가부장제적 내용을 꾸준히 생산하고 있음에 착안하고 매체가 가부장제를 드러내는 방식, 그것을 무너뜨리는 방안 등에 대해 연구하고 있는 것이다. 비록 파악하는 내용과 제안하는 방안이 다르긴 하지만 맞서서 싸워야 하는 대상이 가부장제임에는 합의를 보고 있는 셈이다.

3. 가부장제적 질서

가부장제(patriarchy)란 용어는 페미니즘 혹은 여성해방주의에서 빈번히 언급되지만 그 정의에 대한 합의는 없다. 이 용어는 이름 그대로 '아버지의 지배'를 의미한다. 이것은 아버지의 유산이 아들에게 이어지는 등의 남성 중심의 가족질서, 그리고 더 나아가 사회에서의 남성 중심 질서를 의미하게 된다. 그러나 이것은 어디까지나 가부장제라는 이름이 드러내는 외적 의미일 뿐이다. 그렇다면 그것의 사회적 의미 혹은 함축적인 의미는 무엇일까? 이를 밝히는 일은 매우 중요하다. 왜냐하면 텔레비전과 여성 간의 관계를 설명하는 자리에서 페미니즘이 과연 텔레비전의 어떤 면과 싸우기를 원하는지 파악하는 일과도 통하기 때문이다. 가부장제가 단순히 남성의 지배를 의미한다면 우리는 텔레비전 속의 남성 중심적 사상만을 폭로하고 거세하는 솔직한 전략을 구사하게 될 것이다. 그러나 가부장제가 그 이상이라면-여기서는 계급적 지배와 남성적 지배를 동시에 의미하는 것이라면-분석과 평가의 기준이 바뀌어야 하고 싸움의 전략도 전혀 새롭게 마련되어야 할 것이다.

사회학자인 베버(M. Weber)는 가부장제를 전통적 사회에서 드러나는 사회적 권력의 한 유형이라고 보았다. 전통사회의 가족에서는 상속을 바탕으로 가족성원 중 한 사람이 다른 성원들에 대해서 절대적인 권력을 휘두르는데 이를 가부장제적 권력관계라고 보았다. 그런 점에서 베버의 정의는 단순한 남녀관계보다는 중세 봉건제도에서의 권력관계에 대한 설명으로 파악되는 경향이 있다. 이후 가부장제라는 용어는 가족 내 남성의 지배뿐만 아니라 사회 전체의 남성의 지배를 가리키는 의미로 사용되었다. 그러나 그러한 정의도 여전히 문제를 안고 있다. 현재 자본주의 사회에서의 가부장제와 농경사회에서의 가부장제는 분명 다를 것이다. 일반적인 정의는 시간적·공간적 차이에 대해서 침묵할 수밖에 없다. 현대의 페미니스트들은 '사회 전반에 걸친 남성들의 지배'라는 일반적인 정의를 인정하면서 다음과 같은 두 가지 요소가 반드시 포함되어야 한다고 주장하고 있다. ① 시간 및 공간에 따른 가부장제 모습의 변화 ② 가부장제가 가능하게 된 사회적 관계에 대한 고려 등이 그것이다. 만약 그러한 요소들이 고려되지 않는다면 가부장제란 개념은 설명적이라기보다는 기술적인 것으로 남게 될 뿐이라고 본다.

우선 다양한 페미니즘의 연구들에서 가부장제는 어떻게 언급되고 있는지를 살펴보도록 하자. 이를 통해서 텔레비전과 가부장제 질서 간의 관계는 어떻게 이해되어야 하고 연구영역은 어떻게 정해질 수 있는지를 설명할 수 있을 것이다. 급진적 페미니즘에서 가부장제라는 용어는 '남성이 보편적으로 지배하고 있는 모든 방식'을 의미한다. 텔레비전도 남성의 문화와 언어로 구성되어 있는 가부장제적 제도로 파악된다. 급진적 페미니즘은 가부장제의 기원보다는 그를 벗어날 수 있는 대안에 더 많은 관심을 보인다. 가부장제를 유지해주는 여성의 재생산을 통제할 수 있는 방법들이 강구되어야 함을 주장한다. 즉 남성으로부터의 완전한 독립, 여성의 재현에 대한 여성적(국가적) 통제, 여성만의 언어사용 등등 분리주의를 내세우는 것이다. 그리고 여성이 주체가 되고 여성만을 위한 대중매체의 등장을 주장한다. 이 경우 앞에서 설명하고자 한 가부장제의 역사적 특수성은 정확하게 드러나지 않는다. 가부장제란 보편적인 현상으로 설명되며 분리주의란 명제도 대안으로서 보편적으로 적용되어야 하는 것으로 여겨진다. 이들의 경우 텔레비전 등 대중매체를 통한 대중문화 전반을 가부장제적 문화질서로 파악한다. 그러한 가부장제적 문화질서로부터 벗어나기 위한 여성들만의 문화, 남성의 언어가 포함되지 않은 여성들만의 언어 등을 대안으로 내놓는다. 이미 많은 여성학자들이 지적했듯이 한국의 특수성, 그리고 현재의 상황에 대한 전면적인 거부전략 등으로 인해 급진적 페미니즘은 큰 설득력을 얻지 못하고 있다.

자유주의 페미니즘에서는 가부장제라는 용어를 잘 사용하지 않는다. 그들은 성적인 불평등이 단지 비합리적인 선입견의 문제이고, 사회적 제도들의 미비함으로 인한 것이기 때문에 합리적인 논의와 제도적 개선을 통해서 해결될 수 있다고 생각한다. 기존의 대중매체는 편견을 극대화하며 재생산하고 있지만 여성들이 대중매체에 적극적으로 참여하여 제작한다면 많은 부분들이 시정될 수 있다고 믿는다. 많은 사회적 제도를 재정비하고 조직해서 그 편견들이 다시 이용되지 않도록 감시할 것을 제안한다. 궁극적으로는 국가가 개입되는 법질서 등으로 여성들에 대한 편견과 선입견을 제거하고 여러 제도들을 보완할 수 있으리라는 믿음을 지닌다. 결국 대중매체에 많은 여성 종사자들이 진출하여 여성에 대한 편견과 싸우고 또한 여성들의 지위를 제대로 밝히는, 편견 없는 대중매체를 만드는 것을 그 대안으로 생각하고 있다. 여기서는 가부장제적인 요소는 인간들간의 조화로운 이해를 통해서 타파할 수 있는 것으로 파악된다. 끊임없이 교육하고 그 교육이 사회에서 실천됨으로써 잘못된 관념이 사라질 수 있을 것으로 믿는 것이다. 가부장제가 가능하게 된 사회적 관계에 대한 고려는 빠져 있다. 경제제도나 가부장제적 제도에 대한 적절한 설명이나 논의 없이 심리적 과정으로 설명이 이루어지고 있는 셈이다. 대중매체와 가부장제의 관계 논의에서도 개인 제작자의 노력 그리고 개인들에 대한 제도적 규제 등으로 가부장제적 요소를 제거할 수 있으리라는 조금은 허약한 논의를 펼치고 있는 것이다.

마르크스주의 페미니즘과 사회주의 페미니즘은 가부장제에 계급적인 요소를 포함시키려 한다. 그러나 이 둘 사이에는 상당한 차이가 있다. 마르크스주의 페미니즘에서는 자본주의적 경제질서로 인하여 여성들에 대한 착취를 정당화할 수 있는 이데올로기가 만들어진다고 생각하고 있다. 그리고 대중매체란 것도 결국 자본주의 질서에서 자본의 힘에 의해 움직이는 것이므로 자본주의의 경제적 토대가 안정성을 갖도록 노력하는 것으로 파악된다. 대중매체에 의해 여성이 잘못 다루어지는 것은 자본주의적 토대에 입각한 가부장제의 유지라는 목적 때문이다. 그러므로 궁극적으로 여성학이 다루어야 하는 것은 자본주의적 토대이며 가부장제가 아닌 셈이다. 그러나 사회주의 페미니즘의 경우 마르크스주의의 견해를 일부분 받아들이지만 가부장제적 이데올로기는 반드시 경제적 토대에 종속되어 있는 것은 아니라고 믿는다. 즉 가부장제적 이데올로기의 경제적 질서로부터의 자율성도 인정하는 것이다. 계급적인 요소와 가부장제적인 요소의 중첩으로 인해서 가부장제라는 것이 유지되고 재생산된다는 주장이다. 물론 대중매체는 가부장제의 정당성과 재생산에 중요한 역할을 수행하고 있는 기구로 설명된다.

가부장제에 대한 상이한 해석에도 불구하고 남녀의 차별을 구축하고 재생산해낸다는 의미에서 대중매체에 대한 논의가 강조되고 있음을 볼 수 있다. 이는 대중매체를 통한 성차별 이데올로기 생산에 대한 관심이라고 설명할 수 있겠다. 가부장제라는 것은 사회의 물리적 제도, 즉 국가, 가족, 정부 등이 남성 중심으로 이루어져 있는 모습을 묘사하는 용어일 수도 있다. 그러나 텔레비전과 같은 대중매체, 그리고 그것을 통해 대중문화를 논의하면서 보이는 가부장제에 대한 관심은 가부장제가 현재 어떤 모습을 보이고 있는지, 그것이 끊임없이 생산·재생산되는 과정은 어떻게 이루어지고 있는지, 그리고 그것이 사회성원들에게 어떤 영향력을 미치고 있는지 등에 대한 것이라 할 수 있다. 뿐만 아니라 텔레비전과 여성 간의 관계가 현재 반여성적인 것이라면 그에 대해 어떤 일을 할 수 있는지를 논의하기도 한다.

4. 텔레비전 속의 여성

앞서 설명했듯이 가부장제적 질서에서 텔레비전은 여성을 어떻게 재현하고 있는 것일까? 이 물음에 대해 페미니즘은 두 갈래의 방향으로 비평을 해왔다. 그 첫번째는 텔레비전 속 여성의 이미지에 대한 비평이었다. 여성들의 모습이 과연 텔레비전 속에서 어떤 유형으로 그려지고 있는지, 만약 그 그려짐에 문제가 있을 경우 그것이 사회성원들에게 미치는 영향은 어떤 것인지, 그리고 그것을 바로잡기 위해서는 어떤 노력들이 강구되어야 하는지 등에 대해 언급해왔다. 두번째는 여성들이 텔레비전에서 구성되는 방식에 초점을 맞추었다. 첫번째 방향이 주로 내용에 관한 것이라면 두번째 방향은 구성방식, 즉 형식에 대해 관심을 가진 것이다. 여성은 문화적으로 구성되기도 하는데 그 구성방식에 따라 여성에 대한 사회적 인식이 결정되기 때문이다.

1) 여성 이미지 비평

대중매체 속의 성차별(sexism)에 대한 관심은 미국과 영국에서 1960
~70년대에 걸쳐 이루어졌고 대중매체에 대한 페미니즘 비평의 발단
이 되었다. 여성을 소위 '제2의 성'으로 보는 남성 중심적인 관점을
대중문화 속에서 찾아내는 작업이 많이 이루어진 것이다. 대중매체 속
의 여성이란 항상 보잘것없는 사람으로, 또는 지나치게 여성화되어 있
거나 감성 위주인 사람으로 비춰졌다는 것이 이들의 주장이다. 여성들
의 의식을 일정 수준으로 끌어올려야 된다고 주장하는 이들에게 대중
매체 속 여성의 왜곡된 이미지는 매우 중요한 사안이었다. 대중매체란
현대 사회에서 학교나 가정만큼이나 중요한 사회화의 제도이기 때문
에 어린이나 청소년에게 여성에 대한 왜곡된 이미지를 전달하는 경우
그 사회적 효과는 너무도 크다고 할 수 있다. 여자아이들에게 여성의
일체감을 심어주는 데서도 대중매체가 중요한 역할을 하기 때문에, 대
중매체가 쏟아내는 잘못된 여성 이미지를 여성의 본질로 오인할 수
있는 위험성을 안고 있다. 이러한 연구들이 텔레비전 등의 대중매체
속 여성들의 다음과 같은 이미지에 대해서 관심을 갖는다.

① 여성들은 남성들의 성적인 대상으로 묘사된다.
② 여성들은 사회적 활동 중에서 주로 가정과 관련된 일에 관한 한
　 책임이 있는 것처럼 묘사된다.
③ 여성들은 남성에 비해 약하거나 열등한 것으로 묘사된다.

사실 텔레비전 드라마나 광고 등에서 재현되는 여성들의 모습에서
위와 같은 이미지가 정형화되어 있을 정도다. 남성이 성적 주체, 능동
성, 기획성, 우수성, 기능성, 이성 등으로 묘사되는 데 비해 여성은 성
적 대상, 수동성, 보조성, 열등성, 비기능성, 감성 등으로 그려지고 있

음을 부정하기는 어렵다. 이러한 왜곡된 이미지로 인해 새로운 세대는 여성에 대한 왜곡된 인식을 갖게 되고, 기존 세대는 이미 지니고 있던 왜곡된 인식을 재확인하게 된다. 사회화되는 것이다. 남성 시청자들뿐만 아니라 여성 시청자들에게도 그런 사회화 작용은 발생하게 된다. 여성 시청자들도 텔레비전에 등장한 여성인물들의 성 역할을 당연한 것으로 받아들이고 그에 맞추어 자신들의 성 역할에 충실하게 되는 것이다.

텔레비전 속 여성 이미지에 대한 비평들은 대체로 다음과 같은 대안을 내놓는다. 여성의 이미지를 객관적으로 전하기 위해서는, 첫째 대중매체가 제대로 여성을 묘사하게 하는 법적인 제도나 시민기구를 통한 압력 등이 필요하며, 둘째 여성이 대중매체에 많이 진출하여 여성의 이미지를 스스로 개선해가도록 해야 한다고 주장한다. 여성단체들이 꾸준히 텔레비전을 모니터링한 결과를 내놓고 방송사에 항의하는 일도 그 대안 중 일부이다. 뿐만 아니라 여성들이 텔레비전에서 평등하게 묘사될 수 있도록 강조하는 법과 제도를 만들자고 주장하는 일도 그에 포함된다. 많은 여성 인력의 텔레비전 진출도 한 대안으로 제시되고 있다.

여성의 이미지와 대중매체에 관한 연구는 상당한 역사를 지니고 있으며 많은 결과물을 도출했고 텔레비전 비평도 그로부터 상당한 도움을 받고 있다. 텔레비전 드라마 속 여성의 성 역할에 대한 연구, 텔레비전 광고물에 등장하는 여성 모델의 역할에 관한 연구, 텔레비전 버라이어티 쇼 등에서 여성 사회자는 과연 무엇을 하는가라는 비평, 여성 앵커는 보도 프로그램에서 어떤 역할을 맡고 있는가에 대한 비평 등등이 여성 이미지에 대한 연구와 비평의 예라고 하겠다. 이같은 연구나 비평은 아직도 상당한 기세를 떨치고 있다. 우리나라의 경우 특히 내용분석(content analysis)의 기법을 바탕으로 한 텔레비전 속 여성 이미지에 대한 논의들이 많았다.

하지만 텔레비전 속 여성 이미지 연구 및 비평은 나름대로 한계를 갖는다. 우선 텔레비전에 비친 여성 이미지가 바람직하지 않거나 왜곡된 것이라면 과연 어떤 이미지가 올바른 것이라고 할 수 있는가라는 질문에 답할 수 있어야 한다. 과연 어떤 이미지로 그려지기를 원하는 것일까? 왜곡되지 않은 여성 이미지란 무엇일까? 이는 앞서 신화비평에서 잠깐 언급했던 소박실재론('텔레비전은 세계로 향해 열린 창이다')에 입각한 것으로 보인다. 그에 대한 답을 내놓기가 쉽지 않다. 다른 한편으로 여성들이 텔레비전에 많이 종사할수록 올바른 여성 이미지가 제출될 수 있을 것이라고 믿는 것도 상당한 문제를 야기한다. 모든 여성이 현재의 여성 이미지에 대해 고민하고 있거나 불만을 가지고 있는 것은 아니다. 오히려 어떤 여성들은 현재의 여성 이미지가 지나치게 여성 상위적인 형태로 그려지고 있다며 불만을 터뜨릴 수 있다. 그러므로 여성과 페미니스트는 다를 수밖에 없다. 여성의 방송계 진출이 여성 이미지의 개선으로 이어진다고 사고하는 것은 문제가 있어 보인다.

이같이 텔레비전 내용에 대한 페미니스트적 언급과 비평은 주로 내용적인 면에 관한 것이라 할 수 있다. 내용이 반여성적이라는 결론을 도출했지만 그 다음의 문제에 봉착했을 때는 주저하게 된다. 반여성적인 내용이 대중문화 속에 존재하는 이유에 대해서 적절한 설명을 하지 못했기 때문이다. 영화나 텔레비전 산업에 여성이 많이 진출해야 된다는 결론도 있었을 것이고 산업에서의 편견이 빨리 사라져야 한다고 결론을 내렸을 수도 있다. 그러나 여전히 그 근원에 대한 설명을 결여하고 있어 그같은 대안들도 약해 보이고 현실성도 많지 않다. 그리고 무엇보다도 현상을 설명해주는 기술적인(descriptive) 연구였다는 혐의를 벗기 힘들다. 즉 스스로 대중매체가 과연 중립적인 사회제도인지에 대한 질문을 하고 그것의 정치적 속성에 대해서도 관심을 보여야 함을 결여하고 있는 것이다.

2) 여성의 의미화(재현) 비평

내용분석을 바탕으로 하는 여성 이미지 연구와 더불어 기호학과 정신분석학으로 여성의 이미지 그리고 그것이 만들어지는 형식에 관한 연구를 하고자 하는 집단이 형성되었다. 내용보다는 형식에 그 중요성을 두어 여성이 대중문화 속에서 재현되는 방식은 과연 어떤 것인가에 초점을 맞추고자 했다. 이들은 여성이 하나의 인격체가 아닌 비남성적 존재로 표현되고 여성의 관점은 늘 생략되는 것에 의문을 표시한다. 그들은 대중매체(특히 여기서는 영화)가 사용하는 모든 기술적인 것들, 예를 들어 서술방식, 카메라의 동작, 조명 등에 이르기까지 모든 것들이 남성 중심의 모습을 만들어내는 데 기여한다고 보았다. 즉 관심의 초점을 대중매체의 생산양식, 언어적 형식에 맞추었던 것이다.

이러한 형식에 대한 관심은 곧이어 정신분석학적인 관점에서 대중매체 속 여성을 연구하는 획기적인 전환을 맞이하게 된다. 소위 관객 이론으로 불리는 몇몇의 논의들은 시선(gaze)의 힘과 나르시시즘에 관해서 논의함으로써 새로운 지평을 열어놓았다. 멀비(L. Mulvey)는 가부장제적 사회에서 여성이 남성의 대상인 존재로 만들어지는 방식에 관해서 설명한다. 영화와 같은 문화적 기제가 남성의 바라봄을 조장하고 나아가 남성은 보는 존재, 여성은 보이는 존재로 굳히는 역할을 함을 정신분석학적인 측면에서 보여준다. 멀비의 전략은 남성 욕망의 대상으로 여성의 존재가 정해지는 것을 폭로하고 남성들의 욕망을 분쇄하기 위한 새로운 전술을 세우는 것으로 나뉠 수 있다.

남성의 욕망이란 무엇을 의미하는가? 관음주의(voyeurism)란 용어를 빌려 영화의 남성 수용자는 들여다보는 쾌락을 바탕으로 영화를 감상한다는 논의를 전개한다. 영화 화면은 창문에 비유되고 영화감상은 어두운 객석에서 몸을 숨기고 밝은 방을 들여다보는 것에 비유된다. 남성적인 눈, 그리고 눈을 통한 즐거움은 그 환한 방에서 일어나는 모든 일에 대해서 지배적인 위치에 서게 된다. 숨어서 여성 등장인물의 몸을 훑어봄으로써 지배적 위치에 서게 되는 즐거움을 얻는다. 즉 남성의 들여다보기는 여성을 성적 대상으로 사물화하는 것에 다름 아니다. 남성 관객이 영화 속 여성을 들여다보는 행위와 남성적인 시선으로 훑는 카메라, 그리고 영화 속 남성 주인공이 여성을 바라보는 시선 등이 더해져 영화 속 여성 주인공은 남성 욕망의 대상이 되고 사물화된다. 나르시시즘의 과정을 거쳐 남성은 스크린 위의 남자 주인공과 자신을 일치시킴으로써 그 바라봄을 완결시킨다. 즉 보는 자의 즐거움을 이중, 삼중으로 만끽하는 것이다.

영화에서의 시선에 관한 논의가 텔레비전에 적용될 수 있는지에 대해서 의문을 표시하는 사람들이 많다. 영화를 관람하는 극장이라는 공간과 텔레비전을 시청하는 가정이라는 공간은 상당한 차이를 지니고 있음을 인식하는 일이 무엇보다 필요하다는 것이다. 어두운 공간인 극장에서는 그런 관음증을 부추길 수 있지만 텔레비전 시청 공간인 가정은 별로 그렇지 않다는 주장인 셈이다. 하지만 여전히 텔레비전 시청방식이 영화 관람방식과 친근성을 가지고 있으며 촬영방식도 비슷하므로 여성을 대상화하고 객체화한다는 점에서는 큰 차이가 없다고 생각한다. 그리고 여성을 그려가는 서사방식도 여성에 대한 신화를 그대로 활용하고 있으므로 영화적 논의방식과 큰 차이가 없는 것으로 보아도 무방할 것이다.

이처럼 대중매체의 생산양식, 언어적 형식에 대한 논의는 대중매체 자체가 남성 중심적인 제도이며 그 제도로부터 비롯되는 관점이나 언어사용 또한 남성 중심적이라는 결론을 내리게 된다. 그 남성 중심적인 재현양식을 타파하기 위한 제안들도 도출되었다. 많은 호응을 받지 못했지만 대안적인 제작양식을 만들어 기존 남성 중심의 관점, 언어사용을 타파할 수 있도록 하자는 주장도 나왔다. 남성적인 제작양식으로부터 관객들이 얻어내는 즐거움을 끊어주고 새로운 여성의 재현양식을 찾도록 하자는 제안이었다. 하지만 남성 중심의 제작양식에 대한 지적에 비해 그 대안이나 제안은 큰 설득력을 확보하지 못했다. 그리고 그에 대한 논의들도 활발히 행해지지는 못하고 있는 형편이다. 멀비의 논의 이후 여성 주체가 텔레비전의 언어적 형식에 의해서 어떻게 구성되는가에 대한 연구들이 많이 등장했다. 이러한 연구들은 텔레비전이 여성의 주체를 구성한다고 주장될 수 있다면 여성의 주체는 다른 방식으로 구성될 수 있는 것이 아닌가 하는 반문을 던지면서 시행되었다. 즉 대안적인 주체를 구축할 수 있는 방안을 모색하고자 시도되었던 것이다. 앞서 말했던 대중매체 속의 여성 이미지 내용연구에서는 수용자의 사회화에 관해서 초점을 맞추었다면 형식연구에서는 주체형성에 대해서 관심을 가졌던 것으로 이해할 수 있다. 여성의 주체는 과연 어떻게 형성되는가, 여성이 모성, 주부, 보이는 객체로 자신을 동일시하는 이유는 과연 무엇인가 등에 대해서 지속적으로 연구를 하게 된다. 주체형성에 대한 논의는 정신분석학과 알튀세르(L. Althusser)의 이데올로기에 대한 연구들을 바탕으로 이루어진다.

알튀세르는 주체가 언어적 체계의 부름에 의해서 형성된다고 보았다. 문화라고 하는 언어적 체계 혹은 상징적 체계는 주체가 형성되는데 결정적인 역할을 한다. 우리는 언어적 체계를 통해서 세상을 보고 세상을 익히게 된다. 그런데 언어적 체계라고 하는 것은 이미 어떤 특정한 관점을 바탕으로 짜이고 조직된 것이다. 그 특정한 관점을 바탕으로 짜인 언어적 체계가 우리를 부를 때(interpellate) 대답하게 되면 기꺼이 그 관점의 주인이 되고 만다. 주인이 된다는 점에서 주체라고 부르기도 하지만 사실 주체(the subject)는 종속된 개체라는 의미를 더욱 강하게 가지고 있다. 남성중심으로 이루어져 있는 사회의 문화적 (언어적·상징적) 체계들은 남성이나 여성 모두에게 남성 중심의 세계관 안에서 생각하도록 그리고 주체를 형성하도록 호명한다. 멀비가 주창한 대로 남성의 시선을 중심으로 짜인 영화를 보면서 우리는 영화 속 주인공이 되며 그리고 그 영화 속 주인공, 즉 남성적 시선으로 영화를 이해하는 것이다. 텔레비전의 여성 화장품 광고가 '누군가 나를 보고 있다'라는 문구로 시작하면 여성은 당연히 화장품 광고의 여성 주인공, 즉 보여주는 주체로 자리잡게 되고 남성은 바라보는 주체로 호명된다. 텔레비전 비평은 그런 여성과 남성을 호명하는 형식 그리고 그 형식에 의해 포획되는 주체에 관심을 갖는 것이다.

사회주의 페미니즘을 이론적 바탕으로 한 많은 연구와 비평들은 이후 텔레비전이 전해주는 성차별과 다른 사회적 모순의 접합에 대해서 관심을 보이게 된다. 우리가 지식으로 받아들이는 영역에 대한 가부장제적 혐의를 보내는 연구들도 새롭게 등장하고 있다. 우리 사회에 만연해 있는 가부장적인 사고의 틈바구니를 비집고, 강약의 권력관계가 남녀의 관계로 환치되는 문화적 현상들이 있음에 주목한다. 그리고 여성에 대한 차별적인 담론들이 과학이나 지식의 이름으로 숨어 있음을 폭로하기도 한다. 동네 아이들이 싸우다가 남을 비방할 때 '계집애같이 비겁한 녀석'이란 말을 하는 것을 듣고는 한다. 힘의 역학에서 항상 사악하고 나쁘고 적대시되는 것을 여성화시키는 경향을 우리는 대중문화 속에서 많이 찾을 수 있다. 미국 대 이라크의 전쟁에서 쿠웨이트에 남겨진 사담 후세인 대통령의 초상에 쿠웨이트인들이 마구잡이로 낙서한 것이 CNN 뉴스를 통해 여러 번 클로즈업되었다. 그중 가장 두드러진 것은 후세인 대통령의 콧수염을 지우고 머리모양을 여성의 그것으로 바꾼 낙서들이었다. 사악하고 나쁜 것을 여성의 이미지로 변환시킨 것의 전형적인 예이다. 미국의 이라크에 대한 공격은 남성적 문화인 스포츠 용어로 설명되었다. '터치다운', '빙고' 등과 같은 용어들이 그것이다. 이는 이미 뉴스를 전하는 기자의 무의식 속에 그러한 접합이 가능하다는 생각이 자리잡고 있었음을 보여준다.

오리엔탈리즘과 여성의 접합도 텔레비전에서 자주 발견된다. 서구의 제국주의적 관점은 항상 문화적으로 우월한 자신들의 모습을 남성화시키는 반면 동양은 여성화시킨다. 처녀에 가까운 동양은 남성성을 지닌 서양의 문물에 의해서 교육되어야 할 존재, 때로는 성적인 매력을 풍기면서 서양을 부르는 존재, 남성적인 보호를 요청하는 연약한 존재로 재현되고 결국은 여성으로 환치된다. 이와 같이 힘의 강약이 남녀로 환치되는 것은 서양이 동양을 보는 관점에만 국한되지는 않는다. 제3세계 내에서 다른 제3세계 국가를 바라보는 시각에서도 뚜렷이 나타나고 있다. 경제적인 성장으로 인한 해외관광에서 우리가 동남아를 보는 시각은 열쇠구멍으로 여성의 몸을 훑어보는 것과 닮아 있다. 소위 보신·섹스관광이란 것은 동남아 국가를 자연에 가까운 여성으로 보는 것에 다름 아니다. 이러한 우리의 무의식은 대중매체 속에 자리잡게 되어 동남아에 대한 주제는 자연관광이나 그들의 기이함에 관한 것이 될 확률이 높다. 심지어는 남한이 북한을 바라보는 시각마저도 남성우월적이다. 남쪽의 여성들과는 달리 순결을 지니고 천진한 그래서 더욱 가련하게만 느껴지는 북한 여성들에 대한 관심은 대부분 북한을 방문한 이들이 지니고 있는 공동 주제이다. 텔레비전에 나타나는 기자들의 관심도 여전히 여성 안내원과의 로맨스 아니면 여성 경찰관의 '예쁜' 모습들에 관한 것들이었다. 북한을 여행했다는 한 언론인은 그의 경험을 묶어서 『옥화동무 날 기다리지 마오』라는 책을 출판했다. 대중기행문의 제목이 그러한 방식으로 이어질 수밖에 없음은 대중매체가 얼마나 가부장제적 질서를 당연하게 받아들이고 있는지, 그리고 남녀의 관계가 어떻게 힘의 강약과 접합되어 있는지를 보여주는 적절한 예라고 할 수 있다.

과학이 여성에 대한 지식을 만들어내고 그로 인해 여성을 사회적으로 재생산한다는 연구들도 있다. 여성에 관한 담론들의 네트워크가 작용하여 그것의 효과로써 여성을 재생산해낸다는 주장이다. 예를 들어 동물의 세계나 원시시대의 가족생활을 보여주면서 텔레비전은 과학

(인류학, 동물학, 고고학 등)의 이름으로 그 정당성을 구하려 한다. 그러나 과연 그러한 것들이 과학의 이름으로 객관적이고 중립적인 지식을 전해주는 것일까? 지금 이 시점에서 꾸며진 동물의 생활, 그리고 고대인들의 생활은 학문의 이름으로, 지식의 이름으로 가부장적 후기 자본주의 질서를 보여주는 것에 다름 아니다. 텔레비전 자연 다큐멘터리 속 동물들의 주거방식은 아프리카에서의 그것과 차이가 있을 수 있다. 그러나 우리가 보는 원숭이들의 가족형태, 주거형태는 우리의 그것과 너무도 닮아 있다. 우리는 그 설명을 보고 들으면서 '사람이나 원숭이나 사는 방식은 매한가지'라고 말할지도 모른다. 원숭이들을 재현하는 방식이 대중매체 속에 분명히 있었음을 우리는 쉽게 망각하는 것이다. 그 방식이 현재의 가부장제적 질서를 바탕으로 하고 있음은 더더욱 생각조차 하지 못한다.

여성의 성(sexuality)[9]이란 것도 같은 맥락에서 이해될 수 있다. 여성의 성은 '과연 무엇이 바람직한 여성의 성인가'를 규정한 남성 권력의 결과이다. 우리의 몸, 성적인 즐거움 등과 같은 것은 진리의 영역이라고 생각된다. 그러나 여성의 오르가슴에 대한 논의, 청소년의 자위행위 등에 대한 사회적 논의는 시간과 공간의 차이에 따라 다르다. 성의 역사는 성에 대한 담론의 역사일 따름이다. 지식체계로서 구성된 담론들이 우리가 성에 대해서 생각하는 방식을 결정하는 것이다. 뚱뚱한 여성이 대접을 받던 과거와 날씬한 여성이 대접을 받는 현재의 차이는 '어떤 여성의 몸이 사회적으로 바람직한가'라는 규정에 의한 것

---

9) 여기서 성이란 용어와 관련되어 비슷하게 잘못 사용되기 쉬운 몇 가지 용어들을 정리하고 넘어가도록 하자. '섹스(sex)'는 남녀간의 해부학적(생물학적) 차이를 가리키는 용어이며 '젠더(gender)'는 남녀간의 사회적인 차이를 의미한다. 대부분의 페미니즘이 연구대상으로 삼는 부분은 섹스라기보다는 젠더라고 할 수 있다. '섹슈얼리티(sexuality)'는 우리의 몸과 몸을 통한 즐거움과 관련된 가치, 태도, 신념 등을 의미한다. 우리 육체와 관련된 가치 등은 본질적인 내용을 지니고 있는 것이 아니라 역사적으로 형성되며 변화되어왔다는 점을 섹슈얼리티 연구자들은 강조하고 있다.

이지 진리에 의한 것이 아니라는 뜻이다. 대중매체에서의 많은 담론들이 여성의 성과 몸을 향해 달려오고 있다. 지식체계라는 가면을 쓰고 남성의 권력을 담은 채 여성들을 향한다. 여성의 미덕이 여성의 몸과 관련이 있음을 설파하고 여성의 주체를 몸의 미덕과 관련된 것으로 몰아간다. 여성의 몸을 통한 즐거움은 남성을 통해서 이루어지고 또한 남성에게 보임으로써 가치를 지니는 것으로 묘사된다.

여성의 재현형식은 단순히 성적 불평등과 관련된 사안이라기보다는 우리의 사회적 모순들(계급, 민족, 인종, 지역 등)과 맞물려 있는 복잡한 사안이다. 지금까지 대중매체의 여성 재현에 대한 논의가 과연 그러한 모순들과의 연관성 속에서 이루어졌는가에 대해서는 의문이 남는다. 우선 대중문화가 생산·배분·소비되는 역동적인 메커니즘에 대한 고려가 충분하지 않았다. 이데올로기적 층위로서 간주되는 대중문화가 사회구성체 내의 다른 층위들과 어떠한 관계를 지니고 있는지 그리고 층위들의 접착제 역할을 이데올로기가 행하고 있는지 등에 대한 논의를 결여하고 있었다. 정체성의 과정에 대한 논의들 또한 마찬가지로 일사불란한 주체형성을 내세우고 있지만 대중문화의 수용자는 순응하는 이데올로기적 담지자로서만 존재하지는 않는다. 사회의 불균형적인 발달은 서로 다른 문화적 경험을 야기하고 이는 이데올로기에 대한 상이한 반응이라는 효과를 내게 된다.

5. 텔레비전 수용에 대한 관심

여성들의 대중문화 소비에 대한 관심은 최근 들어 여성학과 대중매체 논의에서 가장 두드러진 부분이다. 앞에서 지적했던 것처럼 여성학이 다른 분야로부터 이론이나 사상을 채용했던 역사에서 이제는 다른 문화적인 논의들이 여성학에서의 논의들을 재수입해가는 지경에 이르렀다. 우선 대중문화의 소비에 대한 논의를 하면서 여성학이 도출할 수 있었던 명제들은 지금까지의 대중매체와 여성에 대한 논의들이 지극히 남성 중심의 세계관에서 이루어졌다는 것이다. 그리고 그러한 남성 중심적 대중문화관으로부터 탈피해야 한다는 것이었다. 아울러 여성학의 연구자나 이론가들이 여성 대중과의 관계 설정에서 항상 자신을 대중에 투영시키는 우를 범해왔다는 반성을 하게 된다. 지나치게 엘리트적 사고를 해왔음을 반성한 것이다. 다른 여성 집단들의 다양한 경험들에 무관심했음을 실토했다. 이같은 문제의식과 반성으로부터 여성들의 실질적인 삶과 대중문화를 연결시키는 작업들이 등장하게 되었다.

기존의 연구들은 여성이 대중매체 수용으로부터 얻어내는 것이라고는 그 내용에 대한 동경이거나 등장인물에 대한 적개심 혹은 흉내내기라고 단정했다. 그러나 최근의 페미니즘에서는 전혀 다르게 접근하고 있다. 여성의 관점에서 질문을 다르게 던져보려고 한다. 여성들의 관심을 끄는 대중문화의 효과만을 논의하던 방식을 그만두자고 제안한다. 대신 여성들이 그들을 환상 속으로 끌어들이는 드라마 등의 오락 프로그램을 즐기게 되는 이유, 상황 등에 초점을 맞추어보자는 것이다.

여성들이 즐기는 대중문화의 대부분은 여성들의 일상생활에서 일어날 수 있는 문제나 사건, 이를 테면 남편과의 갈등, 시댁식구와의 갈등, 혼외정사나 이혼문제, 집안에서의 갈등 등을 중심으로 이루어져 있다. 그런 내용에 대한 여성 수용자들의 관심은 여성들의 경험에서 비롯되는 것임에 틀림없다. 자신이 경험하지 않은 내용을 힘들여 배우고자 하는 일은 학교에서나 벌어질 일이지 대중문화에서는 발생하지 않을 것이다. 자신의 경험과 유사한 내용이 대중문화 안에 담길 수도 있고, 자신의 경험과 전혀 다른 내용이 담길 수도 있다. 그 어느 쪽이든 여성 수용자의 경험과 대중문화의 내용은 상당한 연관성을 지니고 있다. 즉 대중문화를 대하는 순간 그 경험을 동원해 대중문화 내용을 수용하는 것이다.

사회적 실천을 강조하는 여성학에서는 여성들의 대중문화에 대한 관심을 전혀 다르게 설명한다. 여성들이 대중문화 내용을 받아들인다는 점에 방점을 찍기보다는 여성들은 자신들의 일상을 벗어나기 위해 즐긴다는 것에 방점을 찍는다. 즉 여성들의 삶은 늘 가부장제적 제도 하에서 불평등을 경험하게 되는데 대중문화를 통해서는 그로부터 벗어나는 새로운 경험을 얻게 된다는 것이다. 즉 여성들이 대중문화에 몰두하는 것은 결국 지금의 일상생활에 대한 불만 때문이라는 점을 강조한다. 이것은 참으로 획기적인 생각이다. 기존의 여성학에서는 이것을 단순히 도피의 수단으로 치부하고 사회적으로 부정적인 것이라고 보았다. 그러나 같은 현상이지만 조금 각도를 달리해 지금의 생활에 대한 불만의 표시로 대중문화를 즐긴다고 했으니 획기적 발상이라 하지 않을 수 없다.

이러한 관점에서는 대중문화를 즐기는 여성들을 비난하지는 않는다. 대신 여성들이 그러한 대중문화를 즐길 수밖에 없는 환경 혹은 상황을 설명하려 한다. 기존의 대중문화 비판에서는 대중문화가 여성들의 억압을 조장하고 있다고 본 것에 비해, 이 관점에서는 여성 억압의 표현으로서 대중문화가 있다고 보고 있다. 그래서 대중문화를 여성과 관련짓는 논의에서 제외시킨다든지 아니면 부정적이라고 비난하는 모습에서 탈피해서 여성의 생활 안으로 끌어들여 연구하고 논의하는 자세가 연구자들에게 필요해진 것이다. 대중문화의 소비를 살펴봄으로써 여성들의 일상생활에 대한 시각이나 억압의 과정 그리고 그 억압에 대한 도전의 과정을 잘 살펴볼 수 있다는 점에서 대중매체의 수용에 관한 논의는 새로운 각광을 받게 되었다.

앞서 지적했듯이 여성들이 대중매체로부터 갖는 즐거움은 사회적으로 괄시를 받아왔다. 여성들의 쇼핑 문화, 드라마를 통한 이야기 네트워크, 음악 등을 통한 즐거움은 마치 가정을 등지는 사람들의 일탈된 행위라는 사회적 평가를 받았다. 더욱이 여성학자들로부터도 소비문화의 주범 혹은 허위의식의 요소로 지적을 받았다. 그러나 여성들의 즐거움을 여성들의 관점에서 보고자 하는 자기성찰적인 연구들이 등장하면서 여성들의 즐거움에 대해서 새롭게 보고자 하는 노력들이 쏟아져 나왔다. 여성의 관점으로 바라보는 여성의 문화, 소비, 즐거움 등이 바로 사회적 실천을 강조하는 새로운 여성학의 요체이다.

지금까지의 대중매체론들에서는 남의 문화적 행위를 객관적인 입장에서 살펴보고자 하는 학문적 경향이 강했다. 그러나 새로운 여성학적인 전통에서는 위에서 아래로 내려다보는 자세를 거부한다. 이것은 바로 연구자가 '우리' 문화(our culture)라는 의식을 지닌 경우라고 할 수 있을 것이다. 다른 한편으로는 여성들의 대중문화를 단순히 위로부터 주어진 문화 혹은 여성들의 의식을 제한하는 문화로 보지 않겠다는 의지도 포함되어 있다고 할 수 있다.

이 새로운 여성학은 대중문화는 매우 소중한 공간이며 대중문화를 둘러싸고 다양한 투쟁이 벌어짐을 인식하게 된다. 여성들이 자신들에 합당한 의미를 찾으려는 노력을 대중매체의 소비 안에서 보이지만 아울러 여성들의 대중매체 소비를 사회적으로 괄시하려고 하는 사회적·가부장제적 시각도 동시에 존재하는 곳이 바로 대중문화라는 공간이다. 대중문화라는 곳은 일종의 의미의 격전장인 셈이다. 여성들에 대한 의미 또한 대중문화를 둘러싸고 발생한다고 볼 때 여성운동 및 여성해방에서 대중문화의 영역은 매우 중요하다고 할 수 있다. 그러나 기존의 대중문화관과는 달리 대중문화를 단지 문화내용물로만 보는 좁은 시야에서 탈피해야 하는 전제가 필요하다. 대중문화를 둘러싼 과정들을 살펴보는 광의의 대중문화론이 전제되어야 그러한 관점들이 살 수 있다.

여성들의 대중문화 수용과 관련해 가장 각광을 받는 부분은 텔레비전 연구 분야이다. 특히 여성 수용자에게 인기를 얻고 있는 연속극이라는 장르에 많은 관심을 보인다. 왜 여성이 그 장르를 좋아하는지, 그 인기도의 정치적 함의는 무엇인지를 추적한다. 연구자들은 먼저 여성들이 여성 장르를 선호하고 느끼게 되는 감정에 대해서 설명하고자 한다. 대부분의 여성 장르들은 여성들의 관심사를 많이 다루고 있으며 개인적인 갈등이나 감정적인 갈등을 주된 소재로 한다. 고부간의 갈등, 남편과의 갈등 그리고 가족성원들과 관련된 일들(생일, 결혼, 이혼, 죽음, 질병 등)이 중요한 소재로 등장한다. 이러한 소재는 많은 인물들을 등장시키고 다양한 시각에서 사건을 보고 해석하는 것을 가능하게 하며 뚜렷한 주제를 수용자에게 강요하지 않는다.

이런 성격의 여성 장르는 두 가지 방식으로 설명된다. 첫째, 여성 장르―특히 일일 연속극과 같은 드라마―는 열려 있는 장르이다. 여기서 텍스트가 열려 있다는 사실은 수용자가 텍스트에 참여할 수 있는 여지가 많다는 뜻이다. 여성 자신 특유의 경험을 텍스트에 삽입해서 스스로의 의미를 만들어내게 된다. 또 하나 여성들의 시청경험은 남성의 그것들과는 다르다. 여성들의 텔레비전 시청이란 다른 가족성원들의 요구 때문에 끊기게 마련이다. 그리고 남성들이 일을 마친 다음 쉬는 기분으로 텔레비전을 보는 것과는 달리 여성의 시청행위는 항상 죄책감을 불러일으킨다. 가정이 남성들의 휴식공간인 데 비해서 여성에게는 일터에 해당하기 때문이다. 결국 그러한 가사부담으로 인해서 여성들의 시청행위는 텔레비전에 깊숙이 빠져들지 못하게 되고 듬성듬성한 시청행위로 바뀐다. 이는 여성의 주체형성이 매끈하게 이루어지기보다는 전혀 다른 방향으로 이어질 수도 있음을 시사하기도 하고 텍스트가 있는 그대로 받아들여질 가능성을 감소시키는 것이기도 하다.

여성들의 장르는 이렇듯 여성들의 경험(가정 혹은 사회에서의 경험)들을 바탕으로 수용된다. 드라마가 여성들의 장르로 자리잡게 된 배경은 여성 특유의 경험과도 관련이 있다. 여성들은 기다림 속에서 하루를 보낸다. 아침에 식구들이 일어나기를 기다리고 아이들이 하교하기를 기다리고 남편이 퇴근하기를 기다린다. 그러한 기다림의 경험은 끝없이 기다려야 하는 일일 연속극의 내러티브와 통한다. 연속극은 기다림을 미학화한 장르이다. 이야기가 끊어지지 않고 지속되지만 명확한 결론을 내려주지도 않으며 정확한 결말의 전망도 보여주지 않는다. 수용자는 끊임없이 기다리게 된다. 가정에서의 기다림의 경험과 텍스트가 보여주는 속성이 일치하고 있다. 이렇듯 여성 장르는 여성의 경험과 관련되고 있다.

여성의 일상성을 통한 경험이 텍스트 안으로 스며든다는 것은 텍스트를 다시 읽을 수 있는 기회를 제공하게 된다. 텍스트가 만들어지는 대로 의미를 낸다기보다는 수용자의 경험을 바탕으로 한 해독으로 그 의미가 발생하는 것이다. 그렇다면 대중매체의 일방적인 승리가 아닌 대중문화물과 수용자의 해독 간의 경쟁이 발생하게 됨을 상정할 수밖에 없다.

여성 수용자 자신들의 일상경험과 맞아떨어지는 프로그램들로부터 받아들이는 즐거움도 많은 연구자들의 관심대상이 되고 있다. 우리는 그 동안 멜로 드라마 등을 통한 즐거움이 생활로부터의 도피로 간주되거나 정치적으로 의미가 없는 것으로 설명되는 예들을 많이 보아왔다. 외국의 멜로 드라마들을 보고 얻게 되는 즐거움은 대중문화를 통한 문화적 제국주의로의 참여를 의미하는 것처럼 설명되기도 했다. 앵(I. Ang)은 네덜란드의 수용자들이 미국의 대표적 텔레비전 드라마인 <댈러스>를 어떤 형식으로 수용하고 있는지를 설명하고자 했다. <댈러스>야말로 가장 미국적이며 제국주의적인 내용을 담고 있는 드라마라는 것이 지금까지 대중문화론자들의 설명이었다. 앵은 수용자들이 그런 대중문화론자들의 설명 속에서 과연 어떻게 <댈러스>를 받아들이고 있으며, 어떻게 자신들의 시청행위를 합리화하는지를 밝히고자 했다.

앵은 외양으로 드러나는 <댈러스>라는 연속극의 미국적인 화려함[기호학적으로 설명하자면 외연(denotation)에 해당]보다는 연속극 속에서 벌어지는 인간관계 등[기호학적으로 설명하자면 내포(connotation)]에 더 많은 관심을 가지고 시청하는 수용자를 찾아볼 수 있었다. 여성 시청자들은 자신들의 일상생활에서 일어나는 인간관계에서 느끼는 감정적인 친근함을 드라마 속에서 찾고 있었다. 부부간 갈등이나 이혼 등에 대한 자신들의 경험이나 정서를 드라마 안으로 짜 넣어 나름대로 해석하고 있었다. 앵은 그러한 해석 및 해독을 정서적 리얼리즘(emotional realism)이라고 부르고 있다. <댈러스>라는 드라마를 통해서 실생활에서 체험하는 정서를 재확인하고 그 확인과정에서 즐거움을 찾게 된다고 설명한다. 지금까지 그러한 즐거움은 비정치적 또는 정치적으로(혹은 여성해방운동의 측면에서) 보수적인 형태로 이어질 것이라는 설명이 지배적인 데 반해, 앵은 그 즐거움이 진보적인 정치행위와 의식으로 이어질 것이라는 가능성을 배제하지는 않는다.

이상과 같은 여성 수용자의 대중매체 활용에 대한 논의들은 서로 다른 것처럼 보이지만 오히려 더 많은 공통점을 지니고 있으며 대중매체의 수용을 이데올로기적 개혁이라는 측면에서 다루고 있다. 기존 연구들이 이와 같은 문화적인 수용을 이데올로기의 수용과정이라고 보았던 것에 비해, 이 연구들은 대중매체의 내용이 그 개혁의 도구와 수단이 될 수 있음을 간파하고 있으며 특히 어려운 여성해방운동의 이론 등으로 무장되지 않은 대다수 여성들에게 다가가는 중요한 채널이 될 수 있다고 본다.

여성 수용자에 대한 설명들은 대중문화물이라는 텍스트의 일방적인 승리가 아닌 텍스트를 수용하는 수용자의 경험이나 일상성을 강조하게 된다. 여성들이 만드는 조직되지 않은 공동체와 그 공동체를 통한 서로의 경험 확인, 그리고 끝없이 이어지는 의미의 확산 등은 대중문

화물이 의도했던 바를 파괴하거나 재창조하는 작업을 가능하게 해준
다. 그리고 여성들의 문화를 통해서 만들어지는 여성성도 가부장제적
인 문화내용을 다시 읽게끔 해주는 정치적 역할을 하기도 한다.

여성의 경험이 대중매체 안에 어떻게 스며들며 그 역할이 무엇인지
에 대한 논의는 아직도 이어지고 있으며 합의를 도출하지 못하고 있
다. 하지만 지금까지의 수동적인 여성 수용자에 대한 논의를 뛰어넘어
능동적이며 창조적인 여성 수용자를 상정하게 되었다는 점은 대중매
체와 여성을 논의하는 데 큰 보탬이 되고 있다. 정신분석학적으로 보
아 매끈하고 모순이 없어 보이는 주체가 아닌 사회적 주체로서 사회
적 모순을 몸으로 경험하고 있는 여성 주체가 대중매체를 통해서 사
회적 모순을 어떻게 해석할 것이며 정치적으로 어떻게 연장해나갈 것
인가 하는 문제는 연구해볼 만한 가치를 지니고 있다고 하겠다.

6. 대중매체와 여성

대중매체를 반여성적인 것으로 보는 것은 큰 의미가 없다. 대중매
체란 본질적인 속성을 지니고 있는 사회적 제도는 아니다. 오히려 대
중매체란 여러 가지 사회적 내용으로 채워지기를 기다리는 무형의 존
재일 수도 있다. 다만 현재 대중매체의 속성이 제반 사회적 제도와의
관계 속에서 가부장제적이고 반여성적이라고 설명할 수 있다. 그러한
반여성적이고 가부장제적인 대중매체의 현재의 속성을 어떻게 변화시
킬 수 있을 것인가라는 문제는 엄청나기도 하고 요원해 보이기도 하
다.

대중매체의 획기적인 변환에 대해서는 이 책의 다른 분야에서 논의
되었다. 그러나 대중매체의 변화를 단순히 정치·경제적인 영역만으로
한정시켜서는 안될 일이다. 여성학자들이 주장하듯이 가부장제적인

영역 또한 반민주적인 이데올로기적 제도이기 때문에 그에 대한 적절한 대책이 강구되어야 한다. 그런 의미에서 대중매체의 제도적 변화만으로 가부장제적 요소가 없어질 것이라는 낙관론은 그야말로 낙관론으로 그쳐버릴 가능성이 크다. 오히려 대중매체의 변화는 대중매체 밖에서의 변화를 통해서 이루어질 개연성이 크다. 그런 의미에서 대중매체를 통한 여성 수용의 경험이 다른 진보적 사회운동과 연관될 때 대중매체가 갖는 현재의 속성을 바꿀 수 있을 것이다. 그런 의미에서 필자는 대중매체에 대한 자유주의 페미니즘의 설명보다는 사회주의 페미니즘의 설명에 더 많은 점수를 주려 한다.

대중매체 안에서 여성 종사자들이 벌여왔던 여성의 민주적이고 공평한 재현을 위한 노력 등을 폄하할 수는 없다. 여성 재현에 대해서 오랫동안 불만을 갖고 그에 대한 시정을 요구해온 사회운동단체들의 노력 또한 값진 것들이다. 하지만 여성 재현에서의 비민주성은 단순히 대중매체 내 여성 종사자들의 숫자나 대중매체의 편견 이상의 것이다. 이미 여성들에 대한 비민주적 관행들은 자본주의가 지니고 있는 경제적 구조, 여성을 객체화함으로써 얻는 대중매체의 상업성, 그리고 오랫동안 우리 사회를 지배해온 상식들(여기서는 유교적인 정신까지도 포함한다)이 얽히고설켜서 우리에게 다가온 것들이다. 그리고 대중매체를 수용하고 있는 우리들은 이미 그러한 관행들에 기꺼이 참여하며 실천하고 있다.

우리 사회의 비민주성을 철폐하려는 노력들과 여성들에 대한 상징적인 폭력에 대한 인식이 서로 연관되어 사회적 운동으로 연결될 때 대중매체의 비민주성은 어느 정도 개선될 수 있다. 그러나 이는 여전히 우리가 상상하는 것보다는 훨씬 어려운 작업이다. 대중매체 속에서의 여성문제는 대중매체 밖에서 먼저 찾아내서 대중매체가 그러한 모순들을 어떻게 재현하며 재생산하고 있는지를 살펴보고, 그런 다음 여성들이 대중매체에서 행해진 재현들을 어떻게 받아들이며 사회적으로 이용하는지를 설명하여야 한다. 그리고 다시 대중매체 밖으로 논의를 끌어내서 궁극적으로 사회변화에 어떠한 공헌을 할 수 있는지를 논의해야 할 것이다.

9

텔레비전 뉴스 비평

1. 들어가며

텔레비전 뉴스는 다른 장르보다 더 빈번히 비평대상으로 선정된다. 방송이 '땡전 뉴스'(9시 시보를 땡 하고 울리면 뉴스가 "전두환 대통령은 …"으로 시작되었다고 해서 붙인 이름)를 했던 시절에는 뉴스를 비평하기가 한결 쉬웠다. 뉴스가 공정하고 정확할 것을 주문하면 되는 그런 시기였다. 하지만 지금 뉴스는 맨눈에 드러날 정도로 정확성이나 공정성에 문제가 있지는 않다. 어떤 이는 몇 가지 문제만 해결하면 이제 우리 텔레비전 뉴스도 상당한 경지에 오를 것이라고 말하기도 한다. 뉴스 제작자들도 자신들이 정상 궤도에 올랐고, 예전처럼 시청자들로부터 욕먹을 정도의 잘못을 범하지는 않는다고 자신한다. 정확성이나 공평성 등으로 비평하기 어렵게 되었다고 할까. 텔레비전 뉴스의 과오가 쉽게 눈에 띄지 않는 지금 과연 텔레비전 뉴스를 어떻게 비평해야 할까.

2. 텔레비전 뉴스의 위상

텔레비전 뉴스는 참으로 애매한 위상을 지니고 있다. 저녁에 방영되는 9시 뉴스 쇼를 놓치는 이들은 많지 않다. 별다른 일이 없는 한 그 시간대에는 텔레비전 앞으로 다가간다. 온 가족이 모여 시청하는 경우도 종종 있다. 텔레비전 뉴스에 관한 한 아이들이 못 보게 한다든지, TV 앞을 떠날 것을 부탁하지는 않는다. 텔레비전 장르 중에서 그래도 건질 만한 것이라 생각하기 때문이다. 언론 관련 시민사회단체들도 텔레비전 뉴스에 관해서는 독립성 등을 요구하며 상당한 신경을 쓴다. 오락 프로그램에 갖다대는 잣대와는 다르게 좀더 정치적이고 고급스런 담론을 적용하며 뉴스에 이러저러한 요청을 한다. 그런 점에서 뉴스는 가정에서나 사회에서나 고급 장르로 대접받는 텔레비전 장르인 것이다. 그러나 텔레비전 뉴스로부터는 '진정한 보도' '믿음직스러운 저널리즘'의 느낌을 강하게 받지 못한다. 저널리즘에 관한 한 수용자들은 신문에 더 많은 점수를 준다. 텔레비전 뉴스를 빠뜨리지 않고 좋은 점수를 주며 관심을 보이지만 신문보다는 덜 신뢰하는 수용자들 탓에 텔레비전 뉴스의 위상은 참으로 애매해 보인다.

텔레비전 뉴스는 왜 신문보다 덜 신뢰받는 것일까? 몇 가지 이유가 있을 것 같다. 매체에 대한 관습을 첫번째 이유로 들 수 있을 것이다. 텔레비전 뉴스가 등장하기 이전부터 신문은 보도매체로 확고한 위치를 차지해왔다. 기자라고 말하면 으레 신문기자를 떠올리는 어른들을 보면 매체에 대한 수용자의 태도는 매우 고집스럽다고 할 수밖에 없다. 그런 고집 탓에 방송 저널리즘이 신문보다 우위에 서는 일이 좀처럼 쉽지 않은 것이다. 전날 텔레비전 뉴스에서 본 사건을 신문을 통해 재확인하는 습속을 보더라도 그런 일은 쉽게 이루어질 것 같지는 않다. 두번째 이유로 저널리즘적 권위의 부족을 들 수 있겠다. 텔레비전 뉴스는 매우 단편적이다. 정보의 양도 턱없이 모자란다. 뿐만 아니라

저널리즘이 행하는 중요한 책무인 해석에 관한 한 신문에 비교도 안
될 정도로 약하다. 신문이 해설기사, 사설 등을 갖는 데 비해 텔레비
전은 그런 역할을 할 기능체를 가지고 있지 못하다. 아주 짧은 기사
몇 개가 연속적으로 방영될 뿐, 그 기사들을 심층분석하고 해석하는
기회가 많지 않다. 당연히 텔레비전은 신문에 비해 카리스마를 갖기가
어려워지는 것이다. 세번째로 역사적 이유를 들 수밖에 없겠다. 방송
저널리즘이 1970~80년대에 보여주었던 친정권적 행위들 탓에 텔레
비전 뉴스에는 상당한 의심의 눈초리가 따라다닌다. 국가홍보매체로
활용되었던 과거의 기억이 텔레비전 뉴스의 위상에 상당한 영향을 미
치리라 짐작된다. 전폭적인 신뢰를 갖고 있지 못한 것이다.

애매한 위상에도 불구하고 여전히 텔레비전 뉴스는 인기 있는 장르
다. 그 속보성으로 인해 빠르게 소식을 전달받고자 하는 이들은 텔레
비전 뉴스를 선호하고 있다. 물론 상세한 소식은 신문을 통해서 얻는
다 하더라도 말이다. 그러나 텔레비전 뉴스에 담겨 있는 형식들에 대
해서는 구체적으로 질문을 하거나 알려고 하는 노력을 보이지 않는
것 같다. 텔레비전 뉴스가 전통적으로 정권에 너무 밀착해 있었다, 카
리스마가 없다, 상세한 보도가 아니다라는 인식을 지니고 있으면서도
텔레비전 뉴스에 대한 전향적인 사고가 많지 않은 것 같다. 텔레비전
뉴스가 만들어지는 방식, 보도하는 방식, 사용하는 언어들 때문에 우
리에게 전달되는 사회적 현실이 가공되고 있다는 점에 큰 관심을 기
울이지는 않는다. 정치적 독립성만 유지한다면 제대로 사회적 현실을
보도해줄 것이라는 믿음이 큰 탓인지 정치적 독립성, 객관성 등을 기
대할 뿐 한 단계 더 나아간 요청을 하지는 않는다.

이런 억지를 한번 부려보자. 텔레비전 뉴스는 남성적이라고 말이다.
텔레비전 뉴스 중 가장 중요하게 여겨지는 9시 저녁 뉴스는 왜 9시에
편성되어 있을까?(8시에 편성한 방송사도 있지만 그것은 경쟁을 피하
기 위한 전략에 따른 것이다). 이것은 엉뚱한 질문일까? 한번 곰곰이

생각해보자. 저녁 9시는 남편이자 아빠인 가장이 퇴근해서 저녁상을 물릴 시간이다. 주부, 엄마, 학생에게는 저녁 9시가 별다른 의미를 갖지 않는다. 그렇다면 9시 뉴스는 가장을 위한 서비스라고 볼 수밖에 없다. 그같은 편성은 정치적 독립성, 객관성 등과는 큰 상관이 없다. 또 다른 억지를 부려보자. 뉴스에서 일기예보는 왜 마지막 부분에 등장하는 것일까? 일기예보를 앞에 두면 안되나? 아니면 중간에 넣든지. 억측과 상관없이 일기예보는 뉴스를 마칠 즈음에 등장하는 것이다라는 관습이 이미 정해져 있다. 이것은 어떤 의미일까? 혹 뉴스를 남성 중심으로 끌고간 다음 여성 시청자를 끌어들이기 위해 마련된 것은 아닐까? 남편의 출근길에, 아이들의 등교길에 비가 오는지, 눈이 오는지를 미리 알고 아침부터 우산을 챙긴다 비옷을 챙긴다 하는 것은 주부의 몫이므로 주부들의 일기예보에 대한 관심은 높을 것이다. 그러나 뉴스에는 별로 관심이 없으니 뉴스가 끝날 즈음에 일기예보를 삽입해 주부들을 다시 불러들이는 것이 필요할지도 모른다. 끌어들인 주부 시청자들이 뉴스 다음의 미니시리즈 등으로 자연스럽게 옮겨가도록 말이다.

남성을 위한 뉴스, 여성을 끌어들이기 위한 뉴스 순서 배정, 이러한 사안들은 정치적 독립성이나 객관성과는 거리가 멀다. 하지만 중요한 사안이 아닐 수 없다. 뉴스가 남성 중심적이라는 사실은 큰 문제가 아닐 수 없다. 흔히들 여성들이 뉴스를 잘 접하지 않아 시사적인 문제에 어둡다고 말한다. 그것을 여성들의 태만으로 돌리거나 시사문제를 잘 이해하려는 시민적 자발성이 모자란 탓이라고 비난하는 예를 많이 보아왔다. 그러나 뉴스가 남성 중심적이라고 본다면 여성들이 뉴스를 접하지 않는 것은 뉴스에 관심이 없기 때문이라기보다는 뉴스가 여성에게 다가가지 않기 때문이라는 결론이 나올 수도 있다. 왜 텔레비전은 여성적 눈높이나 스타일로 보도 서비스를 하지 않는 것일까. 혹 여성들은 사회적 내용을 몰라도 된다고 생각하기 때문은 아닐까. 아니면 여성을 대상으로 보도 서비스를 하려면 너무 시시콜콜한 것에 매달려야 하기에 뉴스의 가치가 떨어진다고 생각하는 탓일까. 뉴스가 토론과 사회적 여론을 이끌어야 하며 시시한 풍문(gossip)으로 이어지도록 해서는 안된다고 생각하는 것은 아닐까.

드라마나 코미디, 다큐멘터리 등과 같이 중요한 장르를 위해 따로 논의의 장을 마련하지 않고 텔레비전 뉴스만 따로 떼어 논의하는 이유는 뉴스를 좀더 전향적으로 사고할 것을 권유하고 싶기 때문이다. 텔레비전 뉴스에 대한 우리의 논의 폭은 너무 좁다. 뉴스의 규범, 기능, 보도자 윤리, 정치적 독립성, 객관성 등에 너무 많은 초점을 맞춘다. 물론 그런 초점 맞추기가 전혀 틀렸다고 보기는 어렵다. 과다하기 때문에 문제로 삼는 것이다. 한두 사안에 대한 과다한 관심은 뉴스를 전혀 다른 각도로 볼 수 있는 가능성을 제거하는 위험한 효과를 낼 수도 있다. 드라마나 코미디 등 인기 있는 다른 장르를 제쳐놓고 뉴스장르만을 따로 떼서 텔레비전 뉴스 비평이란 제목 아래 논의하는 이유는 뉴스에 대한 이해의 폭을 넓히기 위한 것으로 받아들이면 되겠다.

3. 텔레비전 뉴스를 보는 시각 두 가지

신화비평에서도 잠깐 언급을 했던 바 있는 '소박실재론'과 '텔레비전 구성론'을 다시 한번 반복하도록 하겠다. 사실 이 두 구분은 매우 소중한 것이다. 텔레비전을 어떻게 파악하느냐에 따라 비평의 대상·방식·기준이 달라지기 때문이다. 텔레비전 뉴스를 소박실재론으로 보는 입장에서는 항상 정확성, 객관성, 공평성 등으로 비평을 마감할 공산이 크다. 텔레비전을 현실 구성의 제도라고 보는 입장에서는 구성하는 방식을 문제삼고 그것이 낼 수 있는 사회적 효과에 초점을 맞춘다.

1) 세계로 향해 열린 창

텔레비전 뉴스를 두고 '세계로 향해 열린 창'이라고 부르기도 한다. 이 비유는 자주 언급되는데 텔레비전은 세계로 향해 열려 있어 바깥 세상의 소식을 가감없이 전달할 수 있다는 믿음에 해당한다. 즉 텔레비전 뉴스가 사회적 실제(social reality)를 전달해줄 수 있는 능력을 가지고 있는 것으로 이해하는 것이다. 또한 텔레비전 뉴스는 텔레비전의 다른 픽션 장르와 크게 다름을 강조한다. 드라마나 코미디 등은 실제 세상을 다루지 않고 허구의 세상 혹은 만들어진 세상을 다루는 데 비해 뉴스는 실제 세상, 있는 그대로의 세상, 비가공적 세상을 다룬다고 믿는 것이다. 그래서 뉴스를 다루는 제작자와 픽션 장르를 다루는 제작자는 서로 다른 윤리의식을 지니고 있어야 하고 각각의 제작지침이 있어야 한다고 주장한다.

텔레비전 뉴스가 '세계로 향해 열린 창'이긴 하지만 때로는 그 역할을 제대로 못할 때도 있음을 이 시각은 인정한다. 즉 세상을 있는 그대로 알려주는 뉴스의 기능을 해치는 요소들이 있음을 인정하는 것이다. 사회적 실제가 텔레비전 뉴스를 통해 제대로 전달되지 않는 것은 뉴스 과정을 왜곡하는 요인들 탓이라 믿는다. 즉 세계로 향해 열린 창에 때가 끼었다고 보는 것이다. 당연히 이 시각에서는 텔레비전 뉴스가 사회적 실제를 제대로 전달하게 하기 위해서는 창에 낀 왜곡의 때를 닦아내는 일이 필요하다고 주장한다. 그 왜곡을 닦아내기만 하면 텔레비전 뉴스는 객관적이고 공평하게 사회적 현실을 전하는 임무를 수행할 수 있다고 믿는다. 당연히 이 시각에서는 객관적이고 공평한 뉴스 전달을 해치는 요인들이 무엇이고 그것을 어떻게 제거할 것인가에 극도의 관심을 보인다.

우선 텔레비전 뉴스 기자 개인이 왜곡의 원인이 될 수 있음을 지적한다. 기자가 가진 편견이나 미숙함 등으로 인해 실제 보도에 왜곡이 생길 수 있다는 논리다. 이를 극복하기 위해 기자 개인이 노력해야 함은 물론이고 방송사가 꾸준히 그들을 훈련시키는 제도를 수립하고 전문성을 갖출 수 있도록 도와야 한다고 말한다. 윤리의식을 고취시키는 일도 이루어져야 한다고 덧붙인다. 텔레비전 뉴스 조직도 왜곡의 요소로 지적된다. 텔레비전 뉴스 조직의 일들은 대체로 하루 단위로 종결된다. 그날 정해진 시간에 맞추어 뉴스가 방영되어야 하기 때문이다. 시간에 맞추어 일을 제대로 해내기 위해서는 조직적 장치가 필요하다. 그중 하나가 출입처 선정이다. 방송기자가 출입처를 정해두는 이유는 출입처에 뉴스거리가 많기 때문이다. 출입처로 선정된 기관들은 기자가 구태여 취재하지 않아도 뉴스거리가 있을 만큼 자신들을 홍보하길 원한다. 정해진 시간 내에 자신에게 부가된 뉴스를 만들어야 하는 입장의 기자들에게 이는 매우 편리한 제도일 수 있다. 출입처 외의 조직적 장치는 관료화된 조직장치다. 취재할 내용을 배분하고, 취재된 내용을 점검하고, 모든 내용들을 종합하는 등의 분업적 관료제가 있어야 하루하루의 방영을 감당할 수 있다. 신참 기자가 미숙하게 취재한 부분은 중간 간부기자가 조언을 통해 변경시킬 수도 있다. 그리고 관례상 반드시 지켜야 할 부분들을 지적하거나 그에 맞추어 내용을 변경시킬 수도 있다. 이런 조직 내부에서의 다단계 결정, 지나친 간섭 등이 사회 현실의 전달을 해칠 수도 있다고 '세계로 향해 열린 창' 시각을 가진 자들은 주장한다.

텔레비전 뉴스 외부는 제대로 된 뉴스 전달을 막고자 하는 여러 요인들로 붐비고 있다. 여러 사회제도가 텔레비전이 전달하고자 하는 객관적 사회 현실을 왜곡시키려는 의도를 갖고 있다고 보는 것이다. 우선 정보원(情報源)을 그 첫번째 제도로 볼 수 있다. 출입처나 정보를 보유하고 있는 사회제도들에서 뉴스 취재를 방해하거나 틀린 정보를 흘려 뉴스를 왜곡시킬 수 있다. 물리적으로 취재를 막거나 자신들에 유리한 정보만을 흘린다면 취재는 한계에 부딪히며 왜곡된 정보를 내

보낼 수밖에 없다는 것이다. 두번째로 들 수 있는 제도는 방송사의 소유주이다. 방송사를 소유하고 있는 개인이나 집단은 뉴스를 자신의 이익에 합당한 쪽으로 이끌고 궁극적으로 사회적 현실을 왜곡하게 하는 것이다. 세번째로는 권력집단을 들 수 있다. 정권을 장악한 쪽에서는 각종 법규를 들고 나와 보도의 부당성을 법으로 심판하려 하는 등의 위협을 통해 뉴스의 왜곡을 부추길 수 있다. 간접적인 방법으로 방송사의 소유주를 통해 뉴스의 내용에 간섭할 수도 있다. 네번째로 사회 내 여러 이익집단을 들 수 있다. 사회 내 여러 이익집단은 의도적으로 방송취재를 방해하기도 하고, 이미 방송된 내용을 두고 항의시위를 하는 등 다음 보도에서 위축되게 하는 일들을 행한다.

'세계로 향해 열린 창'의 시각은 텔레비전이 현실을 명료하게 전달할 수 있다는 믿음을 지닌다. 이 믿음은 뉴스 담당자나 많은 시청자, 심지어는 학자들 사이에서도 공유될 만큼 강력한 효과가 있다. 그래서 이 믿음은 어떻게 하면 명료성을 저해하는 요소들을 줄일 것인가 혹은 없앨 것인가에 골몰한다. 방송기자들을 맹훈련시키는 일, 그들의 높은 윤리의식을 촉구할 윤리강령의 작성, 방송 외부로부터 뉴스를 독립시키는 법제적 장치들, 방송사 내부의 게이트 키핑이 명료성을 해치지 않는 범위에서 벌어지게 할 장치의 마련 등등이 그 대책으로 제시된다. 이런 것들만 마련된다면 텔레비전 뉴스는 그야말로 우리가 알기 원하는 사회적 현실을 그대로 전달해줄 수 있다고 믿는다.

만약 이런 시각에서 텔레비전 뉴스를 비평한다면 비평가는 먼저 뉴스 내용에 대한 점검을 해야 할 것이다. 그런 다음 내용에서 문제가 있다고(왜곡되었다고) 생각되면 과연 무엇이 그렇게 만들었을까 하고 뉴스의 조건을 논의하는 순으로 넘어가게 된다. 마지막으로 뉴스의 조건을 개선하기 위해 어떤 일들이 이루어져야 할지를 제안하고 설명할 것이다. '내용 점검(분석) → 내용과 뉴스 조건의 관계 → 뉴스 조건 개선에 대한 제안'의 식으로 말이다. 그러나 무엇보다도 강조를 두는 것은 왜곡된 내용과 그 원인을 찾아내는 일일 것이다. 왜 뉴스는 현실을 제대로 반영하지 않고 왜곡시켜 보도하는가에 초점을 맞추는 것이 이 시각에서의 뉴스비평의 요체가 된다.

2) 사회 현실의 구성

텔레비전 뉴스를 다르게 보는 시각도 있다. 텔레비전 뉴스와 드라마는 제작된다는 점에서 큰 차이가 없다는 시각이 바로 그것이다. 여기서 잠깐 요리의 예를 들어보자. 요리는 자연을 가공하는 행위라 할 수 있다. 자연으로부터 나온 각종 식품들을 각종 도구들을 활용해 가공한다. 그 행위를 문화적 행위로 볼 수 있다. 서로 다른 사회에서는 다른 요리법을 지니고 있는데 그것을 문화적 차이라고 부르는 이유도 요리가 문화적 행위이기 때문이다. 요리를 예로 드는 것은 뉴스 제작도 그 과정과 비슷해 보이기 때문이다. 뉴스거리가 되는 사건·사고들은 비교적 자연에 가깝다. 그것은 우발적일 가능성이 크며, 쉽게 설명이 안될 정도로 다양한 요소들이 서로 관계를 맺은 채 이루어지는 것들이다. 카오스적 자연에 가까운 것이다. 그러나 뉴스 제작 행위는 카오스를 질서 있는 것으로 바꾸는 작업이다. 서로 상관없을 것 같은 각종 재료를 섞어 맛을 내듯이 무질서해 보이는 뉴스거리를 요리(제작)해 의미를 만들어내는 것이다. '카오스에서 코스모스로', 이것이 바로 뉴스 제작이 아닐까.

뉴스거리가 제작과정을 통해 의미 있는 사건으로 만들어진다는 입장을 두고 '사회적 현실의 구성(the construction of social reality)' 시각이라고 부른다. 텔레비전 뉴스를 통해 보이는 사회적 현실은 결코 원래의 사회적 현실이 아니다. 사건·사고 현장을 텔레비전 카메라가 생생하게 중계한다고 하더라도 그것은 여전히 구성된 현실일 뿐 원래의 사회적 현실은 아닌 것이다. 한번 벌어진 사건은 그것으로 소멸될 뿐 반복될 수 없다. 텔레비전 뉴스는 언어를 사용하여 사라져버린 사건을 다시 복원하려 하지만 여전히 그것은 복원된 사건일 뿐 사건 그 자체는 아니다. 그러므로 사회적 현실이 객관적으로 전달된다든지 하는 일은 애초부터 불가능한 것이 되고 만다. 이런 입장에서는 뉴스거리를 처리하는 방식, 즉 제작하는 방식(convention)에 관심을 갖고 분석하며, 그런 뉴스 제작 방식으로 인해 생기는 의미는 무엇이고, 그 의미가 사회적으로 어떤 영향력을 갖는지를 설명한다.

뉴스거리는 뉴스 제작자에 의해 의미가 부여된다. 그 과정 없이는 어떤 사건도 의미를 갖기 힘들다. 앞서 뉴스 제작은 자연을 문화로 옮겨 놓는 과정이라고도 했고, 카오스를 코스모스로 바꾸는 과정이라고도 했다. 만약 뉴스가 만들어진 결과, 즉 문화라면 그것은 어떤 성격의 문화인가를 질문할 필요가 있다. 즉 구성된 현실은 어떤 성격을 가진 현실인가를 따져보아야 하는 것이다. 그런 점에서 구성의 시각은 언어로 의미화하는 과정을 따져보고, 그것이 과연 누구의 편에 서는 의미인가를 정의해보는 쪽으로 방향을 잡는다. 이미 뉴스 자체는 공정하거나 객관적일 수 있다는 사실 자체를 부정하고 누구의 이익을 도모하는가를 살펴보는 것이다. 모든 재현은 현실과 똑같을 가능성을 전혀 가지지 못한다. 현실은 두 번 발생하지 않기 때문이다. 그러므로 왜곡이냐 아니냐에 초점을 맞추는 대신 어떻게 재현되었는가, 그 재현은 누구의 편에 서는 재현인가, 그것이 갖는 사회적 효과는 무엇인가에 관심을 갖는 것이 더 낫다고 구성론자들은 말한다.

첫번째 뉴스 분석·비평 방식, 즉 '세계로 향해 열린 창'의 시각은 나름대로의 장점을 지니고 있다. 뉴스를 둘러싼 제도들을 점검하는 일은 매우 소중한 일이다. 뉴스가 내·외부의 요인들에 의해 영향을 받을 수 있는, 바람을 잘 타는 제도임을 아는 일은 매우 중요하다. 그러나 그것으로 뉴스에 대한 분석을 마칠 수는 없는 노릇이다. 뉴스가 꾸준히 전통으로 지녀왔던 제작방식(재현방식)들에는 과연 어떤 문제가 있는지 살펴보는 일도 소중하다. 매일 뉴스를 만드는 이들은 자신들이 활용하는 뉴스 제작 방식이 진리적 지위를 지니고 있는 것처럼 사고할 수도 있다. 한 번도 의심해본 경험이 없을 수도 있다. 선배들이 행해온 제작방식이 현실을 명명백백하게 보여줄 가장 좋은 도구라고 믿고 그에 대해 토를 다는 것을 기분 나쁘게 생각할 수도 있다. 만약 구성적 입장에서 뉴스를 비평한다면 그 믿음이 얼마나 잘못된 것인지를 전달해줄 수 있다. 뉴스 제작이 객관적으로 이루어지는 것이 아니라 남성 중심적으로 이루어지고 있고, 특정 집단을 옹호하는 쪽으로 의미화되고 있으며, 질서를 최선으로 옹호하는 방향으로 이루어지고 있음을 보여줄 수 있다. 이는 개인이나 조직의 윤리적 문제가 아니라 별다른 의심 없이 수행해오는 직업적 관습을 문제삼고, 그것의 폐해를 꼬집는 작업이라 하겠다.

4. 뉴스의 현실 재구성 방식

재구성론에서는 텔레비전 뉴스가 어떻게 재구성화되어 있는가, 그것의 효과는 무엇인가 등에 관심을 갖는다고 앞서 지적한 바 있다. 뉴스가 현실을 재구성하기 위해 채택하는 관습들을 하나하나 점검하려 한다. 이 관습들은 무색무취한 객관적 작업도구인 것처럼 보이지만 실제로는 특정 방향을 갖고 사회 현실을 재구성하고 있음을 강조할 것이다.

1) 뉴스 선택

어떤 것이 뉴스로 선택되는가. 세상에서 벌어지는 모든 사건·사고는 뉴스가 될 자격을 갖추고 있다. 그러나 모든 것이 뉴스로 선택되지

는 않는다. 뉴스로 선택되기 위해서는 몇 가지 성격을 갖추고 있어야
한다. 즉 뉴스 제작자들은 사건·사고를 뉴스로 선택하는 데 기준을 지
니고 있는 것이다. 갈퉁(J. Galtung)과 루즈(M. Ruge)는 뉴스거리 중
최근의 것, 엘리트와 관련된 것, 부정적인 것, 놀라운 것 등이 뉴스로
선택될 가능성이 높다고 밝히고 있다. 이같은 뉴스 선택의 기준은 뉴
스가 생기면서부터 있던 것은 아니라 생각된다. 오랜 시간을 거치면서
뉴스 제작에서 관습화된 것으로 보인다. 그렇다면 이같은 뉴스 선택의
관습은 과연 어떤 효과를 낳는 것일까.

먼저, 최근의 것이라 함은 지난 24시간 안에 벌어진 사건일수록 뉴
스로 선택될 가능성이 큼을 의미한다. 이런 뉴스 선택의 기준은 뉴스
로 하여금 역사성을 갖지 않게 한다. 한 사건을 두고 그 사건의 역사
를 추적한다든지 하는 일을 하지 않는 것이다. 혹 큰 사건을 연속적으
로 추적한다 하더라도 여전히 24시간 전 그 사건의 진전을 보도할 뿐
이다. 이 보도방식 혹은 뉴스 선택은 사건·사고를 분할하는 결과를 낳
는다. 사건 전체를 알게 하는 것이 아니라 사건을 분절적으로, 쪼갠
상태에서 이해하도록 만드는 것이다. (이 부분은 이후에 논의되는 분
절화와 관련될 수 있다.)

둘째, 엘리트와 관련된 것일수록 뉴스로 선택될 가능성이 크다. 이
것은 대중매체가 스타를 활용하는 것과 비슷한 전략이다. 엘리트는 이
미 사회적으로 지명도를 가진 존재다. 텔레비전 화면에 등장하기만 해
도 그(녀)가 누군지 아는 정도라면 텔레비전 뉴스가 그 존재 주변에서
벌어지는 일을 뉴스로 만드는 것은 너무도 당연하다. 별다른 설명 없
이도 이해가 가능하고 눈길을 끌 수 있는 존재를 외면하지 않는 것이
다. 엘리트들이 주로 활동하는 곳은 공적인 영역이다. 정치적, 경제적,
사회적 엘리트들의 가정사와 관련된 뉴스는 주로 가벼운 터치의 아침
프로그램이나 저녁 늦은 시간의 토크 쇼 등을 통해 전해진다. 엘리트
들이 활동하는 공적 영역은 뉴스의 전유물이다. 공적 영역에서 활동하

는 남성들을 겨냥하는 텔레비전 뉴스는 당연히 공적 영역에서의 사건·사고를 다루고 그와 관련된 엘리트들을 다루게 된다. 이는 공적 영역과 남성성을 연결하고, 남성성과 뉴스를 다시 연결하는 전략적 실행이라 할 있다. (이 부분도 이후 스타활용전략과 관련될 수 있을 것이다.)

사회 내 엘리트에 대한 보도방식을 보면 뉴스가 픽션과 참으로 비슷한 제작방식을 가짐을 알 수 있다. 사회 내 엘리트들은 자신들이 일상적으로 행하는 업무 자체로 뉴스에 등장한다. 즉 엘리트들이 사회를 위해 생산적인 일을 하는 것 자체가 뉴스가 되는 것이다. 그러나 엘리트가 아닌 사람들, 평범한 시민의 일상적 업무는 뉴스가 되지 않는다. 평범한 시민이 뉴스에 포착되기 위해서는 일상을 깨는 이벤트와 연루되어야 한다. 범죄를 저지르거나 큰 사고가 나는 부정성의 요소를 가져야만 뉴스에 걸려든다. 엘리트는 사회 내 생산적인 일로 뉴스에 등장하고, 평범한 이들은 대체로 사회를 뒤집는 일로 뉴스에 등장한다는 얘기다. 이런 제작방식은 드라마에서 흔히 볼 수 있다. 주인공은 늘 사회 내에서 생산적인 일로 분주하다. 그러나 주인공의 반대편에 선 악당은 언제나 사회를 뒤집는 부정적인 일로 시간을 보낸다. 드라마를 보는 우리는 주인공의 생산성이 악당의 부정성을 물리치기를 마음으로 빌고 주인공의 노고에 박수를 보낸다. 혹시 뉴스를 통해서도 우리는 그러한 반응을 보이고 있지는 않은지 모르겠다.

부정적일수록 뉴스적 가치가 있음은 사실이다. 뉴스를 보면 온통 부정적인 것으로 넘친다. 그래서 텔레비전 뉴스 시간에 좋은 뉴스만 보여주면 안되나 하고 불만을 터뜨리는 시청자들도 있다. 긍정적인 뉴스만 방영하면 세상이 더 나아질지 알 길은 없으나 그 불만을 통해서도 우리는 텔레비전 뉴스가 얼마나 나쁜 것들만 보도하는지 짐작할 수 있다. 여기서 우리가 주목할 것은 단순히 부정적이냐 긍정적이냐가 아니다. 과연 부정적인 뉴스가 담은 부정성은 무엇에 부정적인가 하는 점에 초점을 맞추어볼 필요가 있다. 부정성은 방향성을 가질 수밖에 없다. 즉 어떤 것에 대해 부정적인가 하는 방향성을 갖는 것이다. 텔레비전 뉴스의 부정성은 일반적으로 사회적 질서, 규범, 일상과 반대되는 방향성을 갖는다. 교통사고보도는 일상성의 부정에 대한 보도이며, 범죄보도는 사회질서 및 규범을 거스르는 부정성에 대한 보도이다. 외국의 놀라운 사건들, 즉 지진, 화산폭발, 기아, 쿠데타, 전쟁 등에 대한 보도는 우리와 다름, 즉 우리 일상에 대한 부정성을 드러낸다. 결국 부정적인 성격을 띠는 뉴스는 세상을 부정적으로 보게 만드는 것이 아닌 셈이다. 오히려 정상의 소중함, 질서·규범을 지켜야 한다는 당위성을 전달해주는 역할을 한다고 보는 편이 더 옳아 보인다.

수없이 많은 사건·사고 중에 몇몇만 뉴스로 선택된다는 사실은 뉴스가 현실을 그대로 재현하는 것이 아니라 구성하는 한 방편으로 보아도 무방한 증거라 하겠다. 특정 기준을 두고 그 기준에 맞추어 현실을 재단하기 때문이다. 뉴스가 선택하고 현실을 구성하는 것은 단순히 선택과 재단으로 그치지 않는다. 그것은 일정 효과를 가진다. 현실을 엘리트에 맞추어 재단하면 공적 영역의 중요성이 부각되고, 남성성의 우월성이 강조되며, 또한 엘리트의 우수성이 보장받게 된다. 그로 인해 사적 영역은 소외되고, 여성성은 열등하게 비추어지고, 평범한 이들은 상대적으로 모자라는 존재로 받아들여진다. 뉴스의 제작방식이 그런 결과를 만들어내는 것이다.

2) 언어의 사용

텔레비전 뉴스는 몇 가지의 언어를 사용한다. 영상언어, 음성언어, 문자언어 등이 그것이다. 텔레비전 뉴스가 사용하는 영상언어는 매우 다양하다. 카메라 앵글, 샷의 크기, 영상의 흔들림, 편집방식 등의 언어가 있다. 그 언어에는 다양한 의미를 내는 언어용법이 있다. 카메라 앵글을 예로 들어보자. 카메라를 피사체보다 높은 곳에 두고 촬영하는 경우를 두고 흔히 하이 앵글이라고 부른다. 하이 앵글로 촬영된 피사체는 위축되어 보이거나 초라한 느낌을 준다. 카메라가 피사체보다 높은 곳에서 촬영된 경우를 로우 앵글 샷이라 부른다. 로우 앵글 샷은 하이 앵글 샷과는 달리 피사체에 권위를 부여하고 위엄 있는 모습으로 느껴지게 만든다. 같은 사물을 어느 위치에 놓고 촬영하느냐에 따라 의미가 다르게 드러나는 것이다. 샷의 크기를 예로 들어보자. 9시 저녁 뉴스를 보면 앵커맨이나 앵커우먼을 잡은 샷은 매우 편안한 느낌을 준다. 가슴께부터 잡은 샷이라 바스트 샷이라 부르는데 안정감을 주며 친근한 느낌을 전해준다. 드라마에서는 흔히 주인공이 긴장하고 있는 장면에서 얼굴을 크게 클로즈업한다. 화면 가득히 얼굴을 담아 주인공의 심리적 불안감 등을 전해주는 것이다. 이처럼 샷의 크기로도 의미는 얼마든지 달라질 수 있다.

음성언어도 마찬가지다. 뉴스에서도 종종 음향이 배경음으로 깔리는 경우가 있다. 사회적으로 중요한 인사가 죽음을 당했다고 하자. 텔레비전 뉴스는 그 인사의 영안실을 촬영하는 것에 그치지 않고 그 촬영분에다가 슬픈 배경음을 깔지도 모른다. 아니 그럴 개연성이 크다. 실제 영안실 분위기보다 훨씬 더 슬픈 분위기를 그 배경음으로 자아낼 수 있다. 음성언어가 영상언어와 합성되어 효과가 배가될 수도 있다. 비리의 현장을 추적하는 내용이 뉴스시간에 들어 있었다고 하자. 어떤 영상과 음향을 이용할지를 머리에 한번 떠올려보라. 아마 화면은 심하게 흔들리고 음향은 급박한 템포로 소리를 낼 것이다. 수용자는 당연히 급박함을 느끼고 비리의 심각함을 알게 된다.

텔레비전 뉴스는 이런 사회적 실제를 다시 꾸며서(구성해서) 우리에게 보여준다. 바로 이 점이 텔레비전 뉴스(신문 뉴스도 마찬가지다)가 안고 있는 태생적 한계이다. 영상언어, 음성언어, 문자언어를 이용한 커뮤니케이션을 해야 한다는 한계를 텔레비전 뉴스는 지니고 있다. 그러므로 그런 텔레비전에 객관성과 공평성의 기준을 갖다대는 것은 포

커스를 잘못 잡은 것이라 하겠다. 언어를 사용하는 한 있는 그대로를
보여줄 수가 없다. 있는 그대로를 보여주는 공평함은 언어를 사용하는
한 불가능해 보인다. 그래서 뉴스는 그 부족함을 메우기 위해 일종의
언어적 관습을 행한다. 즉 뉴스를 될 수 있는 한 객관적인 것처럼 보
이게 하는 것이다. 객관성을 갖기 힘들다는 사실을 토로하는 대신 객
관성이 자신들의 주요 임무인 것처럼 보이게 만드는 것은 텔레비전
뉴스에서 중요한 과제가 아닐 수 없다. 텔레비전 뉴스에서 작은 꼭지
를 맡은 기자들이 보도하는 방식을 보자. 그들은 대체로 자신들이 취
재하는 현장의 모습을 보여주는 데 온갖 심혈을 기울인다. 대통령에
대한 뉴스는 청와대를 배경으로 설명한다. 사건·사고보도는 현장에
서서 바람에 머리칼을 휘날리면서 현장감을 잔뜩 불어넣는다. 그들은
자신들이 현장에 있음을 될 수 있는 한 강조한다. 항상 현장에 있으며
그 현장을 있는 그대로 보여줌을 강조한다. 그래서 그들을 잡는 화면
의 크기는 스튜디오 내 앵커맨, 앵커우먼을 잡는 크기와는 다르다. 조
금은 초라해 보이고 덜 안정되어 보인다. 하지만 그것은 사건·사고현
장임을 드러내는 데 아무런 부족함이 없다. 오히려 현장감을 주는 데
그보다 더 좋은 방식이 있을 수가 없다.

　현장을 묘사하기 위해 기자가 사용하는 언어 또한 명명백백한 것은
아니다. 보도할 때 사용하는 말이 가져다주는 효과도 있게 마련이다.
외국의 예이기는 하지만 정치 관련 보도에서 가장 두드러지는 언어사
용법은 은유법이라 한다. 은유는 설명하기 어려운 상황을 이해하기 쉽
도록 단순화시키거나 이미 알려진 익숙한 상황을 언급함으로써 친숙
화시키는 언어사용법이다. 마음의 평온함을 설명하기 위해 "내 마음
은 호수요"라고 말하거나 시간의 소중함을 전하기 위해 "시간은 금이
다"라고 말하는 것 등이 은유법이다. 정치를 쉽게, 친숙하게 이해하기
위해 전쟁, 게임, 드라마 등을 끌어들여 설명하는 것을 두고 바로 은
유를 이용한 보도라고 하겠다. 정치를 전쟁, 게임, 드라마 등을 활용해

이해시키다보면 전혀 의도하지 않은 결과를 자아낼 수 있다. 전쟁, 게임, 드라마는 공통적으로 우리 편, 너희 편이 분명한 사회적 제도다. 아군과 적군, 우리 편과 상대편, 우리 주인공과 나쁜 악당들로 나뉘는 것이다. 그런 은유를 통해 우리는 국제 정치무대에서 우리 편과 상대편이 누구인지를 쉽게 이해하게 되고, 국내 정치무대에서도 과연 누가 우리 편 혹은 상대편인지를 한눈에 알게 된다.

우리나라 뉴스는 독특하게도 자막을 빈번하게 사용한다. 화면을 보여주면서도 그 화면 밑에 화면을 설명하거나 아니면 기사의 요점을 짧게 정리하여 자막으로 처리한다. 우리나라 뉴스만의 특징인지, 아니면 다른 나라에서도 찾을 수 있는지 궁금하다. 필자가 외국 프로그램을 시청한 경험에 국한해서 말하자면 한국적 현상이라는 느낌이 든다. 그렇다면 왜 우리는 그같이 뉴스에서 자막 활용을 관습으로 정착시켰을까? 그리고 그 효과는 무엇일까? 영상과 문자가 동시에 만나면 과연 어떤 쪽이 의미화과정에서 더 큰 역할을 할까? 우리는 간혹 박찬호 관련 텔레비전 뉴스를 보면서 그것이 오늘 벌어진 게임의 화면일까 아니면 예전 게임의 화면일까 하고 궁금하게 여긴다. 예전 게임의 화면일 경우 텔레비전 방송사에서 친절하게도 오른쪽 상단에 '자료화면'이라고 명시해둔다. 그것을 통해서 박찬호가 예전에 벌였던 게임 화면을 다시 활용한 것이구나 하고 생각한다. 아니면 그것과 상관없이 오늘 벌였던 게임의 화면이구나 하고 받아들일 수도 있다. 문제는 오른쪽 상당의 '자료화면'이라는 글자와 화면 중 무엇이 더 큰 의미를 갖는가 하는 점이다.

나는 개인적으로 화면상의 문자가 큰 힘을 갖는다고 생각한다. 앞으로 더 검토되어야 하겠지만 문자화면은 때로는 그림을 압도하기도 한다. 최근 토크 쇼나 코미디 프로그램 등에서의 자막사용이 많이 늘어나고 있다. 어떤 상황을 설명하거나 놓치기 쉬운 부분을 자막을 통해 설명하는 제작기법이 붐처럼 보일 정도다. 제작자들은 쉽게 웃음을 자아내고 재미를 줄 수 있다는 이점 때문에 손쉽게 수용하는 것 같다. 즉 자막을 통해 화면을 반전시키거나 패러디하는 등의 작업이 가능하다고 본 것이다. 그만큼 자막의 위력은 크다고 하겠다. 신문 사진은 어떻게 의미를 발생하는가 생각해보라. 신문 사진 밑의 해석[캡션 (caption)이라고 부른다]에 따라 의미가 크게 달라진다. 그처럼 영상과 문자가 만났을 때 문자가 갖는 힘은 매우 크다 하겠다. 그렇다면 텔레비전 뉴스에서의 문자사용이 화면을 압도할 가능성이 있다면 과연 화면은 왜 보여주는 것일까. 영상을 보조하기 위한 자막이 아니라 자막을 보조하기 위한 영상이 되고 마는 것은 아닐까. 문자를 사용함으로써 전달하고자 하는 내용이 명확하게 의미를 낼 수 있게 만들고자 하는 의도를 달성할 수 있다. 객관적으로 보도한 후 시청자가 해석하도록 내버려두는 것이 아니라 의미의 방향마저 잡아 보여주는 셈이다. 이처럼 언어의 사용에 따라 뉴스의 의미는 달라지는 것이다.

3) 내러티브 갖기

텔레비전 뉴스는 참으로 이상한 구성을 택한다. 항상 처음으로 끌어들이는 방식이 그중 가장 두드러진 기이한 구성이다. 먼저 예로써 설명하자. 9시 저녁 뉴스는 항상 편안한 분위기에서 시작한다. 잘 생긴 남녀 진행자가 먼저 안방에 인사를 한다. 아마 안방에 있는 수용자들은 그 인사에 대답하는 인사를 할지도 모르겠다. 매일같이 해대는 친절한 인사에 대한 답례로 말이다. 인사를 마치면 바로 첫 뉴스로 들어간다. 대충 사건 개요를 짧게 설명한 다음 현장에 나가 있는 기자의 취재내용을 방송한다. 스튜디오에 있는 진행자와는 달리 현장의 기자는 어수선한 분위기에서 방송한다. 바람이 불기도 하고 주변의 사람들이 오고 가는 등 산만하기 짝이 없다. 그러나 기자는 자신이 전달하고자 하는 메시지에만 신경을 쓸 뿐 산만함에는 크게 개의치 않는 듯하다. 그럼에도 불구하고 현장의 기자와 그 분위기는 중요한 역할을 한다. 현장에 갔다는 점, 현장을 보여주고 취재를 했다는 점이 강조되면서 뉴스에 객관성을 부여하게 된다. 추측 기사이거나 만든 것이 아님을 강조하고 직접 보고 취재함을 증언하면서 현장을 보여주기까지 한다. 그같은 기자의 취재가 끝나면 화면은 다시 스튜디오로 돌아온다. 안방과 같은 분위기에 차분한 느낌의 앵커맨, 앵커우먼이 앉아 있는 스튜디오로 귀향하는 것이다.

안방과 같은 스튜디오에서 출발해서 살아 움직이고 어수선한 현장을 방문하고 다시 스튜디오로 돌아옴이 반복되면서 뉴스 쇼가 이루어진다. 그 반복은 대체로 '안정-불안정-안정-불안정-안정…' 식의 내러티브를 만든다. 모든 불안정한 것들을 안정·회복·질서의 상태로 끌어당기는 것, 이는 앞서 신화비평에서 살펴보았듯이 안정된 것을 선호하게 하고, 모든 불안정한 것들이 뉴스를 통해 다 해소된 것처럼 받아들이게 만드는 효과를 갖는다. 즉 불안정한 것들의 회복, 부정적인 것들의 질서 편입이라는 효과를 내는 것이다. 그래서 뉴스가 끝날 즈음이면 부정적인 것, 불안정적인 것들을 최종적으로 마무리하는 방편의 뉴스 혹은 화면들이 전달된다. 평온한 호수의 그림을 보여주는 영상 에세이, 연성뉴스라고 말하는 가벼운 생활소식, 날씨와 관련된 소식 등이 뉴스의 마지막을 장식하는 것이다. 평온하고, 질서 있고, 안정된 상태로 뉴스를 마무리하기 위해서다. 뉴스 전체를 한 편의 이야기로 보자면 그같은 서사 그리고 효과를 갖는다.

한 사건에 대한 뉴스도 이야기로 구성되어야 하기에 이야기 형식, 즉 서사를 갖게 마련이다. 뉴스 서사도 신화비평에서 살펴본 픽션의 서사와 크게 다르지 않다. 서로 대립되는 한 쌍을 중심으로 이야기를 풀어간다. 범죄뉴스인 경우 범인의 범죄사실 그리고 그를 추적하는 경찰, 경제질서를 어지럽히는 경제사범과 그를 뿌리뽑겠다는 검찰 등 대립되는 짝패는 시간의 흐름에 따라 어느 한편의 승리로 끝나는 방향으로 구성되어 있다. 즉 불의를 무너뜨리는 정의의 편에 선 검찰, 경찰이라는 식이다. 일상과 안정, 질서를 위협하는 불의, 부정은 사회적 공권력에 의해 정리되고 궁극적으로는 안정과 질서를 회복한다는 식으로 진행되는 것이다. 지하철 파업 뉴스를 한번 떠올려보라. 그러면 대체로 다음과 같은 짝패가 구성될 것이다.

노조 : 사업자

노동자 : 시민, 공권력

파업 : 질서, 안정

이 정도면 보도기사가 떠오를 것이다. "노조는 시민의 발을 볼모로 하는 파업을 그만두어야 한다. … 공권력은 질서 회복을 위해 단호한 조치를 취해야 한다. … 사회적 안정과 질서는 양보에서 나온다"라는 보도로 파업과 그에 참여한 노동자, 노조를 부정적인 쪽으로 몰아가게 된다. 즉 노동자와 사업자, 공권력 그리고 시민을 등장시켜 이야기를 전개하는 것이다. 이는 프롭이 설명한 등장인물과 비슷해 보인다. 안정과 질서를 회복하는 영웅인 공권력이 있고, 그를 파괴하는 악당인 노동자, 노조가 있으며, 공권력으로부터 보호를 받아야 하는 공주인 시민, 그리고 공권력을 돕는 보조자인 사업자가 있다. 이런 방송뉴스를 대하는 일반 시민은 자신을 어디에 포함시킬까. 별 어려움 없이 공권력, 사업자, 질서, 안정 등과 자신을 한데 묶어두려 하지 않을까. 앞서 부정적인 사건이 더 많은 뉴스 가치를 갖는다고 밝힌 바 있다. 부정적인 사건 그 자체가 목적이 아니라 보도를 통한 질서와 안정의 중요성을 설파하는 데 더 큰 목적을 두고 있는 것이다.

4) 스타활용(의인화)

오락 프로그램만 스타를 활용하지 않는다. 텔레비전 뉴스의 등장인물들은 수용자들이 한눈에 알아볼 만한 사람들이다. 즉 정치, 경제, 사회에서의 스타를 중심으로 뉴스를 만들어가는 것이다. 예를 들어 여야 대립을 설명하는 뉴스가 있다고 하자. 그럴 경우 어김없이 여야간 입장차이보다는 여야를 대표하는 대표 정치인들간의 대결로 설명한다. 즉 당이 의인화되는 셈이다. 선거기간 동안에만 경마식 저널리즘이 발생하는 것은 아니다. 정치보도에서는 누가 이기고 있는지, 지고 있는지 등을 보도할 뿐 명확한 당정책적 차이들에는 큰 관심을 두지 않는다.

그래서 정치·경제계의 인물들이 뉴스 소재로 활용될 때 어김없이 일반적으로 스타들에 붙여지는 수식어들이 뒤따른다. 이는 일종의 은유의 활용으로 볼 수 있다. "스포트라이트를 한 몸에 받는다"라든가, "최근 들어 새로운 실력자로 뜨기 시작했다"는 등의 수식어가 사용된다. 당연히 정치, 경제, 사회는 그런 몇몇 스타의 손에 의해 좋아질 수도, 나빠질 수도 있는 것처럼 논의된다. 우리는 DJ, YS, JP 등의 용어에 익숙해 있으며 그들의 발길이 닿는 곳이 당이 생기는 곳임을 순순히 받아들인다. 정치적 스타들이 당을 대신(대표)하며 그들의 이념이 곧 당의 이념인 것처럼 보도된다. 그로써 대부분의 사건·사고들은 의인화되며 개인화된다. 정치적 사건은 말할 것도 없고 경제적 사건들도 의인화되는 경향이 강하다. 재벌총수들의 움직임이 바로 우리 경제의 움직임인 것처럼 보도되는 일은 허다하다.

그러면 왜 텔레비전 뉴스는 사건·사고에 스타를 활용하고 의인화하려 하는가? 스타의 경제학으로 충분히 설명될 수 있다. 냉수 마시기가 특기인 뚱보 개그맨이 있다고 하자. 그는 방청객 앞에서 단 몇 초만에 페트 병에 든 냉수를 마시는 특기가 있다. 사람들은 그가 물을 마시는 장면을 보고 박장대소를 한다. 그에 착안하여 평범한 사람이 방청객 앞에 서 물 마시는 장면을 연출했다고 하자. 아마 별다른 호응을 얻지 못할 것이다. 그러나 그 뚱보 개그맨은 물병만 들고 나와도 웃음을 자

아닐 수 있다. 짧은 시간에, 연기를 하지도 않은 채 웃음을 끌어내는 일, 그것이 바로 스타의 경제학이다. 최소비용으로 최대의 효과를 얻어라. 텔레비전 뉴스도 그런 것이 아닐까. 정치적 현장은 눈에 쉽게 보이지 않는다. 기껏해야 국회의사당 그림으로 메우는 일 말고는 정치적 현장을 잡아서 보여주기가 힘들다. 그래서 뉴스는 이미 수용자들의 눈에 익숙한 정치 스타들을 등장시키면서 정치 사건·사고를 메운다. 정치적 사건을 의인화하면 더욱 그 주제에 친숙할 수 있음을 예상한 것이다.

사건이 뉴스를 통해서 의인화되면 어떤 효과를 낳을까. 첫째는 정치적 스타의 탄생(혹은 몰락)이 주요 정치판에서 중요한 의제가 된다. 즉 정치뉴스를 대할 때 정치의 옳고 그름, 잘하고 못함을 따지는 것이 아니라 정치적 스타의 부침에 더 많은 관심을 갖게 되는 것이다. 우리는 정치판이 의인화되어 무림의 고수들의 한판 승부로 보도되는 것을 받아들이는 데 상당히 익숙하다. 정치가 9단이라든지, 수가 낮다든지 하는 평가가 바로 정치영역을 의인화하여 단순화한 데서 오는 결과라 할 수 있다. 정치영역은 결코 정치인들의 힘 겨루기 장소가 아니다. 자신들의 권력을 놓고 투쟁하는 공간이 아니라 국민의 의견을 놓고 서로 다투는 영역이다. 그런 점에서 정당의 정강, 정책 등이 더욱 부각되어야 하고 그를 중심으로 경쟁되어야 할 필요가 있는 것이다. 하지만 텔레비전 뉴스는 그 점에 대해 많은 시간을 할애하지 않는다. 인물이 움직이는 대로 따라다니며 인물들의 패거리나 정치적 행위들에 초점을 맞추는 데 그친다. 정치는 곧 몇몇 인물을 따라 움직이고 그들을 빼고는 이야기가 되지 않는 존재로 바뀌는 것이다.

둘째, 뉴스에서 정치를 의인화하는 것은 해독의 편의를 제공하는 목적을 갖기는 하지만 사건·사고의 본질을 잊게 하는 비용을 치르게 한다. 인물로 초점이 맞추어지면 모든 사건·사고는 그 인물들과 관련이 있을 뿐 다른 사회적 제도들과는 좀처럼 연결되지 않는다. 사건·사고의 성질이 변하는 것이다. 예를 들어 경상도와 전라도 간의 해묵은 감정을 YS와 DJ의 대립으로 설명한다면 두 지역간 화해는 두 정치인의 화해로 이루어지는 것처럼 받아들여질 가능성이 높다. 경상도와 전라도의 해묵은 감정이 왜 생겼고 어떤 성질의 것인지를 살펴볼 겨를이 전혀 없어지는 것이다.

보도의 편의를 위해 도입되는 의인화는 득은 없고 실만 있는 고쳐져야 하는 관습임에 틀림없다. 정치갈등을 극화해서 눈길을 끄는 데는 성공할 수 있을지는 모르지만 사회 내 정치 수준을 떨어뜨리는 데 기여할 뿐이다. 그같은 관습이 지속되고 있음에도 공정성, 객관성만 운운한다면 뉴스비평은 별다른 사회적 기여를 행하지 못한다는 핀잔을 받아 마땅하다.

5) 강조와 위장

뉴스를 들여다보면 과장되어 보도되는 집단들이 있다. 특히 노동자와 학생들이 그렇다. 노동자들이 파업을 하는 현장을 보여줄 때 가장 많이 등장하는 뉴스 장면은 삭발한 머리에 빨간색 띠를 두른 노동자의 모습이다. 주위에는 삭발하지 않고 평범한 옷을 입은 노조원들도 있지만, 텔레비전 뉴스는 어김없이 '가장 노동자다워 보이는' 삭발한 머리에 빨간 띠를 두른 노동자를 찾는다. 시위하는 학생을 보도하는 모습도 마찬가지다. 만약 아침부터 성명서를 읽고, 노래를 부르고, 행진을 하다가 저녁 즈음해서 경찰과 무력 마찰이 있었다고 하자. 뉴스는 마지막의 무력장면, 즉 쇠파이프를 들고 다니거나 화염병을 던지는 학생들을 포착할 것이다. '가장 운동권 학생다운' 학생을 찾은 것이다. 물론 주위에는 화염병 투척이나 물리적 마찰을 피하려 하는 운동권 학생들도 있다. 그러나 그들을 포착했다가는 뉴스가 큰 눈길을 끌 수 없음을 방송은 너무도 잘 알고 있는 것이다. 이같이 특정 집단에 특별한 의미를 부여하고 두드러지게 하는 것을 두고 강조(nomination)라고 말한다.

노동자의 파업현장이 카메라에 잡히는 동안 사업자의 모습은 보이지 않는다. 파업이 관계적임에도 불구하고 노동자의 모습만 꾸준히 방영될 뿐 사업자는 그 흔한 인터뷰조차 없다. 뉴스는 언제나 '달라고' 고함치는 이들만 강조해서 잡을 뿐 '주는' 사업자를 담지 않는다. 학생들의 시위를 막는 경찰의 모습도 마찬가지다. 간혹 등장하는 경찰의 모습도 수동적으로 시위에서 떠밀리는 것뿐이다. '공격하는' 학생들에 비해 '방어하는' 경찰은 조용하며 텔레비전 뉴스에 잘 드러나지 않는다. 노동자와 학생들이 강조되는 반면 사업자와 경찰은 위장(exnomination)되는 것이다. 위장된다는 것은 존재가 있으면서도 드러나지 않거나 드러난다 하더라도 최소한의 수준에서만 드러나는 것을 의미한다.

여기서 강조는 대체로 부정적인 부분과 관련되어 있다. 즉 사회적 안정을 해치거나 질서에 도전하는 것들을 강조하는 것이다. 노동자의 파업과 학생들의 정치적 시위는 모두 불안정, 무질서를 초래할 수 있는 것들이다. 부정적 사건의 가치를 높이 평가하는 뉴스로서는 그같은 집단들의 행동을 과장하여 보도한다. 그리고 부정적 사건을 제어하여 다시 회복과 질서로 옮겨 놓는 힘들은 자연스럽고 당연한 것으로 보여야 하기 때문에 숨겨주는(위장하는) 것이다. 강조와 위장의 반복으로 인해 우리는 노동자파업, 학생시위라 하면 당장 떠오르는 몇 가지 이미지를 갖게 되었다. 삭발, 빨간 머리띠, 하늘로 향해 치솟은 손들, 화염병, 목에 힘을 주는 구호들 등등이 그것이다. 그러나 당장 사업자와 경찰의 모습은 구체적으로 떠오르지 않는다. 그리고 노동자와 학생들은 늘 무엇인가를 달라며 투정을 부리는 존재라는 느낌도 받게 된다. 그러나 사업자와 경찰은 자신의 임무에 충실하며 경제를 위해, 질서를 위해 노력하는 자들이라는 느낌을 갖게 한다. 강조와 위장이 이

런 느낌을 가져다준 것은 아닐까. 만약 그렇다면 텔레비전 뉴스는 강
조와 위장을 통해 일종의 면역주사를 놓았다고 할 수 있다. 결코 다른
생각을 하지 못하도록 말이다. 노동자들의 말대로 노동자가 주인이 되
는 세상이 아니라, 노동자는 일하고 경영자는 경영하는 둘 사이의 화
해가 잘 이루어지는 세상을 머리에 그리도록 시청자에게 면역주사를
놓는 것이다. 학생들의 말대로 민중이 주인이 되는 세상이 아니라 모
든 계층의 국민들이 하나되어 조국 한국의 번영을 위해 협동하는 사
회를 늘 고민하도록 면역주사를 한 방 먹이는 것이다.

  제3세계에 대한 보도도 과장되어 있는 부분이 많다. 대신 서구세계
에 대한 보도는 상당히 위장되어 있다고 할 수 있겠다. 제3세계에 관
한 뉴스를 통해 우리가 볼 수 있는 것은 그들의 야만스러움, 비위생성,
비문화적 생활 등이 아닐까 싶다. 제3세계의 여러 부분 중 몇몇 부분
만을 강조하여 전체를 그런 식으로 사고하게 만드는 것이다. 그같은
강조는 제3세계에 대한 잘못된 믿음으로 이끌게 된다. 방송기자들도
그러한 강조와 위장의 세계에서 성장해왔고, 또 방송보도를 직업으로
택함으로써 강조와 위장의 주체가 될 수밖에 없다. 뉴스를 논의할 때
늘 언급되는 예가 하나 있다. 벨기에의 식민지였던 콩고에서 반란이
일어났고 백인들이 콩고로부터 철수하게 되었다. 이때 한 미국 기자가
콩고로 출장명령을 받는다. 그가 콩고의 수도인 루사카 공항에 도착하
자마자 백인 여성들에게 다가가 큰 소리로 묻는다. "여기 혹시 흑인들
로부터 강간당한 분 안 계신가요?" 그는 이미 비행기 안에서 대강의
기사를 다 썼던 셈이다. 이처럼 강조와 위장은 사회적 효과를 가지며
그것이 텔레비전 뉴스를 담당하는 기자들에까지 전해져 끊임없이 재
생산되고 있다.

5. 텔레비전 뉴스 비평

텔레비전 뉴스를 세계로 향해 열린 창으로 볼 것이냐, 아니면 사회현실의 구성자로 볼 것이냐에 따라 뉴스에 대한 정의도 달라진다. 전자의 시각으로 뉴스를 정의하면 '텔레비전에서 수용자에게 매일매일 세상의 실제를 있는 그대로 보여주기 위해 마련한 프로그램'일 것이다. 이때 비평의 초점은 텔레비전이 과연 있는 그대로 보여주고 있는가, 만약 그렇지 못하다면 어떤 요소의 개입으로 그런 일이 벌어졌는가, 그것을 개선하기 위해서는 어떤 노력이 필요한가 등에 맞추어진다. 후자의 시각으로 텔레비전을 정의하면 '세상에 벌어진 일들을 매일매일 텔레비전적 언어로 구성해서 수용자들에게 보여주는 프로그램'이라고 말할 수 있을 것이다. 그리고 비평은 텔레비전은 과연 어떤 방식으로 세상의 실제를 구성하는가, 그같은 구성은 과연 어떤 효과를 내는가 등에 초점이 맞추어진다.

뚜렷하게 밝힌 바는 없지만 이 책의 전반적인 기조로 본다면, 필자가 두번째 접근법을 더욱 선호한다는 사실을 눈치 빠른 독자들은 알고 있을 것이다. 두번째 접근법을 선호하는 데는 몇 가지 이유가 있다. 우선 텔레비전은 언어를 사용한다는 점을 잊어서는 안되기 때문이다. 텔레비전 뉴스를 세계로 향해 열린 창이라고 부르는 것은 일종의 속임수다. 세계로 향해 열린 창이 아닌데도 창이라고 말한다면 텔레비전 뉴스에 대한 요청도 아주 엉뚱한 방향으로 흘러갈 수도 있다. 텔레비전 뉴스의 문제점이 기자 개인에 의해 생긴다든지, 외부의 압력 때문에 생기므로 그것을 차단할 수 있는 대책을 세워야 함을 강조할 수도 있다. 그러한 주장, 대책이 전혀 틀린 것은 아니지만 상당한 한계를 노정할 수 있다. 그런 점에서 전과는 다른 새로운 시각과 비평방식이 필요한 것이다.

두번째 접근법을 선호하는 또 다른 이유는 뉴스가 정치적 독립을 이룬 후에도 여전히 불평등이나 모순 등을 드러낼 수 있기 때문이다. 즉 뉴스가 성적으로 불평등하다는 지적을 받고 있지만 정치적 독립을 이룬 뒤에도 그 문제가 자동적으로 해결될 것 같지는 않다. 장애인, 노인, 지방민, 노동자 등에 대한 왜곡된 보도방식도 정치적 독립으로 해소될 문제가 아니라고 생각한다. 우리가 관심을 갖는 것은 텔레비전 뉴스에 대한 정치적 외압뿐만 아니라 사회 내 잔존해 있는 모든 권력적 불균형관계이다. 텔레비전 뉴스는 불균형적인 권력관계를 때로는 무의식적으로 재생산해내기도 한다. 이제 그같은 부분들에 관심을 보일 필요가 있다. 물론 텔레비전 뉴스가 정치적 독립을 얻는 일도 중요하지만, 그에 상응하는 정도의 노력이 사회 내 권력 불균형을 제거하는 데 쏟아져야 할 것이다. 따라서 앞서 설명된 뉴스의 많은 사회구성 방식들을 전향적으로 개선하고 전에 없던 전혀 새로운 보도방식을 채택함이 필요할 것이다.

텔레비전 뉴스 비평은 정확성, 공정성 등을 따지는 일도 포함하지만 그런 내용을 담고 있는 형식을 비평하는 일에도 소홀해서는 안된다. 지금까지 뉴스비평은 주로 뉴스내용을 대상으로 삼았다. 이제 내용을 담고 있는 형식까지 포함해서 비평하는 작업으로 옮겨져야 한다. 그렇지 않고서는 겉으로만 보이고 들리는 내용에 함몰되어 뉴스 깊숙이 도사리고 있는 권력 불균형 재생산 메커니즘을 놓칠 가능성이 크다. 앞서 논의되었던 신화비평, 페미니즘 비평, 역사비평 등과 함께 뉴스비평이 수행되어, 텔레비전에 대한 더 깊은 이해를 비평의 독자들에게 선사할 필요가 있겠다.

10
수용자비평

1. 수용자비평의 의의

수용자는 과연 텔레비전을 어떻게 즐기고 있는 것일까. 독자 여러 분들은 자신의 텔레비전 시청을 한번 떠올려보기 바란다. 많은 학자들이 걱정하고 있는 것처럼 텔레비전 내용을 스펀지처럼 별다른 저항 없이 쏙쏙 빨아들이고 있는가. 아니면 텔레비전을 켜두고 별다른 주의를 기울이지 않고 흘려버리는가. 아니면 텔레비전 내용을 조목조목 따지고 대들고, 욕지거리를 해대며 즐기고 있는가. 아마 시청자마다 독특한 텔레비전 수용법을 가지고 있으리라. 그러나 우리는 그에 대해 별다른 정보를 가지고 있지 못하다. 비슷한 경험과 문화를 가지고 있는 집단은 다른 집단에 비해 상당한 동질성을 갖고 텔레비전의 내용을 해석할 가능성이 크다. 주부 집단과 미혼 직장여성 집단 간의 텔레비전 드라마 수용은 현격한 차이를 보일 것이다. 농촌지역의 청소년과 대도시지역의 청소년의 청소년 프로그램에 대한 평가도 크게 다를 것이다. 여전히 우리는 사회 내 다양한 집단들의 텔레비전 수용에 대한 정보를 많이 갖고 있지 않다. 수용자들이 텔레비전을 즐기는 방식, 의미를 내는 방식 등에 대해 잘 알고 있지 못한 셈이다.

수용자비평은 그 동안 비평이 소홀히 대했던 수용자에게 새로운 지위를 부여하는 비평이다. 수용자를 획일적인 동일 존재로 파악하지 않고 다양한 경험을 바탕으로 텔레비전을 대하는 능동적인 존재로 보고, 그들이 만들어내는 텔레비전 수용을 찾아가 그에 대해 새로운 해석을 덧붙이는 비평방식이다. 사실 이같은 수용자비평을 가장 반기는 측은 텔레비전 제작자들이다. 그들은 수용자들이 능동적으로 다양한 방식으로 텔레비전을 대하고 의미를 낸다는 사실을 무척이나 반긴다. 텔레비전 내용에 대해 수용자들이 능동적으로 대하고 있으니 그 동안 텔레비전 내용에 대한 선정성 시비, 저질 시비 등은 지나친 걱정일 뿐이라고 수용자비평을 들먹이며 주장할 수 있게 된 것이다. 그러나 그것은 수용자비평에 대한 철저한 오해에서 비롯된다.

수용자비평이 말하는 수용자의 능동성, 수용자의 다양한 해석은 그것 자체로서 사회적 의미를 갖는 것은 아니다. 수용자의 능동성, 다양한 해석이 사회적 힘을 갖기를 바라는 것이 수용자비평의 요체다. 예를 들어 여성들의 텔레비전 드라마에 대한 적극적인 해석, 저항적 해석은 텔레비전적 사건으로 그치는 것이 아니라 반가부장제적 운동으로까지 이어져야 한다는 함의가 수용자비평에는 깔려 있는 것이다. 수용자에게 새로운 지위를 부여하여 사회적 존재로서 사회적 함의를 가진 수용을 하고 더 나아가 사회적 모순을 척결하는 데까지 나서는 존재로 만들기 위한 전략이 수용자비평이다. 그러므로 수용자비평은 수용자에게 힘을 주는 전략이지 제작자들에게 알리바이를 제공하는 것은 아니란 점이 강조되어야겠다.

2. 텍스트중심주의의 위기

오랫동안 비평가들은 자신들의 임무를 텍스트에 담겨 있는 의미를 찾아내는 것이라고 생각해왔다. 텍스트에는 의미들이 교묘하게 숨겨져 있어 맨눈에는 잘 보이지 않기에, 비평가들이 수용자들의 이해를 돕는다는 목적으로 비평을 한다는 것이다. 이런 전통적 견해에 힘입어 비평은 주로 텍스트로 향했다. 문학에서는 이 비평방식을 두고 흔히 원전중심주의라고 말한다. 원전(cannon)에는 일정한 뜻이 담겨 있으므로 문학비평은 그 뜻을 잘 찾아내고 그것의 가치를 잘 설명하는 데 그 성패가 달려 있다고 본 것이다. 문학교육의 목적도 원전에 담긴 뜻을 잘 파악해내 적절히 해석하도록 하는 것에 있었다. 이같이 텍스트 혹은 원전에 담긴 뜻을 찾아내는 비평(가)에 대한 전통적 견해는 두 가지의 사회적 효과를 낸다.

첫째는 비평가의 지위에 대한 사회적 합의 도출이다. 전통적 견해를 따르면 비평가는 숨겨진 의미를 찾아내 이해를 돕는 전문적 식견을 가진 자들이라는 인식이 가능해진다. 둘째는 수용자를 문화적 과정에서 소외시키는 효과다. 텍스트를 둘러싼 문화적 과정에는 저자와 비평가만 있을 뿐 수용자는 참여자로 인정되지 않는다. 이런 사회적 효과는 반복되어 작가와 비평가가 부상되는 반면 수용자는 제대로 설명되지 않고 대접받지 못하는 결과를 낳았다. 수용자는 비평가들의 '자애로운 해석'대로 텍스트를 받아들이면 되는 존재로 이해된 것이다.

비평과 수용자에 대한 이런 전통적 견해는 '고고학적 접근'이라고 불리기도 한다. 고고학자가 오래된 역사물을 찾아내듯 비평가들도 텍스트 내의 의미를 발굴해야 하는 입장에 있었음을 뜻하는 명칭일 것이다. 여기서 '텍스트의 의미'는 좀더 넓게 해석될 필요가 있다. 비평가가 텍스트의 의미를 찾는다 함은 텍스트에 담긴 의미를 통해 저자의 무의식적 동기 및 의도, 텍스트 내의 구성요소들간의 관계 등을 세밀히 따짐을 말한다. 즉 텍스트의 구조, 저자의 의도를 찾아내고 최종적으로 텍스트의 의미를 비평가가 선언하는 셈이다. 이런 고고학적 접근, 전통적 접근, 원전 중심적 접근 혹은 텍스트 중심적 접근은 텍스트를 생산해내는 주체를 둘러싼 사안들에 주로 관심을 갖는다. 생산의 조건, 생산의 방식, 생산의 결과, 생산물의 의미 등등 텍스트가 생산되어 사회에 던져져 의미를 내게 된다는 텍스트의 사회성에 대해서는 큰 관심을 갖지 않는 셈이다. 즉 생산자(author)가 갖는 권위(authority)에 초점을 모으고 그것이 사회적 의미를 대신할 것이라고 본 것이다.

그런데 어느 틈엔가 생산자의 권위에 균열을 가하는 문학이론, 문화이론, 철학 등이 등장하기 시작했다. 원전중심주의를 비판하고 의미 생산의 무한정성, 불완전성 등을 논의한 후기 구조주의적 입장이나, 의미 생산의 순환에서 차지하는 수용자의 역할을 강조한 문화연구의 몇몇 조류들 등이 의미 생성에 대해 다르게 고민할 것을 제안한 것이다. 이같은 사상적 조류가 단순히 학문세계 내부의 독자적 발전에 힘입어 우연히 등장한 것이라 생각하지는 않는다. 사회 변혁의 주체를 건강하고 비판적인 시민으로 삼아야 하는 정치적 상황의 변화로부터 상당한 영향을 받았으리라 짐작된다. 문학에서 리얼리즘 문학에 대한 논의가 힘을 잃게 되고, 문화연구에서 지배 이데올로기의 일방적 지배론에 대한 거부를 시작했다는 점과 같은 바로 그런 사회적 변화와 맞물려 있었을 것이다. 어쨌든 생산 패러다임, 텍스트중심주의, 원전 중심적 접근, 고고학적 접근은 위기를 맞게 되었다. 텔레비전 비평도 예외는 아니었다.

3. 텔레비전 연구의 전환

볼프강 아이저(W. Iser)의 주장에 따르면 텍스트에는 독자만이 채울 수 있는 '빈자리(blanks)'가 있다고 한다. 이 빈자리는 수용자의 해석 행위로 채워진다. 이를 수용자의 '공간 메우기(gap filling)'라고 부른 다. 텍스트는 그 본성상 스펙트럼처럼 다양한 해독을 가능하게 한다. 수용자의 자의적 해석으로 텍스트의 의미가 종결된다는 수용자우선주 의적 주장을 하는 것은 아니다. 그보다는 텍스트와 수용자의 만남으로 인해 의미가 발생함을 인식하는 발상의 전환이 필요함을 강조하는 것이 다. 텍스트의 구조와 수용자의 수용행위가 만난 결과로 의미가 생기 는 것으로 보자는 주장인 것이다. 물론 그 만남에서 텍스트 구조가 차 지하는 몫과 수용자가 차지하는 몫은 일정하지 않다. 때로는 텍스트의 구조가 수용자를 압도하는 경우도 있을 것이고 그 반대도 가능하다. 즉 텍스트의 정해진 의미가 수용자에게 그대로 전달되는 경우, 수용자 가 텍스트의 의미를 자의적으로 해석하는 경우, 텍스트 속의 작가의도 를 완전히 뒤집어 해석하는 경우 등 다양한 결과가 도출될 수 있다. 그 어느 경우든지 텍스트와의 조우에서 수용자의 몫은 일정 부분 있 는 셈이다.

이런 주장이 텔레비전 연구에서 갖는 의미는 매우 크다. 지금까지 의 텔레비전 영향력에 대한 연구는 앞서 설명한 '고고학적 접근'이 주 를 이루었다. 텔레비전 텍스트의 구조를 적극적으로 점검하고 그에 맞 추어 사회가 어떤 의미를 접수할 것이라는 식으로 미루어 짐작한 연 구들이 많았다. 하지만 수용자의 해석행위가 보태지면서 텔레비전은 전혀 다른 대접을 받게 된다. 텔레비전 내용이 곧 사회에 그대로 전달 될 것이라는 추정은 수정되어야 한다는 요구가 나왔다. 텔레비전의 내 용만을 중심으로 텔레비전을 설명하던 도식도 비판의 대상이 된다. 즉 텔레비전 과정에 대한 좀더 폭넓은 성찰과 이해가 요청된 것이다. 아 울러 텔레비전 수용자들도 '문화적 멍청이(cultural dopes)'라는 오명에 서 벗어나게 된다. 주는 대로 '받아먹은' 수동적 존재라기보다는 주어 진 내용에 자신을 얹을 줄 아는 존재로 대접받기 시작한 것이다.

이처럼 수용자의 의미형성에의 참여를 강조하는 비평을 두고 수용자 중심 비평 혹은 수용자비평이라고 부른다. 문학에서는 독자 중심 비평(reader-oriented criticism)이라고 부르기도 한다. 독자라는 개념을 방송학에서도 사용하는데 이는 수용자를 좀더 적극적인 존재로 보자는 의미라 하겠다. 사실 수용자라는 말에는 적극성의 뜻보다는 수동성 혹은 중립성의 뜻이 더 강하게 배여 있다. 수용자에 적극성을 부여하자는 의미에서 독자라는 말을 사용할 때는 수용자가 단순히 텔레비전을 보는 존재가 아니라 적극적으로 읽어내는 존재임을 강조하는 것으로 볼 수 있다. 그 어느 편이든 수용자 중심 비평에서는 수용자에게 적극성, 능동성, 개입성을 부여하고자 한다.

수용자 중심적 논의가 첨단이론을 기반으로 하고 있으며 전혀 새로운 시각이긴 하지만 이에 대한 평가는 상당히 엇갈리고 있다. 우선 텔레비전 수용자의 적극성이란 이론적 구성물일 뿐이라는 비판도 만만찮다. 수용자를 적극적인 존재로 보자는 의지와 수용자는 적극적이며 텍스트의 지배를 일방적으로 받지 않는다고 말하는 것에는 큰 차이가 있다는 지적이다. 실제 수용자는 예전과 다름없이 텔레비전을 대하고 있는데 이론가나 비평가가 수용자를 적극적인 존재로 보아야 한다며 강한 의지만 드러낸 것이 아닐까 하고 회의적 반응을 보이는 것이다. 텔레비전과 관련된 더 큰 사안(방송의 독립성, 방송의 민주화 등)을 비켜 가며 수용자 적극성이라는 만들어진 개념으로 새롭게 기대를 하는 일은 아무래도 미심쩍은 구석이 있다고 비판하는 것이다. 수용자의 능동성이 존재한다고 밝히고 수용자들이 방송에 대해 합리적이고 비판적인 사고를 갖고 방송을 변화시키기 위해 노력하는 일들을 구체적으로 찾아내고 그것을 조직화하도록 비평이 도와야 한다고 말한다.

수용자 중심적 비평에 대한 그같은 비판이 저항 없이 그대로 받아들여지는 것은 아니다. 수용자 중심 비평은 '합리적이고 비판적인 사고'라는 지점에 강하게 대응한다. 수용자들에게 합리적이고 비판적인 사고를 요청하는 일은 텔레비전 수용에 대한 일부분만을 논의하는 것에 불과하다고 맞받아 친다. 텔레비전에 대한 합리적·비판적 사고를 적극적으로 견지하는 일이 중요하다고 생각지 않는 것은 아니지만, 과연 얼마만큼의 수용자들이 그런 사고로 텔레비전을 접하겠는가라고 먼저 질문한다. 만약 그럴 생각이 있다면 다른 매체를 선택할 확률이 높다. 텔레비전은 오락매체라는 인식이 팽배한 상황에서 텔레비전 수용자들에게 그런 요청을 한다는 것은 무리일 수밖에 없다. 텔레비전에 대해 합리적이고 비판적인 사고를 갖고 있지 않다고 해서 적극적이고 능동적이지 않다고 말할 수 있는 근거는 없다. 전혀 다른 방식으로 적극성과 능동성을 보일 수도 있다. 이제 필요한 것은 그것이 무엇일까라고 질문하고 밝혀내는 일이다. 수용자들이 텔레비전을 대하는 방식이나 텔레비전으로부터 의미를 만들어내는 방식에 대한 연구를 통해 새로운 전략을 모색해보는 일이 더 필요하다고 말하는 것이다. 지금 필요한 것은 새로운 전략 모색을 위한 수용자들의 수용행위에 대한 구체적이고 실증적 연구들이라고 말하는 셈이다. 수용자에 대한 연구 및 비평은 바로 그런 문제의식에서 출발한다.

4. 텍스트의 구멍

수용자의 능동성을 강조하는 수용자비평에서는 텍스트의 약화를 그 시작으로 삼는다. 예전에 비해 텔레비전 텍스트가 약화되었다는 의미로서 텍스트의 약화를 말하는 것은 아니다. 텍스트의 약화는 예전 비평관습에 대한 공격으로 볼 수 있다. 기존의 비평관습에서는 텍스트를 왕좌에 올리는 경향이 강했다. 당연히 비평은 왕좌에 오른 텍스트를 꼼꼼히 분석하여 그것이 어떻게 의미를 내며 어떤 의미를 내는지에 초점을 맞추었다. 텍스트는 수용자들이 그 안에서 꼼짝하지 못하고 의미를 받아들이도록 세밀하게 짜여져 있다는 논지다. 텍스트의 약화는 그와 같은 텍스트에 대한 인식을 공격한다. 텍스트가 결코 완벽하게 수용자를 사로잡지도 않거니와 수용자는 텍스트의 그물에 포획되지도 않는다고 보는 것이다. 특히 텔레비전 텍스트는 문학 텍스트와 달라서 수용자의 자유도가 더 높을 가능성이 있기 때문에 텍스트 중심적 비평은 한계를 가질 수밖에 없다고 말한다.

텔레비전 텍스트의 특성을 알기 위해, 먼저 텔레비전의 사회적 속성에 주목해볼 필요가 있다. 텔레비전은 특정 수용자층을 대상으로 한다기보다는 광범위한 수용자층을 껴안으려는 속성을 지닌다. 사회 내 다양한 배경과 욕구를 지닌 수용자층 모두를 껴안는 전략을 사용해 높은 시청률을 목표로 한다. 그래야만 광고주를 확보하는 데도 어려움이 없다. 당연히 프로그램 속에 다양한 시청자층의 다양한 요구를 충족시킬 수 있는 다양한 요소를 도입하게 된다. 텔레비전 드라마를 살펴보면 손쉽게 이해할 수 있다. 텔레비전 드라마 속에는 다양한 인물들이 등장한다. 가족이 등장할 때도 대가족을 활용하는 경우가 많다. 나이든 인물, 젊은 층, 다양한 직업을 가진 인물들, 여러 지방색을 드러내는 인물들을 골고루 배치해놓고 있다. 다양한 시청자층으로부터 인기를 얻기 위한 제작전술인 셈이다.

텔레비전은 텍스트의 의미를 명료하게 고정시키지 않고 느슨하게 풀어놓는 전략을 사용한다. 논란이 될 만한 사안에는 다양한 인물들을 등장시켜 이러저러한 주장을 펼치게 한다. 그 어느 편의 손도 쉽게 들어주지 않고 다양한 층의 사람들이 관심을 보일 미끼를 제공하는 것이다. 그래서 텔레비전은 대체로 열려 있는 텍스트에 해당한다고 말한다. 텍스트가 열린다 또는 닫힌다는 표현은 움베르트 에코(U. Eco)의 열린 텍스트와 닫힌 텍스트 분류에서 비롯된다. '열린 텍스트'는 의미를 생산하는 과정에 독자의 협조가 유도되는 텍스트를 말한다. 즉 독자가 마치 저자인 것처럼 텍스트를 재구성하는 등의 적극성을 보이는 경우를 말한다. 그래서 '열린 텍스트'는 '저자적 텍스트(writerly text)'라고도 불린다. 그에 비해 '닫힌 텍스트'는 텍스트가 수용자의 반응을 미리 정하고 수용자의 적극적 참여를 제한한다. 통속적 코미디의 경우가 이에 해당한다고 하겠다. '닫힌 텍스트'는 수용자들의 적극적인 개입을 유도하지 않고 수동적인 독자의 입장에서 텍스트를 대하도록 구성되어 있기에 '독자적 텍스트(readerly text)'라고도 한다.

텔레비전을 열린 텍스트라고 규정할 수 있다면 그것은 수용자가 직접 제작하듯이 텍스트를 읽을 수 있는 가능성이 높다는 뜻이다. 물론 텔레비전 내 다양한 프로그램들의 열리고 닫힌 정도는 차이가 있다. 특정 프로그램은 많이 열려 있고, 다른 프로그램은 전혀 열리지 않을 수도 있다. 우리가 텔레비전을 열린 텍스트라고 부를 때는 고전문학 등과 같은 장르에 비해 비교적 열려 있다고 말하는 것이다. 그러면 도대체 텔레비전의 어떤 부분을 근거로 텔레비전을 열려 있다고 말하는가 하는 점을 구체적으로 논의해야 할 것 같다.

존 피스크(J. Fiske)는 텔레비전 텍스트가 대체로 다의성(polysemy)을 갖는다고 주장한다(다의성이란 다의미성의 준말로 생각하면 되겠다). 호레이스 뉴컴(Horace Newcomb) 역시 다의적 텍스트와 단의적 텍스트로 구분하고 텔레비전은 다의적 텍스트에 가깝다고 말한다. 뉴컴은 자신의 텍스트 구분을 바흐친(M. Bakhtin)에서 빌려왔다고 밝히면서 텔레비전 텍스트 안에는 다양한 목소리들이 강력한 통제의 바깥에서 자신의 색깔대로 의미를 만들어낸다고 말한다. 피스크의 생각도 이와 비슷하지만 약간의 차이는 있다. 차차 논의하겠지만 피스크는 텔레비전 텍스트는 다양한 의미를 내게끔 구조화되어 있어 수용자가 다양하게 해석할 수 있는 여지를 많이 남겨놓는다며 텍스트와 수용자의 만남에 더 강조점을 둔다. 다시 말해 피스크의 논의 전개는 두 단계로 이루어진다. 첫째는 텔레비전 텍스트의 열린 구조에 대한 논의이고, 둘째는 수용자의 능동성이다. 뉴컴의 다의성이 단순히 텍스트의 열린 구조에 그치는 데 비해 피스크는 텍스트의 개방성을 근거로 한 수용자의 능동성으로까지 논의를 연결시키고 있는 것이다.

피스크는 자신의 주장을 텔레비전의 다음과 같은 성격을 근거로 펼친다. 텔레비전에는 아이러니, 은유, 모순, 과장, 상호 텍스트성 등이 혼재해 있어 수용자들이 다양하게 해석할 여지가 많다고 주장한다. 이 성격들을 텔레비전적 장치라고 부르는데 이 장치들은 수용자에게 재미를 선사할 목적으로 제공되지만 전혀 엉뚱한 해석을 낳게 한다는 것이다. 먼저 아이러니는 '실제로는 말하는 것과 의미하는 것이 일치되지 않는 어법'을 말하는데 그 불일치가 수용자에게 재미와 전혀 다른 해석의 실마리를 제공한다. 도둑의 두목이 부하들을 모아놓고 자신의 사업철학을 말하면서 성실한 인간이 될 것을 부탁하는 장면이 있다고 하자(<넘버 쓰리>가 생각난다). 도둑들은 그 장면에서 사뭇 엄숙해지겠지만 그 장면을 지켜보는 사람들은 사업이 아니라 도둑질을 말한다는 것을 안다. 즉 말해진 부분보다 말해지지 않는 부분으로 해석하고 의미를 만들어내는 것이다. 가요 프로그램에 사회자가 등장해 '건전한 오락을 위해 자신들이 노력하고 있다'라고 말할 때 시청자들은 오히려 '어린애들 등장시켜 시끌벅적한 유흥문화만 생산한다'고 읽을 수 있다. 시청률을 위한 치열한 경쟁이 텔레비전으로 하여금 저급 오락을 생산하게 만드는데, 그 사실을 묻어두려 하는 사회자의 '건전한 오락' 운운은 아이러니로서 전혀 엉뚱한 것으로 읽힐 가능성이 커지는 것이다. 이로써 텔레비전이 말하려는 내용은 전혀 엉뚱하게 받아들여진다.

텔레비전적 장치로서의 은유는 설명하기 어려운 사물이나 상황을 이미 친숙한 사물이나 상황을 이용해 쉽게 이해시키는 어법이다. 마음의 평온함을 애기하기 위해서 "내 마음은 호수요"라고 말한다거나 청춘남녀의 사랑을 두고 '꽃과 나비'로 말하는 것 등이 은유적 이용이다. 텔레비전 뉴스 등에서는 원조교제를 놓고 롤리타 신드롬이라고 말

하며 그 신드롬을 맹렬히 비난한다.10) 그런데 뉴스에서 그같은 말을
하는 한편 다른 오락 프로그램에서는 롤리타 신드롬을 순수한 연애로
그려낸다면 그 은유는 핀잔을 받기 십상이다. 앞의 아이러니의 예처럼
"방송이 롤리타 신드롬을 애절한 애정으로 예찬하면서 원조교제를 꾸
짖는 것 자체가 우스운 일이다"라는 비난을 듣게 되는 것이다. 원조교
제를 다룬 시사 다큐멘터리 프로그램은 적절한 은유를 활용했다고 안
도할지 모르지만 다른 프로그램으로 인해 전혀 예상치 않은 결과를
낳을 수도 있다. 은유의 사용이 텔레비전 텍스트를 열리게 할 수 있는
것이다.

텔레비전 장치로서 모순은 인기와 연계되어 설명될 수 있다. 텔레
비전의 인기는 때로는 사회적 모순을 이야기함으로써 구해지는 경우
가 많다. 텔레비전 속 학교 이야기는 늘 착한 학생들이나 선생님의 승
리로 막을 내리지만 그런 이야기 구조가 진부해지는 순간 변화를 꾀
하게 된다. 학교에서의 승리가 사회에서의 승리로 이어지지 않는다든
지, 학교에서의 승리는 순간에 지나지 않는다든지 하는 이야기 구조로
인기를 끌어야 하는 부담이 생기게 된다. 결코 해결되지 않는 모순을
미끼로 인기를 끌어야 하는 부담이 생기는 것이다. 대체로 텔레비전
텍스트는 모순을 남겨두지 않고 이야기로 용해해버리려 하지만 인기
라는 부담 탓에 완전히 용해되지 않는 것이다.

또 다른 텔레비전적 장치인 상호 텍스트성(intertextuality)은 이름
그대로 텍스트간의 충돌로 인해 생기는 결과물을 말한다. 우리는 종종
시트콤에서 광고를 패러디하는 경우를 본다. 이때 시트콤과 광고는 서
로 다른 텍스트이면서 만남을 통해 전혀 다른 의미를 창출해낸다. 광
고가 패러디되면서 웃음을 선사하는 것이다. 상호 텍스트성은 문학에

---

10) 롤리타 신드롬이란 어린 여자아이를 애정의 대상으로 삼는 것을 말한다. '롤
리타'라는 영화에서 따온 말이다. 원조교제를 비롯한 여러 향락적 모습을 대
신해서 이 용어를 선택했을 가능성이 크다.

서도 종종 찾을 수 있지만 대중매체인 텔레비전에서 더 빈번하다. 텔레비전을 보고 있으면 어디선가 본 듯한 장면이 여러 프로그램에서 등장하기도 하고, 비슷한 포맷이 되풀이되기도 한다. 코미디는 드라마의 명장면들을 따오고, 드라마는 코미디에서 행한 코믹연기를 재연하기도 한다. 이같이 텍스트들이 서로 겹쳐지고 반복되는 여러 현상들을 통칭해 상호 텍스트성이라 부른다.

상호 텍스트성에는 수평적 상호 텍스트성과 수직적 상호 텍스트성이 있다. 드라마를 예로 들어보자. 멜로 드라마에 출연중인 최민수는 그가 출연했던 다른 코믹 드라마 <사랑이 뭐길래>에서의 코믹한 성격으로 인해 혹은 다른 액션 드라마에 출연했던 탓에 멜로 드라마 작가가 기대했던 것과는 전혀 다른 의미를 낼 수도 있다. 이처럼 텔레비전의 드라마는 서로 연관되어 해석될 여지가 많다. <수사반장>에 출연했던 최불암이 <전원일기>에 등장하자 어떤 할머니가 "저 사람 경찰 그만두고 농사짓나 보네"라고 말했다는 우스갯소리가 있다. 서로 비슷한 장르끼리 충돌해서 한 텍스트 내의 의미가 흐트러질 수 있는 것이다. 그같은 텍스트간의 충돌을 두고 수평적 상호 텍스트성이라고 부른다.

수직적 상호 텍스트성은 매체간 충돌로 인해 발생한다. 신문에서 최민수가 가정사를 두고 인터뷰를 했다고 치자. 최민수의 어린 시절 아버지와의 갈등 등이 인터뷰의 주요 주제였다면 그 신문을 읽은 이들은 드라마 속의 최민수를 새롭게 읽어낼 수 있다. 최불암이 악역을 맡은 영화를 본 이들은 텔레비전 드라마 속의 자상함에 대해 의구심을 품을 수도 있다. 어떤 인기 절정의 여자 연기자가 텔레비전 퀴즈쇼에 출연했다가 아주 쉬운 한자를 읽는 순간을 맞았다. 한자에 자신이 없었는지 아주 엉뚱하게 읽고 말았다. 그 이후 그 연기자는 어떤 드라마에서도 인기를 누리지 못했다. 평소 지적인 이미지를 지니고 있던 그 연기자는 다른 장르에 출연했다가 드라마 속의 이미지를 완전히 망쳐버린 것이다. 수용자들은 그처럼 다른 장르에서의 기억을 지니고 있다가 다른 장르를 만나게 되면 전이시키며 해석한다. 이처럼 서로 다른 매체간의 충돌로 인해 텍스트가 의도했던 의미가 흐트러지는 것을 두고 수직적 상호 텍스트성이라 부르며 텔레비전 텍스트가 열리게 하는 장치라고 말한다.

5. 수용자의 경험

앞서 다의성은 두 단계를 거친다고 말했다. 제1단계는 열린 텍스트다. 열린 텍스트는 다의성의 가능성일 따름이지 그 자체로 다의성이 이루어지지는 않는다. 열린 텍스트로 인한 다의성의 가능성은 수용자가 텍스트를 만나는 순간에 이루어진다. 수용자가 텍스트를 만나는 순간, 즉 수용자의 경험과 텍스트가 겹쳐지는 순간을 논의하는 일이 최근 들어 많이 이루어지고 있다. 수용자가 텔레비전을 만나는 순간을 사회적으로 설명하고자 하는 것이다. 텔레비전 현상이 벌어지는 가정이라는 공간은 사회적 공간임에 틀림없다. 그 안에서 발생하는 가족성원간의 권력관계 및 대화, 가족성원의 공통된 지역경험, 계급경험 등은 텔레비전 수용에 영향을 미칠 수밖에 없다.

텍스트와 수용자 경험 간의 관계는 스튜어트 홀(S. Hall)의 '부호화-해독화(encoding-decoding)'에 대한 설명으로 쉽게 이해될 수 있다. 한 아이템이나 사건이 텔레비전의 프로그램으로 만들어지기 위해서는 구성과정을 거쳐야 한다. 아이템이나 사건이 일정 규칙의 지배를 받는 구성과정을 거치지 않으면 그것은 데이터로 남을 뿐 프로그램이 되지 않는다. 그 구성과정을 부호화라고 한다. 부호화는 다양한 부호를 활용해 사건을 이야기로 꾸미는 과정이다. 노사분규 현장을 보도하기 위해서는 기자가 카메라로 현장을 담아야 한다. 이때 카메라 앵글, 카메라 회전의 여부, 카메라 샷의 크기 등등이 부호인데, 그 부호들을 조합해서 만드는 과정을 부호화라 부르는 것이다. 즉 부호화란 메시지를 만드는 과정인 것이다. 그런데 이 부호화과정은 대체로 관습에 의존한다. 노사분규 현장에 도착한 기자는 노동자측 인사들의 농성모습과 그에 대한 사용자측의 대응을 잡는 순으로 메시지를 구성하려 할 것이다. 이 결정은 현장에서 즉석으로 우연히 이루어지는 것이 아니라 이미 보도하는 방식의 훈련 등을 통해서 얻은 노하우와 관행에 의존한다.

만들어진 메시지는 수용자에 의한 해독을 기다린다. 엄밀하게 말하자면 메시지의 의미는 수용자가 해독하는 순간에 생기기 시작한다. 해독은 부호화를 푸는 과정이라고 할 수 있다. 'encoding → message → decoding'의 식으로 이루어지는 것이다. 그런데 해독과정은 결코 부호화과정의 재판처럼 이루어지지는 않는다. 대칭을 이루지 않는다는 말이다. 물론 부호화한 대로 해독하는 경우도 있긴 하겠지만 대체적으로 부등가적으로 생긴다. 앞서 수용자를 독자로 보자는 입장은 부호화한 대로 해독하는 존재가 아니라 능동적으로 해독하는 존재로 보자는 기대를 지니고 있다. 물론 이런 능동성이 지나치게 확대 해석되어서 모든 수용자는 능동적이며 자신들에게 주어지는 메시지를 자신의 처지에 맞게 해독하는 능동성을 지니고 있다고 보는 것은 문제가 있다. 텔레비전의 메시지는 인기를 끌기 위해 열린 텍스트일 가능성이 높긴 하지만 여전히 사회 내 여러 지배적 코드를 활용한다는 점에서 수용자의 능동성이 작용할 여지가 그렇게 많은 것은 아니다. 다만 가능성으로서 수용자의 능동적 독해가 완전히 무시되어서는 안된다는 점을 강조하고 있는 것이다.

스튜어트 홀은 수용자의 독해가능성 유형을 세 가지로 나누어 설명한다. 그 첫번째는 지배적-헤게모니적(dominant-hegemonic) 해독이다. 수용자가 뉴스에 깔린 의미를 완전히 그대로 받아들이고 메시지가 만

들어진 틀대로 해독할 경우 '지배적-헤게모니적' 해독을 행한다고 말
한다. 즉 대중매체 자체가 자본주의 사회 내 지배적이고 헤게모니적인
위치에 놓여 있으므로 그를 그대로 믿고 따르는 수용자의 독해는 '지
배적이고 헤게모니적'이란 뜻이다. 두번째는 '협상적(negotiated)' 해독
이다. 이는 텔레비전 내용에 대해 때로는 순응적으로 때로는 저항적인
태도로 혼합된 채 이루어진다. 이같은 해독은 어떤 차원에서는 지배적
이고 헤게모니적인 방식으로, 다른 차원에서는 타협하는 방식으로 이
루어진다. 예를 들어 노조에 가입된 택시 기사는 철강회사 노조원들의
파업을 보도하는 뉴스를 보고 '국익'이라든가 '국제수지 악화' 등에
대해서는 어느 정도 긍정을 하지만, 뉴스가 노조원들에게 모든 책임을
뒤집어씌우는 일에는 분노할 수 있다. 노동환경 등이 좋지 않은 것을
뉴스에서 제대로 보도하지 않고 노동자만 일방적으로 매도한다고 불
만을 터뜨릴 수 있는 것이다. 이처럼 양면성의 해독을 하는 경우를 두
고 '협상적' 해독이라고 하는 것이다. 세번째 해독방식은 '대항적
(oppositional)' 해독이다. 이는 수용자가 자신에게 전달된 메시지를 완
전히 반대로 해독하는 경우이다. 뉴스에서 '국익'과 '국제수지 악화'
를 내세울 때도 이를 '상투적인 정치적 수사'라고 읽거나 '노동자 이
익'이 다른 어떤 것보다 우선되어야 한다고 해독하는 경우를 말한다.
  이처럼 수용자의 경험 외에 수용자가 텍스트를 다원적으로 해석하
는 또 다른 원천으로 언급되는 것은 수용자의 텔레비전 수용 환경이
다. 텔레비전은 인간관계가 전혀 이루어지지 않는 진공상태에서 수용
되는 것이 아니다. 텔레비전이 놓인 가정이라는 공간은 가족성원 관계
라는 조건을 지니고 있다. 그러므로 메시지의 해독은 가족성원 관계망
속에서 이루어지는 것으로 볼 수 있다. 그 관계망이 텍스트의 부호화
과정을 그대로 답습하는 것을 막기도 하는 것이다. 우리는 혼자 보는
텔레비전보다는 식구들과 함께 보는 텔레비전이 더 재미있음을 자주
경험한다. 어떤 이들은 혼자서 텔레비전 보는 것을 매우 서글프게 여

기기도 한다. 식구들끼리 텔레비전을 시청할 경우 참으로 많은 의견들이 등장한다. 등장인물에 대한 나름의 의견, 다른 프로그램과의 유사점, 출연자들의 연기에 대한 나름의 평가 등등이 그것이다. 그래서 텔레비전은 구술문화(oral culture)를 부추기는 매체라고 일컬어지기도 한다.

구술문화 환경으로 인해 텔레비전 텍스트가 온전하게 수용자를 압도하기 힘들 수도 있다. 텍스트가 가지고 있는 이야기 결을 흠집내기도 하고 전혀 다른 방향으로 받아들이도록 홈을 파기도 한다. 그런 경우를 두고 텍스트에 구멍[텍스트의 구멍을 신태그매틱 갭(syntagmatic gap)이라고도 한다]을 낸다고 말한다. 뿐만 아니다. 텔레비전을 시청하는 환경은 시청이 자주 끊기게 만든다. 전화가 오기도 하고, 이웃이 초인종을 누르기도 하고, 식구들끼리 다른 화제를 떠올리기도 한다. 그 경우 텍스트의 흐름은 끊길 수밖에 없다. 텍스트에 생긴 구멍은 수용자가 자의적으로 메울 수밖에 없다. 그럴 경우 원래의 텍스트는 사라지고 수용자가 만든 텍스트만 남게 되는 것이다.

수용자의 능동성 혹은 다의미적 해석은 과연 어떤 사회적 의미를 갖는가. 이 부분은 매우 신중히 다루어져야 할 필요가 있다. 앞서 수용자 비평에 별다른 의미를 부여하지 않고자 하는 입장에서는 수용자의 텔레비전에 대한 합리적·비판적 사고를 요청하고 있다고 밝힌 적이 있다. 그러한 사고들이 조직화되어 텔레비전을 바꾸기 위한 운동으로 전환되어야 한다고 주장하기도 한다. 수용자 개인의 텍스트에 대한 저항이나, 오락 등을 통한 즐거움(패러디, 모순, 상호 텍스트 등으로 인한 텍스트 파괴의 즐거움)은 개인적인 것일 뿐이라고 낮추어 평가한다. 그같은 주장을 전적으로 부인하고 싶지는 않다. 다만 수용자의 즐거움이나 저항, 능동성 등이 신중히 다루어져야 한다고 말한 이유는 개인적인 텍스트 파괴의 즐거움, 저항 등이 과연 얼마만큼 의미 있는(혹은 의미 없는) 것인지에 대한 제대로 된 논의가 없었기 때문이다.

새로운 차원에서 논의하는 계기를 가져볼 시기가 되었다는 것이다.

신화비평에서 보았듯이 텔레비전은 사람들에게 즐거움을 주면서 사회적 신화, 모순 등을 유지하려고 한다. 그러나 수용자들은 그 텍스트를 받아들이면서 얌전한 모범생과 같은 태도를 보이지는 않는다. 지속적으로 흠집을 내려고 한다. 그리고 텔레비전 내용을 조롱하기도 한다. 그러면서 새롭게 즐거움을 창조해내는 것이다. 텔레비전 내용이 재미있어서 즐거움을 얻기도 하지만 텔레비전 내용이 지나치게 모순적이어서 즐겁기도 하다. 물론 이때의 즐거움은 합리적이고 비판적인 인식은 아니다. 그러나 합리적이고 비판적이지 않다고 해서 그 즐거움은 사회적으로 주목받을 수 없는 것인가. 그렇지는 않다. 텔레비전은 기존의 규범을 훌쩍 뛰어넘는 일도 행한다(물론 시청률을 위한 노력의 일환으로 말이다). 기존의 규범을 뛰어넘는 내용들을 통해 수용자는 전에 없는 새로운 감각의 즐거움을 얻을 수도 있다. 될 수 있는 한 즐거움을 퇴행적인 영역으로만 몰아가고 가두려고 하는 노력들에 비해 수용자들의 그런 새로운 감각적 즐거움은 예상치 못한 전혀 다른 역할을 해낼 수도 있다. 수용자비평은 그같은 가능성을 점쳐보고 수용자의 다양한 측면들을 살펴보려는 노력이라 할 수 있다.

6. 수용자비평의 역할

수용자 중심 비평에서 비평이 갖는 목적은 ① 텍스트를 열어주는 것 ② 수용자들의 즐거움이 창피한 것이 아니라 욕망의 표현이고 분출이라는 점에서 긍정적인 가능성을 가지고 있음을 전해주는 것 ③ 욕망의 분출이 개인적이고 소비지향적인 것에 그치는 것이 아니라 사회변화와 접합될 가능성으로 연결시키는 일 ④ 텔레비전을 비판적·합리적으로 사고할 수 있도록 그 메커니즘을 알려주는 일 등이다.

그런데 이같은 비평의 목적들간에는 다소 모순되어 보이는 면이 있을 수 있다. 코미디 프로그램을 예로 들어보자. 대체로 코미디 프로그램은 저속하다는 평을 받는다. 머리로 웃기지 않고 온몸으로 웃기는 슬랩 스틱 코미디인 경우 그 지적은 더욱 심화된다. 웃음을 중심으로 생각해보면 머리로 웃게 하는 것과 몸으로 웃게 하는 것 간에는 큰 차이가 있다. 그 건강성을 따지자면 몸으로 웃는 웃음이 훨씬 더 낫다. "배꼽 잡는다", "허리가 휘어지게 웃는다", "까무러칠 뻔했다" 등등의 웃음과 관련된 말들은 어김없이 몸으로 웃는 웃음을 가리키고 있다. "머리를 맑게 해주는 웃음", "머리를 아프게 하는 웃음"이라는 말은 듣기 어렵다. 몸으로 얻은 즐거움을 비판적·합리적으로 사고하게끔 옮겨 놓는 것이 어떻게 가능하겠는가라는 어려움에 봉착하게 된다. 수용자와 관련된 이론적 작업들은 이 문제를 푸는 데 상당한 노력을 경주하고 있지만 아직 뚜렷한 결론을 내리지 못하고 있다. 다만 수용자들의 즐거움이 기존 사회체제에 대한 저항적 의미를 담고 있을 가능성, 그리고 그것이 비판적·합리적 사고와 연결될 가능성을 지속적으로 연구하고 있다는 점만을 강조할 수 있겠다.

수용자의 능동성이나 저항성 등이 사회적인 수준으로 상향조정되어 논의되어야 함을 앞서 꾸준히 강조했는데 이에 대한 적절한 설명이 요구된다. 라클라우(E. Laclau)의 대중정치학과 페미니스트 운동을 예로 들어 설명해보자. 라클라우는 대중중심주의를 논의하는 자리에서 세 가지 유형의 대중정치를 내세웠다. 첫번째 유형으로 '민주적 대중중심주의(democratic populism)'를 들었다. 이는 국가와 여러 사회조직들이 조화로운 질서 속에서 같이 어우러져 있으며 사회 내 계급이나 집단간의 갈등이나 반목이 드러나지 않는 경우를 말한다. 이는 일종의 민주적 다원주의 질서를 의미한다. 대중들이 그들의 동의를 권력집단에게 보여주거나 혹은 그들의 집단적인 정신이 편입된 경우를 말한다. 여성들이 남성 중심의 가부장제적인 질서에 동의를 보내면서 남녀간의 평화로운 질서를 유지하고 있는 경우가 이에 해당한다고 할 수 있다. 혹은 여성들의 저항정신이 가부장제에 완전히 편입되어 힘을 지니지 못하는 경우도 이에 해당한다. 이러한 정치적인 상황에서는 남성 중심의 호의에 의해서 남녀불평등이 점진적으로 개선될 수 있는 여지만을 지니고 있다. 남녀간의 갈등이나 반목은 사회의 발전을 저해하고 사회적 균형을 깨는 반사회적인 것으로 인식된다.

라클라우가 두번째로 드는 대중중심주의의 유형은 '대중적 저항 (popular oppositions)'이다. 첫번째 유형(민주적 대중중심주의)에서 권력집단과 피지배집단 간의 관계가 조화로운 것으로 묘사됐다면 이 유형에서는 그 둘 사이의 관계가 반목적인 것으로 여겨진다. 그러나 반목적인 관계, 그리고 그를 통한 대중적인 저항은 세번째 유형인 '급진적 저항(populist oppositions)'과는 달라서 표면적으로 당장 드러나지 않는다. 대중적 저항의 유형에서는 대중들이 지배집단에 쉽게 동의를 주지 않은 채 끊임없이 지배집단의 헤게모니에 저항한다. 즉 지배집단들이 끊임없이 헤게모니를 창출하지 않으면 안되게끔 괴롭히는 것이다. 지배집단을 일시에 전복하려고 하는 세번째 유형인 '급진적인 저항'과는 다르지만 사회가 전반적으로 위기상황에 도달하고 새로운 사회의 건설이 도래될 즈음에는 '대중적 저항'이 '급진적인 저항'으로 변화될 수 있음을 강조한다.

성적인 불평등을 분쇄하기 위해서 여성들이 벌일 수 있는 전술은 많다. 결혼을 거부할 수도 있고 레즈비언 문화를 형성할 수도 있으며, 법적·제도적 개선을 위한 투쟁도 할 수 있다. 텔레비전을 포함한 대중문화를 통한 여성들의 저항은 직접적인 것이라기보다는 간접적인 모습이라 할 수 있다. 텔레비전 드라마를 본 후에 바로 가부장제의 모순을 알게 되어 투사로 나서는 모습이 아니라, 텔레비전 속에 드러난 성적인 모순과 자신의 일상생활의 비교를 통해서 모순을 지적하고 고민하며 저항의 불씨를 키우는 것이다. 텔레비전 수용이라는 문화적 실천만으로 '급진적인 저항'을 만들어내기는 어렵다. 한 여성 주인공이 1시간 길이의 텔레비전 드라마 속에서 너무도 서러운 삶을 살았다고 해서 여성 시청자들이 가정을 뛰쳐나가 여성해방을 부르짖을 리는 없다. 사회적으로 모순이 가득하고 그 모순에 대한 사회적 저항이 빈번하고 격렬할 때, 드라마가 여성들로 하여금 거리로 뛰쳐나가 권리를 외치게 할지도 모른다. 근본적으로 텔레비전은 대중들로 하여금 개인적으로 일상생활 속에서 저항의 정신을 키우게 하는 '대중적 저항'의 원천이 된다고 보는 편이 옳을 것이다.

여성들에 대한 억압을 밝혀내고자 남성지배를 강조하면서 여성들의 일상생활과 동떨어진 급진적 텔레비전은 일반 여성 관객이 텔레비전으로부터 구할 수 있는 즐거움을 파괴한다. 지금까지의 많은 문화이론가들이 구하고자 했던 텔레비전의 대체물─일상생활과 거리가 있는 아방가르드나 페미니스트 제작물 등등─은 대중의 생활과 동떨어진 이상향을 구하는 것들이었다. 그러나 수용자가 자신들의 생활과 동떨어진 이상향에서 구할 수 있는 것은 별로 많지 않다. 여성들의 대중적 텍스트를 통한 즐거움은 언제나 텍스트가 수용자를 압도하면서 생기는 것이라는 기존의 통념을 깨는 인식 전환이 필요하다. 텔레비전으로부터의 즐거움은 그 텍스트가 짜여진 대로 따라가면서 얻는 즐거움이기도 하지만 때로는 그것을 거부함으로써 얻어지기도 한다.

그러나 많은 진보적 페미니즘 이론가들은 현재의 텔레비전과 여성 수용자 간의 관계를 민주적 대중중심주의적인 것으로 파악하고 있다. 즉 여성 수용자가 텔레비전을 즐겨 본다는 사실은 가부장제적 질서에 편입되는 것으로 간주하는 것이다. 텔레비전 안에서는 진보적인 요소를 찾을 수는 없다고 결론짓기 때문이다. 여성해방론자들은 그러한 텔레비전과 여성 수용자 간 관계를 '급진적 저항'의 것으로 옮겨 놓기를 희망하고 있다. 그러나 '급진적 저항'을 대안으로 내놓기 전에 현재의 텔레비전과 여성 수용자 간 관계가 과연 '민주적 대중중심주의'에 지나지 않는 것인지에 대한 논의가 있어야 한다. 여성들이 텔레비전 드라마를 즐기고 그로부터 즐거움을 얻는 것이 가부장제적인 질서에의 편입만을 의미하는가에 대한 구체적이고 실증적인 고찰이 필요한 것이다.

사회 내의 서로 다른 이해를 지닌 다양한 집단들은 국가나 지배집단에 대해서 끊임없이 저항한다. 그러나 그같은 저항은 쉽게 드러나지 않는다. 그들의 저항은 길거리에서 찾을 수 있는 것이 아니라 어쩌면 텔레비전과 같은 대중적 텍스트를 통해 읽을 수 있는지도 모른다. 텔레비전과 여성 수용자의 관계를 '민주적 대중중심주의' 시각에서 파악하는 것은 가부장적 자본주의가 완벽하게 운용됨을 의미한다. 즉 텔레비전 안에는 모순이 없거나 있더라도 모두 해소된다고 보는 것이다. 그리고 가부장제라는 체제로의 편입을 유혹하는 신호만이 있을 뿐이다. 텔레비전과 여성 관객의 관계를 '급진적 저항'의 유형에서 파악하는 경우 여성 관객은 하루빨리 텔레비전을 포기하고 저항정신만이 담긴 여성 비디오 쪽으로 방향을 전환해야 한다. 그러나 '대중적 저항'의 유형에서 텔레비전과 여성 수용자 간의 관계를 파악하는 것은 텔레비전과 여성 수용자 모두를 정치적인 무대에 올려놓고 그로부터 도출된 전향적 가능성에 주목하는 것이다.

앞에서 말했듯이 텔레비전이 단독으로 급진적인 모습을 띠기는 어렵다. 진보적인 모습을 하고 있다가 사회구성체 전체에 위기가 도래했을 때 진보적인 대중적 저항이 급진적 저항으로 바뀌는 모습을 염두에 둔 전략을 수립하고 그 전략을 텔레비전에 적용하는 편이 적절할 것이다. 이는 텔레비전을 단순히 지배집단의 지배수단이거나 대중의 편입을 위한 도구로 이해하는 것과는 차이가 있다. 오히려 텔레비전 수용에 긍정적인 점수를 주고 사회변화에 기여할 수 있는 여지를 만들어놓은 낙관적인 전략이라고 할 수 있다.

'급진적 저항'이 '대중적인 저항'에 비해 전략으로서 비효율적이라 생각하는 이유는 '인기'라는 변수 때문이다. 기존 질서에 대한 철저한 부정이나 무시를 담은 저항은 대중들의 일상생활과 유리될 것이므로 대중들의 관심을 끌지 못한다. 대중들의 일상생활이란 국가나 지배집단의 권력과 끊임없이 저항하며 협상하는 부분이지 권력에 대한 절대적인 부정이 발생하는 곳이 아니다. 대중들의 일상생활에서 찾을 수 있는 저항은 바로 '대중적 저항'의 모습이며 결코 '급진적 저항'의 모습이 아니라는 것이다. 특히 텔레비전 등과 같은 대중문화에 '급진적 저항'이 소개될 가능성은 높지 않다. 혹 가능성이 있다 하더라도 대중들로부터 외면당하기 쉽다. '급진적 문화'의 형태들은 대중을 그들의 일상성과는 동떨어진 곳으로 안내하려는 의도를 지니고 있다. 미학적으로 논의하자면 급진적인 문화들은 될 수 있는 대로 대중적 취향과는 거리를 두려고 하는 부르주아적인 미학요소들을 지니고 있다. 결국 대중문화 안에 급진적인 저항을 담으려고 하는 전략은 대중생활과의 유리, 대중미학과의 거리감 등으로 인해서 대중적인 인기를 얻는 데 실패할 여지가 많다고 할 수 있다.

텔레비전을 통한 '대중적인 저항'은 지금껏 여러 페미니스트 이론이나 운동으로부터 인기를 얻지 못했다. 그 이유를 살펴보자. 우선 그것이 급진적이지 못하기 때문이다. 과거의 페미니스트들은 진보적인 것에 대해 의심하거나 혹은 유약성을 비난했다. 반면, 그것의 정치적 효율성에 대해서는 심각하게 평가하지 않으려 했다. 급진과 진보의 차이는 분명 어휘상의 차이 이상의 정치적인 의미를 지니고 있다. 이에 대한 새로운 이해와 탐구는 대중문화와 '대중적 저항'을 다른 각도에서 보게 해줄 것이다.

그 다음으로 '대중적인 저항'은 조직화되지 못한 저항이라며 부정적인 시각을 펼쳤음을 그 이유로 들 수 있다. '급진적인 저항'이 조직화되어 있는 반면 진보적 저항이라고 할 수 있는 '대중적인 저항'은 지극히 개인적인 것이거나 미시적인 것이라는 의구심을 쉽게 떨쳐버리지 못하고 있는 것이다. 개인적이고 미시적인 것이라 해서 중요하지 않거나 필요하지 않은 것은 아니다. 조직적 저항의 전제가 되는 것은 개인적인 저항, 미시적인 정치행위일 수밖에 없다. 그런 의미에서 대중들이 일상에서 경험하는 진보적 저항에 대한 포기나 무시는 재고될 필요가 있다. 개인적인 저항을 바탕으로 새롭게 나누어 가진 정서들을 확인하고 공공의 영역으로 개인들의 저항을 승화시켜 끌어들이는 것이 페미니스트들의 새로운 전략이 될 수도 있는 것이다. 그럼에도 지금껏 '대중적인 저항'은 여러 이론가, 운동가들로부터 환영받지 못했다. 대중, 대중문화, 저항, '대중적인 저항' 등이 새롭게 조명받는 일이 필요하다. 그것의 의미를 찾아내고 대중들에게 그 의미를 되돌려주며 궁극적으로는 '대중적인 저항'의 힘을 펼치도록 하는 일이 요청되고 있는 것이다.

7. 의미의 격전장

대중문화를 설명하는 논의들에서 흔히 볼 수 있는 단정적인 표현들이 있다. "문화는 상품이다", "문화는 이데올로기다"라는 식의 자신감 있는 주장들이 그것이다. 그러한 단정적인 주장들은 글의 일관성을 유지하는 데 도움을 줄 수는 있다. 그러나 문화에 대한 논의가 일방적인 주장으로 완성될 수 없음을 고려해보면 그것이 상당한 문제를 일으킬 수 있음을 알게 된다. 전통적인 마르크스주의에서 내세운 문화에 대한 경제의 결정력 우위론도 그러한 관점에서 비판을 받고 있다. 정신분석학도 문화적인 형식이 수용자의 의미형성을 결정지을 것이라는 단순한 인과관계 설정으로 비난받고 있다. 그러한 일방적인 결정론의 함정을 피할 수 있는 방식은 과연 무엇일까? 사회를 구성하고 있는 경제적인 면, 정치적인 면, 이데올로기적인 면을 모두 한데 엮어서 사회적 모순이나 행위주체를 설명할 수는 없을까? 현대를 사는 사람들의 텔레비전 시청을 보다 구체적이며 과학적으로 설명할 수 있는 방식은 과연 없는 것일까?

이상의 질문에 대한 적절한 답은 아마 문화를 의미의 격전장으로 파악하는 것이 아닐까 생각된다. 문화, 여기서는 텔레비전을 의미의 격전장으로 파악하고자 함은 과정으로 파악하자는 의도다. 텔레비전을 예로 들자면 제작상황, 제작과정, 수용과정 그리고 텔레비전의 사회적 영향력 모두를 포함하는 것이다. 그리고 그 과정상에서 벌어지는 의미화 작용들의 경쟁, 갈등 등에 주목하자는 것이다. 예전의 인류학적인 관점에서의 문화는 공통된 가치를 나누어 가진 상황을 전제하고 있었다. 그러나 현재의 한국이라는 사회가 과연 공통된 가치를 나누어 가지고 있을 만큼 목가적이고 한가한 곳일까. 자신의 이익을 챙기려는 많은 집단들이 서로의 정당성을 위해서 혹은 이익을 위해서 경쟁하고 있는 곳이다. 텔레비전이라는 대중문화장르도 그러한 모습 속에서 파악되어야 한다. 텔레비전 프로그램을 만드는 집단, 그리고 그 집단 내의 다양한 하부 구조, 텔레비전을 지휘·감독하려는 국가적인 기구들 −예컨대 문화관광부나 방송위원회 등−그리고 될 수 있으면 텔레비전을 자신이 시간을 투자한 만큼 재미있게 보려고 하는 시청자집단 등이 서로 경쟁하는 장소로 파악되어야 하는 것이다.

대중이 역사상 새로운 문화적 주체로 등장했다는 것은 기존 정치적 투쟁의 모습이 새롭게 바뀌어야 함을 의미한다. 텔레비전과 관련된 정치적 힘이나 자본이 사회적인 의미를 모두 결정하는 것도 아니며, 제작된 작품이 그러한 힘을 모두 지니고 있는 것도 아니고, 시청자가 자신들에 주어진 의미를 모두 자의적으로 해석할 수 있는 것도 아니다. 대중을 둘러싸고 인기를 얻고자 하는 정치세력, 대중의 문화적 동의를 구해서 돈을 벌려고 하는 자본가, 대중의 인기를 먹지 않고는 존재할 수 없는 텔레비전, 자신의 경험과 관련 있는 프로그램을 보고 재미를 구하려는 시청자 등이 함께 포진해 있다. 텔레비전을 통해서 제각각 이해를 관철하려는 모습이다. 어느 것도 일방적인 위치를 점하지 않고 있으며 또 그럴 수도 없다. 모두들 절묘한 전략과 전술로 경쟁하면서 자신의 승리를 구하려 한다.

문화를 이러한 관점에서 파악하는 방식은 그람시(A. Gramsci)의 헤게모니론에서 비롯되었다. 이데올로기의 과정을 일방적인 지배 이데올로기의 주입으로 파악하던 관점을 대중의 일상생활과 지배적인 이데올로기의 상호작용의 관점으로 옮겨 놓은 것이 바로 헤게모니 이론이다. 헤게모니란 지배 이데올로기가 항상 승리한 모습이 아니라, 대중들을 설득하고 자신들의 범주 안으로 끌어들이는 노력의 결과로서 나타나는 것이다. 그 과정에서 설득이 실패할 수도 있으며 심한 저항을 받을 수가 있다. 대중들은 그들 나름대로의 문화와 역사를 지니고 있기 때문에 그에 맞추어 세상을 바라보기도 한다. 그들의 역사, 문화, 경험 등은 자신들을 포섭하려는 노력들에 저항하는 원천이 되기도 한다. 대중들의 문화와 역사 그리고 경험이 정치에서 중요한 부분으로 떠오르는 것은 그러한 헤게모니 이론의 등장 때문이다. 자본주의의 지배적인 이데올로기를 안고 있는 텔레비전도 헤게모니라는 순간을 위한 투쟁의 장으로 볼 수 있다. 부르주아적인 사상, 가부장제적인 사상을 안고 있는 텔레비전으로 대중들을 헤게모니의 장으로 끌어들이려 하지만 대중들의 문화, 역사, 경험에 대한 배려 없이는 불가능하다. 그러므로 전적으로 부르주아 사상, 가부장제적 사상만을 쏟아 부을 수가 없다. 그로 인해 텔레비전은 의미의 분열이 생긴다. 주도적 사상도 넣고 인기를 끌 만한 진보적 요소도 가미한다. 수용자들은 주도적 사상도 즐기면서 진보적 요소도 즐기게 될 것이다. 그럼으로써 이미 텔레비전은 지배적 사상만을 담고 있다고 말할 수 없을 정도가 되어버린 셈이다.

이는 문화상품의 생산자, 생산과정, 수용자 모두가 의미형성을 위해서 노력하고 현실과 협상하는 모습에 관심을 두는 연구방법이다. 텔레비전 프로그램 생산자는 그들의 이익을 위해서 대중의 취향에 맞는 것들도 만들어야 하고 그러기 위해서 생산과정에서 많은 제작 참여자 간의 갈등을 조율해야 한다. 수용자 또한 그들 앞에 주어진 문화적 내용을 무비판적으로 수용하는 것이 아니라, 텔레비전이라는 텍스트를 자신의 일상생활 안으로 끌어들임으로써 생기는 갈등이나 재미 등을 자신의 경험을 토대로 음미하고 협상할 것이다. 결국 텔레비전이란 경제적인 의미에서는 제작이 완결된 문화상품으로 볼 수 있지만, 문화적인 의미에서는 그 의미가 끊임없이 만들어지는 미완의 것이라 할 수 있다. 수용자비평은 이 과정에서 과연 수용자들은 어떤 협상을 하고 있으며 의미를 통해 어떻게 사회로 나아가고 있는지를 밝히는 것이다.

제3부 방송관련 제도와 텔레비전 비평

11
방송광고비평

1. 들어가며

광고를 비평해야 한다는 사실에 놀라는 이도 있을 것이다. 사실 광고비평을 접할 수 있는 기회는 많지 않다. 기껏해야 광고의 창의성을 높이 사는 업계 내 대화는 지면을 통해 빈번히 이루어졌지만 수용자가 직접 접할 수 있는 광고비평은 많지 않았다. 많지 않았다고 해서 필요없는 영역이라고 말할 수는 없다. 광고가 갖는 문화적 영향력을 감안하면 비평을 통해서 자의식적 수용을 돕는 일들은 필요하다. 비평이 내버려두었던 광고영역은 새로운 유행의 창조, 감각의 전달 등에서 가장 앞서간다는 느낌이다. 광고처럼 생각하고, 말하고, 행동하는 이들이 점차 늘어나고 있음을 보면 더욱 그렇다. 비평계는 그런 점에서 오랫동안 광고와 관련해서 직무유기를 해왔다. 광고를 찬양하고 그것이 우리의 우상적 아이콘이나 되는 것처럼 말해온 것들은 많지만 막상 광고가 갖는 영향력에 대해 경계심을 심어주고 고민해보게끔 하는 담론들은 턱없이 적었음을 인정한다면 직무유기에서 벗어나 새롭게 광고를 비평하는 의지를 가져야 함은 너무도 당연하다.

텔레비전 비평을 소개하는 책에서 방송광고를 따로 정리하는 데는 상당한 무리가 따랐음을 인정하지 않을 수 없다. 광고비평의 방식이나 예가 제시되어야 하는데 단지 하나의 장으로 정리하려니 그같은 내용이 생략되고 말았다. 방송광고의 필요성, 중요성 등을 강조하는 수준에서 논의를 전개했다.

2. 방송광고의 역할

방송광고는 방송을 가능하게 해준다. 광고는 방송에서 가장 큰 수입원이다. 공영방송인 KBS는 시청료 외에 광고를 주요 재원으로 삼는다. 또 다른 공영방송인 MBC는 광고를 유일한 수입원으로 삼고 있다. 새로운 방송법에 의해 교육방송공사로 승격된 EBS도 광고를 주요 재원으로 잡고 있다. 민영방송은 전적으로 광고에 의존한다. 광고 없는 방송을 생각하기 힘들 정도로 방송의 광고의존도는 높다. 지난 IMF 경제위기 당시 광고가 줄었을 때 대부분의 방송사들이 겪었던 어려움을 생각한다면 광고는 방송을 논의할 때 빠뜨릴 수 없는 중요한 사안이 아닐 수 없다.

방송광고는 방송제작을 위한 재원이 되는 것에 그치지 않는다. 광고수입을 통한 방송사 수익의 일부분은 방송위원회에 의해 징수되어 방송발전기금으로 적립된다. 방송법 제37조 제2항에는 "방송위원회는 지상파방송사업자로부터 대통령이 정하는 바에 의하여 방송광고 매출액의 100분의 6의 범위 안에서 기금을 징수할 수 있다"고 명시해놓고 있다. 방송발전기금의 용도는 방송법 제38조에 명시되어 있다.

1. 교육방송 및 기타 공공을 목적으로 운영되는 방송
2. 공공의 목적을 위한 방송사업자의 설립 및 방송 프로그램 제작
3. 방송 프로그램 및 영상물 제작 지원

4. 시청자가 직접 제작한 방송 프로그램
5. 미디어 교육 및 시청자단체의 활동
6. 방송광고 발전을 위한 단체 및 사업 지원
7. 방송기술 연구 및 개발
8. 장애인 등 방송소외 계층의 방송접근을 위한 지원
9. 문화예술진흥사업
10. 언론공익사업
11. 기타 방송의 공공성 제고와 방송발전에 필요하다고 위원회가 의결한 사업

  방송광고는 방송을 위해 참으로 많은 역할을 하는 편이다. 광고 없이는 방송은 아무 일도 못할 것처럼 여겨진다. 그러나 방송광고는 방송으로부터 좋은 대접을 받지 못한다. 좋은 대접은커녕 푸대접을 받는다고 해도 과언이 아니다. 방송을 원하는 광고는 사전심의를 통과해야 방송될 수 있다. 심의에 통과하지 못하면 다시 수정을 해서 재심을 받아야 한다. 인쇄매체에 광고를 할 경우 사전심의를 받지 않아도 되지만 방송광고는 많은 대중에게 선택성 없이 노출된다는 매체적 특성 탓에 사전심의를 받게 된다. 방송인들도 자신들의 주된 수입원이 광고라는 사실을 그리 탐탁해하지 않는다. 자신들은 광고영업과는 상관없이 방송을 제작하는 창작인 혹은 제작전문가라는 사실을 더 내세운다. 그리고 광고제작을 하는 사람들과는 엄청나게 차이나는 전문가라는 사실을 자랑스럽게 여긴다.
  방송광고를 더욱 푸대접하는 쪽은 시민사회단체들이다. 소비자단체, 방송 관련 단체들은 방송광고를 상당한 강도로 감시하려 한다. 광고주, 광고대행사 등에서 방송 중간 광고를 허용해달라고 요청하면 큰일이 난 것처럼 반대하는 여론을 조성하고 요로에 반대의견을 제출한다. 광고에 대한 더 엄격한 심의를 요청하기도 한다. 시민사회단체들의 이같은 반응은 방송광고가 사회에 부정적 영향을 많이 미친다고 생각하기 때문에 생긴다. 광고는 불필요한 소비(혹은 과소비)를 조장

하고 때로는 허위, 기만 광고로 소비자를 현혹하며, 사회적 품위를 저하시키기도 하고 심지어는 방송 프로그램에 압력으로 작동하기도 하는 존재이기에 감시의 대상으로 선정해둔 것이다. 방송광고심의를 통해서 그같은 부작용이 일어나지 않도록 경계해야 함을 강조한다.

그런 푸대접에도 불구하고 광고는 방송에 적극적으로 달려든다. 방송의 광고효과에 대한 기대 탓이다. 방송은, 특히 텔레비전은 거의 완벽하다고 말할 정도의 유통망을 갖고 있다. 텔레비전을 가지지 않은 가구는 거의 없다고 해도 과언이 아닐 것이다. 텔레비전 스위치만 켜면 유통망은 가동된다. 신문이나 잡지는 공을 들여 개인적으로 돈을 지불해가면서 선택하지만 방송은 그렇지 않다. 대중의 접근이 용이하다는 점에서, 또 한 번에 많은 인구들이 접근한다는 점에서 광고로서는 눈길을 주지 않을 수 없는 매체다. 그리고 인쇄매체와는 달리-시간의 흐름에 따라-서사를 더 많이 구사할 수 있고 이미지 전략도 수립할 수 있어 설득에 매우 유용하다. 논리적 소구, 정서적 소구 그 어느 쪽이든 비교적 자유롭게 다양한 형식으로 수용자에게 다가갈 수 있다. 방송을 통한 광고는 그처럼 좋은 유통망, 많은 수의 수용자 그리고 다양한 전략의 구사 등과 같은 장점을 갖는다.

방송광고는 방송과 다른 방식으로도 관계를 맺는다. 방송 프로그램 앞뒤로 붙는 광고를 제공하는 광고주는 프로그램 자체에 영향을 미칠 수도 있다. 우리나라 방송광고제도(방송광고공사제도)는 매우 독특해서 그럴 가능성이 크지는 않다. 그러나 광고 부족 사태로 인해 광고 유치에 어려움이 생기면 광고주는 상당한 무게의 발언권을 가질 수 있음을 부정하기 어렵다. 자신이 선택한 프로그램에 상당한 발언권을 행사할 수도 있는 것이다. 광고는 또 다른 방식으로 프로그램의 의미를 변형시킬 수도 있다. 광고 자체가 광고 사이에 끼인 프로그램의 의미에 영향을 주기도 한다.

광고에 등장하는 모델이 스폰서하는 드라마에도 출연한다고 하자.

그럴 경우 광고와 드라마는 상호 텍스트성의 관계에 놓인다. 광고에서
의 모델 이미지가 강하게 드라마에 옮겨질 수도 있고 그 역도 가능하
다. 광고 텍스트와 드라마 텍스트가 상호 침투하는 것인데 광고 텍스
트가 프로그램 의미를 바꾸는 것으로도 이어진다. 방송광고에서 만들
어진 새로운 제작 테크닉이 텔레비전 프로그램 제작에 응용되기도 한
다. 대체로 방송광고와 뮤직비디오는 영상제작에 관한 한 앞서간다고
볼 수 있다. 할리우드의 대작 제작에 방송광고 제작자나 뮤직비디오
제작가가 자주 감독으로 기용되는 것도 그 때문이다. 광고영상과 뮤직
비디오적 제작기법이 방송 프로그램 안으로 스며든다는 것은 상업적
이미지가 비상업적 내용 속 이미지를 압도할 가능성이 커진다는 지적
과도 통한다.

광고는 제도적으로나 내용적으로 방송과 밀접한 연관을 맺고 있는
셈이다. 즉 방송과 관련해서 산업적 영향력과 텍스트적 영향력을 같이
갖는 것이다. 최근 들어서는 시트콤 등에 광고 문구나 장면들이 지나
치다 싶을 정도로 많이 사용되는 것을 볼 수 있다. 광고를 모르면 시
트콤이나 코미디 등에서 제대로 웃을 수 없을 정도다. 그런 광고의 약
진과 영향력을 제대로 분석하고 해석해주는 작업은 필요할 수밖에 없
다. 산업적 영향력에 대한 분석 및 해석 작업도 역시 절실하다. 방송
광고비평에 관한 장을 책의 말미에 싣는 것은 그런 작업을 독촉하는
의미와 광고비평에 관심을 두는 사람들이 더 많이 나왔으면 하는 바
람 때문이다.

3. 왜 방송광고를 비평하는가

광고에 대한 정의는 광고를 연구하는 사람의 수만큼 많다. 하지만
광고를 어떤 측면에서 바라보느냐에 따라 몇 가지 정의법으로 나눌

수 있다. 광고를 단순히 경제적 제도로 바라보는 입장이 있을 수 있다. 이 입장에서 광고는 마케팅의 한 수단으로 정의된다. 즉 상품을 만들어서 판매하는 과정에서 이루어지는 판촉의 한 수단인 것이다. 이 경우 "더 많은 상품을 판매할 목적으로 소비자를 설득하는 내용을 담은 메시지"를 광고라고 정의할 수 있다. 그러나 광고는 그런 경제적 목적에만 그치지 않는다. 광고는 일종의 외부적 효과(externalities)를 갖는다. 외부적 효과란 원래 목적하지 않는 결과를 말한다. 염색 공장을 예로 들어보자. 염색 공장은 염색을 목적으로 세워진다. 그러나 염색 공장은 수질 오염의 주범이 되기도 한다. 수질 오염을 위해 염색 공장이 세워진 것은 아니지만 그런 결과를 내게 된 것은 사실이다. 그같은 효과를 외부적 효과라고 부른다. 광고도 상품을 판매할 목적으로 만들어졌지만 외부효과를 갖는다. 문화적 효과가 그것이다.

광고는 소비자를 설득해야 하는 일종의 설득 커뮤니케이션(persuasive communication)이다. 설득을 위해서는 우선 소비자들이 처해 있는 문화를 헤아려야 하고, 상품을 소비한 다음에 충족될 욕망에 대해 말해줄 수 있어야 한다. 그런 고려 없이 소비자를 설득해낼 수는 없다. 광고가 문화적인 내용을 담을 수밖에 없으며 욕망을 부추기는 등 문화적 효과를 낼 수밖에 없는 이유는 거기에 있다. 방송광고비평은 광고의 경제적 측면을 강조하기보다는 외부적 효과를 설명하는 데 있다고 하겠다. 즉 방송광고가 낼 수 있는 사회적, 정치적, 문화적 효과에 주목하며 그 효과를 내기 위해 방송광고는 도대체 어떻게 짜여져 있는가를 살펴보는 데 그 목적이 있는 것이다. 그런 점에서 방송광고비평은 앞서 설명했던 여러 비평법을 모두 활용할 수 있다고 해도 과언이 아니다.

많지는 않지만 간간이 행해지는 광고비평들은 주로 광고의 윤리적 측면을 강조해 다루어왔다. 광고언어의 사용이라든가, 선정적 장면, 그리고 광고가 상품의 정보를 올바로 전달해야 한다는 커뮤니케이션

적 윤리 등에 초점을 맞추어왔다. 이는 광고심의에 활용될 법한 기준
으로 광고를 비평했음을 여실히 보여준다.

　방송광고는 방영 전에 사전심의를 받아야 한다. 방송위원회는 심의
기준을 정한 뒤 방송 가능한 광고인지 아닌지를 결정한다. 사전심의를
거치지 않은 광고는 전파를 탈 수 없는 것이다. 유독 방송광고만이 사
전심의를 받는다며 광고인들은 불만을 나타낸다. 그런데 심의결과로
내놓은 것들이 주로 앞에서 지적한 내용들이란 점에서 더욱 분노한다.
그런 단편적인 심의 혹은 비평으로는 광고인들을 설득할 수 없는 것
이다. 그리고 그런 심의와 비평에 대해서 광고 수용자들조차도 동의를
보내지 않을 수 있다.

　여기서 잠깐 현재의 광고심의에 대한 불만을 적은 한 카피라이터의
자작시를 보자.11)

　　　<애정을 가지고 깊이
　　　귀를 기울이면
　　　아내 몸에서 뼈 빠져
　　　나가는 소리 ……>

　　　어느 칼슘제제의 광고를
　　　이렇게 내보냈더니
　　　의약품 광고심의에 제꺽 걸려
　　　죽고 말았다
　　　뼈 빠져 나가는 소리가 뭐여?
　　　허위 사기 아니여?

　　　노래나 부르자
　　　송창식의 저 멋진 노래
　　　<빛이 없는 어둠 속에서도

---

　11) 김태형, 『카피라이터 가라사대』, 디자인 하우스, 1995, 20쪽.

찾을 수 있는 우리는 ……
소리 없는 침묵으로도
말할 수 있는 우리는 ……>

이 나라의 광고 심의하는 양반들이
이 노래를 심사한다면
이건 두말없이 금지곡이다
침묵으로 어떻게 말을 해

　대중가요 가사와 광고가 어떻게 같은 기준으로 심의될 수 있겠는가
마는 심의측에 대한 불만은 보통이 아닌 듯하다. 엄청난 노력을 기울
여 만든 광고가 방영불가를 당하면 제작자측은 당황할 수밖에 없다.
그것도 수긍할 수 없는 이유를 내세워 불가를 명령한다면 더더욱 그
럴 것이다. 사실 제작하는 자들의 노력에 비해 심의의 노력은 턱없이
적은 것은 사실이다. 정해진 심의기준이 없는 것은 아니지만 심의측에
서 사회의 눈높이를 따라잡는 데 어려움이 있을 수도 있고, 심의를 위
한 불가피한 심의도 있을 수 있다. 방송광고비평은 그런 밀실 심의를
공개적인 장으로 끌어내 사회적 심의로 연장될 수 있도록 하는 중요
한 수단일 수 있다.
　광고비평은 두 부류의 독자를 갖고 있는 것 같다. 첫째는 광고 수용
자다. 광고 수용자에게는 광고가 만들어내는 의미와 광고제작 과정,
그리고 광고가 가능해지는 조건을 전달해줄 필요가 있다. 그를 위해서
비평가는 광고가 생산되는 과정을 되짚어보고 광고를 꼼꼼히 분석, 해
독해야 한다. 꼼꼼히 표현되고 꾸려진 광고를 분해해서, 특정 조건 아
래 어떠한 기호들이 선택되고 결합되어 어떤 의미를 내게 되는지를
전해주어야 한다. 그러한 비평이 광고 수용자에게 과연 어떤 효과를
내게 될지는 누구도 알 수 없다. 만약 비평가로서 바람이 있다면 수용
자가 자신의 무비판적이었던 광고 수용을 한번쯤 성찰하는 기회를 제

공하는 것 정도가 아닐까 생각한다.

성찰이 광고문화에 어떤 보탬을 줄 수 있을까? 이 또한 난해한 질문이 아닐 수 없다. 광고비평이 수용자의 성찰, 그리고 이어서 광고문화의 진작으로까지 이어질 수 있음을 주장한 셈인데 이 연결고리는 다분히 추상적이다. 광고비평을 보고 고개를 끄덕인 사람들이 이후 광고 수용시에 광고를 깊이 들여다보고 그 안에 담겨 있는 의미를 비판적으로 수용한다면, 장기적인 효과로 광고의 내용수준 향상으로까지 이어질 수 있다는 공식은 추상적 기대에 지나지 않을 수도 있다. 그러나 현재로서는 방송비평에 거는 기대와 마찬가지로 공식적 자리에서 광고를 비평해 광고에 대한 사회적 인식을 변화시킨다면 이는 분명 의미 있는 수용자 서비스라고 할 수 있을 것이다.

둘째는 광고 제작자(기획자를 포함하여)들이다. 이들에게는 광고 읽기를 전해주기보다는 광고계의 동향과 전망, 그리고 광고가 대중문화의 한 형식으로서 갖는 중요성 등을 전해줄 필요가 있다. 광고가 판촉수단인 동시에 문화영역이기도 하다는 점을 알려주고, 전문인으로서의 긍지를 심어주는 데 광고비평은 큰 역할을 할 수 있다. 광고 제작자들 가운데 많은 사람들은 자신들의 광고 제작물이 심의에 걸려 고생하는 것을 마뜩찮게 여긴다. 왜 광고만 그렇게 미주알고주알 걸러내느냐고 불만이다. 자신들의 창의성을 인정해달라는 항변으로 들린다. '도대체 심의의 기준이 무엇인가', '왜 심의가 오락가락하고 일관성이 없는가' 등의 불만이 표출된다. 광고심의위원이 바뀔 때마다 심의결정이 다르게 나타난다면, 다시 말해 심의가 객관성을 확보하지 못한다면 도대체 무엇을 믿고 심의를 받아야 하는지 광고인들은 묻는다. 심의를 맡은 측에서는 나름의 방어논리를 가지고 있으니 그에 대해 적절히 대응할 것이다. 하지만 심의를 둘러싼 질문과 대응은 광고와 관련된 모든 이들에게 공개되지는 않는다. 문서로 주고받는 등 폐쇄적인 형태로 이루어지거나 아니면 비공식적 거래형식으로 발생할 수도 있다. 방

송광고비평은 광고심의, 창의성, 윤리성 등의 사안을 공론화하는 작업
이다. 폐쇄적인 사안을 명료한 것으로 관료적인 사안을 민주적인 것으
로 전환시키는 작업인 것이다. 방송광고비평이 시시비비를 가리는 판
정관 역할을 할 수는 없지만 광고를 공론화한다는 점에서 광고를 둘
러싼 여러 주체를 참여시키는 일을 해낼 수는 있다. 방송광고비평은
이처럼 광고인들에게 공적인 공간을 제공하고 그에 참여하도록 할 수
있다. 불행히도 아직 광고비평 자체가 활성화되어 있지 않다. 광고를
연구하는 이들은 효과적인 광고전략이나 수용자로부터 얻는 효과 측
정 등에만 관심을 갖거나 광고행정에 관한 사안들에 더 많은 정열을
쏟는다. 광고를 둘러싼 여러 주체의 이익을 대변하지 못하는 셈이다.
대신 광고를 생산해내는 측의 이익 도모에 더 많은 관심을 갖는 편이
다. 이같은 광고논의의 전통을 고려할 때, 여러 광고 주체를 참여시킬
수 있는 잠재력을 가진 방송광고비평은 더욱 절실해진다.

4. 광고라는 리얼리즘

　방송광고의 내용을 비평하는 입장은 광고가 상당한 리얼리즘을 갖
는다는 점에 착안한다. 수용자들은 광고를 광고로서만 받아들이는 것
이 아니라 '실제로 있음 직한' 일이나 '나에게도 그럴 수 있음 직한'
일로 받아들이는 경향이 있다. 그럴 경우 광고내용에 포함된 상품에
대한 관심은 물론, 상품광고를 위해 사용된 온갖 장면들에 대한 관심
도 고조되게 마련이다. 상품을 사랑, 우정, 배신, 성공, 실패, 좌절, 가
족 등에 걸어 광고할 경우 수용자는 늘 광고가 내놓는 인간사의 미끼
에 걸려든다. 그런 다음 광고하는 상품으로까지 눈길이 이어지게 된
다. 이처럼 광고상품에 눈길을 끌기 위해 많은 인간사들이 활용되는데
그것이 갖는 영향력이 만만찮다. 그럴듯함, 즉 리얼리즘을 느끼게 되

고, 그럴듯함을 자신이 실천해보려는 데까지 이르기 때문이다. 특히 움직이는 그림을 제공하는 방송광고의 경우 그 효력은 더 커 보인다. 사진이나 인쇄매체상의 광고는 항상 과거시제를 담고 있다. 사진 안에 있는 그림이 아무리 현재를 찍은 것처럼 포장하더라도 그것은 이미 지금 현재와는 차이가 있는 과거의 것으로 받아들여질 공산이 크다. 이미 찍힌 것, 이미 끝나버린 사건 등으로 받아들여지는 것이다. 그러나 동영상을 활용하는 방송광고의 경우 시청하는 바로 이 시간에 광고가 직접 움직이고 있다는 느낌을 받는다. 과거시제가 아니라 현재시제로 광고가 움직인다고 느낀다. 그러므로 그 리얼리즘 효과는 더 클수밖에 없다. 그러면 방송광고가 갖는 리얼리즘 효과에는 어떤 것들이 있는지 알아보자.

광고와 자본주의는 불가분의 관계를 맺는다. 자본주의는 산업혁명 등을 거치며 생산기술의 진전과 만나며 대량생산체제를 갖추게 된다. 대량생산체제가 갖추어지더라도 대량소비로 연결되지 않으면 안된다. 대량소비가 있어야 대량생산이 보장되기 때문이다. 대량생산을 대량소비로 이어주는 연결 끈으로 등장한 것이 광고다. 광고는 소비하는 방식을 가르쳐주고 소비가 미덕임을 알려준다. 그럼으로써 대량생산을 가능하게 해준다. 생산과 소비의 끝없는 순환을 지속시키는 광고를 자본주의의 꽃이라 부르는 것은 당연한 일이다.

광고가 단순히 상품의 정보만을 전달해주는 일을 그친 것은 소비의 폭이 더 커졌을 때라 할 수 있다. 생필품 수준을 넘어선 다양한 상품들이 생산되고 시장을 형성하기 시작함에 따라 생필품광고와는 다른 형태의 광고가 필요하게 되었다. 몸을 가리고 보온을 해주는 옷이 아니라 맵시를 내며 남에게 보여줄 수 있는 옷이 상품으로 시장에 등장하면, 당연히 광고는 옷의 원래 기능이 아닌 다른 것을 강조할 수밖에 없다. 남의 시선을 끌 수 있다거나 사랑을 가져올 수 있다는 식의 메시지 작성이 필요한 법이다. 광고는 상품의 정보를 담기보다는 원래 그 상품이 갖는 사용가치를 넘어서는 다른 가치를 강조하게 된다.

1934년 소련의 작가회의는 한 강령을 채택한다. 소위 사회주의 리얼리즘 강령이다. 이 강령은 사회주의의 완성, 사회주의하에 사는 인민들의 정신교육을 위해 예술이 무엇을 해야 하는지를 적은 내용이다. 그 구체적인 지침은 다음과 같다.

1) 예술은 대중에게 사회주의 이념이 잘 전달될 수 있도록 단순화되고 전형화된 방법으로 현실을 그리도록 해야 한다.
2) 예술은 생활을 있는 그대로 보여주는 것이 아니라 앞으로 사회주의 사회에서 전개될 이상적인 생활을 그리도록 해야 한다.
3) 예술은 개인적인 현실이 아닌 사회집단과 연관된 현실을 그리도록 해야 한다.
4) 예술은 미래로 열려 있는 현실을 그리되 사회주의 투쟁을 긍정적으로 묘사하도록 해야 한다.
5) 예술은 새로운 사회주의 사회에서의 즐거움에 대해서 표현하되 대중들이 그러한 사회에 잘 적응할 수 있도록 도와야 한다.

사회주의 리얼리즘 강령은 사회주의혁명의 수행·완성을 위한 도구적 예술지침인 셈이다. 이 강령을 예로 든 것은 광고가 자아내는 자본주의 리얼리즘을 소개하기 위해서다. 이 강령에 예술이란 용어 대신 광고라는 단어를 넣어보라. 그리고 사회주의란 용어의 자리에 자본주의를 대입해보라. 아마 광고가 자본주의 사회에서 행하는 일들이 고스란히 드러날 것이다. 즉 광고는 대중에게 자본주의 이념이 잘 전달될 수 있도록 단순화되고 전형화된 방법으로 현실을 그리도록 해야 한다. 그리고 광고는 생활을 있는 그대로 보여주는 것이 아니라 앞으로 자본주의 사회에서 전개될 이상적인 생활을 그리도록 해야 한다. 실제로 광고가 그런 일을 해내고 있다면 광고는 자본주의 리얼리즘으로 불려도 큰 무리가 없을 것 같다.

여기서 리얼리즘이란 단순히 현실을 얼마나 충실히 재현해냈는가를 의미하는 것이 아니다. 광고가 만들어내는 이미지들의 결합이 얼마만큼 현실처럼 꾸며져 소비자들이 고개를 끄덕일 수 있는가 하는 것이다. 현실을 여러 형식으로 구성 혹은 재구성해서 보고 듣는 이로 하여금 현실인 것처럼 느끼도록 하는 데 성공했다면 리얼리즘 효과를 얻었다고 평가할 수 있다. 그래서 광고에서는 화면상으로 드러날 그럴듯함에 더 관심을 갖는다. 예를 들면 단란한 가정을 광고에 이용할 경우 실제 가정을 찍기보다는 단란해 보일 수 있는 가정을 구성해낸다. 즉 적당히 교육받은 부부가 귀여운 아들과 딸을 두고 있는 설정을 통해서 소비자로 하여금 일반적이고 평범한 그러나 행복한 가정이구나 하는 느낌을 갖게 하는 것이다. 리얼리티를 느끼도록 하는 것 그것이 광고라는 자본주의 리얼리즘이 행하는 일이다.

광고가 만들어내는 리얼리즘은 새로운 것의 창조를 기반으로 하기도 하지만, 대체로 이미 특정 사회의 문화 안에 오랫동안 자리잡아온 가치나 믿음을 활용하는 편이다. 자본주의 사회의 꽃이라 불리는 광고는 무엇보다도 자본주의의 가치나 믿음을 통해 상품을 알리고자 한다. 광고라는 리얼리즘이 활용하는 두드러진 자본주의 가치와 믿음 중 하나가 '소비의 미덕'이다. 자본주의 사회의 소비자는 소비함으로써 자신의 존재를 확인할 수 있다. 소비의 능력에 따라 인간의 가치가 정해지는 소비 중심의 사회가 자본주의 사회다. 인간관계, 의사소통의 성패도 소비를 통해서 가늠된다. 광고는 소비가 인간을 인간답게 만들어줄 수 있는 중요한 제도임을 끊임없이 확인시켜준다. 광고하는 최고의 브랜드 신발을 아이에게 사주지 못하는 부모는 핀잔을 받아 마땅한 것처럼 보여준다. 그 신발을 소비해야만 아이와 부모 간의 긴장관계가 풀리고 웃음을 담은 커뮤니케이션이 유지된다. 광고가 보여주는 이같은 리얼리즘은 자본주의 사회에 널리 퍼져 있는 '소비의 미덕'이라는 믿음을 활용한 것이기도 하지만 다시 사회에 널리 퍼져 재생산되기도 한다.

광고라는 리얼리즘이 활용하는 또 다른 자본주의의 가치 중 하나는 '소비의 권력화'이다. 소비는 단순히 물건을 사고 사용하는 것에 머물지 않는다. 소비를 통해 의미가 발생한다. 소비는 물질적 과정이면서 문화적 과정이다. 옷을 골라서 사 입는 이유는 그것의 품질만을 고려해서가 아니라 과연 어떤 사람들이 그 유형의 옷을 입는지도 고려하기 때문이다. 즉 비슷한 옷을 입는 사람들을 통해서 동질감을 느끼고 자신의 사회적 위치를 파악할 수 있는 것이다. 그처럼 소비는 문화적 실천이기도 하다. 소비를 함으로써 의미를 만들고 더 나아가 그 의미가 사회적 권력으로까지 이어질 수도 있다. 특정 상품의 소비는 상징적 기호를 지녀 사회에서 의미를 내게 된다. 다른 물건을 사용하는 이들과 차이를 느끼게 해주는 것이다. 광고를 하지 않는 상품을 사용하는 소비자는 권력의 사다리 맨 밑 부분에 머물게 된다. 최첨단 나이키 신발을 신은 친구 앞에서 그렇지 못한 아이들은 주눅들 수밖에 없다. 광고는 상품의 소비를 통해서 사회 내 지위를 획득할 것을 권유한다. 광고는 소비의 권력화가 이미 우리 사회 내에서 중요한 가치임을 확인시킴과 동시에 다시 사회 내에서 그같은 믿음이 순환되도록 하는 역할을 한다.

광고가 이용하는 자본주의의 또 다른 미덕과 가치는 혼자만의 편안함과 개성의 존중이다. 광고가 소비자를 부르는 방식은 집단적인 호출이기도 하면서 개인적인 호출인 경우가 많다. '젊은이여 모여라'는 식의 호출은 집단적인 호출이다. '세상의 중심은 나' '혼자 있음으로 인해 즐겁다'라는 식의 호출은 개인적이다. 집단적 호출은 사회가 덜 분화된 시기의 광고가 행하던 방식이었다. 점차 사회가 세분화되어가자 집단적 호출방식은 개인적 호출방식으로 탈바꿈했다. 아주 작은 집단 혹은 개인을 찾아가 호출하는 방식을 택한 것이다. 개인을 호출하는 방식에서는 혼자 있는 것도 즐겁다거나 고독조차도 아름다운 것이라는 식의 개인주의, 개인중심주의 등으로 개인을 찬양하고 불러들인다.

광고에 대한 전통적 정의는 이상의 리얼리즘을 포함시킨 것은 아니었다. 그같은 리얼리즘에 대해서는 언급하지 않은 채 '상품에 관한 정보를 전해줄 목적으로 만들어진 메시지'를 광고라고 정의해왔다. 원래 광고는 그런 목적을 갖고 시작되었을 수 있다. 광고가 생긴 초기에는 될 수 있는 한 상품정보를 많이 담아 전달하고자 했다. 궁극적으로는 상품정보를 믿은 사람들이 광고된 상품을 구매하도록 하는 것이다. 상품을 판매하기 위해서는 그 상품의 우수성을 알리거나 상품을 소유하게 됨으로써 얻을 이득을 전해주어야 했다. 시장이 경쟁적이지 않고 활성화되지 않았을 때 광고는 상품에 대한 정보를 주거나 상품을 사용한 후의 사용가치를 알리는 데 상당한 노력을 기울였다. ≪벼룩시장≫이나 ≪교차로≫ 같은 광고지에 등장하는 중고 자동차 광고를 예로 들어보자. 거기에는 상품에 대한 정보가 비교적 상세히 들어 있다. "엘란트라 1995년, 1500cc, 깨끗한 차체, 40K, 450만 원, 협상가능." 이 정도면 상당한 정보가 담긴 셈이다. 초기의 광고는 이런 모습을 띠고 있었다.

하지만 지금의 광고를 보라. 그 안에는 상품에 대한 어떤 정보도 들어 있지 않다. 자동차가 비행기의 속도를 내며, 빗길에서도 음악에 맞추어 절묘하게 운행되며, 모든 가족이 행복한 미소를 지으며 나들이를 즐기는 것으로 묘사된다. 기름에 대한 걱정, 복잡한 교통량에 조바심치며 운전하는 모습, 멀미하는 뒷자리의 가족, 자동차의 가격 그 어떤 것도 그 안에는 들어 있지 않다. 상품을 판매하기 위해 우리에게 필요한 정보를 주는 것이 아니라 숨기는 것이 오히려 광고인지도 모른다. 자동차를 사용함으로써 겪게 될 현실을 숨김으로써 상품을 구매하게 한다. 상품구매 후 올 현실을 숨기고 비워진 현실 안에 전혀 다른 추상성을 구겨 넣는 것이다. 행복, 미소, 사랑, 화목, 스피드 등등을 말이다. 즉 광고는 상품과 자본주의의 미덕을 가득 담아 전달하는 것이다. 그렇다면 광고는 '상품에 관한 현실 일부분을 도려내고 비워진 공간에 현실의 다른 일부분을 부풀려 구겨 넣은 메시지'라고 규정할 수 있을 것이다. 즉 자본주의 모순은 도려낸 채, 자본주의의 미덕을 부풀린 메시지인 셈이다.

그런 메시지 구성은 일정 관습을 가지고 있다. 리얼리즘 효과를 내기 위한 구성방식이 존재한다는 얘기다. 광고 메시지는 대체로 두 개의 축을 바탕으로 자본주의의 미덕을 전한다. 하나는 광고 안 기호들 사이에 벌어지는 변형 혹은 교환의 축이다. 남성 기성복 광고에서 멋있는 남성, 비즈니스에 성공적인 남성의 의미가 기성복 안으로 전이되는 것이 그 대표적 예다. 초코파이 광고에서 선생님에 대한 사랑은 초코파이 안으로 옮겨진다. 초코파이와 사랑이 의미교환을 하는 셈이다. 특정한 의미가 상품 안으로 스며들고 광고상품은 그 새로운 의미를 부여받게 된다. 그 과정에서 상품에 담긴 정보는 은폐된다. 상품을 만드는 데 들였던 노동과정, 노동 후의 상품으로부터의 소외 등의 정보는 사장된다. 엉뚱하게 상품에는 성공이니 사랑이니 하는 이미지가 얹힌다. 상품이 지닐 사용가치보다 훨씬 우월한 사용가치를 포장해서 전하는 것이다. 그래서 광고는 상품에 대한 원래의 정보를 파먹고 전혀 다른 가치를 부여한다는 점에서 정보를 지우고 메움을 반복하는 작업으로 이해될 수 있다. 광고란 자본주의적 모순을 지우고 자본주의적 미덕을 채우는 커뮤니케이션 행위인 것이다.

광고 메시지가 지니고 있는 또 다른 의미화의 축은 소비자에게 욕망을 충족시켜준다는 약속과정이다. 상품 안으로 스며든 의미들이 소비를 통해서 반드시 이루어질 수 있음을 광고는 약속한다. 즉 상품의 진정한 가치가 아닌 표피적 가치(사랑, 성공, 행복 등)의 실현을 위해서는 소비가 필요하다고 부추기는 셈이다. '사랑이 필요하세요? 그러면 사랑 덩어리인 초코파이를 선물하시죠, 당신의 사랑은 이미 이루어진 것이나 다름없습니다'라고 꼬드긴다. 초코파이는 주린 위장을 채워주는 것이 아니라 사랑 그 자체임을 변형이나 교환과정을 통해서 확인시킨 다음, 소비가 사랑을 실현시켜줄 것이라고 약속하는 것이다.

전이와 약속을 담은 광고를 통해서 우리는 전혀 다른 세상을 배운다. 상품의 소비가 선사할 행복이 너무도 많음을 배우게 된다. 전혀 관련없을 것 같은 초코파이와 사랑이 연계되고, 세제가 부부사랑으로 이어지기도 한다. 서로 상관되지 않은 것들끼리 인연을 맺어줌으로써 우리가 사고할 수 있는 폭을 넓혀준다. 자본주의적 행복의 메뉴를 늘리는 셈이다. 자본주의의 모순과 갈등이 심화되는 만큼 광고 등과 같은 문화적 제도들은 그것들을 완화시키고 자본주의가 전해줄 새로운 행복, 성공, 미덕의 아이템을 만들어내는 것이다. 광고를 단순히 판촉을 원활하게 하기 위한 경제적 제도로만 파악할 것이 아니라 문화적 제도로 사고할 필요성이 있음을 강조하는 이유도 바로 거기에 있다. 욕망을 자극하고 연기된 욕망실현에 좌절되지 않도록 해주며 다시 새로운 욕망이 일어나도록 하는, 광고가 해내는 자본주의에서의 몫은 결코 녹녹치가 않은 셈이다.

대량생산에서 대량소비로 이어지는 과정에서 윤활유 역할을 했던 광고는 이제 다품종 소량생산 사회, 소비의 세분화 등의 사건을 맞이하면서 변신을 꾀하게 되었다. 다품종 생산의 주체인 대기업의 이미지를 강조하는 광고가 빈번해지는 것이 바로 그 이유다. 특히 대기업들은 기업문화(이를 CI라고 부르기도 한다)를 통해서 전체 노동자의 정체성을 형성해 자사이기주의를 부추기는 한편 소비자들에게는 사회에 봉사하는 건강한 기업이미지를 전하려 한다. 그래서 무엇보다도 세대간, 계층간, 지역간, 노사간 갈등을 숨기고 사랑으로 모든 이들을 결속하는 데 기업이 앞장서겠다고 광고를 통해 전한다. 부드러운 이미지를 담고 사회를 위해 봉사하겠노라고 다짐하는 기업광고를 보면 그리 믿다는 생각은 들지 않는다. 기업 소유주가 올림픽위원이 되었음을 알리기 위해 쿠베르탱을 내세웠던 기업광고나 소유주와 관련된 월드컵 유치를 강조하기 위해 만들어졌던 축구공 기업광고에 비하면 최근의 기업광고들은 잘 만들어졌다고 평가된다. "사랑해요"를 외치고 소비자에 "가까이 더 가까이" 다가오려 하고 "고객이 OK할 때까지"를 목표로 지니는 기업을 마다할 필요는 없을 것이다. 기업 이미지 제고를 위한 광고들은 상당한 호응을 얻고 있으며 기업으로서는 성공적인 마케팅 전략이었다고 자평하고 있는 모양이다. 그래서 기업광고들을 전혀 다른 시선으로 바라보기도 여간 어렵지 않다. 노골적으로 자본주의 리얼리즘을 그려내는 것도 아니고 천박한 자본의 모양새를 드러내지도 않기 때문이다.

광고가 제 밑천을 깊숙이 숨기기 시작하면서 자본의 의도를 쉽게 드러내기란 여간 어렵지 않게 되었다. 자본의 모습은 보이지 않고 온갖 통신망이 노동을 통제하고 명령하는 시대에는 자본주의의 모순은 심화되지만 또 그만큼 지속적으로 숨겨진다. 노사간 갈등은 '심증은 있되 물증은 없는' 모습으로 바뀌어간다. 이제 자본은 그 심증마저 지워버리는 작업을 감행하고 있으며 기업광고가 그 일환이다. 기업 이미지를 통한 노동자의 정체성 형성은 산업간 노동연대를 힘들게 할 뿐 아니라 노동자 정체성의 상실을 부추기기도 한다. 노동자는 사랑을 외치는 기업 안에서 일함을 자랑스럽게 생각하고 자신의 기업을 응원하는 배타적 이기심을 갖게 될 소지가 크다. 삼성맨, 현대맨 등 스스로를 위치짓는 행위가 바로 그 결실이다. 전라도 출신의 삼성중공업 노동자가 해태야구팀을 응원할까, 삼성야구팀을 응원할까? 아마도 10년 전과는 달리 삼성 라이온즈를 응원할 확률이 높아졌을 것이다(이것은 나의 이웃을 통해 짐쳐본 짐작이다). 그렇다면 자본의 이미지 전략은 절반 이상 성공한 셈이다. "역시 물건은 삼성이 최고야, 무얼 만들어내도 믿을 만하단 말이야"라는 평가가 소비자로부터 나온다면 이미지 전략은 완전 성공단계로 접어든다. 그때쯤이면 대기업들은 스스로를 국민기업이라고 부풀릴지도 모른다.

대기업 광고가 자본의 의도를 숨기고 정체성의 혼란을 노리는 만큼 일반 상품광고들도 그 모습을 바꾸어간다. 광고에 담긴 이미지들이 아무런 의도나 의미 없이 우두커니 자리잡고 있다. 이른바 포스트모던 광고라 이름 붙여진 광고들이다. 이 광고에는 상품과는 아무런 상관없는 이미지들이 목적 없이 사용되고 있다. 의류광고에 퍼덕거리는 생선이 길바닥에 나뒹구는 모습을 하고 있고 그 거리를 청춘남녀들이 분주히 오간다. 광고 어느 구석에도 의류광고라는 냄새를 풍기지 않는다. 광고가 끝날 즈음 광고하는 옷의 브랜드만 살짝 보이고 그쳐버린다.

세상에! 왜 아까운 광고비를 지출하며 이런 광고를 해대는지 궁금하기 짝이 없다. 과연 효과는 있는 것일까? 이런 광고를 쳐다보는 우리는 광고로부터 비켜나 있는 것은 아닌지 여전히 궁금하다. 의미를 담지 않은 광고들은 볼거리의 편집으로 이루어져 있다. 그 편집이란 것도 실상은 논리전개를 바탕으로 한 것은 아니다. 그저 혼란스럽게 몽타주를 해놓은 것에 불과하다. 볼거리만을 나열한 것은 그것 자체로 메시지다. 볼거리를 보여주는 것이 광고인 셈이다. 의미 없는 볼거리, 화들짝 놀랄 만큼 급히 움직이는 영상 이미지 그것이 새로운 광고들이 주는 메시지다. 즉 이제 볼거리의 세상, 급히 움직이며 현란하게 눈을 어지럽히는 영상 이미지의 세상이 왔음을 알려주는 셈이다. 그 세상 안에는 그 어떤 총체성도 없으며 완전한 자아도 없다. 다만 의미 없는 이미지의 몽타주처럼 우리 자신들도 조각나 있어 우리가 누구인지도 알 수 없게 된다. 볼거리의 세상 안에 존재하는 우리들로 규정할 밖에 다른 도리가 없다. 노동자? 중산층? 한국인? 이제 우리는 그런 식으로 존재하지 않는다. 짜깁기된 의미 없는 영상 이미지처럼 그 모든 것들이 뒤엉켜서 풀어내기 힘든 실타래 형국을 하고 있다.

이처럼 광고라는 리얼리즘은 점차 모습을 바꾸어가고 있으며 이제는 그 의미조차 판별해내기 어려운 지경에까지 이르렀다. 그러나 여전히 분명한 사실은 광고는 자본주의의 변화방식과 맞물려 자신을 변형시켜간다는 것이다. 기업 이미지 광고, 포스트 모던 광고 등은 예전의 광고와는 확실히 다른 모습을 하고 있지만 자본주의 리얼리즘이라는 테두리 안에 갇혀 있는 것임에는 틀림없다.

5. 광고와 수용자

광고가 문화적 역할을 한다는 것은 수용자에게 영향을 미친다는 말과 통한다. 즉 광고가 내는 의미가 수용자에게 전달되고 수용자가 다시 의미과정에 참여한다는 것이다. 수용자는 과연 광고를 어떤 식으로 받아들일까. 우선 동일시 효과로 설명하는 입장이 있다. 보통 수용자들은 쉽게 광고 속의 스타와 동일시하거나 자신을 스타에 투사시킴으로써 그 광고의 주인공인 것처럼 느끼게 된다는 것이다. 여기서 스타란 동일시의 대상이다. 또한 열광의 대상이기도 하며 사실감을 주는 존재이기도 하다. 왜 우리는 스타를 통해서 그런 동일시 효과를 갖게 되는가. 스타는 실제로 존재하는 사람이기에 소설책 주인공과는 다른 느낌을 전해준다. 그들은 자신들만의 삶을 따로 지니고 있다. 그렇기 때문에 광고에 스타가 등장하면 스타가 살아 있는 존재라는 사실과 그들이 나름의 삶을 지니고 있음을 알게 되고 자연스럽게 스타의 광고적 행위에 믿음을 부여하게 된다. 스타에게 부여된 인격을 수용자가 쉽게 거절하지 못하는 것이다.

동일시의 효과는 매우 설득력을 가지지만 스타가 사용되지 않는 광고의 수용 등에 대해서 제대로 설명할 수 없다는 한계를 갖는다. 수용자가 광고 내 스타를 수용하는 방식, 그리고 그를 통해서 의미를 내는 방식에 대한 새로운 정리가 필요하게 되었다. 그것은 구조적 수용방식이라 불린다. 광고는 여러 방식으로 꾸며진(구성된) 메시지다. 대체로 광고 메시지는 수용자가 스타를 동일시하도록 만드는 것이 아니라 스타를 통해 수용자가 부름을 받도록 만들어져 있다. 광고가—스타를 이용하든 하지 않든 간에—수용자를 부르는 과정을 우리는 호명(呼名, interpellation)과정이라고 부른다. 만약 잘 구성된 광고의 부름에 '예'하고 대답하면 우리는 적극적으로 광고의 과정에 참여하게 된다. 광고가 수용자를 초대하고 수용자가 대답하는 과정인 것이다.

우리는 이같은 과정을 주체화과정이라고 부른다. 즉 광고가 호명한 것에 대답하며 달려가는 순간 주체가 되는데 이 과정이 주체화과정인 것이다. 그런데 그 주체화과정은 반드시 스타를 동일시함으로써만 생기는 것은 아니다. 스타의 친구가 되는 주체가 될 수도 있고 스타를 미워하는 주체가 될 수도 있다. 광고는 여러 형태의 주체가 되게끔 만들어져 있는 것이다. 예를 들어 여성 화장품 광고가 있다고 하자. 모델은 여성 스타이지만 누군가가 여성 스타의 몸매를 몰래 들여다보는 장면으로 꾸며져 있다고 하자. 그러면 어떤 수용자는 몰래 들여다보는 시선으로 자신을 주체화할 것이고, 다른 수용자는 들여다보이는 사람으로 주체화될 것이다. 이처럼 동일시가 다발적으로 다양하게 발생하기에 오히려 주체화로 연관지어 설명하는 편이 더 나을 수 있다.

그런데 대체로 광고는 그 주체를 욕망하는 주체로 환원시켜 호명한다. 즉 지금보다 더 나아지려는 욕망을 가진 주체로 만드는 것이다. 그리고 광고하는 상품을 소비하게 되면 그런 욕망을 해소할 수 있다고 약속한다. 그것은 앞서 말한 전이(변형)와 약속의 과정을 거쳐 이루어진다. 즉 광고 메시지 안의 다양한 형태의 제작코드를 이용해 소비자를 주체로 만드는 과정이 바로 광고과정인 것이다. 여기서 광고는 실패하기도 하고 성공하기도 한다. 광고는 무조건 상품으로 수용자를 불러들이지 않는다. 광고하는 상품을 다른 이미지들로 포장하게 마련이다. 핸드폰 광고를 하면서 '철없는 사랑'을 테마로 시리즈 광고를 하거나 '청순한 소녀 이미지'로 포장을 한다. 핸드폰과 '철없는 사랑' '청순한 소녀'는 아무런 관련이 없지만 여러 번 반복되면서(여러 시리즈 물로 방영하면서) 상품과 관련없어 보이는 이미지가 스며들게 된다.

그러나 광고는 여기서 심한 좌절을 겪게 마련이다. '철없는 사랑'과 '청순한 소녀'는 일종의 미끼다. 핸드폰을 인식시키기 위해 등장시키는 맛보기 같은 요소다. 수용자의 관심을 낚아채기 위해서는 필수적인 것이다. 드러내놓고 상품을 광고하는 것보다 그것이 효과가 더 크다고 생각하기 때문이다. 그러나 수용자는 때로는 '철없는 사랑'이나 '청순한 소녀'의 이미지에 참여하는 주체가 되는 것으로 그칠 수도 있다. 즉 광고의 문화적 메시지에만 관심이 있을 뿐 구체적으로는 상품으로의 이미지 전이에 참여하지 않을 수 있는 것이다. 그럴 경우 광고는 '철없는 사랑' '청순한 이미지'만 전달할 뿐 그것이 016인지, 011인지, 017인지를 각인시키는 데 실패할 수 있는 것이다. 즉 광고의 호명과정이 반드시 성공을 보장받지는 않는다는 뜻이다.

광고는 그같은 광고실패를 걱정하기 때문에 반복해서 같은 메시지를 여기저기, 이 시간 저 시간에 내보낸다. 그로 인해 광고 메시지는 누적되고 편재되어 수용자들은 광고를 피해 살기 힘든 현실을 맞는다. 광고의 폭발 시대에 살게 된 것이다. 광고의 호명과정이 단 일회의 광고접촉을 통해서는 실패할지 몰라도 이처럼 폭발적인 물량이라면 어느 정도 성공을 거둘 수 있을지도 모른다. 도저히 빠져나갈 수 없는 그물을 쳐놓고 그에 걸려들기를 기다리는 광고는 그런 점에서 자본이 가진 정말 무서운 무기가 아닐까. 더 무서운 점은 이제 광고가 우리에게 상품정보, 이미지, 자본주의 미덕을 전달하는 메시지로서가 아니라 우리가 사는 현실을 측정하는 기준에까지 이르고 있다는 사실이다. 김막동이란 사람이 광고를 보고 물건이 좋아 보여 구매를 했다고 하자. 그런데 광고와는 달리 물건이 영 형편없었다고 치자. 예전 같으면 "광고 이 엉터리, 사기꾼, 거짓말쟁이들"이라며 분통을 터뜨렸을 것이다. 그런데 광고가 현실을 측정하는 기준이 되고 있는 지금에는 광고를 의심하기보다는 "이 물건만 어디가 잘못되었나 보다"라며 자신이 산 물건을 탓하는 이가 있을 수 있다. 기호의 세계인 광고와 현실 세계가 뒤바뀐 것이다. 광고가 누적되고 편재하면서 갖는 장기적 효력이란 것이 바로 이런 현실 혼동 효과일지 모른다.

광고가 궁극적으로 가질 이같은 묵시록적 영향력을 보드리야르(J. Baudrillard)가 잘 설명하고 있다. 장 보드리야르는 사회의 진전에 따라 가치의 법칙이 변화하고 있음을 지적한다. 그의 설명은 중세 이후 르네상스에 대한 언급으로 시작된다. 르네상스는 새로운 질서의 도래기였다. 즉 신의 질서에 대한 절대적인 믿음이 마감되는 시기였다. 신에 대한 믿음 대신 천부인권 등 자연권에 대한 믿음이 새롭게 부상했다. 신을 찬미하고 흉내내는 대신 자연을 흉내(모사)내는 등 예술사조도 바뀌었다. 정치도 봉건적·종교적 정치에서 대의제로 바뀌기 시작했다. 대의제는 천부의 인권 등을 보호하기 위한 장치였다. 예술이 기호(sign, 그림·글·말·음악 등)를 통해 자연을 구가하고 재현해낼 수 있다고 믿었듯이 정치가 인권을 가진 국민을 대의하고 재현할 수 있다고 믿었다. 보드리야르는 이 시기를 "자연법 가치의 세상"이라고 칭했다.

산업혁명 이후 자연법 가치의 세상은 바뀌기 시작한다. 기계화의 진전에 힘입어 같은 모양의 물건들이 대량 생산되었다. 예술은 대량생산의 물결로부터 비켜나지 못했다. 자연을 화폭에 담아 하나의 작품을 만들어내던 관행에서 사진과 영화 등의 발명에 힘입어 대량 복제할 수 있게 되었다. 이로 인해 자연에 대한 경외심은 사라졌다. 인간은 무한히 복제할 수 있는 인간능력을 더욱 뽐냈다. 이제 자연은 기술에 힘입은 인간의 정복 대상이자 복제 대상이 되고 말았다. 대량생산으로 인해 사회의 많은 원칙들은 시장의 원칙에 의해 대체되었다. 시장의 원칙은 대량생산을 강조하고 대량생산이 끊임없이 이루어지도록 하는 중요한 조건이 되었다. 대량생산을 하되 노동력을 덜 들일 수 있는 방

법도 개발되었다. 로봇이 인간을 대신했다. 복제의 시대다 보니 인간
을 복제한 로봇이 인간을 대체하기에 이르렀던 것이다. 보드리야르는
이 시대를 두고 "상업적 가치의 시대"라고 불렀다.

광고는 상업적 가치의 시대에 그 모습이 완성된다. 광고는 대량생
산이 순조롭게 이루어지게 하기 위해 마련된 제도다. 대량생산을 대량
소비로 원활하게 이어주기 위해 등장했다. 그러나 광고의 역할은 단순
히 그같은 경제적 역할에만 그치지 않았다. 자본주의 리얼리즘으로서
자연을 정복하는 인간을 칭송하고 과학의 승리를 노래했다. 인간과 과
학의 자연 정복을 찬양하면서 상품광고에 그 이미지를 덧씌웠다. 과일
주스 광고에서 자연 그대로를 상품으로 옮겼음을 강조하기 위해 사과
나 귤에 빨대를 꽂아놓은 모습을 자주 목격한다. 이것은 과학의 자연
정복과 가공을 노래하는 것에 다름 아니다. 과학의 힘으로, 인간의 지
식으로 자연을 그대로 옮겨 올 수 있고, 자연을 그대로 복제할 수 있
음을 보여주는 것이다. '상업적 가치의 시대'에서 광고는 자연을 대량
으로 복제할 수 있음을 보여주었고, 그 메시지를 다시 대량으로 복제
하여 우리 생활 여기저기에서 접할 수 있도록 하였다.

자연법 가치의 시대 그리고 상업적 가치의 시대를 거쳐 지금의 제3
의 시기가 도래했다고 보드리야르는 말한다. 앞의 두 시기, 즉 재현과
대량복제의 시기에는 재현과 복제의 성패는 기호가 실물을 얼마만큼
닮아 있느냐에 달려 있었다. 그래서 광고도 상품이 자연을 얼마만큼
닮아 있는지, 자연 그대로인 것처럼 정교하게 가공했는지를 내보이고
자 했다. 그러나 제3의 시기에서는 기호와 실물의 관계가 전도된다.
즉 기호가 실물을 압도하는 현상을 목도하게 되는 것이다. 이 시기의
광고는 광고를 통한 먹음직스러움이 실질적인 현실의 맛을 압도해버
린다. 광고 속 사과 주스가 사과의 자연스러운 맛을 닮으려 하는 것이
아니라 사과 주스가 사과보다 더 맛있는 것으로 보여주는 것이다. 이
는 기호가 폭발적으로 증가해 도처에 깔려 있어 현실감은 현실이나

자연에서 찾는 것이 아니라 기호를 통해서만 찾을 수 있는 것으로 바뀌었음을 말한다. 기호에서 더욱 현실감을 느끼는 세상으로 바뀐 것이다. 그래서 이제 더 이상 기호가 현실을 복제하는 것으로 받아들여지지 않는다. 현실감 있는 기호를 복제하고 또 복제하는 기호들만의 세상이 남게 된다. 복제된 것을 복제하고 그것이 현실을 압도하는 이 시대를 두고 보드리야르는 "구조적 가치의 시대"라고 불렀다. 이제 광고는 더 이상의 현실 복제가 아니라 현실을 평가하는 기준이 된다. 광고가 현실을 능가하는 우상이 되는 것이다. 대신 현실은 우상인 기호의 세계, 즉 광고에 의해 판단되는 것으로 전락한다. 광고의 약속이야말로 진정한 약속이며 그것을 통해 실제를 판단하는 기호 만능의 시대, 기호 중심의 시대를 맞고 있다고 보드리야르는 말한다.

방송광고비평은 수용자에게 이같은 기호의 폭발이 갖는 의미, 그 안에서 우리가 갖게 될 새로운 감수성 등을 정리해줄 필요도 있다. 기호가 우상시되고, 그로부터 현실감을 얻는다는 것 자체가 나쁘다고 할 이유는 없지만 현실과 기호의 균형, 구분 등에 관한 지혜를 갖는 것은 매우 필요한 일이다. 방송광고비평이 해야 할 일이 하나 더 늘어난 셈이다.

광고비평이 자본주의 리얼리즘도 드러내야 하고 그것을 넘어서 기호와 현실 세계의 전복현상도 알려주어야 한다고 주장하면, 많은 이들은 미리 겁먹고 광고비평을 포기할지도 모른다. 너무 과도한 부담이라고 생각할 것이 뻔하다. 그리고 그런 비평을 해내기 위해서는 너무 많은 사안들을 숙지하고 있어야 하는데 그 또한 보통 어려운 일이 아님을 눈치챌 것이다. 광고비평을 독려하자는 의미에서 만들어진 장이 오히려 광고비평을 피해 달아나게끔 했다는 혐의를 벗기는 힘들어 보인다. 필자의 역량 부족이기도 하지만 비평작업 자체가 워낙 많은 것을 요구하기 때문에 어려워 보일 수도 있다. 한 편의 광고를 통해서 자본의 의도를 읽고 세상사를 논의한다는 일이 어디 쉬운 일일 수 있을까.

앞의 여러 장들에서 설명한 비평방식들을 습득하고 꾸준히 비평 쓰는 연습을 한다면 방송비평 능력 외에 광고비평 능력을 부가로 얻게 되는 셈이니, 너무 앞서서 어렵다거나 귀찮아 보인다는 생각을 갖지 말기를 바란다.

12

시민언론운동과 방송비평

1. 시민언론운동의 한계

한국의 1990년대와 세기말은 '언론 해프닝'으로 마무리되었다. 그동안 잠재되어 있던 언론 모순이 일시에 분출되었고 언론사(言論史)에 한 획을 그을 만한 전혀 낯선 국면을 맞았다. 중앙일보 홍석현 회장이 탈세혐의로 구속되자 중앙일보는 연일 언론탄압이라고 주장하며 사장을 옹호했다. 심지어는 탈세범인 회장의 구속장면에서 기자들이 몰려가 "사장님 힘내세요"를 외쳤다. 그리고 정부의 실정과 부정을 모조리 들춰내서라도 '언론탄압'을 종식시키겠다고 의지를 불태웠다. 또 다른 사건 하나는 중앙일보 문일현 기자 사건이다. 문일현 기자는 휴직중 베이징에서 이종찬 당시 국정원장에게 언론을 길들일 수 있는 계획을 팩스로 전달한다. 이종찬 씨의 사무실에 들렀던 다른 한 기자는 그 문건을 슬그머니 절취해 평소 금전적 뒷받침을 해주던 국회의원에게 넘긴다. 국회의원 정형근은 이를 국가 차원의 언론 길들이기 공작이라며 기자회견을 갖는다. 이 사건은 언론계 종사자들의 부도덕성과 권언유착을 그대로 드러내는 그야말로 언론 스캔들이었다.

'언론 해프닝', '언론 스캔들'은 급기야 정치적 의제로까지 상정되었다. 언론개혁을 외치는 목소리들도 전에 없이 커졌다. 언론의 반성을 촉구하고 스스로 변화를 꾀할 것을 요청하기도 하고 국가의 적극적인 개입을 요청하기도 한다. 구조적 변화 없는 언론의 자정노력은 일과성에 그칠 우려가 크고 국가의 개입은 또 다른 언론 스캔들이 될 수 있다는 점에서 여간 조심스럽지 않다. 그래서 국가가 언론 관련 법규를 정비하는 선에서 언론개혁의 물꼬를 터야 한다는 수준으로 강조의 수위가 낮춰지고 있다. 이처럼 언론개혁의 당위성을 주장하는 목소리가 많지만 그 방법론에서는 주춤거려왔다.

재벌개혁, 정치개혁에 대한 시민사회단체들의 활동 폭이 넓어지자, 시민사회가 언론개혁의 주체가 되어야 한다는 주장도 강하게 대두되고 있다. 총선시민연대의 낙천·낙선운동, 참여연대와 경실련의 재벌개혁운동, 환경단체들의 동강 살리기 운동 등은 놀라울 정도의 성공을 거두었다. 그 동안 시민 없는 시민운동이라는 핀잔을 받아왔던 시민운동은 오랫동안의 역량 축적으로 사회개혁에서 빠뜨릴 수 없는 개혁주체로 자리잡고 있다. 하지만 언론운동은 가시적인 성과를 거두지 못하고 있다. 그리고 언론개혁의 주체로서도 대접을 받지 못하고 있다. 미래지향적인 관점에서 보자면 시민사회의 언론운동이 언론개혁의 선봉이 되어야 하겠지만, 많은 보완점들이 필요한 것이 사실이다.

시민사회가 언론개혁의 주체로 온당하게 대접받지 못하는 데는 두 가지 정도의 이유를 댈 수 있을 것 같다. 첫째로 시민사회가 그 동안 벌여온 언론운동은 언론개혁 과정에 주도적 역할을 하기 힘든 존재론적 한계를 가지고 있다는 비관론적 이유를 들 수 있다. 시민사회가 벌이는 언론운동은 언론의 부분적 개선을 위한 요청을 할 수 있을 뿐 전면적인 개혁을 주도하기 힘든 한계를 지니고 있음을 지적하는 것이다. 그리고 시민사회운동이 대체로 언론의 홍보에 의존할 수밖에 없었던 한계를 감안한다면 언론을 대상으로 하는 사회운동이 한계를 가질 것은 지극히 자명해 보인다. 둘째로 지금까지 보여준 시민사회 내 언론운동이 괄목할 만한 성공사례를 만들어내지 못했다는 이유를 꼽을 수 있다. 즉 역량을 충분히 발휘하지 못했을 뿐더러 앞으로도 언론개혁을 주도해갈 채비를 하지 못하고 있다는 지적이다. 전자를 시민사회 내 언론운동의 존재론적 한계라 할 수 있을 것이고 후자를 언론운동의 실천적 한계라 할 수 있을 것이다.

그 어느 쪽이든 시민사회 내 언론운동을 보는 시각이 곱지만은 않은 것 같다. 특히 1990년대 언론운동에 한해서 보자면 그런 경향은 더욱 두드러진다. 1980년대에 보여주었던 운동의 치열함이 점차 떨어지고 다루는 의제 또한 전에 비해 미시적인 것으로 한정되는 등 전반적으로 답보 혹은 후퇴된 면모를 보여주었다고 평가받는다. 이를 두고 혹자는 운동의 전문화로 설명할 수도 있지 않겠느냐고 반문할 수 있겠다. 하지만 언론운동의 언론 환원론적 운동은 지극히 편협한 사고를 낳게 된다는 점에서 경계되어야 마땅하고 언론 환원론적 운동이 전문화로 불리는 것도 문제가 있다는 점도 지적되어야 한다. 운동단체는 늘어났는데 운동성과와 역량에 대한 평가가 나빠졌다면 그 이유를 밝히는 일은 반드시 이루어져야 한다. 그리고 그를 바탕으로 언론운동의 새로운 방향성을 정하는 일이 필요하다.

그 동안 언론운동에는 상당히 많은 규범적 주문이 있었던 것이 사실이다. 규범적 주문은 듣기에는 좋지만 실상 실천하기 어려운 탓에 오히려 좌절을 안겨주는 예상치 못한 결과를 낳을 수도 있다. 언론운동을 시민사회운동 혹은 신사회운동에 가두어 활동 폭을 좁히는 담론들의 생산이 없었는지도 살펴볼 일이다. 언론운동을 전혀 새롭게 볼 사고의 패러다임을 설정하고 운동의 방향성을 모색하는 일도 필요할 것 같다. 그렇지 않을 경우 언론과 관련한 모든 시민단체의 활동을 언론운동으로 규정해버리는 우를 범할 수도 있다. 여기저기서 생긴 수용자운동 단체들이 언론을 비판한다는 이유로 동지애를 느낀다면 그것은 운동으로 보나 운동에 참가하는 사람으로 보나 불행한 일이 아닐 수 없다. 새로운 틀로써 그 동안의 언론수용자운동을 보고, 문제점을 드러내며, 그 원인을 찾고, 새로운 방향성을 제시할 필요가 있다.

2. 시민언론운동의 논리

언론수용자운동을 자임하며 많은 단체들이 등장하면서 언론운동은 여러 명칭으로 불리기 시작했다. 언론수용자운동, 언론소비자운동, 언론감시운동, 시청자운동, 언론민주화운동, 시민언론운동, 언론시민운동 등등이 그것인데, 여러 논의를 거쳐 대체로 '시민언론운동'으로 수렴되고 있음을 볼 수 있다. 최근의 언론운동을 다룬 몇 편의 논문을 통해 그 개념 사용이 정착되어 있음을 볼 수 있었다. ≪신문과 방송≫ 1999년 3월호가 표제 특집으로 '시민언론운동'이라는 제목을 달고 시청자단체들에 대한 기사를 게재한 것 등으로 미루어, 어느 정도 정착된 용어로 보아도 무방할 것 같다. 민주화 등의 수사를 털어내고 수용자나 소비자라는 수세적 느낌의 단어를 능동적·이성적 실천 등의 함의를 지닌 시민으로 대체했다고 볼 수 있다(이하 시민언론운동으로 통칭한다).

시민언론운동은 그 용어에서 알 수 있듯이 시민, 그리고 그 조직체를 운동의 주체로 삼는다. 이는 1980년대에 간간이 찾아볼 수 있었던 민중언론운동 등과는 구별된다. 계급성이나 당파성이 배제되고 중산층 이념을 대변하는 각종 신사회운동 단체들의 등장과 맥을 같이하는 것으로 이해될 수 있다. 이같은 시민사회운동, 신사회운동의 이론적 틀은 시민사회론이었다. 시민언론운동의 이론적 토대 또한 시민사회론이었다. 사실 시민사회론은 시민사회 만능을 부추겼다는 혐의를 받을 정도로 운동단체들에 과도한 책무와 정당성을 부여했고, 그 가능성을 낙관적이고 긍정적으로 평가하고 있었다. 1990년대 후반 들어서는 NGO 논의와 혼동되면서 시민사회론은 애초의 의도와는 달리 희석된 부분이 많았으나, 시민운동 그리고 시민언론운동에 이론적 기초를 제공했음을 부정하기는 어려울 것 같다. 아직도 시민사회론은 시민언론운동의 중요한 이론적 자원이 되고 있다.

시민언론운동이 기대고 있는 시민사회론 자체에도 논의 차가 커 통일성을 보여주지는 않는다. 여기서는 그것을 다 정리할 수는 없고 다만 대별해서 두 종류의 시민사회론을 소개하고자 한다. 먼저 '자유주의적 시민사회론'이 있다. 이는 시민단체가 자발적으로 시민들의 권익을 옹호하는 실천을 통해 국가권력과 자본의 전횡을 막는다는 논리로 구성되어 있다. 자유주의적 시민사회론으로 시민언론운동을 논의하자면 '언론에 관심 있는 이들이 자발적으로 모여 조직을 만들어 개별 수용자를 대신해 언론을 감시하고, 비판하며, 개입하려는 운동'이라고 정의할 수 있다. 여기서 운동의 주체는 시민을 대표하는 시민사회조직 혹은 시민단체가 된다. 운동의 대상은 주로 언론이지만 그에 국한되지는 않는다. 언론의 기능을 약화시키는 주변환경도 대상이 된다. 언론의 자유, 공정성 등을 위협하는 국가, 자본 등이 그에 해당한다. 운동의 목표는 언론의 자유로 인한 공공성 발휘 그리고 그로부터 시민들이 혜택을 받는 일이다.

자유주의적 시민사회론과는 다른 두번째 논의는 '비판적 시민사회론'이다. 비판적 시민사회론에서 시민사회운동의 주체는 자발적 시민이 아니라 계급이나 계층에 기반을 둔 조직이나 집단이다. 시민사회에서 그들은 헤게모니를 위한 당파적 운동을 하게 된다. 이 논의에 기댄 시민언론운동은 '시민사회의 헤게모니를 위해 언론을 당파적 이익을 도모하는 쪽으로 이끌며 이를 거부하는 언론을 감시하고 비판하며 대안적인 언론을 만드는 운동'이라고 말할 수 있겠다. 이 경우 운동의 주체는 막연한 시민의 대표가 아니라 계급적 혹은 계층적 대표가 된다. 물론 운동 주체는 폐쇄적으로 한정되지는 않고 다양한 운동단체들과의 유대 등을 모색하기도 한다. 운동의 대상은 언론이지만 궁극적으로는 그것을 넘어선다. 계급적 의식을 불어넣는 데 언론이 중요한 기제이기 때문에 언론을 다루는 것일 뿐이다. 궁극적인 운동대상은 시민사회 구성원이라 하겠다. 운동의 목표는 시민사회의 헤게모니를 획득하는 일이므로 언론을 변화시키고 동시에 변화된 언론을 통한 의식화운동을 펼치는 것이라 하겠다. 그로써 시민사회에서 모든 대중들은 계급성을 띤 운동과 단체들에 동의를 보내고 궁극적으로는 계급모순이 없는 사회 건설의 기반이 된다.

지금까지 이루어진 시민언론운동은(대체로 1990년대에 벌어진 운동들) 이 두 시민사회론 중 전자, 즉 자유주의적 시민사회론에 입각한 것처럼 보인다. 최근 들어 수용자주권론을 내세우는 글들이 많아진 것도 그런 맥락에서 이해할 수 있을 것이다. 비판적 시민사회론은 1980년대 후반기쯤에 실천으로 고려된 적이 있었지만 1990년대 들어서면서 자유주의적 입장에 선 시민단체들의 약진, 냉전의 와해, 진보운동의 쇠퇴 등으로 수세에 몰리기 시작했다.

하지만 시민언론운동을 설명하는 이론적 담론들에서는 여전히 비판적 시민사회론이 우세한 모양새를 갖추고 있었는데 이로 인해 심각한 문제가 발생한다. 이론으로서의 시민사회론은 비판적 시민사회론에 가깝지만 실천은 자유주의적 시민사회론에 더 가깝게 이루어지고 있다는 점이 바로 그것이다. 운동논리와 운동실천 간에 괴리가 생긴 것이다. 비판적 시민사회론이 틀렸으니 버리자는 것은 아니다. 낙관론적 의지를 갖는 것도 중요하다. 아직 계급을 중심으로 하는 운동은 그 끝을 맞은 것이 아니라는 주장도 아주 터무니없지만은 않다. 그러나 계급 중심의 운동이 시민사회운동의 중심이 되어야 한다는 주장은 또 다른 폐쇄주의를 만들 우려가 있다. 계급 중심의 운동과 시민운동은 접합되어야 할 사안일 뿐 서로 배격해야 하는 것은 아니다. 그런 점에서 자유주의적 시민사회론과 비판적 시민사회론의 접합을 꾀해보는 지혜도 필요할 것 같다.

3. 1990년대 시민언론운동 평가

1990년대 시민언론운동이 벌였던 활동은 몇 가지로 나눌 수 있다. 그 첫번째는 대외적인 담론실천이다. 국가, 자본, 정치계 그리고 언론 등을 향한 성명서 발표, 법제의 개선을 위한 입법청원, 대중적 지지를 얻기 위한 서명운동 등이 그 구체적인 예라고 할 수 있다. 그런 실천 은 대체로 연대활동단체를 통해 이루어지는 경우가 많다. 두번째는 수 용자 의식 제고를 위한 교육활동이다. 미디어 교육(media education)으 로 일컬어지는 이 활동은 1990년대 중반 이후에 활발해진다. 운동을 벌이다 부딪히는 대중성 획득이라는 난제를 넘어서기 위한 노력으로 이해될 수 있다. 세번째는 모니터링 활동이다. 신문비평, 텔레비전 프 로그램 감시 등이 이에 해당된다. 이는 현재 각종 수용자운동 단체들 이 가장 역점을 두고 있는 사업이다. 방송법 개정으로 인해 모니터링 부분이 발전자금 지원을 받게 되어 있어 이 활동은 확대·지속될 전망 이다. 네번째는 제작능력 양성 활동이다. 이는 미디어 교육의 일환으 로 받아들여지기도 한다. 최근 들어 자신을 표현할 수 있는 채널의 가 능성(예를 들면 영상제, 인터넷 등)을 앞두고 제작교육을 실시하며 기 성 채널에서 찾기 힘든 대안적 감각을 도모한다는 취지를 보이고 있 다. 다섯번째로 대안적 매체 설립을 위한 운동을 들 수 있다. 국민주 방송 설립을 위한 연대, 퍼블릭 액세스 채널의 확보 등이 그 구체적인 예라고 할 수 있다.

이상의 다섯 종류로 대별되는 활동을 통틀어 진행시키는 조직도 있 으나 시민언론운동 조직 대부분은 미디어 교육과 모니터 활동을 주된 실천과제로 삼고 있다. 이들 활동에 대한 대내외적인 평가는 대체로 합의를 이루고 있는 듯하다. 첫째, 운동 주체가 뚜렷이 드러나지 않는다는 점이다. 특히 주부들 중심의 중산층 운동이 될 가능성을 경계하고 주체와 목표를 정확히 설정하는 일이 필요하다는 점을 들고 있다. 둘째, 체제내화될 우려를 지니고 있다는 평가를 내리고 있다. 조직 유지를 위한 최소한의 예산확보 등에 어려움을 겪고 있기 때문에 정부의 지원에 기대고 궁극적으로는 시민운동으로서의 정체성을 잃을 가능성이 높다는 지적이다. 셋째, 모니터 활동과 의식화 교육이 주를 이루고 있기 때문에 운동의 영역이 확대되지 못하고 답보상태에 머물고 있음을 지적한다. 넷째, 운동의 연대가 활발하게 이루어지지 못하고 있다는 점이다. 수용자운동 단체들간의 연대 그리고 다른 시민사회운동들과의 유기적 관계를 맺지 못함으로써 큰 힘을 발휘하지 못하고 있다.

만약 이같은 평가가 맞는다고 하면, 이런 수용자운동의 문제점들이 갖는 원인은 조직 내·외부에서 찾을 수 있을 것 같다. 먼저 외부적 요인으로서는 예전에 비해 조직이 동원할 수 있는 자원이 점차 줄어드는 사회적 분위기를 들 수 있다. 가시적인 정치적 억압이 사라진 1990년대에 들어서는 언론운동뿐만 아니라 전반적인 시민사회운동이 공통적으로 이같은 어려움에 직면하게 된다. 운동을 할 수 있는 인적 자원 그리고 경제적 후원 등을 확보하는 데 상당한 어려움을 겪게 된다. 두번째 외부적 요인은 수용자조직을 체제내화하려는 노력들이 진행되었다는 점을 꼽을 수 있다. 단체 지원 등을 통해 운동이 연대할 수 있는 가능성들을 봉쇄하고 자신들의 활동에만 국한하도록 한 것이다. 내부적 요인으로서 첫번째로 들 수 있는 것은 운동의 이념적 편차다. 수용자운동 조직들은 이념적 성향을 밝힌 경우가 많지 않을 뿐더러 이념적 정향성을 찾지 못하고 있다. 그로 인해 유대는 사안별로 협소하게 이루어지는 경우가 많았다. 두번째로 들 수 있는 내부적 요인으로는 조직 목표와 관련해 동질성을 확보하지 못했다는 점이다. 이는 연대도 힘들게 할 뿐 아니라 개별 조직이 방향성을 잡아가는 데 어려움을 겪게 하는 요인이 되기도 한다. 세번째로 전문성의 확보가 쉽게 이루어지지 못했다는 점이다. 이는 수용자운동의 답보성의 원인이 되고 있다. 운동 주체들이 빈번히 바뀌고 그때마다 새롭게 운동논리를 익혀야 하기 때문에 지속성과 전문성을 결여하게 되고 운동 내용이 설득력을 갖는 데 실패하게 되는 요인이 된다.

시민언론운동이 갖는 한계를 한 예를 통해서 살펴보도록 하자. 1993년 10월 여성단체 및 사회운동단체, 종교계의 언론대책위나 모니터 모임, 그리고 언론관계 시민운동단체와 학술단체 등 11개 단체가 참여하여 '방송 바로 세우기 시청자 연대회의'를 발족시킨다. 이 연대회의는 1994년 9월에 방송사 노조협의회와 방송현업인 단체, 법조계, 문화계, 교육관련 단체, 노동계의 47개 단체가 참여하는 '방송개혁국민회의'로 확대된다. 이는 시민언론운동의 전개과정에서 보완적 협조자의 위치에 있던 언론노동운동이 시민언론운동과 본격적으로 결합하는 양상을 보여주는 것이었다. 즉 시민사회의 힘을 결집한 상설기구화를 통해 언론 전반 또는 방송관계법과 제도의 구조적인 개혁까지도 요구한 전격적인 것이었던 셈이다.

'시청자연대회의'와 '방송개혁국민회의'는 운동의 목표에서 상당한 차이를 보였다. 그 동안 시청자연대회의는 방송의 저질 상업주의화가 가져오는 폐해를 막고 동시에 공공방송의 올바른 위상을 정립함으로써 시청자 주권을 실현한다는 목표하에 방송법제의 개혁과 방송 프로그램의 비판 그리고 시청자 의식개혁 운동 등을 전개하였다. 그에 비해 방송개혁국민회의는 김영삼 정부하에 방송구조변화가 국민의 요구와는 상반되게 진전되고 있으며 정부가 상업방송이나 방송매체의 허가를 독점하고 무분별하게 남발함으로써 저급 외래문화의 범람이나 방송의 정치적 악용 가능성이 있다고 보고 이를 차단하기 위한 활동에 주력하게 된다. 시청자연대회의가 의식개혁운동을 통한 민주적 제도의 확립에 초점을 맞춘 반면 방송개혁국민연대는 국가에 압력을 가하는 민주화운동에 더 역점을 두고 있었다.

애초 여성단체협의회(이하 여협)는 방송 모니터 단체로서 시청자연대회의에 참여했다. 연대회의가 확대됨에 따라 10개 단체와 함께 방송개혁국민회의 참여단체로 자동적으로 넘어가게 된다. 방송개혁국민회의는 1993년 10월 14일 '김영삼 정권 실정 규탄 및 민주개혁 쟁취를 위한 국민대회'를 5·18 국민위원회, 의료보험연대회의, 민주노동조합총연맹준비위원회, 민주주의민족통일전국연합 등과 공동 개최한다. 이 대회는 5·18 진상 규명 및 책임자 처벌을 위한 특별법 제정, 국가보안법 철폐와 양심수 석방 촉구, 근로자 파견법 도입, 전임자 축소 등 노동악법 개악 저지, 방송의 독립성 확보와 재벌의 방송소유 반대 등 방송법제 개혁 촉구 등을 주제로 내세웠다. 여협은 이를 '순수하게 시청자운동 차원에서 연대한 본래의 목적에서 많이 벗어난 것'으로 파악했다. 또 10월 26일 방송법 개정을 위한 공청회를 개최하면서 특정당과 공동 주최하는 등 지나치게 정치색을 띠게 된 것에 불만을 보였다. 이러한 과정에서 시간, 인력 등의 여건상 이름만 걸게 되고 방송사 노조 등 연대사업에 전력할 인원이 가능한 한두 개 단체에 의해 사업의 방향이 결정되어 타 단체는 배제되는 결과를 가져왔다고 파악했다. 시청자연대에서 적극적으로 참여할 기회가 배제되면서 의견개진 기회도 없고 애초 목적이 상실되었다고 파악한 여협은 탈퇴하기에 이른다.

시민언론운동은 언론민주화, 정치민주화라는 취지로 운동할 때 가장 활발한 연대를 보여주었다. 1990년 KBS파업, 1992년 MBC파업 등에는 시민연대의 형식으로 언론민주화라는 사안에 적극적인 참여를 보여주고 있다. 언론이 정치권력으로부터 벗어나지 못하였음을 인식하고 언론의 편집권을 지키려는 노력을 보인 것이다. 하지만 이러한 시민언론운동도 제도형식적 민주주의가 어느 정도 진전되면서 새로운 국면을 맞이한다. 언론사 파업이나 극적인 정치균열이 보이지 않고 정치계가 안정상태로 접어들게 되자 점차 언론운동이 영역주의화되기 시작했다. 영상물을 직접 제작하여 시민 저널리즘을 제고하자는 운동, 건전한 비디오를 선정·추천하는 운동, 언론의 여성비하에 항의하는 운동, 비리연예인의 출연을 막는 운동 등등 상업주의적 언론으로부터 시민을 보호하려는 움직임을 보여주었다. 이같은 영역주의, 보호주의 입장에서는 각개 약진에 더 많은 관심을 기울일 뿐 운동간의 연대나 영역을 넘어서는 사안에 대해 유보적 입장을 취하게 된 것이다. 사례로 든 여협의 탈퇴사건도 그런 맥락에서 이해될 수 있을 것이다.

또 한편으로는 국가가 점차 시민사회언론운동을 연대 당사자로 흡수하는 조합주의적 전략을 편 것도 시민언론운동의 변화에 영향을 미친다. 1995년 공익자금의 일부가 시청자운동단체에 지급되었다. 또한 시청자위원회를 방송 안에 제도화하여 외형적으로는 시민사회의 언론 참여를 담보하였다. 그리고 옴부즈맨 프로그램, 기사를 활성화하여 시민의 언론 참여를 확대하는 국가적 제스처가 있었다. 언론정책과정에 시민사회를 일부 참여시키는 전략도 구사하게 된다. 지역민방이나 케이블 방송 주체 선정과정이나 방송정책 결정과정에 많은 연구 시스템을 가동하는 것도 일종의 시민사회 참여 제고로 볼 수 있다. 이러한 외형적인 시민사회 참여 장치는 국가가 조합주의적 전략으로 마련한 것이지만 실제로 시민사회언론운동에 미치는 영향은 적지 않았다. 시민사회론적 입장에서 보자면 퇴행적 운동성을 보인 것으로 평가받기에 충분한 것이었다.

4. 시민언론운동의 새로운 인식지평

시민언론운동이 의지해왔던 시민사회론은 많은 문제점을 노정하고 있다. 그에 기대어 지금까지의 시민언론운동을 평가하면 앞서 지적한 대로 퇴행적인 면을 보여왔다는 결론에 이르게 된다. 자유주의적 시민사회론은 능동적 시민, 소비자로서 운동주체를 상정해왔지만 운동주체의 정체성과 운동목적에 대해 큰 답을 주지 못한다. 구태여 찾자면 운동주체는 시민이고, 운동목적은 시민들을 대변해줄 수 있는 언론 자리잡기라고 할 수 있을 것이다. 비판적 시민사회론은 운동주체를 피지배 계급으로 보되 타 운동주체와의 연대를 상정하고 있다. 그리고 운동목적을 시민사회 활성화를 막는 언론을 비판하고 대안적 매체를 탄생시키는 것으로 잡고 있다. 두 시민사회론 모두 우리 사회에 적용하기엔 문제가 따른다. 먼저 자유주의적 시민사회론에서 운동은 늘 언론 주위만을 맴돌게 된다. 언론의 문제점을 언론에다 갖다 붙이는 언론환원론에 빠지게 되는 것이다. 그리고 운동주체가 명확하지 않음으로 인해 운동자원을 확보하는 데 애를 먹게 되고 조직의 정체성을 유지하는 데 큰 어려움을 겪게 한다. 비판적 시민사회론은 계급 중심의 언론운동이 크게 활성화되지 못하는 우리 실정을 현실로 파악하지 않는다는 점에서 이상적 모델로서만 의의를 가질 가능성이 크다. 제안하는 대안적 매체 또한 계급적이고 전국적인 성격을 가지고 있어 현실적으로 설득력을 잃고 있다.

시민언론운동을 현실적인 입장에서 설명하고 비전을 제시할 새로운 패러다임이 요청된다고 하겠다. 이를 공공영역론으로 이름짓고 설명해보자. 공공영역론은 시민사회론과 큰 차이를 갖지 않는다. 이 이론에서는 공공영역을 구성하는 사회적 제도로 정당, 언론 그리고 시민사회의 이익을 대변하는 자발적 시민단체 등을 들고 있다. 공공영역 내 사회적 제도들은 다시 제도적 공공영역과 비제도적 공공영역으로 나뉘는데 정당이 전자에 속한다면 시민단체는 후자에 포함될 수 있다. 언론은 그 두 영역에 모두 걸쳐 있는 공공영역이라고 하겠다. 공공영역론에서 각 제도들은 갈등과 유대를 반복하게 되는데 그 가능성을 결정하는 것은 정치적·경제적 국면이라 하겠다. 공공영역에서 언론이 자본을 등에 업고 무소불위의 힘을 휘두르게 될 때 정당과 시민단체는 그것을 제어할 수 있는 가능성을 모색하고 국가의 규제강화를 요청한다. 또 다른 한편으로 정당과 시민단체는 언론법제의 개편 등을 모색하고 제도권 언론과는 차이나는 언론을 만들고 그를 통해 시민사회의 목소리가 다양하게 펼쳐질 수 있도록 유대할 수도 있다. 국가권력을 장악한 정당의 독주가 진행될 경우 언론과 시민단체는 여론정치를 통해 그 권력을 진정시키게 된다.

이같은 공공영역론은 성숙한 의회정치 그리고 시민사회의 의견수렴 기능을 해낼 수 있는 정당정치, 언론의 여론형성기능 등을 전제와 목적으로 삼는다. 이는 정치영역을 단순히 국가로 수렴시키는 폐단을 막고 정당정치의 제 기능 찾기를 통한 시민사회의 성과를 극대화하는 데 초점을 맞추고 있다. 즉 정당정치와 시민사회의 관계를 재정립함으로써 시민언론운동의 새로운 가능성을 모색하고자 하는 것이다. 예를 들어 시민언론운동을 법제적 차원에서 강화하려는 움직임이 있다면 이를 단순히 체제 내로 흡수되는 것으로 파악하는 것이 아니라 시민사회가 정당을 통해 공공영역을 키우는 것으로 이해하자는 것이다. 그리고 시민언론운동은 정당과의 연대만을 추구하는 것이 아니라 정당의 역할을 감시하는 실천도 해내게 된다. 시민언론운동이 의회정치를 감시하는 일—예컨대 언론관련 예산심의과정 감시, 국정감사 평가— 등은 지금 현재로선 잘 이루어지지 않지만 공공영역론 등의 담론확장을 통해서 권장할 수도 있을 것이다.

공공영역론이 시민언론운동에 접합되기 위해서는 정당, 언론, 그리고 시민단체들의 이념설정을 행하고 이를 요청하는 일이 필요하다. 정당은 당연히 이념성을 갖는다 하더라도 언론의 경우 많은 독자를 확보하기 위해 이념적 정향성을 밝히지 않고 있는데 언론운동은 이를 요청하는 작업도 운동의 일환으로 잡아야 할 필요가 있을 것이다. 그리고 무엇보다도 정당, 언론과의 유대를 위해서는 시민언론운동 조직의 이념을 밝힐 필요가 있다. 일종의 정파성(政派性)을 드러내야 하는 것이다. 이는 공공영역에서 다양한 이념을 가진 조직들이 서로 경쟁하고 유대할 수 있으며 궁극적으로는 공공영역을 활성화하는 계기가 될 수 있을 것이다. 공공영역을 단순히 언론으로 환원시키는 것이 아니라 구성하는 각종 제도들이 유대, 경쟁, 감시를 벌이는 넓은 장으로 보자는 것이다.

  이같은 공공영역론은 지방자치 정치에 적용되면 더욱 설득력을 가질 수 있다. 시민언론운동이 중앙집중적이었다는 사실은 부인하기 어렵다. 언론이 중앙집중화되어 있기에 피할 수 없는 현안이라고 하더라도 지방의 시민언론운동은 지방과 중앙의 언론을 감시하는 일뿐 아니라 자신들을 표현할 수 있는 채널을 갖는 일을 매우 중요한 사안으로 설정할 필요가 있다. 재현(re-presentation)의 정치를 넘어 표현(expression)의 정치로 갈 수 있는 가능성 모색을 지방의 시민언론운동은 최대의 목표로 삼을 충분한 이유가 있다. 언론의 민주화가 지방에 대한 관심으로까지 확대되기는 힘들다는 점을 감안한다면 지방의 시민언론운동은 언론의 민주화만큼이나 지역적 민주화도 소중한 책무라는 점을 인식해야 하기 때문이다. 시민언론운동은 지역의회정치를 통해 자신들의 채널을 갖는 문제를 해결하고 지역과 중앙의 언론과 경쟁할 수 있는 체제를 갖추는 노력을 소중하게 생각해야 한다. 또 다른 한편으로 지역정치를 감시하고 지역정부의 전횡을 감시하는 데는 지역언론과 유대를 지닐 필요가 있는 것이다. 이 경우 공공영역, 즉 시민언론운동, 언론, 지역의회 등이 구성하는 공간은 새로운 정치의 공간이자 훈련장이 되며 또 스스로를 변화시키는 계기가 될 수도 있는 것이다.

5. 새로운 과제들

시민사회론이 기댔던 시민언론운동이 놓쳤던 부분들을 점검해보자. 시민언론운동의 정체성을 찾는 일은 무엇보다도 중요하다. 지금까지 정체성 인식의 실마리를 제공해왔던 시민사회론을 심각하게 고민해보고 새로운 가능성은 없는지를 살펴볼 일이다. 앞서 새로운 패러다임으로 공공영역론을 제시하고 그에 따라 시민언론운동의 위상이 새롭게 정리되어야 한다고 주장한 바 있지만 이 또한 제안일 뿐 아직 철저한 검증을 받은 것은 아니다. 동원할 수 있는 자원의 활용을 퇴행적 흡수라고 말하거나 야합이라고 보는 비생산성을 거두고 공개적이고 투명한 운동과정을 통해 유대와 견제를 동시에 행하는 실천을 위해서도 시민사회론의 규범적 논의를 재검토해볼 필요는 있다. 재검토, 논의, 토론을 통해서 시민언론운동이 새로운 정체성을 확보하게 된다면 이는 큰 수확이 아닐 수 없다.

둘째, 대안적 매체를 만들어내는 일에 있어 시민언론운동은 전국적 단위의 언론을 고민하고 있었던 점을 반성해야 한다. 지역분권화가 가속화될 새로운 세기를 앞두고 전국적 조직의 언론을 대안으로 내세우는 일은 시대착오적이라고 해도 과언이 아닐 것이다. 작고 유연한 조직을 지역 안에 마련하고 대안적 소통 채널로 활용하는 일을 새롭게 모색해야 한다. 이같은 공동체 미디어의 탄생을 보기 위해서는 지역운동, 지역문화운동, 그리고 지역의회정치 등과 연대되지 않으면 안된다. 이미 만들어져 있거나 설립예정중에 있는 '문화의 집' 등의 활용을 통해 미디어 센터를 구축하고 언론에 대한 교육 등을 실시할 수도 있다. 시민언론운동이 지역운동과 별개로 조직되고 운동되는 것이 아니라 '따로 똑같이' 공동의 공간에서 이루어질 수 있도록 고민하는 일이 필요해진 것이다. 지역의 공공영역 확대를 새롭게 추구하는 일이 요청되고 있는 것이다.

새로운 세기는 지역분권화의 세기이기도 하지만 역으로 전세계가 하나로 묶이는 세계화의 세기로 볼 수도 있다. 지역화와 세계화가 동시에 벌어지는 지구방화(glocalization)의 세기가 되는 셈이다. 권력의 분산을 위해서 지역화를 추동하는 만큼이나 운동의 세계화 혹은 세계적 연대도 요청된다. 이는 국가나 의회, 정당정치에 압력을 넣기 위한 일환으로 세계적 운동 연대를 마련하자는 뜻도 있지만 운동사례를 서로 나누고 노하우를 개발한다는 점에서도 상당한 의미가 있다. 우리보다 한발 앞서 다양한 형태로 벌어지고 있는 시민언론운동을 배우고 다시 지역화하는 지혜를 얻기 위해서도 필요한 것이다. 그리고 이는 세계의 공공영역의 재봉건화를 막는 큰 힘이 될 수도 있다. 예를 들어 다국적 기업에 의한 한 지역의 언론시장 진출을 세계적 운동 유대를 통해 여론화하고 견제할 가능성도 있는 것이다.

시민언론운동은 새로운 세기에 맞이할 것이라고 전망되는 민족적 과제인 통일에 대해서도 관심을 기울일 필요가 있다. 냉전시대의 와해로 인해 지금 우리는 전혀 새로운 통일 전망을 맞고 있다. 북한 문물에 이어 북한 방송이 일반에게 개방된다. 통일언론의 전망을 만들고 이를 여론화하는 일은 국가에만 맡겨서는 안될 중요한 사안이다. 지금까지는 보여주지 못했던 전혀 새로운 영역인 이 부분은 통일 이후에 맞게 될 지역의 불균형, 혼란 등을 미리 예방하고 대책을 세우는 매우 소중한 작업이 될 수 있다.

이같은 언급으로 지난 10여 년 동안의 시민언론운동의 평가와 새로운 세기의 과제를 망라했다고 보기는 힘들다. 오히려 이같은 평가와 과제설정으로 파생될 있는 하부 과제들은 더욱 늘어날 수도 있다. 기왕에 시민사회만능론이 나왔었다는 점을 기억한다면 이 과제들로 시민언론운동에는 더 많은 부하가 걸리리라 짐작하는 것은 무리가 아니다. 과제를 줄여서 매진할 목표를 명료하게 하는 일이 더욱 필요한 때에 일을 보태는 것은 탁상공론자들이나 하는 일이라는 지적도 틀리지 않다. 새로운 패러다임을 제시하고 과제들을 내놓는 것은 시민언론운동이 항상 염두에 두어야 하는 인식론 차원의 것이라 받아들일 필요가 있다. 운동에 매몰되지 않는 운동, 궁극적 목표를 늘 염두에 두는 운동, 운동의 주체를 명확히 하는 운동, 주위를 돌아볼 줄 아는 운동을 위한 제안인 것이다.

6. 방송비평과 시민언론운동

앞서 설명한 바와 같이 미디어 교육, 모니터링 등은 시민언론운동의 주요한 과제로 자리잡아왔다. 미디어 교육에서는 매체의 정체를 알고 매체의 구조적 한계를 인식하며 궁극적으로 매체의 변화를 어떻게 꾀할 수 있을 것인가를 학습시킨다. 미디어 교육을 마친 이들은 텔레비전과 신문의 모니터링 작업에 들어가게 된다. 그 동안 교실에서 배운 것을 기반으로 적극적 수용자로서 매체비평을 행하는 것이다. 매체비평의 결과는 각 언론단체들에 보내지고 자체적으로 홍보하기도 한다. 이같은 일련의 작업들은 시민언론운동에서 큰 의미를 지닌다. 대안 없는 비판이나 무조건적인 반박이 아니라 언론에 대한 체계적이고 구체적인 비판이란 점에서 시민사회 내에서 동의를 구해낼 수 있는 기반이 될 수도 있기 때문이다.

시민언론운동은 방송 모니터링에 많은 관심을 갖는데 그 이유로 몇 가지를 들 수 있다. 첫째, 모니터링 자료에 비교적 손쉽게 접근할 수 있다는 점이다. 정해진 편성시간에 시청을 하거나 시간이 맞지 않을 경우 녹화를 해두어 반복적으로 볼 수도 있다. 신문을 일일이 구독하는 데 드는 비용과 노력에 비하면 저렴하고 편리하다고 할 수 있다. 둘째, 시민언론운동에 적극적으로 참여하는 주체들의 성향 탓일 수도 있다. 주부 자원봉사자들은 텔레비전으로부터 청소년들이 나쁜 영향을 받게 되리라는 나름의 가설을 가질 확률이 높다. 텔레비전으로부터 자녀들을 어떻게 보호할 것인가 등등에 관심을 두게 되고 당연히 많은 봉사자들이 방송 모니터링을 자원하게 되는 것이다. 셋째, 방송 모니터링은 가시적 성과를 단기일 내에 얻을 확률이 높다는 점을 지적할 수 있다. 모니터링의 결과가 신문 등을 통해 홍보될 경우 방송에 압박을 가할 여론을 조성할 수도 있다. 넷째, 방송은 매우 친숙한 매체이므로 큰 공을 들이지 않고도 비평할 수 있다는 믿음을 갖고 있음을 들 수 있다.

이상의 이유들이 다 틀린 것은 아니지만 몇몇 수정되어야 할 부분들이 있다. 방송비평과 관련해서 말하자면 방송비평 혹은 모니터링은 누구나 할 수 있는 일이긴 하지만 전문성을 요구한다는 점을 인식해야 한다. 우리가 앞에서 살펴보았던 여러 비평방식들을 숙지하는 것뿐만 아니라 그 이상의 기술을 익히는 일도 요청된다. 그리고 방송과 관련된 여러 이론 및 정보들에 익숙해 있어야 하며 그 정보를 엮을 수 있는 혜안도 지녀야 한다. 물론 그같은 준비는 반복되는 학습을 통해서, 비평연습과 지도를 통해서 이루어질 수 있는 사안이다. 그런 점에서 방송비평은 전문성을 가져야 하는 분야이며 그것이 공적인 발표의 성격을 띨 때는 더욱 그렇다.

그리고 모니터링은 모니터링으로 그치지 않음을 인식해야 한다. 모니터링을 할 수 있는 능력은 대안적 제작으로도 이어져야 한다. 비평을 전제로 한 제작과 그렇지 않은 제작은 큰 차이를 가진다. 기존 방송의 형식, 내용에 대한 적절한 비평은 대안적 제작시에 큰 기반이 될 수 있다. 인상비평이 아니라 남이 만든 프로그램을 체계적으로 그리고 구체적으로 분석하며 비평할 수 있는 능력을 지닌다면 대안적 제작을 통해 기존의 형식과 내용을 패러디하거나 비켜 가거나 뒤집어놓을 수 있는 능력도 발휘할 수 있는 것이다. 그런 점에서 방송비평은 단순히 방송비평으로 그치지 않고 대안적 제작 등과 같은 본격적인 시민언론운동에도 일익을 담당하는 주요한 요소라고 볼 수 있다.

방송비평 결과의 홍보에 대해서는 심각한 논의가 있어야겠다. 신문이 방송비평 혹은 모니터링의 내용을 즐겨 싣는 이유는 방송에 대한 견제심리가 작동한 탓이라고도 볼 수 있다. 그리고 신문 또한 개혁의 대상임을 감안한다면 신문을 통한 홍보가 아니라 다른 방식의 홍보도 강구해야 한다. 비평이나 모니터링 결과가 방송과 신문에 전달되는 것 외의 다른 방식 말이다. 인터넷을 통한 방송비평 사이트를 개설해 친숙한 글을 중심으로 구성한다든지, 기존의 인터넷 사이트에 지속적으로 모니터링 결과를 제공한다든지 하는 것도 한 방식이 될 수 있을 것이다. 이왕에 만들어진 모니터링, 비평결과를 일회적으로 사용하는 것보다는 다방면으로 지속적으로 활용하는 지혜가 필요하다.

방송비평은 시민언론운동처럼 조직적이지 않을 수 있으나 중요한 지점임에 틀림없다. 방송비평을 통해 자성의 기회를 갖는다는 것은 시민언론운동에 참여할 준비를 하는 것이다. 시민언론운동에 참여한 후에도 방송비평은 방송을 견제하는 데 중요한 수단이 된다. 그리고 비평을 통해 익힌 방송에 관한 지식은 직접 대안적 제작을 하는 데도 소중한 자원으로 활용된다. 이 모든 점을 감안해보면 방송비평은 시민언론운동과 뗄 수 없는 중요한 사회적 실천인 셈이다.

■ 지은이
원용진
경남 진해 출생
서강대학교 신방과 졸업
위스콘신대학교 Communication Arts과 졸업(Ph.D.)
서강대학교 커뮤니케이션학부 교수
저서: 『대중문화의 패러다임』, 『한국 언론민주화의 진단』, 『광고문화비평』, 『현
    대 대중문화의 형성』(공저), 『스크린쿼터와 문화주권』(공저), 『대중매체와
    페미니즘』(공저), 『애인』(공저)

한울아카데미 32
방송문화진흥총서 32
텔레비전 비평론

ⓒ 방송문화진흥회, 2000

지은이 | 원용진
펴낸이 | 김종수
펴낸곳 | 한울엠플러스(주)

초판 1쇄 발행 | 2000년 10월 20일
초판 15쇄 발행 | 2021년 5월 31일

주소 | 10881 경기도 파주시 광인사길 153 한울시소빌딩 3층
전화 | 031-955-0655
팩스 | 031-955-0656
홈페이지 | www.hanulmplus.kr
등록번호 | 제406-2015-000143호

Printed in Korea.
ISBN 978-89-460-8077-5 94330

* 가격은 겉표지에 표시되어 있습니다.